e

michel roux

les harkis

ou

les oubliés de l'histoire

ÉDITIONS LA DÉCOUVERTE
1, place paul-painlevé
PARIS Ve
1991

Si vous désirez être tenu régulièrement informé de nos parutions, il vous suffit d'envoyer vos nom et adresse aux Éditions La Découverte, 1, place Paul-Painlevé, 75005 Paris. Vous recevrez gratuitement notre bulletin trimestriel **A La Découverte.**

ISBN 2-7071-2063-4

Introduction

Le mélange et l'amertume

Après la mort, il n'y en a pas d'autres.

Dylan THOMAS

Il ne m'a pas été donné de naître sur la terre d'Algérie. Lorsque éclata ce qu'on mit si longtemps à considérer comme une guerre, j'avais à peine quatre ans. De cette époque et des bouleversements qui l'ont marquée ne me restent que de bien vagues souvenirs : bribes de phrases et chuchotements à propos d'un parrain — mais peut-être était-ce un cousin — rappelé « là-bas », propos furtifs échangés en famille à bonne distance de l'oreille d'enfants qu'on désirait maintenir à l'écart de tout ce qui se rapporte à la guerre, à la violence ou à la mort.

Rien dans mes origines ni dans mon histoire personnelle ne me préparait donc à porter un intérêt particulier à ceux qu'on appelle les « harkis ». C'est ce qu'il me fallait souligner d'entrée pour expliquer le point de vue qui commande ce livre. On chercherait en vain dans ces pages le règlement d'un compte avec un passé qui m'aurait meurtri. En revanche, on trouvera, ici ou là, la trace d'un événement fondateur à bien des égards : l'irruption, au tournant des années quatre-vingt, dans l'espace public de ce pays, du mouvement social des communautés issues de l'immigration maghrébine.

Même si, pour une bonne part, ce livre traite d'événements advenus en terre algérienne, il s'agit avant tout de présenter l'histoire et de cerner les particularités de l'une des composantes de ces grandes vagues migratoires de l'après-guerre qui jouèrent, et joueront encore dans l'avenir, un rôle essentiel dans l'histoire de notre pays.

C'était — s'en souvient-on ? — à l'orée de l'hiver 1984, *SOS Racisme* n'occupait pas encore la scène médiatique et d'étranges motocyclistes sillonnaient les routes de France. Portugais et Vietnamiens, Antillais et Maghrébins, Français et Africains. Un nom : Convergence 84 ; un mot d'ordre : « Vivre ensemble avec nos ressemblances quelles que soient nos différences. »

Un groupe parti de Toulouse s'était enfoncé dans le Sud-Ouest avant de longer les contreforts ouest du Massif central. Il naviguait à l'écart de ces zones de forte présence migrante que sont la vallée du Rhône, le Nord et l'Est. Des contacts établis alors naquit le projet de réunir l'année suivante tout ce que l'Aquitaine et la région Midi-Pyrénées comptaient comme associations de jeunes issus de l'immigration. Pour l'auteur, comme pour tous ceux qui la vécurent, cette aventure fut l'occasion d'une découverte : au cœur du grand Sud-Ouest, à mi-distance entre Bordeaux et Toulouse, il y avait un camp dans lequel furent parqués des centaines d'Algériens qu'on appelle FMR (Français-Musulmans rapatriés) ou bien RONA (Rapatriés d'origine nord-africaine) et le plus souvent harkis. Avec leurs enfants, ils étaient plusieurs milliers à vivre éparpillés désormais sur l'ensemble du Lot-et-Garonne — d'Agen à Villeneuve-sur-Lot, de Fumel à Buzet-sur-Baïse, de Casseneuil à L'Aiguillon. Découverte d'une population que durant des années j'avais — comme tant d'autres — côtoyée sans l'apercevoir. Du reste, l'aurais-je vue que selon toute probabilité j'aurais détourné les yeux, considérant que l'affaire allait de soi : ils avaient trahi, ils payaient. J'avais alors, vis-à-vis des appelés qui combattirent en Algérie, une indulgence que j'aurais sans aucun doute refusée, en toute bonne conscience, aux harkis.

Découverte aussi — et peut-être surtout — d'une association de jeunes « Français-Musulmans » de Villeneuve-sur-Lot dont les membres, à travers des difficultés et des déchirements confinant parfois à l'autodestruction, tentaient de penser autrement leur situation et l'histoire de la population dont ils étaient issus. Autrement ? C'est-à-dire sans occultation du passé — « nos pères étaient harkis » — et en même temps sans complaisance à l'égard des ruses et des détours de l'histoire. Autrement ? C'est-à-dire aussi contre la communauté et contre l'histoire. Contre l'idée que la marque infamante de la trahison qui semblait peser sur les pères devrait inévitablement hypothéquer l'avenir des fils et des filles. Contre le sentiment que c'était aux enfants que revenait la mission de faire payer la dette qu'aurait contractée la France — amère patrie — à l'égard de leurs parents. Enfin, contre l'idée que les pieds-noirs ouvraient la voie ; qu'il suffisait à leur instar, voire avec leur aide et même — pourquoi pas — sous leur direction, de constituer un fort groupe de pression capable de négocier l'indemnisation des terres et des maisons laissées au bled contre la promesse d'un appui sans défaillance de la « communauté française-musulmane » à l'occasion des échéances électorales.

Cette association de jeunes « Français-Musulmans » se constitua donc à l'écart et en rupture avec les réseaux clientélistes florissants en Lot-et-Garonne (et ailleurs). Des réseaux dont certains, depuis le début des années quatre-vingt, s'affilient à la gauche avec autant d'aisance qu'ils le firent naguère avec la droite parfois la plus extrême.

« Mixture » : ainsi avaient-ils baptisé leur association. Mixture : un mélange amer. L'amertume, parce que tel était bien ce qu'ils avaient le sentiment de vivre au sein de leur association comme à l'extérieur. Le mélange, dans la mesure où délibérement, mais aussi douloureusement, ils s'étaient fixé comme enjeu de pénétrer de plain-pied dans le mouvement des jeunes issus de l'immigration. Ils voulaient qu'à terme l'histoire de la population « française-musulmane » — cette histoire en train de se faire — devienne partie prenante de celle des communautés issues de l'immigration. Même s'il se fit sans eux, cet ouvrage est marqué par les questions que les adhérents de Mixture avaient été amenés à poser à la population « française-musulmane » : la question de son rapport au reste de l'immigration et aux communautés issues de l'immigration, la question de leurs rapports aux « Français-Musulmans ».

Ce que les fondateurs de Mixture — fils et filles de harkis — expérimentaient à travers leur association, je suis allé le chercher quant à moi dans l'histoire. Une histoire multiple où furent mises en œuvre des disciplines — colonisation militaire et civile, gestion des territoires et des populations, recrutement de supplétifs, etc. — et des discours — l'intégration, l'assimilation, l'Algérie française, etc. —, par quoi s'exerça et s'exerce encore la domination qui les assujettit, après leurs parents, à la nation française.

Or, cette histoire des harkis, de leur engagement aux côtés de l'armée française durant la guerre d'Algérie, puis du rapatriement d'une partie d'entre eux sur le territoire français, fut doublement occultée. D'une part, comme composante de la défaite française en Algérie, de l'autre comme composante arabe de cette défaite : « Lorsque je dis à mes étudiants que la France, championne des droits de l'homme, les a atrocement bafoués en Algérie, quand je leur dis que massacrer un million de personnes sur neuf millions d'habitants, c'est plus que décimer un peuple, ils ouvrent des yeux ronds. Lorsque je leur dis que la guerre a duré autant de temps sous la IVe République, avec des gouvernements socialistes ou de "troisième force", que sous la Ve, avec de Gaulle, ils restent abasourdis. Quand je leur dis que l'actuel président de la République était ministre de l'Intérieur en 1954-1955 puis ministre de la Justice en 1956-1957, c'est-à-dire à l'époque où la torture fut institutionnalisée, et qu'il signa personnellement les décrets permettant l'exécution des condamnés à mort du FLN, les étudiants me réclament mes sources. Et quand je leur dis que dans la "génération Mitterrand", celle des septuagénaires, on trouvait dans la précédente législature des députés qui commandèrent pendant la bataille d'Alger ou qui torturèrent de leurs mains, ou qui furent des tueurs de l'OAS, alors les étudiants veulent en savoir toujours davantage. Beaucoup d'entre eux ont un père ancien d'Algérie et ils assurent ne rien connaître de lui pendant cette période. Et parce qu'ils veulent savoir, il faut que la génération des djebels recommence à parler[1]. »

A partir de mon expérience d'universitaire, je peux faire miens, mot pour mot, ces propos de Daniel Zimmermann. Mais il faut bien constater, à l'aube des années quatre-vingt-dix, que la génération des djebels n'a toujours pas repris la parole. Lorsqu'en juin 1981, le gouvernement socialiste de Pierre Mauroy proposa de faire du 19 mars — date du cessez-le-feu en Algérie — une fête nationale, il provoqua un véritable tollé, non seulement chez les rapatriés, mais aussi parmi les anciens du contingent. Et si le gouvernement dut abandonner son projet, c'est parce que le recul lui était imposé non par une poignée d'agités bien décidés, mais par l'ensemble de cette génération des quarante-cinq/cinquante ans qui s'estime dupée, flouée dans l'affaire algérienne : « On ne fête pas une défaite. »

A côté des glorieux aînés de 1914-1918, rappelle l'historien Benjamin Stora, et des résistants de 1939-1945 dont les mérites sont régulièrement célébrés, le soldat d'Algérie a l'aigre impression d'appartenir à une génération de *losers*[2]. C'est pourtant près de 2,7 millions de jeunes gens nés entre 1932 et 1943 que l'armée française fit passer sur le territoire algérien de 1955 à 1962. Fait sans

1. ZIMMERMANN D., cité par SIGG B. W., *Le Silence et la honte*, Messidor, 1989.
2. STORA B., « Guerre d'Algérie : les mémoires blessées », *L'Express*, 16 décembre 1988.

précédent : la quasi-totalité d'une classe d'âge de la société française se trouvait engagée dans une guerre coloniale. Puis ces conscrits rentrèrent chez eux, dans la France du « boom » économique et du plein emploi.

Tous les témoignages concordent[3], ces centaines de milliers d'hommes pratiquèrent alors l'amnésie. « L'effacement des deux années en AFN est un choix fait par le plus grand nombre des soldats du contingent ; peu revendiquent la qualité d'ancien combattant d'Algérie », écrit un appelé[4]. Un témoignage recueilli par Dimitri Davidenko est encore plus explicite : « On nous a rejetés, nous les témoins, les vestiges encombrants. Nous et notre relent de tortures et de viols, de pillages et d'humiliations, nous et l'odeur de cadavres imprégnée dans nos uniformes. Nous et notre jeunesse écrabouillée dans les djebels, les casbahs et les villages nègres, on nous a refoulés. Non assumés. Non réintégrés. Niés dès notre retour au sein de la mère patrie. Nous n'avons jamais existé : le contingent en Algérie, c'est une légende.

« Et nous, les parias de l'histoire honteuse, nous les exclus de la chronique officielle par accord verbal et tacite reconduction... Nous, nous avons respecté la dernière consigne, la conspiration finale, l'ultime complicité : nous nous sommes prêtés au silence[5]. »

Tous auraient pu dire avec Daniel Zimmermann : « En 1830 les troupes françaises débarquèrent en Algérie et la non-guerre durait depuis cent vingt-sept ans lorsque je fus appelé à y participer[6]. » En bref, là-bas, de 1954 à 1962, se sont déroulées de simples « opérations de maintien de l'ordre », de même qu'en Indochine n'avaient eu lieu que de simples « opérations de police ». Elles ne conduisirent ni à l'attribution de la croix de guerre ni, plus tard, à l'apposition de la mention *guerre* sur les cartes de combattant parcimonieusement délivrées ; un tiers seulement des militaires alors affectés en Algérie l'avait reçue en 1988.

Opérations de maintien de l'ordre : la formule continue de prévaloir. Puisque la guerre d'Algérie n'existe pas, elle ne doit, elle ne peut être commémorée. Il avait fallu attendre 1960 pour que Jules Roy — en intitulant un de ses livres *La Guerre d'Algérie*[7] — nomme enfin ce qu'on appelait hypocritement « les événements ».

---

3. Vittori J.-P., *Nous les appelés d'Algérie*, Stock, 1977 ; Davidenko D., *Chouf !*, Encre, 1979 ; Sigg B. W., *op. cit.*
4. Sigg B. W., *op. cit.*, p. 105.
5. Davidenko D., *op. cit.*, p. 222.
6. Zimmermann D., *Nouvelles de la zone interdite*, L'Instant, 1988. Il est à noter que l'auteur se vit répondre par deux des éditeurs auxquels il présenta son manuscrit : « La Guerre d'Algérie n'intéresse plus personne. »
7. Roy J., *La Guerre d'Algérie*, Julliard, 1960.

Trente ans après la signature des accords d'Évian et la reconnaissance de l'indépendance algérienne — au terme de sept ans d'une guerre meurtrière et cent trente-deux ans de présence française en Algérie —, des milliers de pages ont été écrites et publiées. Il reste malgré tout un ensemble de questions, toutes intérieures, à débattre : celle de l'Algérie dans l'imaginaire français, celle des Français dans la guerre d'Algérie, celle des « Français-Musulmans » rapatriés et enfin celle de l'immigration algérienne en France. Il faudra plus que l'ouverture, en 1992, d'une partie des archives pour dévoiler ce pan d'histoire.

Le soulèvement du 1er novembre 1954 fut accueilli en métropole avec beaucoup d'indifférence, la presse ne lui consacra qu'un modeste commentaire. Ni la loi sur l'état d'urgence, ni même les massacres du 20 août 1955 n'ébranlèrent une opinion publique alors plus intéressée — semble-t-il — par le règlement du problème marocain ou par le réarmement allemand[8]. Les manifestations des disponibles et des rappelés contre le départ en Algérie à l'automne 1955 et au printemps 1956 furent un épisode capital, mais isolé. « Les vacances de 1956 devaient disperser ce grand élan[9]. »

Paradoxalement, c'est à l'OAS (Organisation de l'armée secrète, réunissant les partisans extrémistes de l'« Algérie française ») que revient la paternité du rejet de la guerre par la société française. Tout bascule en effet au matin du 7 février 1962 quand, à Paris, la petite Delphine Renard est grièvement blessée dans un attentat qui visait André Malraux. Neuf autres attentats avaient été perpétrés cette nuit-là. Le jour même, le visage ensanglanté de la petite fille faisait la une de tous les journaux, rendant présente aux Français la menace qui pesait désormais sur chacun d'eux.

C'est bien la volonté d'en finir avec ces attentats, d'assurer la paix... en France, qui mobilisait d'abord les Français, comme le montre l'absence presque totale de réactions à la répression sanglante qui suivit les manifestations d'Algériens à Paris à la mi-octobre 1961. La capitale fut alors le théâtre du « plus important massacre d'ouvriers depuis la Commune[10] », mais il faudra attendre vingt ans pour que la télévision programme une émission

---

8. AGERON C.-R., « L'opinion française devant la guerre d'Algérie », *Revue de la France d'outre-mer*, avril-juin 1984, p. 259.
9. MORIN E., *Introduction à une politique de l'homme*, suivi de *Arguments politiques*, Le Seuil, 1965, p. 279.
10. DAENINCK D., *Le Matin*, 17 octobre 1985.

consacrée aux ratonnades d'octobre[11] et vingt-quatre pour que paraisse un ouvrage historique donnant la parole aux acteurs et aux rescapés de cette nuit d'horreur[12].

Quant à la gauche française, elle resta tragiquement absente du combat pour l'indépendance de l'Algérie. Si aucun parti ne peut alors donner de leçon au PCF — dont la presse a donné l'information la plus complète sur la répression du mouvement national —, il faut bien avouer qu'il n'y a aucune commune mesure entre les campagnes qu'il mena contre la guerre d'Indochine et la tiédeur dont il fit preuve de 1954 à 1962. Il alla même jusqu'à exclure ceux de ses militants qui s'étaient mis au service des Algériens. Le PS — qui avait gouverné l'Algérie avec Naegelen et avec Lacoste — pesa, en tant que tel, dans le sens de l'écrasement du peuple algérien. C'est ce qu'Alexander Werth appela le « national-molletisme[13] ». Rappelons, avec l'historien Pierre Vidal-Naquet[14], qu'en 1965 l'extrême droite — proche de l'OAS — fut appelée à se rallier à la candidature de François Mitterrand ; que le Programme commun, conclu en 1972, ne comporte aucune référence à la lutte pour la décolonisation et que c'est enfin le gouvernement Mauroy qui, par la loi du 3 décembre 1982, acheva de réhabiliter, contre l'avis d'un certain nombre de députés socialistes, les généraux dirigeants de l'OAS, déjà amnistiés par le gouvernement gaulliste en 1968.

Au total, les Français restèrent assujettis aux thèmes racistes et à l'idéologie coloniale, et cet assujettissement fut renforcé par l'absence de la gauche dans le combat anticolonial. Jusqu'au dernier moment, ils restèrent les acteurs passifs de l'événement. Il n'y eut pas — comme le dit Pierre Nora — « de deuil véritable[15] ». On le paie encore aujourd'hui.

On le paya du silence prudent et lâche observé en France lorsqu'en octobre 1988, de Belcourt à El-Biar, de Rouïbah à El-Harrach, la jeunesse algérienne affronta, les mains nues, les chars anti-émeute que leur envoyèrent certains des héritiers de la guerre d'indépendance. Comme si ceux qui se firent — ne serait-ce que par leur silence embarrassé — les complices des anciens maîtres,

---

11. Dans cette émission (octobre 1981) on a pu apercevoir enfin quelques images d'un film tourné sur le vif : *Octobre à Paris* de J. Panigel. En 1990, le film n'avait toujours pas été diffusé dans son intégralité.

12. LEVINE M., *Les Ratonnades d'octobre*, Ramsay, 1985.

13. WERTH A., *La France depuis la guerre. 1944-1957*, Gallimard, 1954, p. 570-608.

14. VIDAL-NAQUET P., « Une fidélité têtue », *XXe siècle*, n° 10, avril-juin 1986. Voir aussi *Face à la raison d'État*, La Découverte, 1989.

15. NORA P., *Le Figaro*, 15 décembre 1988.

tentaient aujourd'hui de se dédouaner par leur prudence et leur circonspection à l'égard des nouveaux maîtres.

On le paie aussi depuis 1983 d'un retour massif du refoulé « Algérie française » qui, s'il est loin de rendre compte complètement du champ politique et idéologique couvert par le parti de J.-M. Le Pen, n'en constitue pas moins un des ressorts essentiels de l'audience du Front national. Les élections européennes de 1984 ont révélé — par l'ampleur des scores du Front national dans le midi de la France — l'appui de l'électorat rapatrié à l'ancien parachutiste, engagé volontaire en Algérie en 1956 après son élection à l'Assemblée nationale dans la vague poujadiste[16].

Si le contentieux colonial se joue et se rejoue dans ce pays sans jamais s'énoncer, si l'histoire de la guerre d'Algérie reste — comme l'affirme Pierre Vidal-Naquet — « à faire[17] », que dire alors de la chape de silence qui pèse sur ceux d'entre les Algériens qui abordèrent ce côté-ci de la Méditerranée dans les bagages de l'armée française ?

Le repli d'un million d'Européens sur le territoire métropolitain suscita au début des années soixante une floraison de livres. Dès avant les accords d'Évian, se recomposait une histoire de la conquête « plus soucieuse de rappeler les gloires d'un passé à jamais révolu que d'en expliquer l'échec final[18] ». Nostalgiques de l'Algérie française, administrateurs pressés de produire un plaidoyer, politiques ou militaires, tous mêlèrent leurs voix pour proposer leur version. Depuis, les marchands d'histoire ont découvert là un « créneau » où se positionner en toute sécurité : en 1971, *Historia Magazine* allait tirer chacun des cent numéros prévus dans sa série *Guerre d'Algérie* à près de 400 000 exemplaires. L'histoire coloniale de l'Algérie, explique Jean-Claude Vatin — histoire des guerriers conquérants et de leurs glorieux faits d'armes jusqu'en 1871, histoire du colon et de la transformation des terres algériennes par des mains françaises ensuite —, cette histoire transmet le flambeau à mesure que les historiens français d'Alger se replient sur la métropole.

D'instrument du conquérant, l'histoire coloniale transplantée devient objet de consommation. A travers *Historia Magazine* et, à moindre degré avec les livres d'Yves Courrière sur la guerre d'Algérie[19], une certaine France se donne — comme le dit Jean-

16. PLENEL E., ROLLAT A., *L'Effet Le Pen*, La Découverte/*Le Monde*, 1984, p. 72.

17. VIDAL-NAQUET P., *La Torture dans la République*, Maspero, 1983, p. 180.

18. VATIN J.-C., *L'Algérie politique : histoire et société*, Presses de la FNSP, 1983, chap. I, p. 19-56.

19. COURRIÈRE Y., *La Guerre d'Algérie*, Fayard, 1968-1971, 4 vol.

Claude Vatin — toutes les raisons d'une bonne conscience au moindre coût. Et une certaine Algérie française implantée désormais en métropole retrouve grâce à cette littérature *son* Algérie, remodelée à coups de stéréotypes en un éden de bien-être ensoleillé. Il est significatif que les témoignages de militaires dévoilant les mécanismes de répression[20] s'estompent à peu près totalement avec elle, alors qu'en revanche la littérature militaire d'explication et de justification coloniale se prolonge aujourd'hui même. Si les hommes politiques restèrent peu loquaces, les généraux, colonels et lieutenants — les Massu, Salan, Godard et autres Trinquier — s'installèrent aisément dans le rôle de témoins de ce temps. Toute une génération, les différents contingents appelés à « servir » en Algérie, les anciens combattants professionnels, les pieds-noirs, acceptèrent passivement — pour les raisons évoquées plus haut — la mythologie qui était forgée à cette occasion.

L'histoire des harkis occupe dans cette production pléthorique une position assez marginale. Ces oubliés de l'histoire le sont également de cette histoire. Quelques ouvrages du bachaga Boualam, quelques témoignages d'anciens officiers de la SAS, peu de choses en réalité. De Jean Lartéguy à Ewan Bergot, aucun de ces historiens militaires dont les ouvrages inondent les grandes surfaces ne semble avoir encore accaparé le sujet. L'histoire coloniale d'avant l'indépendance n'avait d'yeux que pour le guerrier et le colon ; d'Algérie « indigène et musulmane », point, sinon réduite aux marges : la coutume et le folklore. Il n'est donc pas étonnant que les épigones prolifiques de cette « école » historique ne prêtent guère attention à ceux de ces indigènes qui prirent fait et cause pour la France. Ils n'étaient — somme toute — que ce qu'ils n'auraient logiquement jamais dû cesser d'être : des fantômes dont l'invisibilité même continuait d'être garante de ce que l'Algérie des Algériens n'avait pas lieu d'être ; la seule réalité tangible étant l'Algérie des Français, univers vide à peupler et à occuper, par les colons et les militaires qui les défendaient[21].

A qui voudrait pourtant combler ce vide et évoquer ces oubliés de l'histoire que furent les supplétifs de l'armée française, l'histoire algérienne nationaliste ne sera pas d'un grand recours. Délaissés en France par une droite qui les cantonna dans un oubli total, d'abord par méfiance, puis parce que cette clochardisation sociale

20. *Cf.* VIDAL-NAQUET P., *La Torture dans la République, op. cit.*, p. 184.
21. *Cf.* VATIN J.-C., *L'Algérie politique : histoire et société, op. cit.*

contrôlée présentait l'avantage de faciliter nombre de manipulations[22] ; délaissés par une gauche qui les tenait pour trop compromettants ; compromis dans leur pays natal où on les considère comme des renégats et des collabos ; compromis dans ce pays parce que, ici, ils sont avant tout des Arabes, des « bougnoules » ; ils sont en outre oubliés par les hommes de l'indépendance.

Ceux-ci ont en effet quelque peu délaissé l'histoire de la colonisation. Ils ne se préoccupent guère d'en démonter les mécanismes, et laissent pour solde de tout compte cent trente années d'occupation dont il serait pourtant opportun de connaître par le détail les effets sur le peuple algérien. Cent trente années qui ont — avec le quart de siècle consécutif à l'indépendance — sans doute bien plus marqué l'Algérie actuelle que trois siècles (1516-1830) de domination ottomane, et peut-être autant qu'un millénaire d'islamisation. L'histoire algérienne nationaliste se contente encore trop souvent d'éluder un pan d'histoire (1830-1962) au profit d'une fiction, celle d'un « État souverain algérien », détruit par les soldats de Charles X et qui aurait ressuscité en 1962. Quant à la période française, l'historiographie en fait une insurrection permanente, un refus radical de tout apport occidental. La Kahena contre Jeanne d'Arc, Abd el-Kader contre Bugeaud, Amirouche contre Bigeard : une mythologie vient instituer, à partir de Jugurtha, une lignée de contre-héros chargés d'annuler les fausses gloires adverses. Or il ne suffit pas d'expliquer le caractère tardif de la libération de l'Algérie par la force de l'assimilationnisme qu'entretenait le nationalisme français, ni même par l'attachement viscéral du peuplement colonial petit-blanc. La violence a traversé les Algériens eux-mêmes : entre partisans algériens de l'Algérie française et militants de l'indépendance, et au sein même du mouvement national algérien.

Dans le reportage qu'il consacra au village kabyle de Toudja en 1960, Jules Roy constate : « Il n'est pas une famille de Toudja qui ne soit divisée, et ne se voie dans l'obligation de composer avec le FLN et l'armée française ; pas une famille qui n'ait eu au moins un mort dû à la répression et n'ait besoin des secours ou de la neutralité de l'autorité. Quelques-unes d'entre elles comptent un homme à la rébellion et un homme dans l'armée, soit comme mokhazni, dans l'administration militarisée, ou comme garde civil dans un groupe d'autodéfense[23]. »

---

22. Les enfants du camp de Bias n'ont pas oublié les distributions de charbon, de vivres et de vêtements à la veille des élections ; ceux de Saint-Maurice-l'Ardoise se souviennent des cars de ramassage qui emmenaient leurs parents au bureau de vote et les laissaient rentrer à pied, dès lors qu'ils avaient « bien voté ».

23. Roy J., *La Guerre d'Algérie, op. cit.*, p. 74.

L'Algérie fut — comme le dit Pierre Vidal-Naquet[24] — le théâtre d'une quadruple guerre : « Entre les insurgés et l'armée française, appuyée par la masse des pieds-noirs, *ce peuple classe* ; entre le FLN, force dominante de l'insurrection, et le MNA, ce qui aboutira notamment, fin mai 1957, à l'horrible massacre de Melouza ; entre insurgés et ralliés à la cause française, dont le nombre ne fut pas insignifiant, et il ne s'agissait pas seulement des harkis, supplétifs de l'armée française, et dont les descendants, en France, trouvent toujours aujourd'hui — les garçons singulièrement — quelques difficultés à s'intégrer. A cette triple guerre s'en ajoute, à partir du printemps 1961 (mais les premiers linéaments en apparaissent dès 1956) une quatrième, la guerre menée par l'OAS contre l'armée française acculée désormais à lutter sur deux fronts. »

La recette classique du *Divide ut imperes* est une tradition dans la colonisation de l'Afrique du Nord. Bugeaud en usa et abusa en Algérie avant que Lyautey ne l'appliquât au Maroc. On s'expose à ne rien comprendre au succès de la conquête ni même à la guerre d'indépendance algérienne si on fait abstraction d'une analyse serrée du contexte socio-historique. D'une façon générale, la distinction entre « soumis » et « dissidents » ne correspond pas à un clivage en « collaborateurs » et « résistants » distribuant limpidement les rôles de traîtres et de héros dans la saga nationale de l'Algérie ou du Maroc colonisés. A l'époque de Lyautey comme à celle de Bugeaud, aucun de ces deux territoires ne constituait des nationalités opprimées, à la manière de l'Irlande et de la Pologne du XIXe siècle. Si l'on est « rallié » ou en revanche « insoumis », c'est alors bien souvent sous l'effet d'une micro-histoire qui colle au groupe, au système local auquel on appartient : c'est le groupe qui choisit son camp, bien plus que l'individu libre. Situation historique confuse et troublée où Marocains et Algériens sont amenés à servir d'abord les intérêts d'une tribu, d'une parentèle, « patriotisme cantonal et conscience nationale se disputent et ne coïncident pas forcément[25] ». Si les choses ont eu le temps d'évoluer au moment où éclata l'insurrection, de nombreux vestiges de cette période subsistent, qui devraient permettre de comprendre qu'on ait pu aboutir entre 1954 et 1962 à une relative « algérianisation » de la guerre coloniale.

---

24. VIDAL-NAQUET P., *Face à la raison d'État, op. cit.*, p. 13.
25. RIVET D., *Lyautey et l'instauration du protectorat français au Maroc 1912-1925*, L'Harmattan, 1988, tome 2, p. 79.

Du recrutement de supplétifs — dès le 1er octobre 1830 — dans la tribu guerrière des Zouaouas, jusqu'à la création à titre expérimental d'un « goum » chez les Chaouïas en avril 1955, il y en a long à dire sur les conséquences de cent trente années de présence française en Algérie. Dans les pages qui suivent, je m'efforcerai de restituer la dimension de guerre civile que prit la guerre d'Algérie — guerre entre partisans de l'indépendance et Algériens entrés dans la mouvance française —, en m'attachant plus précisément à ceux d'entre eux qui furent amenés à prendre les armes et qu'on désigne aujourd'hui souvent du terme générique de « harkis ». Je serai secondairement conduit à traiter de cet autre aspect de la guerre civile que fut la guerre entre organisations nationalistes : FLN et MNA. Quant au transfert d'une partie de ces supplétifs sur le territoire français, à leur installation dans ce pays et aux conséquences de cette installation, ils seront l'objet de la seconde partie de ce livre.

Juqu'ici — on l'aura peut-être remarqué — j'ai employé presque indifféremment les dénominations « Français-Musulmans », « Français-Musulmans rapatriés », « harkis » ou « supplétifs » pour désigner la population qui fait l'objet de ce livre. J'aurais pu également parler de « Français rapatriés d'origine islamique », de « rapatriés d'origine maghrébine », ou de « rapatriés d'origine nord-africaine » (cette dernière appellation semblant actuellement rencontrer les faveurs de la délégation aux Rapatriés auprès du ministère de la Solidarité, de la Santé et de la Protection sociale). Ou bien encore le qualificatif « musulman » aurait pu être remplacé par celui de « de confession islamique » comme cela se fit durant quelques années au sein du mouvement associatif « français-musulman ».

Ces termes désignent tous « l'ensemble des personnes de souche arabe ou berbère qui ont eu un comportement profrançais durant la guerre d'Algérie, en raison duquel elles ont dû quitter le pays lors de son accession à l'indépendance en optant alors pour la citoyenneté française[26] ». Or, d'une manière ou d'une autre, ces appellations sont toutes marquées par l'ambiguïté et suscitent de nombreuses réserves.

Commençons par le terme « Français-Musulmans » qui semble

26. HAMOUMOU M., « Les Français-Musulmans : rapatriés ou réfugiés ? », *AWR-Bulletin, revue trimestrielle des problèmes des réfugiés*, n° 4, Vienne, 1987, p. 185-201.

avoir fait sa première apparition dans l'ordonnance gaulliste du 7 mars 1944 sur le statut de l'Algérie, pour distinguer les citoyens français de souche européenne (FSE) des Français de souche nord-africaine (FSNA), citoyens de seconde zone auparavant désignés comme indigènes, arabes ou musulmans dans les textes administratifs.

A partir de 1955 et surtout de 1958, l'emploi du terme se répand dans les directives du gouvernement général[27]. Après l'accession de l'Algérie à l'indépendance, il sera plutôt réservé aux anciens supplétifs, ce qui fait dire à l'ethnologue Jean Servier que « le vocable "Français-Musulmans" est tellement associé aux anciens harkis et à leurs familles qu'il paraît presque absurde d'associer cette appellation à un groupe ayant une origine différente[28] ». Pourtant, comme le remarque Catherine de Wenden[29], l'expression Français-Musulmans devrait logiquement désigner tous les citoyens français de confession islamique, quelle que soit leur origine. Ainsi, « juridiquement, les Comoriens et les Mahorais sont aussi des Français-Musulmans puisque la plupart d'entre eux ont le statut de rapatriés et sont de confession islamique[30] ». Afin, selon Mohand Hamoumou, de contourner la difficulté, le secrétariat d'État chargé des rapatriés imposa la majuscule — *F*rançais-*M*usulmans — pour désigner cette population et ajouta le qualificatif « rapatriés ». « Rapatriés Français-Musulmans, Musulmans-Français rapatriés, Français-Musulmans rapatriés, toutes les combinaisons furent successivement utilisées par l'administration. Aucune n'était satisfaisante[31]. »

Le terme « rapatriés », s'il renvoie à une définition juridique — aux termes de la loi du 26 décembre 1961 — concédant divers droits et avantages, est pour le moins paradoxal dès lors qu'on l'utilise pour désigner une population qui dans sa majorité — et dans sa totalité pour les femmes — voyait pour la première fois la France, pays dans lequel on la « rapatriait ». Paradoxe aussi

---

27. HAMOUMOU M., *Les Français-Musulmans rapatriés : archéologie d'un silence*, thèse EHESS, Paris, 1989, p. 53-54.

28. SERVIER J., *Enquête sur la condition des musulmans français*, deuxième rapport, Ceras, Montpellier, 1984, p. 206.

29. DE WEDEN C., « Qui sont les "harkis" ? Difficulté à les nommer et à les identifier », *Hommes et migrations*, n° 1135, septembre, 1990.

30. *Ibid.*, p. 5.

31. HAMOUMOU M., *op. cit.*, p. 55. L'auteur fait état des remarques critiques des associations à propos des dénominations : « Nous sommes français et nous voulons être français à part entière. Il n'y a pas de Français catholiques ou de Français juifs, pourquoi existe-t-il des Français musulmans ? déclarent régulièrement les présidents d'associations dans les journaux associatifs, *Le Rappel, Le Clin d'œil*, ou dans la lettre diffusée par le secrétariat d'État aux Rapatriés (1981-1986). »

pour les enfants nés en France qui, à l'inverse, n'ont jamais connu d'autre patrie. Il faut en outre se demander jusqu'à quand on nommera ainsi les générations suivantes : fils ou fille, petit-fils ou petite-fille de « Français-Musulmans »...

Quant au terme générique de « harkis » — le plus communément employé —, il est impropre pour une raison qu'exprime Mohand Hamoumou : « Les harkis ne sont (...) qu'une partie des supplétifs. Et il faut préciser que les supplétifs ne sont eux-mêmes qu'une partie des Français-Musulmans[32]. »

— *Les harkis ne sont qu'une partie des supplétifs*... En Algérie, il n'y eut pas un type unique de force supplétive. *Harkas*, groupes d'autodéfense, groupes mobiles de sécurité, groupes mobiles de police rurale, *makhzen* furent dotés de statuts et de régimes distincts. L'appellation « harka » n'est officiellement utilisée qu'à partir de février 1956 pour désigner des groupes de supplétifs financés par le budget de l'Algérie et mis à la disposition de l'armée[33]. Les mokhaznis sont rattachés à l'administration civile, plus précisément aux « sections administratives spéciales » — les SAS —, dont ils sont en quelque sorte les gardes du corps. Les « groupes mobiles de police rurale » (GMPR) et leurs successeurs, les « groupes mobiles de sécurité » (GMS) constituent des forces de police supplétive rattachées au ministère de l'Intérieur. Enfin, les « groupes d'autodéfense » (GAD) sont les milices locales affectées à la protection des villages « ralliés ».

— *Les supplétifs ne sont qu'une partie des Français-Musulmans*... Lorsqu'en 1962 s'effondra l'Algérie dite française, l'armée d'occupation entraîna dans son reflux non seulement quelques dizaines de milliers de ses auxiliaires algériens mais aussi un certain nombre de notables : auxiliaires *musulmans* de l'administration coloniale (bachagas et aghas, caïds et cadis), fonctionnaires, commerçants et membres de professions libérales, ainsi que quelques élus *musulmans* (sénateurs et députés du premier ou du second collège, élus de l'Assemblée nationale ou simples conseillers municipaux) et des membres de certaines confréries religieuses.

Elle « rapatria » enfin nombre de militaires de carrière et d'appelés *musulmans* qui servaient dans ses unités régulières. Une partie d'entre eux resta incorporée dans l'armée française, une autre fut démobilisée en France et s'y maintint.

Compte tenu de ce que la complexité du phénomène, la confu-

32. HAMOUMOU M., *op. cit.*, p. 60.
33. Commandement supérieur, ordre n° 412/7 du 8 février 1956 (*cf.* HAMOUMOU M., *op. cit.*, p. 62).

sion des définitions, leur succession dans le temps ne simplifient pas l'approche de cette population, c'est sans scrupules majeurs que j'utiliserai dans ce qui suit le terme de « harkis » — ce « traître mot » — comme le dit si bien Mohand Hamoumou[34]. Je l'utiliserai de préférence à « Français-Musulmans » pour ne pas contribuer à pérenniser une terminologie officielle qui reconduit depuis 1944 une contradiction que la guerre de libération a résolue avec la violence que l'on sait. Je l'utiliserai enfin parce que je ne traiterai ici que de ceux des « rapatriés Français-Musulmans » qui, selon l'expression de Jean-Louis Planche[35], sont entrés en « réserves » en terre de France.

Si on se fonde sur les options de nationalité souscrites dans la première moitié des années soixante, puis sur la naturalisation automatique des enfants qui joua sur de grands nombres, les harkis et leurs enfants constituent aujourd'hui une part importante de ce que René Galissot a appelé le « mixte franco-algérien[36] » ; à savoir une population *d'origine algérienne* — comme on dit — dont le nombre dépasse très largement les statistiques de présence algérienne en France. Un corps mixte constitué pour partie de l'immigration algérienne en France (Algériens de France et Français-Algériens) et pour partie de ces Algériens, avec leurs descendants, que l'armée française rapporta dans ses valises.

Autre choix délibéré : celui de réserver le nom d'Algérien aux seuls Arabes et Berbères d'Algérie. Au début du siècle, ceux qui se proclamaient « Algériens » étaient les Européens d'Algérie, les Français et ceux qui avaient vocation à le devenir. Entre 1956 et 1960, dans le discours intégrationniste, Européens et musulmans sont tous français et dans son discours du 4 juin 1958 à Alger, de Gaulle évoque les « dix millions de Français » d'Algérie. Enfin l'historien Charles-Robert Ageron publie en 1968 sa thèse intitulée *Les Algériens musulmans et la France.* Tout choix terminologique témoigne en ce domaine d'un parti pris. Le mien est identique à celui qu'adopta Gilbert Meynier dans son ouvrage *L'Algérie révélée*[37]. Dans la préface qu'il consacra à ce livre, Pierre Vidal-Naquet note que « le choix correct pour un historien est, je crois, celui qu'a fait Meynier ; non parce qu'il prophétise l'avenir, mais l'avenir est déjà le présent, s'inscrit dans les consciences pendant la période étudiée ». Ce qui vaut pour la participation des

34. Hamoumou M., *op. cit.*, p. 59.
35. Planche J.-L., « Les Français-Musulmans : une décolonisation inachevée », *Société française*, n° 6, février-mars-avril 1983, p. 57.
36. Galissot R., *Misère de l'antiracisme*, Arcantère, 1985.
37. Meynier G., *L'Algérie révélée*, Librairie Droz, Genève, 1981.

Algériens à la Première Guerre mondiale — la question traitée par Meynier — me semble valoir à plus forte raison pour les années 1954-1962.

Se ressaisir de l'histoire des supplétifs ne se heurte pas seulement à l'occultation qui pèse ici sur la guerre d'Algérie, aux lacunes de l'histoire nationaliste algérienne ou à la profusion des définitions. Il est d'autres obstacles qui résultent de la nature même des sources. Il n'est en effet guère resté d'archives écrites. A tel point que même les données numériques de base font défaut et que l'on peut légitimement se demander si le libre accès — à partir de 1992 — à certaines archives, à commencer par celles qui sont entreposées au château de Vincennes et gérées par le Service historique de l'armée de terre, apportera des informations sur une question aussi élémentaire que celle du nombre total des supplétifs[38]. Dans une note en date du 21 avril 1977[39], le général Porret — alors responsable de ce service — déclarait ne posséder aucune archive concernant les supplétifs incorporés en Algérie et renvoyait aux informations recueillies par le Bureau d'aide aux Musulmans-Français[40].

Pour de tout autres raisons, la même carence se retrouve dès lors qu'on tente une évaluation de l'importance de cette population dans la France actuelle. Le recensement d'une minorité religieuse, ethnique ou nationale, quelle qu'elle soit, n'est pas seulement un problème de technique administrative. Dans une société fondée sur une mythologie nationale unitaire, et sur une morale laïque, toute tentative de recensement d'une minorité nationale — Alsaciens, Bretons, Corses, Normands, Occitans, Basques, etc. —, religieuse — catholiques pratiquants, juifs, musulmans, adhérents de sectes, etc. —, ou ethnique — Tziganes, Antillais, harkis, etc. — pose des problèmes d'ordre idéologique et politique[41]. Comme le dit Gérard Noiriel[42], il y a bien longtemps que la « mémoire de l'État »,

38. D'autant plus que conformément à la loi du 3 janvier 1979 les dossiers du personnel ne peuvent être communiqués que cent vingt ans après la date de naissance des personnes concernées et les dossiers de justice militaire cent ans après la date de l'action en justice.

39. Note n° 002855/DEF/EMAT/SH du 21 avril 1977.

40. Ce bureau qui siégeait alors à l'Hôtel national des Invalides avait fait état de 200 000 supplétifs environ, dans un document daté du 7 mai 1975.

41. BENSIMON D., DELLA PERGOLA S., *La Population juive de France, socio-démographie et identité*, Jewish Population Studies, CNRS, 1986, p. 11-12.

42. NOIRIEL G., *Le Creuset français, histoire de l'immigration (XIXe-XXe siècle)*, Seuil, 1988, p. 362.

les grandes catégories de la taxinomie officielle, en particulier la logique statistique française, sont massivement marquées en ce domaine par la seule démarcation selon le critère de la nationalité.

Au total, cette histoire n'ayant guère laissé de données statistiques ou d'archives, sa transmission, son existence même, dépendent de la présence ou de l'absence d'une tradition orale. Il est banal de dire que l'histoire appartient aux vainqueurs. Force est de constater que les combattants supplétifs vaincus de la cause de l'Algérie française n'ont pas encombré la mémoire de leurs fils de regrets, de souvenirs ou de nostalgie. Et si, dans la France actuelle, bien des groupes porteurs d'une mémoire enfouie quant à la guerre d'Algérie se réfugient — on l'a vu — dans le « non-dit », s'agissant des harkis, ce « non-dit » est particulièrement massif.

Il se trouva des historiens pour pratiquer largement l'histoire orale, recueillir et transmettre la tradition orale relative aux guerres menées par les protestants des Cévennes et du bas Languedoc au début du XVIIIe siècle et aux guerres de l'Ouest à la fin du même siècle, parce qu'ils estimaient que la plupart des textes écrits reflétaient le point de vue du vainqueur. Significativement, aucune démarche de ce type n'a pu se développer en France parmi les harkis[43]. Cette population se trouve ainsi dépourvue d'une mémoire collective lui permettant d'assumer l'engagement qui fut pris entre 1954 et 1962, l'histoire de son installation dans ce pays, et enfin d'affirmer positivement son existence, de la défendre et de la justifier. A tel point qu'il ne m'est jamais apparu que cette population constituait ou puisse constituer une communauté. Du

---

43. En vingt-cinq ans, il n'a été publié — à ma connaissance — que quatre ouvrages à portée autobiographique rédigés par des supplétifs ou par des responsables algériens de formations supplétives :

— BOUALAM S., *Mon pays, la France*, France-Empire, 1962 ; *Les harkis au service de la France*, France-Empire, 1963.

— FERDI S., *Un enfant dans la guerre*, Seuil, 1983.

— SADOUNI B., *Français sans patrie*, Copie plus, Rouen, 1985.

Quant aux chercheurs, la question n'a guère éveillé leur curiosité. Parmi le petit nombre de travaux publiés sur ce sujet, trois thèses seulement retiennent l'attention, tant par la qualité de la documentation historique et statistique que par la richesse des éléments d'enquête fondés sur des témoignages oraux :

— HEINIS A., *L'Insertion des Français-Musulmans. Étude faite sur les populations regroupées dans le midi de la France dans les centres d'ex-harkis*, Montpellier, 1977.

— ABDELLATIF RECKAYA S., *Enquête sur la condition familiale des Français-Musulmans en Picardie*, Paris, EHESS, 1981.

— HAMOUMOU M., *Les Français-Musulmans rapatriés : archéologie d'un silence, op. cit.*

reste, dans quel espace familier suffisamment stable une mémoire collective pourrait-elle s'inscrire ?

Fréquemment, c'est le silence qui accueille toute question portant sur la nature des opérations auxquelles ces anciens supplétifs ont participé durant la guerre. Que les questions soient posées par leurs enfants ou par un étranger ne change pas grand-chose à l'affaire. Tout au plus parvient-on à obtenir un récit du départ en France. Toutefois on aurait tort de mettre ce silence sur le seul compte d'une autocensure résultant d'un sentiment de culpabilité. On peut en effet retrouver la même discrétion chez des Algériens qui luttèrent pour l'indépendance. « A la maison on ne parlait jamais de la guerre, raconte le journaliste Farid Aïchoune. Même maintenant, mon père n'en parle jamais, ni de son arrestation. Une forme de pudeur. C'est très algérien, très kabyle. On a une certaine conception de la pudeur. C'est le même mot — *neff* — qui veut dire à la fois pudeur et honneur. Mon père a été torturé, il n'en parle pas, il ne dit jamais : j'ai fait ceci ou cela. Et ma mère non plus. On dit en arabe : le passé est le passé. Ce qui est mort est mort. C'est fini, réglé. Il n'y a pas cet esprit d'ancien combattant. J'aime assez ça, parce que je pense que les gens ont agi par devoir, parce qu'il fallait le faire. Après, mes parents n'ont pas fait de politique, ça ne les intéresse pas du tout. Une fois que c'est fini, c'est fini. Ni procession, ni drapeau, ni aller pleurer au carré des martyrs. Ça me séduit assez comme mentalité. Moi si j'en parle, c'est parce que je ne veux pas que l'oubli soit la seule forme de mémoire dans ce pays[44]. »

Pour que le tableau soit complet, il reste enfin à mentionner une dernière série d'obstacles dont les effets d'occultation sont loin d'être négligeables. Il s'agit des diverses lois d'amnistie qui — tout au long des années soixante — non seulement empêcheront la mise en œuvre de poursuites, mais limiteront également l'évocation d'un certain nombre d'épisodes de la guerre. Ainsi seront protégés les tortionnaires — seuls étant susceptibles de poursuites les audacieux qui mentionneraient faits et noms.

Les accords d'Évian furent signés le 19 mars 1962. En vingt ans, par extensions successives (décrets d'amnistie des 22 mars et 14 avril 1962, lois d'amnistie des 18 juin 1966 et 31 juillet 1968), tout a été effacé — viols, crimes, tortures, etc. Sur le terrain juridique,

44. Témoignages de Farid Aïchoune *in* LEVINE M., *Les Ratonnades d'octobre*, *op. cit.*, p. 220.

les dossiers sont classés et les assassins peuvent désormais dormir tranquilles ; même si, note Pierre Vidal-Naquet, « il y eut certes contre certains tortionnaires et certains assassins de rang généralement modeste (le grade de lieutenant constituant une sorte de limite supérieure) des poursuites et même quelques condamnations[45] ».

Pour couronner le tout, en 1982, un *Projet de loi relatif au règlement de certaines conséquences des événements d'Afrique du Nord* était présenté et discuté à l'Assemblée nationale. Il s'agissait en fait de reconstituer la carrière et de réintégrer dans le cadre de réserve des officiers et des généraux condamnés ou sanctionnés pour leur appartenance à l'OAS. Dans son intervention, Pierre Mauroy — alors Premier ministre — déclara : « Un peuple est toujours fort lorsqu'il parvient à surmonter ses divisions et réintégrer ses citoyens égarés. (...) Le pardon n'est pas l'oubli. Il n'implique aucune approbation des faits qui, hier, ont provoqué les condamnations. » Certes ! Mais, comme le dit Alfred Grosser[46], que de crimes à jamais impunis ! Combien croise-t-on de ces braves citoyens anonymes, bons électeurs et... ex-tortionnaires, pilleurs, massacreurs ? On tombe forcément sur ces tueurs retraités un jour ou l'autre.

Que de sanctions — nullement effacées — prises contre ceux qui voulurent ou voudraient encore les dénoncer ! Il faut en effet savoir — pour apprécier la portée des lois d'amnistie, et nul n'est censé les ignorer — que si l'un quelconque des acteurs de cette guerre estime que les faits rapportés dans un article sont diffamatoires à son égard et porte plainte, l'article 35 de la loi sur la presse stipule — contrairement à la règle générale — que le journaliste et sa publication ne seront pas admis à apporter la preuve des faits qu'ils ont avancés. Ce qui revient à une condamnation à coup sûr[47].

Or, il se trouve que la question capitale des crimes qualifiés perpétrés par l'armée française au nom de la présence française en Algérie — crimes dont la justice ne poursuivit presque jamais les auteurs parce que l'État en portait la responsabilité — est au centre du silence qui pèse sur la question des harkis. Si crimes il y a eu contre les lois de la République, ce fut au nom de celle-ci, et comme les ayant ordonnés elle ne peut les condamner et se refuse

45. VIDAL-NAQUET P., « La torture aujourd'hui. Rapport sur l'Algérie », *in Face à la raison d'État, op. cit.*, p. 124.
46. GROSSER A., *Le Crime et la mémoire*, Flammarion, 1989, p. 181.
47. Dossier « Torturés par Le Pen », *Libération*, 12 février 1985.

à en assumer la responsabilité, celle-ci retombe sur tous ceux qui reçurent de tels ordres, dont les supplétifs. En l'absence de procès, victimes, exécutants et témoins passifs n'ont aucun repère par rapport auquel situer leur histoire particulière. Elle ne peut alors qu'être refoulée en un *non-dit*.

Il faut donc rouvrir le dossier des crimes de l'armée française. Le passé ne pourrait être liquidé, le silence brisé, les exécutants — soldats appelés ou supplétifs — ne pourraient commencer à se regarder et à s'écouter, à retrouver une image d'eux-mêmes plus compréhensible et plus supportable, que dans la mesure où l'Algérie aurait promulgué une loi d'amnistie *et* où, en France :

1. il aurait été reconnu, au moins *a posteriori*, légalement et juridiquement qu'il y eut bien en Algérie un *état de guerre* ;
2. la lumière aurait été faite sur tous les aspects de cette guerre ;
3. des sanctions — au moins symboliques — auraient été prises contre les criminels de guerre, contre les acteurs principaux, politiques et militaires, des exactions commises[48].

Il faut enfin donner raison à ce graffiti tracé dans le métro par de jeunes Algériens : « Klaus Barbie en France ! A quand Massu et Bigeard à Alger[49] ? »

48. A cet égard je m'écarte totalement du point de vue de Mohand Hamoumou. Dans sa thèse, de loin le meilleur travail universitaire publié sur cette question, il affirme en effet que seule une « amnistie générale algérienne peut (...) résoudre complètement le problème des harkis » et que « la France peut reconnaître sa dette et les aider matériellement mais c'est l'Algérie seule qui peut effacer le stigmate de la trahison ». Cette position présente l'inconvénient majeur de transformer la question des « Français-Musulmans » en une question purement algéro-algérienne, ce qu'elle n'a jamais été.

49. L'anecdote est rapportée par Alain MAILLARD DE LA MORANDAIS (*L'honneur est sauf*, Seuil, 1990).

I

La guerre

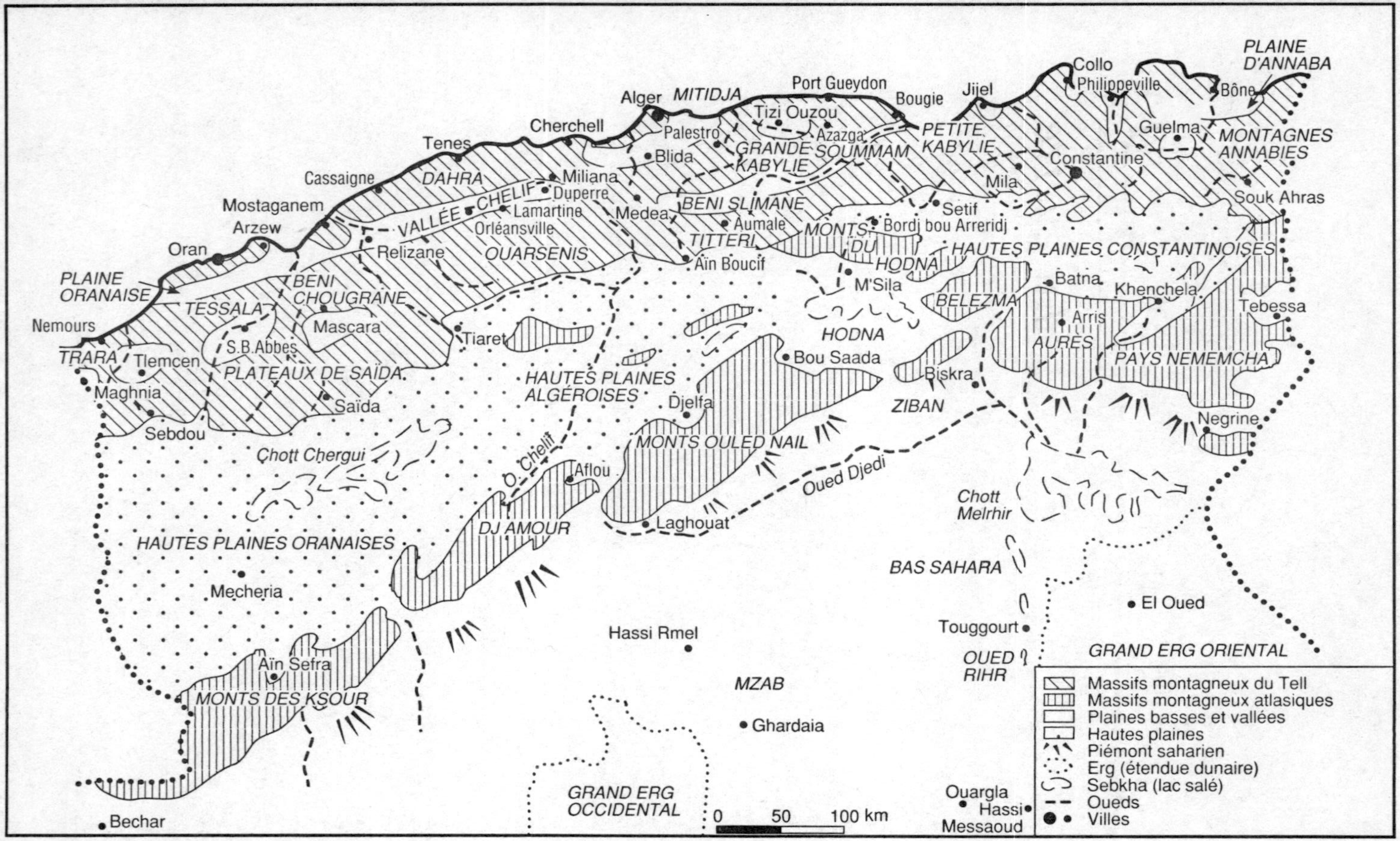

D'après Marc Côte : l'Algérie ou l'espace retourné, Flammarion, 1988.

1

Toutes les légendes naissent à Arris

Il y a deux mois, la catastrophe d'Orléansville frappait l'Algérie et avec elle la nation française tout entière. Contre les rigueurs de la nature les hommes s'unissaient, un grand mouvement de solidarité apportait à chacun un peu de consolation et beaucoup d'espérance. Mais voici qu'aujourd'hui, par la volonté de quelques-uns, un nouveau drame atteint les trois départements d'Algérie. Pendant la nuit du 31 octobre au 1er novembre on a tué, incendié, provoqué l'émeute et le désordre. Et pourquoi ? Pourquoi donc furent-ils abattus ce jeune instituteur et sa femme qui devaient le lendemain commencer leur belle et difficile mission au cœur même de l'Aurès ? Ils venaient apporter aux enfants algériens les leçons d'une vieille et haute culture, en même temps que les richesses d'un cœur fraternel. Que cherchaient donc leurs assassins ? Voulaient-ils aussi en abattant le caïd de M'Chounèche, Ben Hadj Sadok, qui retournait à son poste de responsabilité, crier leur hostilité contre les anciens combattants de l'armée, ces anciens combattants qui fournissent tant de cadres courageux et utiles à l'administration ? Qu'a-t-on voulu prouver en tirant à bout portant sur ces jeunes soldats qui montaient la garde d'un casernement ? Crimes odieux contre d'innocentes victimes, crimes absurdes et qui seront châtiés, car celui qui emploie de tels moyens doit savoir qu'il sera frappé à son tour.

En s'attaquant à nos compatriotes algériens, les meurtriers et les émeutiers ont dressé contre eux la force française. Cette force défendra la justice en maintenant l'unité nationale, en protégeant ceux qui travaillent et ceux qui peinent, en rétablissant la paix civique. Appuyée sur la volonté de concorde et de progrès de l'immense majorité du peuple, elle interdira aux agitateurs, le plus souvent recrutés à l'étranger, la poursuite d'une œuvre de destruction.

Si les meneurs ont voulu alerter l'opinion internationale, à la veille d'une session des Nations unies, ils ont eu tort. L'Algérie c'est la France, et la France ne reconnaîtra pas chez elle d'autre autorité que la sienne. Le seul arbitre des différends entre les citoyens, c'est l'État, le seul responsable de l'ordre, c'est l'État et il ne peut y avoir d'autre juge que lui et d'autre autorité que la sienne lorsque l'unité nationale est en jeu. »

François MITTERRAND, ministre de l'Intérieur*.

Puisqu'il convient probablement, en ouverture, d'aller traquer l'événement fondateur, n'hésitons pas à plonger dans la légende telle qu'elle a été fixée pour la postérité par l'ethnologue Jean Servier[1] et transmise par le journaliste Yves Courrière[2].

La scène se déroule dans les Aurès, un massif montagneux long de 100 km et large de 80, une muraille qui emplit l'horizon et sépare le Constantinois du désert. Au nord, les chotts qui s'étendent au pied des monts de Constantine ; au sud, les palmeraies de Biskra. De profonds canyons, des forêts immenses, de hauts plateaux de roc brûlé. Les vergers succèdent aux palmiers, puis les cèdres précèdent les sommets enneigés. Parmi les chênes-nains, les oliviers sauvages, les buissons d'arare et de delfa, des villages s'accrochent aux pitons.

Un de ces vieux cars Citroën verts grimpe péniblement les lacets de la route nationale 21 qui s'élève des sables de Biskra — la porte du désert — jusqu'à Arris, au cœur du massif aurésien. A M'Chounèche, un ancien capitaine de spahis — nommé ensuite caïd — a pris place dans le car. Il s'appelle Hadj Sadok. A Tiffelfel, c'est un couple d'instituteurs auxiliaires, les Monnerot, mariés depuis deux mois et en poste depuis trois semaines, qui se joints aux passagers. Quelques kilomètres après Tiffelfel, le car s'engage dans les gorges escarpées de Thighanimine, entre le Foum Taghit qui se dresse à gauche, et l'oued el-Abiod qui serpente vingt mètres plus bas, parmi les éboulis.

Soudain, une brusque secousse projette les passagers les uns sur les autres. Une murette de pierres sèches coupant le passage a

* Débat parlementaire, 12 novembre 1954, *Journal officiel*.

1. SERVIER J., *Dans l'Aurès, sur les pas des rebelles*, France-Empire, 1955 ; *Adieu djebels*, France-Empire, 1958.

2. COURRIÈRE Y., *Les Fils de la Toussaint*, Fayard, 1968.

obligé Djamel Hachemi, le chauffeur, à freiner brusquement. On se trouve alors à 77 km de Batna, à 18 km d'Arris et il est 7 h 40 le 1er novembre 1954.

A travers les glaces du car, les voyageurs aperçoivent, éparpillés derrière les rochers, une dizaine de ces combattants qu'ils nommeront bientôt les *djounoud* (soldats) et que la presse française et l'armée qualifieront de rebelles, de hors-la-loi (HLL) et de fellaghas. Vêtu d'un de ces treillis issus des surplus américains que la Seconde Guerre mondiale abandonna dans tous les souks du Maghreb, Bachir Chihani — le chef du commando — fait descendre les Monnerot et Hadj Sadok. Ce dernier fit-il le geste de se saisir du 6,35 dont il était armé ? C'est en tout cas l'impression qu'eut Mohamed Saïd, d'Arris, qui, armé de la seule mitraillette que possédait le commando, couvrait son chef. La rafale qui fauche le caïd atteint également Guy Monnerot à la poitrine et sa femme à la hanche gauche. Ils sont poussés sur le bas-côté tandis que le caïd agonisant est déposé sur une des banquettes du car qui l'emmènera à Arris.

La « Toussaint rouge » et l'initiative de Jean Servier

La guerre d'Indochine s'est achevée le 27 juillet, et, ce 1er novembre 1954, la guerre d'Algérie commence. Le récit de l'embuscade des gorges de Thighanimine appartient aujourd'hui à la mythologie de la « Toussaint rouge ». S'agissant d'une journée qui visait à saisir à froid le gouvernement général, son état-major et les préfets au moyen d'une situation insurrectionnelle sur l'ensemble du territoire, d'une série d'opérations lancées à des centaines de kilomètres de distance, d'une trentaine d'attentats sur un front de 1 400 km — de l'Oranais jusqu'au Constantinois, de Cassaigne à Souk-Arras —, il y avait pourtant matière à nombre de récits. On aurait pu aisément commencer par la mort obscure de Ahmed ben Amar Haroun, garde supplétif musulman de Dra el-Mizan, tué pour avoir tenté d'interpeller une dizaine d'hommes qui glissaient des tracts sous les portes. Il fut abattu et son arme dérobée.

Si Arris fit recette, c'est sans nul doute parce que des civils français en furent les victimes. Mais c'est pour de tout autres raisons qu'il est apparu opportun de commencer par les Aurès.

En premier lieu, c'est bien dans les Aurès que se situe le foyer de l'insurrection de novembre 1954. Des *katibas* (unités de combattants de l'ALN formées de 110 hommes) organisées y tiendront en permanence le djebel malgré les opérations qui, durant huit ans, s'y succéderont continuellement, des premiers ratissages par les CRS jusqu'aux interventions des parachutistes en 1961. Comme le dit le géographe Armand Frémont : « Le Sud-Constantinois, dont l'Aurès était le bastion, fut, à l'égal de la Kabylie, un foyer ardent de la rébellion. Celle-ci commença dans l'Aurès où s'organisa la puissante willaya 1. Et les grandes opérations du plan Challe s'achevèrent en 1961 dans l'Aurès dont elles ne vinrent d'ailleurs pas à bout[3]. »

Là, se mène une guerre des paysans dirigée par des opposants de toujours — les Chaouïas —, une jacquerie ancrée dans une société traditionnelle, refoulée et réduite à la misère. Là, des tribus entières — Touabas et Beni Bou Slimane — sont quasi en état de dissidence et l'engagement de certains douars est total : douar Ichmoul, douar Zellatou, etc. Il faudra attendre mai 1955 pour voir l'activité des djounoud s'étendre à la région septentrionale de la Kabylie. Et il faudra attendre le 20 août 1955 pour que des milliers de paysans armés de couteaux et de haches se soulèvent dans le Nord-Constantinois. Soixante et onze Européens seront tués dans cette insurrection qui, en ébranlant l'Algérie, ouvrira une nouvelle phase de la guerre. « Dès cet instant — affirme Jacques Chevalier, maire d'Alger —, la révolution algérienne (...) allait, pour la France, devenir la guerre d'Algérie[4]. »

En second lieu, c'est dans les Aurès et durant les premières semaines de la révolution que furent formulées et proposées toutes les tactiques qui seront employées avec plus ou moins d'efficacité durant les années suivantes. Et parmi celles-ci, le recrutement de supplétifs.

Revenons donc à Arris, où le lundi matin 1er novembre 1954, dans une chambre du bordj — la résidence réservée aux fonctionnaires de passage —, s'éveille Jean Servier.

Né à Constantine en 1918, ancien officier du Cadre noir de Saumur, ancien officier de la campagne d'Italie, Servier parcourt, à partir de mars 1949, les deux Kabylie, les Beni Snus, les monts du Zakkar et de l'Ouarsenis, le Chenoua, de la frontière marocaine à l'Aurès en passant par les hautes plaines d'Algérie. Il dit avoir à cette époque le statut de chercheur du CNRS, et il tirera une thèse de cette expérience[5]. Par la suite, Servier deviendra

3. FRÉMONT A., *Algérie el-Djazaïr*, Maspero, 1982, p. 171-172.
4. Témoignage de Jacques Chevallier cité par URI P., *Mémoires de notre temps*, Calmann-Lévy, 1967, p. 241-242.
5. SERVIER J., *Les Portes de l'année. Rites et symboles. L'Algérie dans la tradition méditerranéenne*, Robert Laffont, 1963.

professeur de sociologie et d'ethnologie à la faculté des lettres et sciences humaines de Montpellier.

Apprenant l'attaque du car, Servier se rend au bordj de la commune mixte où il découvre l'administrateur Rey distribuant armes et munitions aux quelques dizaines de Français d'Arris. Servier se propose pour aller chercher les corps des Monnerot dont tous présument la mort. Rey prête une Jeep, un 5/5 Dodge, et des armes. Servier se met en route accompagné de deux employés algériens de la commune mixte, de deux maçons italiens de passage — employés à la construction du bâtiment de la justice de paix musulmane — de quelques Ouled Abdi que connaît l'ethnologue, et d'un officier de réserve algérien. Une mitraillette pour Servier qui monte dans le Dodge, une autre pour les Italiens qui vont conduire la Jeep... et des mousquetons pour les Arabes. La caravane atteint à midi les falaises de Thighanimine. Guy Monnerot est mort. Sa femme, blessée, sera ramenée à Arris et confiée à un médecin ukrainien venu échouer là, après la Seconde Guerre mondiale.

L'administrateur civil Rey est désemparé. Assisté de deux administrateurs adjoints, contrôlant dix-huit caïds et huit gendarmes, il dirige une commune mixte de 100 000 habitants. Un territoire vaste comme la moitié du Massif central. La ville européenne — le seul centre de colonisation, avec Batna, qui ait pu s'implanter au cœur d'un massif ayant déjà connu trois mouvements insurrectionnels antifrançais (1859-1879-1916) — présente, avec ses maisons bordées de cyprès, un aspect résidentiel et luxueux. A quelque distance, les Chaouïas sont terrés dans leur village accroché à flanc de coteau. Les huit gendarmes se sont barricadés avec femmes et enfants dans leurs locaux. Ils refusent d'y recevoir des étrangers et proclament que, conformément au règlement, ils n'interviendront que s'ils sont attaqués. Quant aux Français, cramponnés aux armes distribuées par Rey, affolés par la menace qu'ils sentent monter du village arabe, ils sont entassés dans le village administratif transformé en camp retranché.

Servier s'enquiert auprès de Rey de ce qu'il compte faire : « J'applique les directives en cas d'attaque. » L'ethnologue le prie de les lui communiquer. « Alors il me sort un dossier... Je lui dis : "mais c'est en cas d'attaque aérienne les fusils-mitrailleurs sur le toit des maisons, on n'est pas attaqué par avion" ; il me demande alors si j'y connais quelque chose[6]. » Servier lui ayant révélé qu'il

6. Témoignage de Jean Servier *in 500 000 harkis à la recherche de leur histoire*, France-Culture, 1er août 1989.

était officier de réserve se voit alors nommé commandant d'arme et prend deux initiatives.

Tout d'abord, il transforme le bordj en fortin. Autour du bâtiment intérieur qui servira de dortoir, des sacs de sable et des fusils-mitrailleurs sont installés aux points stratégiques ; l'oued couvert de broussailles, représentant le seul véritable point d'infiltration, est pris sous le feu croisé de deux fusils-mitrailleurs.

Ensuite, Jean Servier s'emploie à rectifier ce qu'il considère comme une « bêtise » de l'administrateur, qui pourrait être lourde de conséquences : la distribution d'armes aux seuls Européens. Il préconise à la fois de minimiser la gravité de la situation aux yeux de l'ensemble de la population et de bousculer la neutralité des Chaouïas d'Arris face au sort qui pourrait bien être réservé aux Français. Dans ce but, il compte utiliser l'hostilité traditionnelle qui oppose les Ouled Abdi — fortement représentés à Arris — aux Touabas, dont seraient originaires nombre des insurgés. Il s'agit de rallier les Ouled Abdi. Servier entreprend de convaincre l'agha Merchi, dont le père avait autrefois levé des supplétifs, que les Touabas sont entrés en rébellion. Il parvient avec son aide à recruter une cinquantaine d'hommes.

L'ethnologue raconte qu'à son retour du village Chaouïa, il fut accueilli sous les quolibets et les injures de la population française. « Je fis déposer les armes distribuées à la population d'Arris sur la place du village et puis je fis armer les gens avec qui j'étais venu[7]. » Le groupe de Chaouïas Ouled Abdi fut cantonné dans un coin du bordj et après que Servier eut dressé une liste de volontaires européens et musulmans, les rondes commencèrent à la tombée de la nuit. Les sentinelles — Français et Chaouïas mêlés — étaient relevées toutes les deux heures.

Au milieu de la matinée du 2 novembre 1954, arrivant de Batna, le groupe d'artillerie du capitaine Gazzerine, ancien condisciple de Servier au lycée de Constantine, fit son entrée dans Arris avec une vingtaine d'engins blindés et une centaine d'hommes. L'aventure de Servier à Arris s'achèvera à la fin de la première quinzaine de novembre avec l'arrivée des parachutistes du colonel Ducourneau. Rapatrié en France avant Dien Bien Phu, Ducourneau est le premier des rescapés de cette armée, allée s'engloutir en Extrême-Orient, à débarquer en Algérie. Outre la légende des harkas, celle des paras va aussi naître à Arris et ceux-ci deviendront rapidement les enfants chéris des pieds-noirs.

---

7. J. SERVIER, émission citée.

Les limites de l'ethnologie coloniale

Des gardes mobiles prennent en main le groupe armé d'Ouled Abdi, qui se voit alors transformé en « groupe mobile de protection rurale »[8], force de police supplétive mise à la disposition des préfets, dont Jean Vaujour, le directeur de la Sécurité générale en Algérie, a préconisé et obtenu la création. Six mois plus tard, en avril 1955, le GMPR d'Arris connaît une seconde mutation avec l'arrivée du capitaine Anglada qui a pour charge de former un *makhzen* opérationnel (sous le protectorat marocain, les makhzens étaient les unités supplétives formant la garde personnelle des officiers français de renseignement) ; le groupe formé par Servier, qui était au départ un groupe d'autodéfense (GAD) composé de volontaires ne percevant pas de solde et affectés sur place à la surveillance et à la protection du village, après avoir été quelques mois un GMPR, devint enfin une unité mobile participant à des opérations offensives et relevant de l'autorité militaire. Une évolution qui illustre à la fois l'imbrication très complexe des divers groupements de supplétifs et la logique d'un conflit qui amena rapidement le militaire à prendre le pas sur le civil, le général sur le préfet, et l'armée sur la police. On y reviendra.

Le capitaine Anglada était chef de bureau à Taounate près de Fez quand il reçut son ordre de mission. Il fait partie de cette équipe d'officiers des affaires indigènes du Maroc — spécialistes présumés des questions berbères — détachés en Algérie par Rabat, à la demande de Jacques Soustelle, qui remplace Roger Léonard au gouvernement général depuis février 1955. Le makhzen dont Anglada prend le commandement compte alors 150 hommes. Dès la première quinzaine de juin 1955, il part en opération, et le 6 juillet a lieu le premier combat contre les djounoud dans la région de Khandat-Zidane. Le même mois, en représailles, le FLN frappe les mokhaznis d'Arris ; des maisons sont incendiées, des troupeaux massacrés, des parents assassinés.

Georges Anglada affirme qu'il parviendra à recenser jusqu'à 1 200 volontaires, y compris les prisonniers, qu'il acceptera « à condition qu'ils prêtent serment de fidélité à l'agha Merchi sur le Coran, devant douze témoins[9] ». Le makhzen opérationnel d'Arris groupera jusqu'à 360 hommes et restera en activité durant toute

8. Ces GMPR seront souvent surnommés « Jean-Pierre », en raison de leurs initiales.

9. Témoignage de Georges Anglada *in* DEZET P., « Les harkis, ni mercenaires, ni collabos », *Le Crapouillot*, n° 93, avril 1987.

la guerre. En 1958, l'état-major — qui s'était jusqu'alors montré assez réticent sur l'emploi de supplétifs — décida d'en généraliser l'usage et d'affecter une harka de 30 hommes à chaque compagnie de 150 hommes ; le makhzen d'Arris dut alors réduire ses effectifs et se séparer d'une centaine d'hommes qu'on versera dans un groupe mobile de sécurité[10] créé à cet effet. Bénéficiant d'un statut dérogatoire, il maintiendra cependant des effectifs supérieurs aux normes — à l'instar d'autres gros makhzens opérationnels des Aurès : 120 hommes à Foum Toub, 100 hommes à Menaha et 250 hommes à Arris au moment du cessez-le-feu.

Pourtant, il est inexact de faire d'un Jean Servier, armé du savoir ethnologique, l'inventeur des harkas, pour trois raisons au moins :

— le ralliement des Ouled Abdi relève plus du bricolage heureux que d'une subtile maîtrise de rivalités tribales ;

— le recrutement de supplétifs n'est pas une invention datant de la guerre d'Algérie : il s'inscrit au contraire comme une donnée permanente de la politique coloniale ;

— le groupe de Chaouïas Ouled Abdi ne constituera jamais une harka du type de celles qui seront répandues en 1958. S'il anticipe, c'est par rapport à trois autres types de formations supplétives : groupes d'autodéfense, GMPR et GMS, goums[11] mobiles et makhzens opérationnels.

Dans ses mémoires, le préfet Vaujour accrédite la thèse du ralliement à la France de la tribu des Ouled Abdi, « adversaires de toujours des Touabas qui ont fourni l'essentiel des maquisards de Ben Boulaïd[12] ». Il est vrai qu'un certain nombre d'éléments militent en faveur de cette thèse. Mostefa Ben Boulaïd, qui dirige l'insurrection dans les Aurès, est un Touaba. Né à Arris le 5 février 1917, avant-dernier d'une famille de sept enfants, il fait ses études primaires à Batna et effectue son service militaire au 11ᵉ régiment de tirailleurs algériens. Il devient caporal de l'armée française. Mobilisé en 1939, réformé en 1942, remobilisé après la libération de l'Afrique du Nord en 1943 et 1944, il termine la guerre avec le grade d'adjudant, la croix de guerre et la médaille militaire obtenue durant la campagne d'Italie. Entre-temps, il a créé — en 1935 — une entreprise de transports qui assurera après 1944 la ligne des voyageurs Batna-Arris. La situation de quasi-

10. Les groupes mobiles de sécurité (GMS) compléteront les groupes mobiles de police rurale (GMPR) en tant que forces de police supplétive en zone urbaine.

11. En arabe, *goum* signifie troupe.

12. VAUJOUR J., *De la révolte à la révolution. Aux premiers jours de la guerre d'Algérie*, Albin Michel, 1985, p. 228.

monopole dans laquelle il se trouve durant quelques années lui permet d'acquérir, en février 1952, un domaine de 93 hectares de terres à céréales qui viennent s'ajouter à une propriété agricole à Foum-Toub, un moulin à Affra, une maison et un garage à Arris. Cet homme aisé a rejoint le PPA (Parti du peuple algérien) clandestin de Messali Hadj en 1946. Responsable local du MTLD (Mouvement pour le triomphe des libertés démocratiques), candidat de cette formation aux élections à l'Assemblée algérienne de 1948 dans la circonscription de Batna-Aurès, il voit son élection annulée par l'administration au profit du cadi Abdelkader, candidat de l'UDMA. C'est durant ces mêmes années 1948-1949 que Ben Boulaïd, parcourant inlassablement les montagnes de l'Aurès, entreprend avec succès la réconciliation des tribus Touabas et Beni Bou Slimane, qu'une sanglante rivalité agitait à cette époque[13]. Il les rallia toutes les deux au MTLD.

Dans les jours qui suivirent la Toussaint — et après une série de perquisitions et d'arrestations au domicile de membres du PPA-MTLD —, Ahmed Bouchemal, secrétaire de la section du CRUA (Comité révolutionnaire d'union et d'action) de Batna livrait au commissaire Courrieu, responsable de la brigade mobile de Batna, les noms des responsables aurésiens de l'insurrection. Courrieu concluait ainsi le rapport qu'il adressait au sous-préfet Deleplanque : « La tribu des Touabas dont sont originaires les frères Ben Boulaïd, grands responsables pour la région des Aurès, semble s'être ralliée complètement à la rébellion, voulant devancer la tribu rivale qui lui est ancestralement hostile, celle des Beni Bou Slimane. (...) Le plus grand calme n'a cessé de régner parmi les gens de la tribu des Ouled Abdi[14]. »

Et pourtant, en dépit des certitudes conjointes de la science ethnologique et de l'enquête policière, huit années de guerre démontreront que sauf exception — et Arris en est une — les Ouled Abdi soutiendront l'ALN alors que bon nombre de Touabas rallieront, de gré et bien souvent de force, les unités de supplétifs. Tous les témoignages des officiers français responsables de makhzens opérationnels concordent sur ce point.

On verra — dans le chapitre 3 — à quels déboires militaires conduiront les présupposés théoriques de l'ethnologie coloniale appliqués au ralliement des « indigènes ».

---

13. Les armes de guerre achetées à cette occasion dans le Souf resserviront au moment de l'insurrection (*cf.* BROMBERGER S., *Les Rebelles algériens*, Plon, 1958).
14. COURRIÈRE Y., *Les Fils de la Toussaint, op. cit.*, p. 421.

Les « supplétifs indigènes » : une vieille tradition coloniale

L'armée d'Afrique naquit le 14 juin 1830 et disparut le 3 juillet 1962. Durant cent trente-deux ans, officiers et administrateurs recrutent largement sur place en Algérie, puis au Maroc et en Tunisie. Faidherbe fera de même, plus au sud, en créant le 5 décembre 1854 les deux premières compagnies de tirailleurs sénégalais ; puis de telles initiatives se répandront aux quatre coins de l'empire : tirailleurs annamites (1879), tirailleurs tonkinois, tirailleurs malgaches (1895), etc.[15]. En 1930 , pour l'ensemble des forces stationnées outre-mer, Afrique du Nord comprise, on compte 58 000 Européens seulement sur 198 000 officiers et hommes de troupe. Ils occupent essentiellement les postes d'encadrement et de techniciens[16]. A quoi il faut ajouter les 24 000 « indigènes » des troupes auxiliaires. A côté des unités régulières de zouaves, tirailleurs, spahis et autres chasseurs d'Afrique, dont certaines issues de milices supplétives locales[17], la levée de supplétifs indigènes commandés par des officiers français fut une donnée constante des campagnes d'Afrique.

Les premiers goums sont algériens. « Ces auxiliaires occasionnels, par leur connaissance de la langue et du pays, jouent avec profit le rôle d'éclaireurs. L'un de ces goums, enrôlés sur les hauts plateaux de la frontière algéro-marocaine, débarque à Casablanca, en août 1907, avec le corps expéditionnaire du général Drude (...). Le 3 octobre 1907, en relève du goum algérien rapatrié, est cons-

---

15. MONTAGNON P., *La France coloniale*, Pygmalion, 1988, p. 402.

16. Jusqu'à la Seconde Guerre mondiale, le grade de capitaine est le plafond reconnu pour un « indigène » aussi bien dans l'armée d'Afrique que dans les troupes coloniales. Ce n'est qu'à partir de 1947 qu'ils peuvent en théorie accéder aux grades supérieurs de l'armée et de la fonction publique (*cf.* MONTAGNON, *op. cit.*, p. 400).

17. Ainsi les zouaves qui prolongent une expérience menée lors de la campagne d'Égypte de l'an VIII, au cours de laquelle Bonaparte avait autorisé certains de ses officiers à constituer des milices locales, solidement encadrées. Les zouaves tirent leur nom de la tribu kabyle des Zouaouas à laquelle avaient déjà recouru les Turcs. Dès le mois d'août 1830, le colonel d'Aubignosc — nommé lieutenant général de la police après la prise d'Alger — présentait au maréchal de Bourmont une *Note pour servir de base à un traité avec la nation Zouave* à laquelle était joint un mémoire précisant qu'un certain Hadj Abrachmane Henni déclarant représenter la *nation Zouave* proposait un corps auxiliaire de 2 000 zouaves.

— Ainsi les milices turques d'Ibrahim à Bône, d'Ahmed Bey à Constantine, le bataillon turc du bey d'Oran qui donneront naissance en 1832, 1837 et 1842 à des bataillons de tirailleurs indigènes ou *turcos*, rebaptisés régiments de tirailleurs algériens à partir de 1856.

— Ainsi le corps de cavalerie *indigène* des spahis (du turc *si pahi*, cavalier) officialisé en 1845.

titué le premier goum marocain à deux pelotons de cinquante cavaliers fournis par les tribus ralliées de la Chaouïa. Les goums seront bientôt au nombre de six, et monteront jusqu'à cinquante et un[18]. Regroupés, ils formeront les célèbres *tabors*[19]. »

Les goumiers recevaient une solde, un armement, mais, pour le reste, subvenaient à leurs besoins. A l'exception des célibataires qui vivaient dans le poste, les goumiers et leurs familles habitaient un douar installé à proximité. Leur mission était d'assurer la sécurité autour du point d'implantation, d'attirer les populations pour faciliter les contacts avec les Français, enfin, de fournir des éclaireurs aux troupes régulières dans leurs déplacements. L'engagement originel de ces troupes supplétives est d'un an, porté à deux ans en 1914[20]. Durant la Première Guerre mondiale, elles permettront à la France de se maintenir sur place au prix d'une présence quasi nulle des troupes du corps d'occupation au Maroc.

Au temps du protectorat français au Maroc, quatre autres catégories de formations supplétives coexistèrent avec les goums.

— les mokhaznis, au nombre de 2 960 en 1925, qui constituent la garde personnelle des officiers de renseignement ; ce sont les ancêtres des mokhaznis algériens qui rempliront — on le verra dans le chapitre suivant — une fonction analogue auprès des officiers SAS ;

— les piétons et cavaliers des *mahalla* caïdales engagés pour des actions très ponctuelles, misérablement soldés et licenciables à volonté ; en 1919, une mahalla glaoua atteint 15 000 hommes ;

— les convoyeurs auxiliaires du train, conducteurs d'animaux de bât et hommes de peine réquisitionnés selon des méthodes le plus souvent coercitives[21].

Quant aux harkas marocaines, elles n'ont que peu à voir avec les unités assez stables et pourvues d'un encadrement français qu'on trouvera sous ce nom en Algérie à partir de 1956[22]. *Harka* signifie *mouvement* en arabe et, par extension, milice recrutée par une autorité locale. Dans la tradition militaire du Maghreb, ces unités ont un caractère provisoire (elles mènent des expéditions à

18. A effectifs variables de cent ou deux cents hommes (fantassins ou cavaliers).

19. MONTAGNON P., *op. cit.*, p. 394.

20. LYAUTEY, *Lettre 301 EM. Lyautey à guerre*, 2 avril 1913, archives Lyautey, archives de France.

21. Sur les formations de supplétifs au Maroc, *cf.* RIVET D., *Lyautey et l'institution du protectorat français au Maroc. 1912-1925*, *op. cit.*

22. S'il faut à tout prix leur donner une ascendance, les harkas algériennes ont donc plutôt pour ancêtres les goums marocains.

caractère fiscal[23] ou punitif[24]), et sont marquées par une nette prédominance des chefs de guerre « indigènes »[25].

Par-delà la diversité des statuts, ces formations supplétives marocaines présentent deux caractéristiques communes que, *mutatis mutandis*, on retrouvera en Algérie.

Elles sont payées sur le budget du protectorat et non sur le budget de la guerre. Elles échappent donc dans une certaine mesure au contrôle de la rue Saint-Dominique. Lyautey, selon Daniel Rivet[26], n'a eu de cesse de manœuvrer serré pour interdire l'assimilation des troupes auxiliaires marocaines dans l'armée française. Il s'insurge contre un projet de loi déposé à la Chambre, dans l'euphorie provoquée par la découverte du « loyalisme des troupes indigènes » durant la Première Guerre mondiale. Ce projet de loi aurait facilité l'accès à la nationalité française des militaires et anciens militaires algériens, tunisiens et marocains. Lyautey considérait qu'une telle mesure risquait d'engendrer « la constitution d'une caste militaire jouissant d'un statut spécial, recrutée dans les classes qui ne sont certainement ni les plus intéressantes du peuple marocain, ni celles sur lesquelles nous avons intérêt à nous appuyer[27] ».

De tous les soldats, ils sont les plus exposés : « Rompus au pays, (...) rustiques et endurants à un degré qui ne saurait être dépassé, ils forment autour de nos colonnes en marche ou en stationnement un véritable filet de protection[28]. »

Les goums marocains furent engagés en Tunisie, en Sicile, en Corse, en Italie, en France, en Allemagne et en Autriche durant

---

23. Telles que les expéditions par lesquelles au Maroc le makhzen rançonnait et pillait la population.

24. Telles que les harkas qui se mobiliseront en 1908 à l'occasion de la Hafidhiya à l'appel de Shaykh Darkâwî Moulay Ahmed ou Ihassen contre la pénétration française au Maroc.

25. En mai 1913, une harka purement « indigène » et coalisant l'ensemble des grands caïds assurera au nom du protectorat marocain la reconquête du Sous rallié au mouvement hibiste. Le colonel Simon — chef du service des renseignements et des affaires indigènes, organisateur des premiers goums — et le lieutenant-colonel Lamothe — son adjoint dans le Sud marocain — avaient minutieusement dosé la harka afin de ménager la susceptibilité des grands caïds et d'éviter tout conflit interne arabo-berbère. Les gens du Haouz en furent écartés du fait de la « répugnance des éléments arabes ou arabisés de la plaine à se joindre à une harka de Chleuhs opérant en pays Chleuh » (*cf.* le *Rapport du général Brulardt sur la harka du Sous*, Marakech, 8 juillet 1913, AMG E2, Dossier Agadir Sous ; et RIVET D., *op. cit.*, tome 1, p. 191).

26. RIVET D., *op. cit.*, tome 2, p. 24-25.

27. LYAUTEY, *Rapport n° 535. Lyautey à AE*, 15 juin 1915, archives Lyautey, archives de France.

28. LYAUTEY, *Lyautey à guerre*, Fez, 5 juillet 1912, archives du ministère des Affaires étrangères, Maroc, nouvelle série, 284.

les opérations qui clôturent la Seconde Guerre mondiale. Puis on fit appel à eux en Indochine, où neuf tabors firent campagne. Enfin, des goumiers marocains furent dirigés par trains entiers vers les Aurès dans les semaines qui suivirent l'insurrection. Ce fut — ironie de l'histoire — leur dernière campagne. Outre les chasseurs parachutistes du colonel Ducourneau, c'est à eux qu'eurent affaire les hommes de Ben Boulaïd dans un premier temps. C'est contre eux que ce dernier dirigera une bonne part de ses griefs lors de l'entretien qu'il eut le 16 février 1955 avec Vincent Monteil à la prison de Tunis, après son arrestation. Mostefa Ben Boulaïd les accusait de piller, de violer et de détruire les provisions.

Courant 1955, la situation se dégradera avec le début des « affaires marocaines ». Les discussions entre la France et le Maroc provoquent des remous, l'indépendance est proche. Au départ, les goums refusent de partir en opération. Bientôt ils exigent leur retour au Maroc. Après des désertions en série[29], les goumiers, méfiants et craignant d'être liquidés en bloc par les Français, exigent de partir avec leurs officiers qu'ils retiennent en otages, et de conserver leurs armes jusqu'à la frontière marocaine.

Début 1956, Robert Lacoste — successeur de Soustelle au gouvernement général — décide de renvoyer au Maroc tous les tabors et les bataillons de tirailleurs marocains, soit la valeur de dix bataillons, plus une division. Le Maroc devient indépendant le 2 mars 1956. Le 12 mars, les goums sont dissous et transférés à l'armée royale marocaine.

A côté des goums, d'autres unités « indigènes » de l'armée d'Afrique et de la Coloniale intervinrent sur le sol algérien, tirailleurs sénégalais et commandos vietnamiens notamment. Eux aussi se distinguèrent par une particulière férocité à l'égard des Algériens. Pierre — un pied-noir qui a choisi de rester en Algérie — raconta à Françoise Gaspard qu'il rencontra en Kabylie « des commandos vietnamiens qui étaient eux-mêmes déjà les premiers harkis d'Extrême-Orient », et qui méprisaient les harkis d'Algérie en les traitant presque de sous-hommes : « Nous avions installé une base d'hélicoptères en Haute-Kabylie, et ces Vietnamiens qui étaient des combattants d'élite se gaussaient de temps en temps et

---

29. *Cf.* le témoignage de Stanislas Hutin *in Des rappelés témoignent*, Comité de résistance spirituelle, 1957, p. 16-27, et VIDAL-NAQUET P., *Les Crimes de l'armée française*, Maspero, 1975, p. 49-50. Tous deux infirment les propos du général Vanuxem, l'ancien commandant militaire des Aurès-Néméntchas. Pour Vanuxem : « ... goumiers et tirailleurs marocains, sans se révolter, refusent de sortir. Ils ne désertent pas, ils ne trahissent pas. » (*Cf.* PORTEU DE LA MORANDIÈRE F., *Soldats du djebel*, SPL, 1979, p. 47.)

venaient me voir en me disant : "Ah si ça avait été avec le Viet-minh, nous n'aurions pas pu tenir une nuit sur ce piton, tous les hélicos auraient sauté et nous aurions été descendus." Alors, évidemment, cela créait des animosités qui servaient aussi le commandement quand celui-ci savait en jouer[30]. »

Villageois « ralliés » et « groupes d'autodéfense »

Lors de sa première « tournée des popotes », du 27 au 30 août 1959, le général de Gaulle visita une trentaine de localités, de postes isolés, de popotes et de PC. Par la suite il dira : « [L'insurrection] peut et pourra indéfiniment entretenir ou faire renaître sa résistance dans les zones appropriées, grâce à la complicité générale de la population. A ce sujet, divers indices m'ont frappé. Partout où je suis passé dans le bled, les paysans que les militaires avaient rassemblés devant moi se tenaient pleins de déférence, mais muets et impénétrables. Cependant, à Tizi-Ouzou, agglomération trop nombreuse pour qu'on pût d'autorité en réunir les habitants, presque personne n'était là, en dépit de force haut-parleurs qui annonçaient mon arrivée. Dans un village kabyle que l'on me faisait visiter et dont, manifestement, on s'efforçait qu'il soit un modèle, mon entrée à la maison commune était saluée de vivats, la municipalité se confondait en hommages, les enfants de l'école entonnaient la *Marseillaise*. Mais au moment où j'allais partir, le secrétaire de mairie musulman m'arrêtait, courbé et tremblant, pour murmurer : "Mon général, ne vous y laissez pas prendre ! Tout le monde ici veut l'indépendance..."[31] » Une réflexion qui donne le ton de ce que seront bien souvent les villages ralliés et leurs « groupes d'autodéfense » (GAD).

Les GAD sont peu nombreux durant les premières années de la guerre. La défiance est telle que, fin 1955-début 1956, l'administration, révélant ainsi ses craintes et sa faiblesse, procède au ramassage des fusils. Dans une page de son *Journal*, l'écrivain Mouloud Feraoun évoque cet épisode : « Des ordres étaient donnés pour ramener toutes les armes détenues par les montagnards sur autorisations spéciales. De mémoire d'homme, ces autorisations étaient parcimonieusement accordées après enquêtes approfondies, por-

30. Témoignage *in 500 000 harkis à la recherche de leur histoire*, France-Culture, 2 août 1989.

31. Cité par FREIRE J., *La Guerre d'Algérie*, t. 3, Messidor/Temps actuels, 1981, p. 151.

tant notamment sur la situation de fortune, l'honorabilité, le loyalisme. Souvent d'ailleurs elles étaient monnayées par les caïds, les commis de bureau des communes mixtes, les secrétaires, plus récemment par les gardes champêtres et les présidents de centres. Au total, il pouvait y avoir selon son importance de dix à cent fusils de chasse dans chaque village. On décide de les ramasser et on veut faire vite. Alors ce fut la course aux armements : les gendarmes venaient le jour, les rebelles la nuit. Quand les uns ou les autres arrivaient les derniers on leur répondait poliment qu'il était trop tard et que les armes avaient été remises à l'adversaire[32]. »

Comment reconnaître, parmi les fellahs, ceux qui soutiennent les « rebelles » ? Début 1956, raconte Jean-Yves Alquier, qui fut chef de SAS et officier de renseignement, le maire algérien de Tazalt et les caïds réclamaient des armes. L'administration et les fonctionnaires locaux exigèrent de la population qu'elle remette ses fusils de chasse aux gendarmes[33].

Par la suite, la lassitude provoquée par une guerre qui dure, les assassinats de notables et de collaborateurs — ou supposés tels — par le FLN suscitèrent des ralliements. Les GAD se développent à mesure que se met en place le quadrillage administratif et militaire du territoire, que l'on appellera bientôt la « pacification »[34]. Selon des sources pour une fois concordantes[35], leurs effectifs s'élèveront à 60 000 membres entre 1960 et 1962, après les féroces batailles engagées en 1958 et 1959 dans le cadre du « plan Challe »[36] : un quadrillage systématique des hauts plateaux à grand renfort d'effectifs, qui persuadera les Français qu'au tournant des années soixante ils sont victorieux et que le territoire est désormais entièrement pacifié.

On ne peut inclure qu'avec la plus extrême prudence la totalité de ces GAD dans les effectifs des supplétifs. Mouloud Feraoun a donné un récit nuancé des ralliements de villages dans une page de son *Journal* datée du 12 juillet 1959 : « Mon village a eu les honneurs de *L'Écho d'Alger*[37]. Première page, sur trois colonnes

32. FERAOUN M., *Journal*, Seuil, 1962, p. 51-52.

33. ALQUIER J.-Y., *Nous avons pacifié Tazalt*, Laffont, 1957.

34. Il n'y avait au 1er janvier 1957 que 18 « villages d'autodéfense » ; leur nombre se serait élevé à 385 au 1er janvier 1960 (*cf.* BOUALAM S., *Les Harkis au service de la France, op. cit.*, p. 32).

35. *Cf. infra*, chapitre 2, *Effectifs des formations de supplétifs et des soldats algériens (appelés et engagés). État comparatif des sources*, p. 76-77.

36. *Cf.* chapitre 4.

37. Il s'agit de Tizi-Hibel, dans le douar des Beni Douala à l'ouest de Fort National. L'article de *L'Écho d'Alger* avait été rédigé par Marie Elbe et, dans une lettre du 25 juin 1959 à Emmanuel Roblès, Mouloud Feraoun en dira : « Une histoire rocambolesque qui relate le ralliement du village "entraîné" par un Kabyle chré-

s'il vous plaît, avec photos à l'appui. Mon village vient de se rallier (7 juin). Il est entouré de barbelés et des postes de garde veillent aux carrefours. Ma mère m'écrit : "Voici que nous sommes ralliés à la France. Le village est entouré d'une clôture de fil de fer et nous sommes tranquilles. Nous sommes libérés. Il nous a fait une fête, il est venu le général, il a donné des fusils pour les hommes de chez nous. Ils vont faire ici une école pour les filles et les garçons. Nous sommes tranquilles. On a mis cinq familles dans votre maison, des gens d'Agouni-Arous. Il ne faut pas venir maintenant jusqu'à ils viennent les gens d'Alger, jusqu'à que je vous dis. Je souhaite à Dieu on va se voir bientôt." Oui, il ne faut pas aller chez nous. Ceux qui y vont ne reviennent plus. On leur met un fusil entre les mains pour leur autodéfense et on leur interdit de sortir des barbelés.

« L'histoire du ralliement a plusieurs versions, mais j'en connais le responsable qui jusqu'ici était un fervent nationaliste. Il a peut-être été acculé par le maquis à agir ainsi. Ou bien il avait "la nostalgie de la paix française", comme dit Marie Elbe dans *L'Écho*.

« Quelques jours auparavant, le maquis avait encore enlevé quelques vieux pour les égorger dans les ravins. Quelques mois auparavant, il avait frappé d'amende à peu près tous ceux qui pouvaient encore donner. Il est évident que la population du village était lasse, malheureuse, meurtrie. Beaucoup ont dû pousser un soupir de soulagement à l'intérieur des barbelés. Réserve ce qu'il voudra l'avenir. C'est dans l'immédiat qu'ils ont besoin de répit et ce répit ils le trouvent[38]. »

A côté de celui de Mouloud Feraoun, de très nombreux autres témoignages soulignent le caractère factice d'une bonne part des ralliements obtenus dans des régions très occupées, très contrôlées. En plaine ou à proximité d'un poste, là où l'organisation du FLN doit rester strictement clandestine, la population apprend à vivre sous surveillance, à sourire aux soldats français, à leur offrir du café, à utiliser la thèse officielle selon laquelle elle est terrorisée par le FLN. Comme le dit alors le journaliste Serge Adour, « ils usent et abusent de l'argument pour s'excuser d'avoir payé l'impôt, d'avoir participé à un sabotage. Ils y ajoutent parfois un chapelet de louanges à la paix retrouvée, à la France et à l'armée. Mais

---

tien ; (...) il a rallié les femmes et quelques vieillards qui s'y trouvaient encore et qui ont été pourvus de fusils pour autodéfense » (*cf.* FERAOUN M., *Lettre à ses amis*, Seuil, 1969, p. 157).

38. FERAOUN M., *Journal, op. cit.*, p. 296-298.

quand on leur demande des renseignements plus précis, ils ne savent rien, les responsables du Front qui sont passés étaient des inconnus, les jeunes qui ont disparu sont en France, etc.[39]. »

Au cours de l'été 1959, pour répondre aux directives incitant à créer des groupes d'autodéfense dans les centres de regroupement où l'on parquait la paysannerie algérienne[40], on créa des « commandos d'alarme » à titre expérimental. Le commando d'alarme était le stade préparatoire à l'autodéfense : « Alors que, dans le second stade, les regroupés sont armés d'un fusil, dans le premier ils ne sont armés que de gourdins et de grenades offensives et leur rôle ne consiste qu'à donner l'alarme à la compagnie voisine qui intervient alors pour repousser les fellaghas[41]. » Un appelé du 14e bataillon de tirailleurs algériens (quartier autonome de Berthelot, secteur de Saïda) raconte comment s'effectuait la désignation des « volontaires »[42]. Les deux anciens combattants titulaires de la médaille militaire qui avaient été contactés pour diriger le groupe en gestation avaient été égorgés dans la nuit qui suivit et personne n'était volontaire pour les remplacer. La désignation d'une douzaine d'hommes de garde se fit donc chaque jour au hasard. « Une nuit, un de nos lieutenants, voulant mettre à l'épreuve ce commando d'alarme, décida d'envoyer quelques-uns de nos hommes déguisés en fellaghas tenter de pénétrer à l'intérieur du regroupement. Ils n'étaient pas plutôt parvenus à proximité du centre que l'alarme nous était aussitôt donnée. Satisfaction immédiate de nos officiers qui se félicitèrent chaudement de l'efficacité du système. Quelle ne fut pas leur surprise, le surlendemain, d'apprendre par un de nos agents de renseignements que, cette nuit-là, une katiba rebelle avait passé la nuit dans le regroupement, qu'elle y était déjà lorsque nous envoyâmes nos pseudo-fellaghas et que c'était précisément parce que de vrais fellaghas étaient dans le centre que l'alarme nous avait été donnée. »

Faiblement armés, non soldés[43], les GAD bénéficient de certains avantages : répartitions supplémentaires de semoule et autres denrées alimentaires, etc. L'ALN eut souvent sa part dans la redistri-

39. ADOUR S., *Le Monde*, 31 octobre 1957.
40. *Cf.* chapitre 5.
41. PERIOT G., *Deuxième classe en Algérie*, Flammarion, 1962, p. 110-111.
42. *Ibid.*
43. C'était la règle générale. Cela dit, on pouvait, ici ou là, relever l'existence de détachements ruraux de sécurité (DRS) recrutés sur place dans le village. Payés et armés par l'administration, ils étaient employés en autodéfense par le commandant d'arme. C'étaient des journaliers à qui les armes n'étaient confiées que le temps de la garde (*cf.* Commandant F. : « Remarques sur l'organisation des supplétifs en Algérie », *Perspectives*, n° 20, mars 1957, p. 3).

bution du ravitaillement quand ce n'était pas des munitions. Enfin les « ralliés » obtiennent des laissez-passer qui leur permettent de s'approvisionner dans les épiceries, et de contourner ainsi le blocus alimentaire pratiqué durant toute la guerre pour empêcher les civils de ravitailler les maquisards.

Georges Buis raconte[44] comment — entre Djidjelli et Bougie, au pied des Babors — une vallée célébrée comme la « vallée heureuse » parce qu'aucun incident n'y venait jamais troubler un « quotidien pastoral » était en fait un fief de la rébellion : « Les harkas du coin étaient faites de gens levés sur place. La vallée était relativement riche. Les katibas pouvaient s'y reposer et s'y refaire sans trop peser sur la population. Personne n'avait intérêt à faire de vagues. On emmenait donc en toute occasion, en grand arroi, les autorités visiter ce modèle de "pacification". Ce faisant, en toute innocence, on les promenait au cœur de la rébellion. »

De même, en règle générale, les expériences tentées dans la région de la Soummam se révélèrent d'une extrême fragilité. A Feraoun, le 25 mars 1956, au cours d'une distribution de fusils à des villageois « ralliés », le général Dufour avait proclamé que des représailles sanglantes sanctionneraient tout parjure : « Les gens furent conviés au spectacle d'avions bombardant à blanc les pentes dénudées d'un djebel[45]. » Or le 2 janvier 1957, le premier personnage de la hiérarchie policière française — Jean Mairey, directeur de la Sûreté nationale en mission de contrôle en Algérie — constate : « On a fait grand cas, à juste titre, du ralliement de la vallée de la Soummam. Durant les trois jours de mon passage à Alger, quatre douars, au moins, parmi les plus importants de la Soummam, protégés par des groupes d'autodéfense armés par nos soins, sont repassés sous le contrôle des rebelles, forces armées en tête[46]. »

Même Jean Servier — dans l'entretien qu'il accorde à Françoise Gaspard[47] — ne nourrit guère d'illusions sur la nature des ralliements et la constitution des GAD. Son interlocutrice — après avoir rappelé que, dans les mois qui suivirent l'insurrection, Servier fut amené à conseiller le gouvernement général et à suivre l'action sur le terrain[48] — lui demanda de raconter comment se passaient les ralliements auxquels il avait eu l'occasion d'assister. Servier opposa

44. Buis G., *Les Fanfares perdues*, Seuil, 1975, p. 265.
45. *Le Monde*, 13 décembre 1956.
46. *Rapport Mairey* du 2 janvier 1957. La mission Mairey se déroula du 15 au 18 décembre 1956.
47. *500 000 harkis à la recherche de leur histoire*, France-Culture, 1er août 1989.
48. *Cf.* chapitre 3.

à F. Gaspard un mutisme quasi total : « En général c'était ridicule, répondit-il... Je n'aime pas voir mon pays se ridiculiser... » Françoise Gaspard insiste : « Vous pouvez me dire comment ça se passait ? » Nouveau refus : « Non, d'une façon pitoyable, je serais tenté de faire un numéro d'imitation avec des chansonniers... » « Et pourtant vous l'avez écrit déjà ! » « Oui, je l'ai écrit... Tout ce qu'on peut imaginer de plus stupide et de plus avilissant pour tout le monde. »

Les « groupes mobiles de police rurale »

Le GMPR est le second type de formation composée d'Algériens à se mettre en place. C'est Jean Vaujour — directeur de la Sécurité générale en Algérie depuis juin 1953 — qui propose au gouverneur général Léonard la mise sur pied de ce corps spécial de police supplétive « rurale et mobile », doté de « véhicules tout-terrain et de chevaux », et — dit Vaujour — « essentiellement constitué de Français-Musulmans stationnés avec leurs familles au cœur d'une zone territoriale sur laquelle ces hommes pourraient se déplacer rapidement et en unités encadrées formées à contenir des mouvements d'agitation ou de trouble[49] ».

Dans les mois qui suivirent son arrivée en Algérie, Vaujour avait constaté « la rapidité avec laquelle pouvaient naître et se développer dans de modestes centres urbains des rassemblements qui dégénéraient vite en manifestations de masse et se terminaient par des violences contre certaines personnes, généralement des commerçants et leurs biens ». « D'abord, nous n'étions pas informés du motif générateur de ces troubles, ou l'information nous parvenait avec retard. Ensuite, les éléments de police étaient, sur place, rares ou inexistants — quelques gendarmes ou quelques agents de la sécurité publique — et surtout le préfet ne disposait d'aucune unité de réserve susceptible d'être dirigée immédiatement sur les lieux de l'incident[50]. »

En 1953, les forces de l'ordre en Algérie présentaient deux caractéristiques :

— Il s'agissait d'un réseau aux mailles extrêmement larges. 10 500 gendarmes et policiers de toutes catégories couvraient un pays grand comme plusieurs fois la France[51]. Jean Vaujour

49. VAUJOUR J., *De la révolte à la révolution, op. cit.*, p. 319.
50. *Ibid.*.
51. Divers textes — publiés dans le *Journal officiel de l'Algérie* du 29 juin 1954 — précisent la répartition des effectifs de la police algérienne qui s'élevaient à 6 836

évalue à 20 % la proportion des Algériens dans les effectifs de la sécurité générale de l'Algérie. Dans les grandes villes, le pourcentage était très faible : 8 % à Oran, 9 % à Alger. Il augmentait dans les villes petites et moyennes pour atteindre 71 % à Batna, 59 % à Biskra. Les polices municipales atteignaient des chiffres encore plus élevés avec 89 % à Kenchela ou à Oued-Zenati[52].

— Il s'agissait plus d'un *réseau de polices privées* que d'une police d'État. Pierre Vidal-Naquet note que « les policiers dépendaient plus des préfets et des sous-préfets que du gouverneur général, chef de l'administration, et plus des cliques locales (tel roi du vin, tel seigneur de l'alfa) que des préfets et des sous-préfets[53] ».

La création des GMPR était, pour le directeur de la Sécurité générale, de nature à renforcer les effectifs insuffisants dont il disposait, notamment dans les petites villes et les gros bourgs des campagnes. « Au surplus, vivant au milieu d'une population qu'ils auraient pour mission de protéger, ces hommes pourraient largement concourir à l'information de leurs chefs et permettre aux responsables de prévenir des désordres plutôt que d'avoir à les réprimer. Personnellement, dit Vaujour, j'attachais une importance plus grande encore à cette dernière mission qu'à la première[54]. »

La recherche des crédits nécessaires et le dossier de création administrative et juridique des GMPR furent confiés le 6 novembre 1954 au secrétaire général adjoint du gouvernement général. Il était prévu que, ces formalités accomplies, le recrutement, la constitution et la gestion des GMPR reviendraient au directeur de la Sécurité générale ; les GMPR constitueraient un service de sa direction et seraient mis par lui à la disposition des préfets, pour emploi. Les crédits sont votés par l'Assemblée algérienne et permettent de mettre en place un corps de 3 400 hommes équipés, montés et armés. Le 14 janvier 1955, Roger Léonard adresse une instruction aux préfets pour préciser les grandes lignes de ce nouveau dispositif de maintien de l'ordre. Il s'agit, dit Léonard, d'une

---

personnes administrées par le directeur de la Sécurité générale. 584 fonctionnaires pour la police judiciaire, 356 pour la police des renseignements généraux et 5 896 fonctionnaires et agents pour la police administrative. Soit un fonctionnaire de police pour 1 400 habitants. Les forces en tenue étaient essentiellement concentrées dans les villes. « Au surplus la force d'appoint que constituaient dans les principales agglomérations françaises les 52 compagnies républicaines de sécurité n'existait en rien en Algérie. Seul un certain nombre d'escadrons de gendarmes mobiles permettaient de faire face à des situations difficiles » (*cf.* VAUJOUR J., *op. cit.*, p. 32).

52. VAUJOUR J., *op. cit.*, p. 65.
53. VIDAL-NAQUET P., *La Torture dans la République, op. cit.*, p. 24.
54. VAUJOUR, *op. cit.*, p. 319.

« organisation de police qui doit compléter les moyens généraux de surveillance et d'intervention dans tous les secteurs qui ne sont pas suffisamment couverts en temps normal par une garnison militaire ou une force importante de gendarmerie. Un groupe mobile, qui doit comporter, en principe, une centaine d'hommes, doit être organisé avec des éléments français-musulmans, à l'image d'une compagnie de CRS en France, c'est-à-dire qu'il doit constituer une formation organique autonome dotée d'un encadrement régulier et valable, d'un effectif de chevaux et véhicules automobiles permettant son utilisation en unité constituée, ou sous certaines conditions, en sections ou pelotons distincts, dans un secteur géographique et selon un rayon kilométrique de déplacement compatible avec les moyens de mobilité dont le groupe dispose ».

L'instruction précise qu'il faut « éviter de n'en concevoir l'organisation qu'à titre précaire et original à la faveur des événements actuels, ce qui aurait pour conséquence grave de les rendre inefficaces lorsque les moyens généraux mis en place actuellement seront retirés[55] ». Le recrutement doit se faire en priorité parmi les anciens combattants et les anciens militaires algériens. En outre, il aurait été prévu par Vaujour de le circonscrire dans un cadre géographique étroit et homogène. Mais cette disposition présentait l'inconvénient de permettre des pressions familiales sur ces unités et d'en faire basculer certaines dans l'ALN. Aussi il fut décidé qu'aucun groupe ne serait, en définitive, « constitué par un recrutement essentiellement local, pour d'importantes raisons de sécurité... ». La constitution d'un GMPR devrait reposer sur « un recrutement local partiel (environ un tiers) ; un recrutement voisin du secteur d'emploi (environ un tiers) ; un recrutement éloigné du secteur d'emploi (environ un tiers) ». Chacun des 34 groupes de la formation, ordonne Léonard, comportera un peloton de 20 cavaliers, une section portée de 30 à 35 hommes et une section à pied. Soit au total 85 hommes. Cependant, « afin de permettre une adaptation particulière à certaines régions, il sera probablement possible d'augmenter dix de ces groupes d'une section supplémentaire d'une trentaine d'hommes ». Enfin, « après avoir examiné le principe général d'une répartition de ces effectifs sous l'angle des dosages de population dans chaque département et d'autre part d'un certain nombre de données particulières », Roger Léonard envisage de répartir l'ensemble de ces groupes comme suit : « Département de Constantine : 13 groupes + 7 sections supplé-

55. *Instruction du gouverneur général*, 14 janvier 1955. *Cf.* VAUJOUR J., *op. cit.*, p. 321.

mentaires ; département d'Alger : 11 groupes + 3 sections supplémentaires ; département d'Oran : 10 groupes[56]. »

Il faudra quelques mois à Maurice Laussel, administrateur des services civils, à qui est confiée la mise en place des GMPR, pour mettre effectivement sur pied les premières unités et pour les rendre opérationnelles. Dans un compte rendu adressé à Jean Vaujour le 12 avril 1955, Laussel explique que pour le département d'Alger certaines unités n'ont pu être constituées « en raison du manque de proposition définitive du lieu d'implantation ». Pour le département d'Oran, un groupe est en cours de constitution à Saint-Lucien et trois sont sur le point de l'être dans l'arrondissement de Tlemcen. Enfin, conclut Laussel[57], pour celui de Constantine, trois groupes sont en formation et quatre autres vont l'être dans peu de temps.

Les GMPR comptent 3 400 hommes à leur création. L'effectif s'élèvera à plus de 8 500 hommes en 1958 pour plafonner probablement à 10 000 hommes à la fin de la guerre, les GMPR ayant alors été rebaptisés GMS[58].

Les recommandations de l'Assemblée algérienne, lors de l'attribution de crédits pour la constitution des GMPR, stipulaient que cette force civile, placée sous l'autorité du gouverneur général et des préfets, ne pouvait en aucun cas être rattachée à l'autorité militaire (auquel cas il appartiendrait au budget de la métropole de la prendre en compte). La recommandation ne valut que tant que la répression dans les villes et dans le bled garda un caractère essentiellement policier, la gendarmerie prêtant main-forte à la police. Mais l'organisation militaire de la répression prit bientôt la place de son organisation policière. L'armée eut la mainmise de fait sur ces formations de supplétifs, même si les sous-officiers qui les encadraient restaient — pour la forme — détachés et versés dans la protection civile.

Quelques exemples illustreront cette évolution des GMPR :

— En 1957, en Kabylie, le capitaine Leroy, qui fut responsable d'« unités mobiles de défense des chrétientés » sous le pavil-

---

56. *Instruction du gouverneur général*, 14 janvier 1955. Cet astucieux panachage n'empêchera pas le GMPR de Jemmapes de se faire désarmer par l'ALN (*cf.* VAUJOUR J., *op. cit.*, p. 322-323), ni le GMPR de Tichy sur la côte kabyle de passer avec armes et bagages à l'ALN le 26 juillet 1956 (*cf.* MACHIN P., *Djebel 56*, Lettres du monde, 1978, p. 268).

57. VAUJOUR J., *op. cit.*, p. 323.

58. *Cf. infra*, chapitre 2, *Effectifs des formations de supplétifs et des soldats algériens (appelés et engagés). État comparatif des sources.* La transformation des GMPR en GMS à partir de 1957 résulte de la volonté de faire intervenir ces unités dans les villes.

lon frappé de la croix et de l'épée à Ben Tue en Indochine, devient chef d'un GMPR à Dellys[59].

— En 1958, dans le quartier autonome de Berthelot (secteur de Saïda), les postes sont tenus à la fois par le 14e BTA (cinq compagnies, soit environ 600 hommes) et par le GMS 89 implanté dans une ferme à cinq kilomètres au nord-est du village.

— Enfin, Paul Bonnecarrère, dans une scène qu'il situe au printemps 1956, décrit avec précision les bases de la prise en main par l'armée des GMPR : « Ce sont des commandos musulmans encadrés par un officier, deux ou trois sous-officiers, quatre ou cinq soldats de carrière. Ils jouissent d'une autonomie absolue. Les officiers qui les commandent sont de véritables chefs de bande tenus à des rapports qui ne sont pratiquement jamais contestés. Les bilans de ces unités spéciales, dont trente-quatre sont déjà opérationnelles, sont tels que le haut commandement a décidé de les multiplier. (...) Depuis le vote des pouvoirs spéciaux, ces groupes sont devenus unités d'intervention héliportées[60]. » En principe, poursuit Bonnecarrère, les officiers ont des comptes à rendre à l'administrateur de la commune mixte dont ils dépendent, mais, par un jeu subtil, ils sont en droit de rejeter toute suggestion qu'ils considèrent comme incompatible avec leur sécurité. En cas de mésentente, c'est donc l'officier de GMPR qui reste toujours son propre maître.

Les goums mobiles et les makhzens opérationnels

Lors de la mise en place des GMPR, une question suscita bien des tiraillements entre Maurice Laussel, les préfets et les militaires, celle de l'incorporation des goumiers au nouveau corps de police supplétive. En effet, ici ou là, avant même que n'éclate l'insurrection, préfets ou administrateurs avaient pris l'initiative de constituer des « goums volontaires ».

Dès la fin de l'été 1954, Jean Vaujour avait encouragé ces initiatives en suggérant la multiplication des cavaliers des communes mixtes, sortes de goums mobiles organisés en véritables unités légères et encadrés par des officiers parlant arabe. « Ainsi donnerait-on à ces hommes du bled, disait Vaujour, un témoignage certain

59. *Cf.* le témoignage de Leroy *in* COURRIÈRE Y., *L'Heure des colonels, op. cit.*, p. 34-35.
60. BONNECARRÈRE P., *La Guerre cruelle. La Légion étrangère en Algérie*, Fayard, 1972, p. 241-242.

de notre confiance sous les espèces de ces deux biens les plus précieux pour eux, l'arme et le cheval, en assurant aux administrateurs des moyens efficaces de défense, et plus efficaces encore pour pallier ce qui leur manque cruellement : l'information par la liaison quotidienne avec leurs administrés[61]. »

Roger Léonard cautionna lui aussi l'entreprise à travers les instructions qu'il donna au lendemain de la Toussaint : « Outre les opérations de police déjà en cours, j'ai l'intention de prendre les mesures suivantes : rappel des réservistes de gendarmerie, organisation de petites unités de supplétifs musulmans dans les villages, autorisation aux préfets et administrateurs de recruter des auxiliaires et de lever sur place des goums[62]. »

Courant octobre 1954, Georges Hirtz — le futur administrateur en chef des services civils d'Algérie —, qui dirigeait alors la commune mixte de Biskra et dépendait à ce titre du commandant du territoire militaire de Touggourt, avait obtenu l'autorisation de lever des goums de sécurité[63]. Quant au général Spillmann, le commandant de l'Est algérien, il souhaitait pouvoir armer les anciens combattants. Il faut, disait-il, « se réimplanter dans l'Aurès, dans ce pays longtemps livré à lui-même, (...) tenir solidement Arris, et le sud de Kenchela dans le Bouhamama, M'Chounèche aussi (...). Une fois réimplantés, avoir des unités mobiles qui parcourraient la région, des services de renseignements efficaces pour mener la vie dure aux bandes qui écument la région. Organiser les populations indigènes et les faire participer à leur autodéfense. (...) Partout où cela est possible, faire exercer la surveillance par les populations elles-mêmes, préalablement organisées, encadrées et appuyées par quelques éléments de force très mobiles[64] ». Spillmann se heurta un temps à la méfiance du préfet de Constantine. « Ici, déclara le préfet Dupuch, c'est la France, ce n'est pas parce qu'il y a quelques groupes de bandits que l'on va armer les civils. En métropole il y en eut aussi au XIXe siècle, on n'a pas pour autant armé les populations[65] ! » Dupuch finira par accepter de tenter l'expérience, d'abord avec cent goumiers encadrés par des Français recrutés à cet effet ou par des gendarmes. Spillmann

61. VAUJOUR J., *op. cit.*, p. 91-92 et 218. Vaujour pensait notamment à eux pour la surveillance de 300 km de frontière algéro-tunisienne entre La Calle et Tébessa.

62. Témoignage de Roger Léonard *in* COURRIÈRE Y., *Les Fils de la Toussaint, op. cit.*, p. 371.

63. AYOUN M., STORA J.-P., *Mon Algérie*, Albatros, 1989, p. 262.

64. COURRIÈRE Y., *Les Fils de la Toussaint, op. cit.*, p. 398, et *Le Temps des léopards, op. cit.*, p. 45.

65. COURRIÈRE Y., *Les Fils de la Toussaint, op. cit.*, p. 271.

obtint ensuite d'étendre l'expérience à l'Est algérien. Il proposa de lever 620 supplétifs et de les affecter à la police des quatre communes mixtes qui bordent la frontière tunisienne du nord au sud (La Calle, Souk-Ahras, Morsott, Tébessa), à la garde personnelle des caïds et à la sécurité des exploitations agricoles les plus isolées. La note s'élevait à 13 millions de francs par jour.

Soixante goums sont en place le 15 février 1955 et trois mois plus tard, le 13 mai, le gouvernement peut annoncer, dans un communiqué : « L'accroissement sérieux des forces militaires et de gendarmerie, la revalorisation des unités déjà en place, la participation des unités de la marine aux opérations, l'envoi immédiat d'avions et d'hélicoptères supplémentaires, le rappel à l'activité d'officiers spécialistes des questions musulmanes, *la mise sur pied immédiate de goums militaires algériens*, l'envoi immédiat de forces de police de la métropole, l'extension de l'état d'urgence à l'ensemble du département de Constantine et aux communes mixtes de Biskra et d'El Oued, la création de la sûreté aux armées[66]... »

Ces goums seront source de bien des difficultés. Ainsi les goums de Morsott levés par le général Spillmann à la frontière algéro-tunisienne durent être dissous à cause de leur mauvaise tenue. On découvrit que les « fiers goumiers parcourant les djebels (...) n'étaient que des hommes d'âge vénérable, le cousin de l'oncle du cadi, recrutés par des administrateurs qui s'étaient trouvé ainsi une domesticité ou des gardes du corps à bon compte. Les farouches blédards étaient chaouchs ou jardiniers[67]... ».

Autre déception : dans les Néméntchas — au sud des Aurès — où, début 1955, l'administrateur avait mis cent mousquetons à la disposition des Ouled Aïssaoui, comptant probablement rééditer « l'exploit » de Jean Servier avec les Ouled Abdi. Il en récupéra bientôt les trois quarts, tant les hommes de la tribu craignaient — en paraissant profrançais — de s'exposer aux représailles du FLN[68]. En dernier lieu, comme le préfet de Constantine (lors de la constitution des goums relevant de son autorité) avait réclamé aux militaires les officiers et sous-officiers nécessaires à leur encadrement, l'armée avait tendance à faire de ces unités des auxiliaires soumis, dit Jean Vaujour, « à ses directives sinon à son commandement ».

Plus d'un millier de goumiers se trouvaient ainsi dans une situation administrative précaire et indéfinie, alors que leur présence

---

66. VAUJOUR J., *op. cit.*, p. 403 et 443-444.
67. COURRIÈRE Y., *Les Fils de la Toussaint, op. cit.*, p. 247.
68. COURRIÈRE Y., *Le Temps des léopards, op. cit.*, p. 51.

satisfaisait assez les autorités locales civiles et militaires. Il semble que leur incorporation dans les GMPR se soit finalement opérée. Même si elle ne faisait pas, *a priori*, l'affaire de militaires et d'administrateurs qui, jusqu'alors, en usaient à leur guise, et dont certains étaient ainsi assurés d'une protection directe.

Une exception cependant : les Aurès. Là, sous tutelle militaire et sous le nom de « makhzens opérationnels », ils seront maintenus.

Dans les jours qui avaient suivi le 1er novembre 1954, la plupart des effectifs dont disposait le général Cherrière — chef de la Xe région militaire et patron de l'armée en Algérie — furent déversés dans le Sud-Constantinois. Pour ce militaire de la vieille école, élevé dans la vénération du soldat de 1914-1918 et des généraux vainqueurs de la Grande Guerre, comme pour nombre de ses pairs, il suffisait de frapper vite et fort pour écraser l'insurrection. Il suffisait de tout ratisser avec de gros moyens et de bombarder à l'occasion les douars soupçonnés de sympathiser avec l'action du FLN. Mais les gigantesques opérations qui durant les premiers mois de la guerre se déploieront dans les Aurès[69] ne réussiront qu'à envoyer vers les maquis une bonne partie des jeunes. Les échecs répétés de la politique du marteau-pilon apporteront de l'eau au moulin de ceux qui préconisaient plutôt la méthode du « quadrillage » (on ne parlera de « pacification » que quelques mois plus tard). Il s'agissait de tendre sur toute la région un réseau plus ou moins serré de postes, aux garnisons variables, devant permettre à la fois de préserver les Européens et les « amis » dans la population algérienne, les biens que visent les djounoud — fermes, récoltes, bâtiments publics, voies de communication —, et de contrôler au plus près la masse de la population. Ce point de vue défendu — entre autres — par le général Spillmann supposait la constitution ou le maintien de goums du type de l'unité créée à Arris. Or, il était possible de le faire parce que la région, dans son ensemble, était désormais passée aux mains des militaires.

En avril 1955, Spillmann avait quitté Constantine et son commandement militaire de l'Est algérien, appelé par Edgar Faure comme conseiller militaire. Allard, qui le remplace, reçoit en mai 1955 l'ordre d'alléger les troupes dans les Aurès en attendant des renforts : « Puisque intérieur massif pourri, y laisser seulement quelques bataillons itinérants entre points fixes bien tenus par troupes ou goums. Stop. Mais contrôler et surveiller surtout pourtours

69. Sous le nom de code de « Véronique » le 10 janvier 1955, puis de « Violette ».

massif pour éviter extension pourriture[70]. » En même temps, dans le cadre de l'état d'urgence, la décision est prise de créer un commandement unique — civil et militaire — pour la zone de combat des Aurès-Némentchas, en lieu et place de la structure bicéphale dirigée par le général Vanuxem (commandant militaire des Aurès-Némentchas) et le général Parlange (commandant civil). C'est Parlange qui est nommé à ce poste. L'état-major espère alors que ce spécialiste des affaires indigènes et de la « pacification » du Maroc (il commanda à Agadir) saura mener efficacement les tabors marocains dont on a vu qu'ils donnaient de nombreux signes d'insoumission.

Si Parlange n'eut guère plus de succès avec ses goums marocains que Spillmann n'en avait eu avec ceux qu'il avait levés à la frontière algéro-tunisienne, en revanche il mit sur pied dans les Aurès de gros makhzens opérationnels dirigés par des notables locaux et un ou deux officiers français. Ces groupements, combinés à des unités opérationnelles de la légion, se maintiendront jusqu'au cessez-le-feu.

J'ai rencontré un de ces chefs de makhzens qui enseigne aujourd'hui dans une université parisienne. Le makhzen qu'il commanda durant cinq ans compta cent cinquante hommes et n'enregistra, affirme-t-il, aucune désertion. Théoriquement, les armes devaient être enchaînées la nuit sous la garde de deux sentinelles. Cet officier n'appliqua jamais la directive : « Ce style de directive, dit-il, provoqua la mort d'un certain nombre d'Européens comme à T., où il y avait trente Européens et dix musulmans et où six hommes furent tués alors qu'ils étaient désarmés. Il suffit d'attendre que deux sentinelles soient dans le coup pour que cinquante personnes soient égorgées. »

---

70. Télégramme secret du général Cherrière, 13 mai 1955, cité *in* COURRIÈRE Y., *Le Temps des léopards, op. cit.*, p. 108.

2

Harkis et mokhaznis

> Il faut que cette masse musulmane, on lui trouve des chefs, des patrons. Sans quoi n'importe quel salopard venu, avec un tout petit pistolet, sera capable de la faire voter cette masse pour n'importe qui, n'importe quand, et c'est ce qu'on ne veut pas. Il faut vraiment qu'ils choisissent leur propre destin et pour choisir leur destin, il leur faut des patrons.
>
> Lieutenant Georges GRILLOT, 8 juillet 1960*.

Les progrès de l'occupation de l'Algérie au milieu du XIXe siècle avaient amené les officiers d'Afrique non seulement à combattre les « indigènes » mais aussi à les administrer. Au début de la conquête et pendant des décennies, l'Algérie resta administrée militairement. Ce fut le temps des « bureaux arabes » composés d'officiers qui s'étaient spécialisés dans cette fonction, parlaient l'arabe, parfois le kabyle, et dont l'organisation, après plusieurs avatars, sera fixée durablement par Bugeaud[1].

L'idéologie de ces officiers des bureaux arabes s'exprima remarquablement dans les récits qu'ils laissèrent. Dans l'un d'eux, intitulé *Du gouvernement du peuple arabe*, le capitaine Richard explique comment on doit obtenir soumission et sécurité tout d'abord par les armes puis par la transformation du genre de vie, en fixant les habitants au sol[2] et en améliorant les conditions d'exploitation. Cette sédentarisation aura, pense-t-on, pour

---

* Cité par PERIOT G., *Deuxième classe en Algérie, op. cit.*, p. 273.

1. La structure des bureaux arabes est fixée par arrêté ministériel le 1er février 1844 et rappelée dans la circulaire Mac-Mahon du 21 mars 1867.

2. Dans son rapport à l'empereur sur la situation de l'Algérie, le ministre de la Guerre déclare en 1856 : « Le but assigné à l'autorité, en matière administrative,

conséquence inéluctable « l'assimilation du peuple arabe à la civilisation européenne ». Il s'agit d'un paternalisme autoritaire : amener les tribus au genre de vie européen, faire le bonheur des populations sans leur concours ni leur avis et, s'il le faut, malgré elles.

Dès 1848, mais surtout à partir de 1870, les colons européens portent une série de coups à l'institution des bureaux arabes. Installés désormais de façon durable, les colons cherchent à se faire reconnaître le même statut, au regard des libertés publiques et des garanties juridiques, que celui dont jouissent les Français métropolitains et, notamment, le rétablissement des autorités civiles[3]. A partir d'octobre 1870, une série de décrets et d'arrêtés suppriment progressivement les bureaux arabes. L'esprit et la technique de ces institutions se prolongeront cependant plus longtemps dans les territoires du sud de l'Algérie puis — plus tard — dans le service des Affaires indigènes et des renseignements au Maroc ; et enfin à partir de 1955 dans les sections administratives spécialisées en Algérie.

A leur disparition, les bureaux arabes furent remplacés par une administration civile. Mais l'assimilation administrative au système français concernait les villes et les centres à fort peuplement européen. Le reste du pays — le « bled » — vit sous un régime de « communes mixtes » administrées par les membres du corps spécialisé des « administrateurs des services civils » assistés de fonctionnaires algériens, les « caïds ».

En 1945, il fut décidé de supprimer ce corps et d'admettre l'Algérie entière au bénéfice de l'extension des communes dites de libre exercice qui y fonctionnent déjà dans les zones de peuplement européen, avec un maire et un conseil municipal élus au suffrage universel. Comme toutes les autres, cette réforme ne fut pas appliquée et comme le corps des administrateurs de l'Algérie disparaissait peu à peu par extinction, la sous-administration s'aggrava[4]. En 1955, dans les Aurès, certaines régions n'avaient pas vu un Français depuis des dizaines d'années. Georges Buis raconte qu'un directeur de la préfecture de Sétif s'était rendu compte quelques années plus tôt qu'il était le premier Français à traverser les canyons du Hodna depuis trente ou quarante ans[5].

---

est la désagrégation de la tribu. » Cette opinion fera son chemin sous l'effet des nécessités de la colonisation. Selon l'exposé des motifs du *senatus-consulte* d'avril 1863, la politique du gouvernement doit viser l'amoindrissement des chefs et la désagrégation des tribus.

3. Il y a 32 000 colons en 1836, 180 000 moins de vingt ans plus tard et près d'un demi-million dans les années 1880.

4. On comptait 300 administrateurs en 1922 et 257 en 1954, alors qu'entre-temps la population était passée de 4 923 000 personnes (1931) à 8 450 000 (1954).

5. BUIS G., *Les Fanfares perdues*, *op. cit.*, p. 196.

Chacun des trois départements algériens — Alger, Oran et Constantine — a une superficie dix à quatorze fois plus vaste et une population quatre à sept fois plus nombreuse qu'un département français. Ils sont pourtant dotés d'une administration analogue. Derrière la « façade à la française », départements et arrondissements algériens recouvrent une réalité politique, économique, administrative profondément différente de la réalité métropolitaine. Sous la fiction de l'assimilation, des régions entières ne connaissent de l'administration que le fisc et le recrutement, les gendarmes et les gardes forestiers, bref les vecteurs de la contrainte.

Avec le manque d'effectifs militaires, la sous-administration de l'Algérie est un thème qui apparaît de façon récurrente dans le discours des autorités coloniales. A partir de 1954, deux hommes vont être chargés de mettre en place un plan de réforme de l'Algérie dont on attend qu'il prouve aux « indigènes » qu'après les avoir trop longtemps abandonnés, une nouvelle France pense à eux. En attendant, on continuera de les mitrailler et de les bombarder.

Les sections administratives spéciales : bienfaisance et renseignement

Le premier de ces hommes, c'est le gouverneur général en personne — Jacques Soustelle — à qui Mendès France a confié l'Algérie et qui régnera tout juste un an, de janvier 1955 à février 1956. Comme Jean Servier, Jacques Soustelle est ethnologue. Durant le premier semestre 1955, il s'emploiera à remédier à ce qu'il considère comme des lacunes de la politique coloniale : sous-administration, « politique du mépris ». Puis, face à l'aggravation de la situation dans le Constantinois, il s'orientera en quelques mois vers la conduite d'une guerre à outrance... à l'exception de la Kabylie où sera tentée, comme on le verra dans le chapitre suivant, une « ethnopolitique » s'appuyant sur le berbérisme.

On a déjà croisé le second de ces deux hommes alors qu'il prenait le commandement civil et militaire de la zone des Aurès-Némentchas. C'est le général Parlange, officier général des affaires musulmanes du Maroc. Sa mission a été définie au plus haut niveau lors d'une réunion avec le président du Conseil : conjointement à la poursuite des « bandes rebelles », l'armée doit mener une opération « de charme » auprès des populations. L'instruction ministérielle du 30 avril 1955 précise le rôle de Parlange : « La tâche essentielle du commandant de la zone d'application de la loi sur l'état d'urgence consiste à reprendre en main les populations, à s'assurer leur appui de plus en plus effectif, par un contact direct des administrateurs avec les administrés, afin :

« 1) de mettre hors d'état de nuire, par une application judicieuse des dispositions de l'état d'urgence, les éléments hostiles, complices des terroristes ;

« 2) de mettre en sûreté, dans leurs personnes et leurs biens, les citoyens loyaux, en organisant progressivement leur protection par la constitution et l'armement de noyaux de défense, à partir d'éléments sains en mesure d'assurer leur propre sécurité ;

« 3) de recruter et de mettre en condition les forces supplétives locales ;

« 4) d'obtenir, grâce à l'application des dispositions précédentes des renseignements de plus en plus précis et nombreux afin de localiser sûrement les bandes rebelles, ce qui est la condition indispensable de leur mise hors de combat.

« Dans cette œuvre de reprise en main des populations qui nécessite une atmosphère de confiance, une attention particulière sera apportée au développement de l'action scolaire et sociale, des services médicaux et à l'ouverture de chantiers de travaux d'utilité publique permettant de lutter contre le chômage, la misère et le sous-emploi.

« En l'occurrence, l'armée associera à sa mission propre ses médecins, ses techniciens, ses matériels de génie en vue de faciliter, en collaboration intime avec les pouvoirs civils, l'action pacificatrice qui est dans sa constante tradition en Afrique[6]. »

La notion de pacification est ainsi associée implicitement aux structures administratives particulières qui sont mises en place dans les Aurès. Elles seront bientôt connues sous le nom de SAS (sections administratives spéciales). Sous la houlette de Parlange, les premiers officiers s'installent au cœur du massif, à la limite des Némentchas. Ce sont des officiers des affaires indigènes (AI), anciens du Maroc ou des affaires sahariennes, qui ont pour mission de renforcer les communes. Ils logent dans des bâtiments qui n'appartiennent pas à l'armée, ou bien on leur confie la somme nécessaire à l'édification du bordj de leur SAS avec le « concours volontaire » de la main-d'œuvre locale. Vivant au milieu de la population, ils lui apporteront aide et assistance : assistance médicale gratuite (AMG), distribution de vivres et de vêtements, ouver-

---

6. *Cf.* les circulaires des 27 janvier 1956 et 11 janvier 1957.

ture d'écoles et de centres de formation professionnelle, réalisation de travaux d'équipement, ouverture de chantiers[7].

Officialisées en septembre 1955, les SAS sont étendues à l'ensemble du territoire algérien. Leurs officiers sont détachés de leur arme, intégrés au corps des officiers des affaires algériennes et relèvent du Service des affaires algériennes. « C'était le royaume des "Marocains", raconte Nicolas d'Andoque, des officiers supérieurs des affaires indigènes appelés au secours dès le soulèvement par une administration désemparée[8]. »

Parce qu'elles représentent une solution facile et peu coûteuse, le nombre des SAS s'accroîtra considérablement : 30 en septembre 1955, 585 en septembre 1957, 641 le 31 décembre 1959. On en viendra même à créer des sections administratives urbaines (SAU) dans les banlieues ou les quartiers des villes de plus de 100 000 habitants. Au total, en mai 1961, on comptera quelque 688 SAS et SAU.

Mi-bureau de bienfaisance — « le cœur de la France qui battra dans chaque douar », dit Parlange[9], les SAS sont aussi des bureaux de renseignement ; « on ne va quand même pas dépenser en vain des millions », remarque Yves Courrière[10]. Chaque officier mettra en fiches ses administrés et dressera un état détaillé des populations qu'il contrôle : répartition ethnique, opinions, déplacements suspects, etc. Enfin, l'officier SAS a une tâche d'ordre militaire qui peut même l'emporter sur ses autres fonctions. Il est le « conseiller technique de l'autorité militaire du fait de sa connaissance du pays et de ses habitants ; (...) il assiste l'armée dans sa tâche de pacification, la relaie dans sa mission de maintien de l'ordre et dans ce but dispose de troupes supplétives[11] ».

Chaque SAS dispose en effet de quatre ou cinq contrats pour le personnel civil — un adjoint de SAS, un comptable, un radio et un infirmier, auxquels on ajoute en 1957 un employé d'agence postale et en 1958 une attachée féminine chargée des problèmes des

7. Selon Paul Bonnecarrère, dans les autres unités, on appelait les officiers SAS des « officiers bonbons » (*cf.* BONNECARRÈRE P., *La Guerre cruelle, op. cit.*, p. 310).

8. D'ANDOQUE N., *1955-1962, guerre et paix en Algérie*, SPL, 1977, p. 69.

9. COURRIÈRE Y., *Le Temps des léopards, op. cit.*, p. 310.

10. *Ibid.*

11. *Cf.* les arrêtés de novembre 1956 et de juillet 1957. Les officiers SAS relevaient donc d'une triple hiérarchie : l'autorité civile — en détenant leurs pouvoirs civils par délégation du sous-préfet ; l'autorité militaire — par le biais des officiers responsables des secteurs, sous-secteurs et arrondissements dont ils dépendent sur le plan des opérations et de la sécurité ; le service des affaires algériennes dont ils dépendent pour la gestion.

femmes —, et de trente à cinquante contrats de mokhaznis, « supplétifs en principe d'un niveau supérieur aux harkis[12] ». Chaque chef de SAS doit recruter et entraîner ses mokhaznis.

SAS et mokhaznis

Les effectifs de ces forces supplétives locales croîtront proportionnellement au développement des SAS. Si on retient le chiffre de 30 supplétifs par SAS, on peut dénombrer environ 17 000 mokhaznis en 1957, 19 000 fin 1959 et 20 000 en 1961, ce qui correspond approximativement aux estimations avancées dans les ouvrages abordant cette question[13]. Ces estimations sont toutefois sujettes à caution, car nombre de chefs de SAS furent amenés à mettre en œuvre l'exercice de souplesse financière dit des « mokhaznis fictifs » afin — entre autres — de réaliser des projets pour lesquels aucun crédit officiel n'avait été prévu. Alain Maillard de la Morandais a donné une bonne description de cet exercice : « Si l'on avait droit par exemple à un effectif de trente mokhaznis, il suffisait d'indiquer trente noms sur les feuilles de soldes, quitte à ce que trois ou cinq d'entre eux ne soient pas, en réalité, à la charge de la SAS, ce qui permettait à celle-ci d'encaisser l'intégralité de leur solde[14]. » Un des officiers SAS de l'arrondissement de Geryville, dans le Sud-Oranais, passera ainsi en tribunal militaire pour avoir longtemps touché la solde de vingt-cinq mokhaznis alors qu'il n'en employait réellement que cinq[15].

A son arrivée à la SAS d'Aïn Chedra, en mars 1960, Nicolas d'Andoque trouve une « unité de bonne qualité, solide, efficace », et dont tous les membres sont issus du même douar, Guern Ahmar. Ce qui dispensa d'Andoque de « perdre le temps qui m'eût été inévitablement nécessaire à me renseigner longuement et soigneusement sur les antécédents et les familles de nouvelles recrues ». En effet, le « recrutement d'un mokhazni devait principalement éviter d'éveiller les jalousies d'éventuels candidats qui

12. Charie-Marsaines P., « L'esprit des SAS », *in* Porteu de la Morandière, *Soldats du djebel, op. cit.*, p. 257.

13. *Cf. infra*, le tableau p. 76-77. On obtient également le même ordre de grandeur si on retient les données proposées par l'Association des anciens des affaires algériennes (AAAA), qui, en 1979, a réalisé un relevé cartographique de l'implantation de toutes les SAS en les associant aux diverses unités combattantes implantées sur leur circonscription. L'AAAA avance un total de 800 SAS avec un effectif budgétaire de 25 hommes par SAS (note de février 1986).

14. Maillard de la Morandais A., *L'honneur est sauf, op. cit.*, p. 219.

15. *Ibid.*, p. 327.

s'estimeraient repoussés et travailleraient dès lors contre le recruteur. Un mokhazni faisait vivre sa famille. On voit l'importance de la fonction dans une région aussi pauvre que la mienne[16] ».

Vêtus de treillis et portant le calot rouge, ces supplétifs résident — avec leurs familles — dans un hameau situé en contrebas de la SAS, à proximité de l'école. Ce makhzen est encadré par un sergent et deux caporaux ; l'armement est distribué à chaque sortie, les mokhaznis n'ayant pas l'autorisation de conserver en permamence des armes. Les sorties de nuit sont fréquentes : « Ces patrouilles nocturnes étaient essentielles, affirme d'Andoque ; il ne servait à rien d'être maîtres du jour si nous ne l'étions pas aussi de la nuit. (...) Plusieurs fois par semaine et le plus irrégulièrement possible, une patrouille quittait donc la SAS à la nuit tombée pour une embuscade le long d'un chemin ou des visites surprises sous la lune à des kilomètres du poste où les Français auraient dû dormir[17]. »

Il faut se garder de généraliser à partir du seul exemple de la SAS d'Aïn Chedra. Tous les makhzens ne présentent pas le même visage guerrier. Alain Maillard de la Morandais, affecté de juillet à novembre 1960 à la SAS d'Oum Djerane (secteur de Saïda-Sud-Oranais), a brossé le portrait d'un chef de SAS répugnant à considérer ses mokhaznis autrement que comme des employés administratifs « qui ne prennent le fusil que la nuit, en sommeillant, (...) qui rechignent à faire une patrouille en armes, qui font un travail de manœuvres, ont une situation presque confortable, au fixe mensuel assuré, avec la perspective toute proche d'un bon logement pour la famille ». Selon Maillard de la Morandais, les mokhaznis d'Oum Djerane, « s'engraissent et, au bout du compte, ne se compromettent pas trop de notre côté, guère plus que certains petits fonctionnaires, ou même que l'épicier de Saïda qui fournit les popotes militaires en légumes frais et en bières[18] ». Pour le capitaine Poujol, responsable de la SAS d'Oum Djerane, « les mokhaznis ne sont pas des militaires mais des civils », et Maillard de la Morandais qui est son adjoint ne pourra obtenir de lui que quelques patrouilles de nuit, avec embuscades, autour du regroupement.

J'ai décrit comment les GMPR — relevant pourtant de la tutelle du ministère de l'Intérieur, équipés par les soins de l'administration civile et encadrés par du personnel puisé en presque totalité

16. D'Andoque N., *1955-1962, guerre et paix en Algérie, op. cit.*, p. 43.
17. *Ibid.*, p. 49-50.
18. Maillard de la Morandais A., *L'honneur est sauf, op. cit.*, p. 277-278.

dans ce qui est disponible en dehors de l'encadrement utilisé par la défense nationale — avaient bien vite été confiés, « pour emploi », à l'armée. Il était tentant pour les commandants de secteur ou de quartier de procéder de même à l'égard de mokhaznis, dont administration et emploi devaient théoriquement rester civils. D'autant plus que les officiers SAS étaient généralement d'un grade inférieur aux leurs. « Au bénéfice de ces galons supplémentaires, il n'était pas rare que certains tentent tout naturellement de prendre le contrôle des SAS et d'orienter leurs actions, les uns voulant utiliser le plus fréquemment possible le makhzen à des opérations militaires, d'autres exigeant de l'officier SAS qu'il privilégie la recherche du renseignement, fût-ce au détriment de l'action sociale ; d'autres enfin, qui se rappelaient les débuts de la pacification, étaient tentés par le démon de l'administration directe[19]. »

Nicolas d'Andoque ne semble pas avoir eu de difficulté à maintenir son autonomie vis-à-vis du colonel commandant le 67e bataillon d'infanterie qui occupait son secteur. Mieux, sa SAS disposait d'une antenne — au douar Bir Bahir Chergui qui avait abrité une SAS autonome à l'origine — commandée par un sous-lieutenant et défendue par une « garnison d'une grosse trentaine d'hommes, répartis au sein d'un makhzen et d'une harka[20] ». Autrement dit, outre ses mokhaznis, ce sous-lieutenant s'était vu confier une unité de supplétifs dépendant directement — on le verra plus loin — de l'autorité militaire, du 16e dragon en l'occurrence. Situation semblable en Kabylie, où les chefs de deux SAS — les Beni Doualas au sud et les Ouadhias à l'est — ajoutaient à leur pouvoir civil la responsabilité militaire du quartier : « La sécurité de cette vallée reposait en fait tout entière sur les mokhaznis et les harkis[21]. »

Cela étant, la situation inverse pouvait se rencontrer tout aussi fréquemment. Brahim Sadouni, qui fut chargé de l'entretien des véhicules de la SAS de Bouzina — à 45 km au nord-ouest d'Arris —, a raconté dans son livre[22] comment il fut mis à la disposition de l'armée, avec quatre autre mokhaznis, par le capitaine Parent qui commandait cette SAS. Il dut alors guider vers les falaises de Marka — à l'ouest de Bouzina — les parachutistes qui ratissaient le djebel entre Batna et el-Kantara durant l'automne 1961.

Retenons deux constats :

— il n'était pas rare que des supplétifs transitent individuelle-

---

19. D'ANDOQUE N., *1955-1962, guerre et paix en Algérie, op. cit.*, p. 44.
20. *Ibid.*, p. 128.
21. *Ibid.*, p. 144.
22. SADOUNI B., *Français sans patrie, op. cit.* ; et FLEURY G., *Le Combat des harkis*, Les Sept Vents, 1989, p. 199-201.

ment d'un type de formation à l'autre : « Mokhaznis puis harkis ou GAD puis mokhaznis[23]. » Le phénomène ira en s'accentuant à partir de 1961, lorsque la compression des effectifs de supplétifs précipitera les reconversions dans d'autres unités ; des harkis seront alors mutés dans les GMS ou intégrés dans l'armée ;

— l'emploi des unités supplétives fut souvent combiné. Cinq harkis furent tués lors de l'opération évoquée plus haut par le mokhazni Sadouni. Autre exemple : lorsque le chef de l'antenne de Bir Bahir Chergui décidait d'une patrouille nocturne — trois ou quatre fois par semaine —, il utilisait une douzaine d'hommes en panachant systématiquement harkis et mokhaznis, « selon la fameuse recette des demi-brigades du grand Carnot », commente Nicolas d'Andoque[24]. Quant à Alain Maillard de la Morandais, envoyé en mai 1961 à la SAS de Bou-Alam, dans le djebel Amour, il part en opérations avec un makhzen à cheval composé de ralliés — vingt-huit mokhaznis dont vingt cavaliers —, une harka à cheval, et enfin un commando de chasse d'une centaine d'hommes, rattaché au 23e Spahis et constitué, lui aussi, de ralliés[25].

La constitution des harkas : un palliatif

Commandos d'alarme et groupes d'autodéfense — non soldés et faiblement armés ; forces de police supplétive des GMPR puis des GMS ; unités de mokhaznis des SAS à administration et à emploi théoriquement civils..., l'armée se devait d'avoir — elle aussi — ses formations de supplétifs. Ce sera chose faite avec la création des harkas.

Le terme n'apparaît officiellement qu'en 1956. Le 8 février, un ordre émanant du commandement supérieur recommande la création de harkas : « Des unités supplétives seront constituées dans chaque corps d'armée, à l'échelon *quartier*. S'appuyant sur les unités de base (compagnies, escadrons, batteries), elles seront chargées de compléter la sécurité territoriale et de participer aux opérations locales au niveau des secteurs. Ces unités porteront la dénomination de *harkas*[26]. »

---

23. HAMOUMOU M., *Les Français-Musulmans rapatriés. Archéologie d'un silence, op. cit.*, p. 60.

24. D'ANDOQUE N., *1955-1962, guerre et paix en Algérie, op. cit.*, p. 128.

25. MAILLARD DE LA MORANDAIS A., *L'honneur est sauf, op. cit.*, p. 329 -330. La constitution des commandos de chasse sera traitée dans le chapitre 4.

26. Ordre n° 412/7 du 8 février 1956. Notons que, dans le cadre du quadrillage, le territoire a été divisé en « zones interdites », d'où la population est évacuée, en

Armée, soldée, très légèrement encadrée par un ou deux officiers ou sous-officiers français, cette troupe de supplétifs devait essaimer dans les villages, pour moitié dans les bordj, quand il y en avait, et pour moitié dans les familles. En théorie, une harka devait — selon Georges Buis — « faire régner l'ordre dans un certain rayon autour d'elle, c'est-à-dire qu'elle avait pour mission, comme n'importe quel poste, de combattre la rébellion par le feu et de fournir du renseignement[27] ».

On a vu comment, début 1955, des goums avaient vu le jour dans le Constantinois. Certains avaient été intégrés dans les GMPR. Ceux des Aurès avaient été maintenus. L'ordre émanant du commandement supérieur ne faisait donc qu'officialiser une situation de fait. En même temps il préconisait de l'étendre à l'ensemble du territoire.

Bien que témoignant d'une tradition séculaire, la constitution et le maniement d'unités de supplétifs par l'armée n'allèrent pas de soi, tout au moins pendant les trois premières années de guerre. On évoquera plus loin les réticences et les débats parfois âpres qui eurent alors lieu. Ce dispositif avait pourtant été rendu indispensable par l'extrême faiblesse de l'armée d'Afrique en 1954-1955, mais aussi, on y reviendra, du fait des modalités particulières de la « pacification » en Algérie et du caractère policier de cette guerre, qui la singularise parmi les autres guerres coloniales.

Quelles qu'aient été par ailleurs leurs divergences de vue sur les autres questions, tous les gouvernements de la IVe République ont eu, face à la guerre de libération, la même position. Le point de vue officiel de la France ne varia pas, dans ses grandes lignes, de Mendès France à Pfimlin, en passant par Edgar Faure, Guy Mollet, Bourgès-Maunoury et Gaillard. Le soulèvement algérien était considéré comme une attaque à main armée de citoyens français contre leur propre gouvernement légal, une rébellion de civils qui, se mettant hors la loi, relèvent du droit commun. Mais comme les procédures classiques de droit commun semblaient en l'occurrence peu efficaces, les gouvernements successifs promulguèrent une série de lois d'exception.

« zones de pacification », où l'armée s'étale sur le terrain — à raison d'une compagnie pour 100 km^2 —, et enfin en « zones d'opérations », où l'armée n'occupe que les centres principaux et traque l'ALN (patrouilles, embuscades, colonnes mobiles). Les trois corps d'armée — Alger, Oran et Constantine — ont été subdivisés en secteurs — opérationnels ou de pacification — commandés par un colonel ; puis en sous-secteurs et quartiers autonomes, commandés en principe par des chefs de bataillon ou d'escadron.

27. Buis G., *Les Fanfares perdues, op. cit.*, p. 206.

Dès les premiers jours de l'insurrection, la classe politique française se crispa sur le mythe de « l'Algérie française ». Le discours des gouvernants se voulait musclé : l'Algérie n'était pas une colonie et la tâche qui s'imposait aux forces françaises, du fait de la rébellion, était le « rétablissement de l'ordre » — qu'on allait bientôt rebaptiser « pacification ».

Logiquement, cette position excluait — dans un premier temps du moins — l'envoi et l'utilisation massive des troupes métropolitaines. Le maintien de l'ordre aurait même dû relever uniquement de la police judiciaire, de la gendarmerie et, éventuellement, des CRS. C'est pourquoi l'une des premières propositions du général Spillmann, en novembre 1954, s'appuyait sur l'emploi de ces forces. Pour Spillmann, les CRS pourraient assurer la sécurité des villes et des gros centres ruraux ; les gendarmes mobiles, basés dans un centre ayant « mauvaise réputation », sillonneraient le pays ; des renforts de gendarmerie viendraient étoffer les garnisons existantes ; enfin, l'armée s'implanterait dans le pays et deviendrait l'ossature, le support et la réserve prête à intervenir rapidement[28].

On dut rapidement se rendre à l'évidence : les forces de l'ordre ne réussirent pas — en quelques semaines — à étouffer le soulèvement. Or la thèse juridique française (abstraction faite de ses aspects internationaux : affaire intérieure française, donc pas d'internationalisation du conflit) impose de réduire la rébellion aussi rapidement que possible. C'est un impératif de politique intérieure. Le FLN n'est considéré, pour reprendre les termes de Thomas Oppermann, « ni comme un gouvernement ennemi, ni comme un parti insurgé sur le pied de guerre dans le sens du droit des gens[29] ». Autrement dit, il est si insignifiant et si peu légitime que le gouvernement doit pouvoir restaurer l'ordre sans difficultés. On fera donc donner la troupe afin de liquider rapidement l'affaire et de valider rétrospectivement la thèse officielle.

Nouvelle difficulté : la question indochinoise gèle encore l'essentiel des forces armées susceptibles d'être investies en Algérie. La Légion étrangère, ossature de l'armée d'Afrique, n'a fait que passer en Algérie et séjourne en Indochine avec la quasi-totalité de l'encadrement d'officiers et de sous-officiers de carrière. Une partie des hommes est en transit, attendant leur départ pour l'Indochine, au cas où les négociations échoueraient. Car, là-bas, il n'est plus question de poursuivre la guerre mais de protéger le réembarquement du corps expéditionnaire et des Français qui veulent rentrer.

---

28. COURRIÈRE Y., *Les Fils de la Toussaint, op. cit.*, p. 401.
29. OPPERMANN T., *Le Problème algérien*, Maspero, 1961, p. 136.

Une autre partie est au repos. Quant aux hommes qui reviennent d'Indochine, on ne pourra compter sur eux avant Pâques 1955. En outre, depuis juin 1954, la Tunisie s'agite. Si bien que la majeure partie des éléments mobiles de l'armée d'Afrique y séjourne et que la plupart des unités d'Algérie ont été dégarnies et envoyées en Tunisie. Il n'y a en Algérie aucune unité spécialisée, capable de rivaliser en souplesse et en légèreté avec l'ALN.

Base arrière du corps expéditionnaire français en Indochine, la Xe région militaire — Algérie et Sahara — n'avait donc « de militaire pratiquement que le nom[30] » et s'était transformée par la force des choses « en dépôts et en centre d'instruction[31] ». Sur les 57 784 hommes d'arme que compte l'Algérie en 1954 — près des deux tiers sont originaires du pays —, le tiers seulement est utilisable. « En définitive, dans le cas où le général commandant la Xe région recevrait une mission de maintien de l'ordre, il disposerait de trois bataillons de zouaves, de trois régiments de tirailleurs, de trois bataillons d'infanterie coloniale (Français et Sénégalais), d'un régiment de parachutistes (à deux bataillons), du dépôt de la Légion étrangère (valeur deux petits bataillons), de trois escadrons de spahis à cheval. Soit au total 17 000 hommes capables de mener des opérations dans le bled[32]. »

Quatre séries de dispositions seront prises pour compenser la faiblesse des effectifs militaires et la fragilité de l'armée d'Afrique.

• *Le recours au contingent.*

Le 17 mai 1955, il est décidé de porter à 100 000 hommes l'armée d'Afrique en amenant des troupes d'Allemagne et de Tunisie, et en rappelant les disponibles du dernier demi-contingent résidant en Algérie. Un an plus tard arrivent les premiers rappelés. Guy Mollet a décidé de rappeler 200 000 jeunes gens des classes 1951 à 1954, et de les transporter en Algérie à raison de 80 000 en mars, 70 000 en avril et 50 000 en mai. Les forces armées vont ainsi se voir progressivement renforcées jusqu'à dix fois leur effectif de 1954[33]. Un accroissement qui ne manquera pas de révéler

30. LENORMAND G., « 1954, l'année difficile », *in* PORTEU DE LA MORANDIÈRE F., *Soldats du djebel, op. cit.*, p. 20.

31. VAUJOUR J., *De la révolte à la révolution, op. cit.*, p. 56.

32. LENORMAND G., « 1954, l'année difficile », *op. cit.*, p. 20. Vaujour pour sa part estime à 15 500 les forces disponibles (*op. cit.*, p. 56).

33. De 1954 à 1963, les effectifs de l'armée française en Algérie s'établirent comme suit (selon HURÉ R., *L'Armée d'Afrique, 1830-1962*, Lavauzelle, 1980, p. 452) :

— 55 000 au 1er janvier 1954,
— 49 700 au 1er novembre 1954,
— 82 000 au 1er janvier 1955,
— 83 400 au 1er février 1955,

chaque jour un peu plus la bouffonnerie de la thèse officielle selon laquelle ne sont menées en Algérie que de simples opérations de police.

• *Le recours à des pouvoirs exceptionnels.*

Préparée sous le gouvernement Mendès France, aggravée et votée sous le gouvernement Edgar Faure, la loi du 3 avril 1955 permettait d'instituer l'état d'urgence dans un groupe de départements. L'application en fut rapidement étendue à l'ensemble du territoire algérien. Malgré tout, cette disposition fut jugée peu efficace par le gouvernement de Guy Mollet, et la loi du 16 mars 1956 fixa le cadre juridique des « pouvoirs spéciaux ». Adoptée par la quasi-totalité des députés — communistes compris —, elle fut remise en vigueur sous tous les gouvernements de la IVe et de la Ve République. Il était difficile d'aller plus loin que cette loi dans le seul cadre du maintien de l'ordre, en dehors de la reconnaissance d'un état de guerre et de la promulgation de l'état de siège. En effet, en vertu de l'article 10 du décret d'application du 17 mars, le représentant du gouvernement en Algérie pouvait déléguer ses pouvoirs de police aux préfets, qui pouvaient à leur tour les déléguer aux militaires. En vertu de l'article 11, il pouvait créer des zones dans lesquelles la responsabilité du maintien de l'ordre passait entièrement à l'armée. Ce décret instituait — pour reprendre une expression de Colliard — « au profit du ministre-résidant, un pouvoir véritablement dictatorial dont jamais aucun fonctionnaire ou ministre de la République n'avait disposé[34] ».

• *Le recours aux unités territoriales.*

Depuis les événements de mai 1945 à Sétif, chaque préfet et sous-préfet garde présent à l'esprit le souvenir des massacres organisés alors : 108 Européens tués et 15 000 Algériens, sûrement plus, assassinés par l'armée en représailles. Ils n'hésiteront pourtant pas longtemps à autoriser la formation de milices recrutées

— 180 000 au 1er janvier 1956,
— 355 000 au 1er janvier 1957,
— 396 000 au 1er janvier 1958,
— 405 000 au 1er janvier 1959,
— 396 000 au 1er janvier 1960,
— 400 000 au 1er janvier 1961,
— 374 000 au 1er janvier 1962,
— 310 000 au 1er janvier 1963,
— 80 000 au 1er janvier 1964.

Notons qu'ici ne sont comptés que les effectifs de l'armée de terre. Il faudrait donc leur ajouter environ 12 000 aviateurs et 5 000 marins ; et, bien entendu, plusieurs dizaines de milliers de supplétifs.

34. COLLIARD C.-A., *Libertés publiques*, Dalloz, 1958, p. 120 (cité par VIDAL-NAQUET P., *La Torture dans la République*, *op. cit.*, p. 60).

dans la population européenne au cours de l'été 1955. Ces initiatives aboutiront à la constitution de deux types d'organisations paramilitaires :

— les *groupes d'autodéfense*, milices de colons français armés de fusils de chasse principalement, chargés de protéger récoltes et fermes ; ces milices étaient évaluées approximativement à 7 000 hommes[35] ;

— les *unités territoriales*, créées en mars 1956 dans le cadre d'une « quasi-mobilisation générale » des Français d'Algérie. Vêtus d'un uniforme spécial, armés de fusils et de mitraillettes prêtés par l'armée, ce sont des réservistes locaux, rappelés un jour par semaine pour dégager l'armée des tâches de surveillance d'usines, d'ouvrages d'art et des contrôles de routine. Quand la psychologie deviendra une arme, on y incorporera aussi des Algériens. Dès le mois d'août 1956, les unités territoriales (UT) seront noyautées par les groupuscules d'ultras européens. La formation d'élite des UT, l'unité territoriale blindée (UTB), constituée d'anciens conducteurs de chars et disposant de ses propres véhicules, se les voit retirer à la suite d'un attentat contre le général Salan au printemps 1957. En septembre 1960, le général Challe chargera le colonel Gardes, responsable du cinquième bureau, de créer une « Fédération des UT et des autodéfenses » qui constituera un des fers de lance des barricades en janvier 1961.

• *Le recours aux supplétifs et l'algérianisation de la guerre.*

Si la faiblesse des effectifs est compensée par l'arrivée du contingent, l'armée s'attend à subir de 1959 à 1962 le contrecoup des classes creuses de 1939-1942, ce qui inquiète l'état-major, quoi qu'il en dise[36].

Par ailleurs, même démantelé et assoupli par la mise en œuvre du « quadrillage » qui le répartit en unités fractionnées sur l'ensemble du territoire, l'appareil militaire reste impropre à mener une guerre semblable à celle que mène l'ALN, une guerre de petits commandos et d'embuscades. D'autant plus qu'on ne peut exiger des appelés découvrant le djebel les mêmes aptitudes, les mêmes efforts, les mêmes sacrifices que des partisans.

Inhérents au caractère de l'armée qui occupe l'Algérie, ces facteurs entraînent un très faible rendement des opérations de ratissage, et empêchent d'envisager la multiplication de commandos volants. C'est pourquoi l'état-major sera très vite conduit à se tour-

---

35. OPPERMANN T., *Le Problème algérien, op. cit.*, p. 141.
36. L'état-major d'Alger a alors qualifié de « hautement fantaisistes » les chiffres avancés à ce sujet par quelques journaux.

ner vers la mise en place de formations supplétives. A l'époque où Michel Déon faisait dans la littérature de justification coloniale, il écrivait : « Là où nous prenions la piste, ces auxiliaires connaissaient les raccourcis, le sentier de chèvre qui leur permettaient de fondre sur l'ennemi. Là où nous ne trouvions que bouches closes, ils cueillaient les renseignements indispensables à la poursuite du rebelle[37]. »

« Pacification » et « conquête des esprits »

Si la dénégation officielle de l'état de guerre conduit à son algérianisation du strict point de vue de la technique militaire, elle y tend aussi par un biais plus politique. Puisque la guerre d'Algérie est une guerre sans front, une guerre *policière* où c'est la population dans son ensemble qui est visée, les gains ne s'évaluent pas seulement en nombre d'adversaires éliminés, mais aussi en termes de « conquête des esprits » — comme disent les officiers du cinquième bureau chargés de l'action psychologique —, en termes de ralliement ; et donc en nombre de harkas, entre autres.

Sur le plan doctrinal, certains officiers s'efforcent alors de répondre à la question suivante : comment se fait-il qu'en Algérie, comme autrefois en Indochine ou en Corée, *le plus fort semble battu par le plus faible ?* Un constat qui contredit les normes servant traditionnellement à peser les forces en présence. La grande découverte, c'est que la guerre révolutionnaire s'appuie sur les masses. Par conséquent, le problème n° 1 est de prendre en main les populations qui servent de support à cette guerre. Celui qui les prend ou qui les tient a déjà gagné. On emploiera dans ce but deux méthodes :

1) la prise de possession des personnes physiques par un solide encadrement ;

2) la « conquête des âmes » au moyen de « techniques psychologiques[38] ». On vise à ce que le peuple algérien se prononce *librement* contre l'indépendance.

La pacification comme simple retour à l'ordre est dépassée. Elle

---

37. DÉON M., *L'Armée d'Algérie et la pacification*, Plon, 1959, p. 90.

38. *Cf.* la première conférence du colonel Lacheroy au CIPCG (Centre d'instruction pacification et contre-guérilla), intitulée *Leçons de l'action communiste et vietminh en Indochine*. C'est en Indochine que pour la première fois l'armée de métier, au contact d'une révolution coloniale, tente de penser politiquement. C'est là que se forge la théorie de la guerre révolutionnaire et que sont théorisées les pratiques criminelles de l'armée (*cf.* AMBLER J.S., *The French Army in Politics, 1945-1962*, Ohio State University Press, 1966).

prend désormais le double visage d'une démarche à la fois préventive et réparatrice et va recourir indifféremment au paternalisme (SAS) et aux pires méthodes de répression (tortures, massacres, exécutions, ratissages, camps de regroupement, etc.). L'encadrement et la manipulation des populations, dans le but d'en pousser une fraction significative à participer à la lutte aux côtés de l'armée française, présentent un intérêt évident. Sur le plan politique, on parvient à dresser — du moins en apparence — une partie de la population contre le FLN. Sur le plan militaire, toujours prioritaire au-delà des déclarations d'intentions, il s'agit de trouver des informateurs et des cadres acceptant d'être les auxiliaires des autorités françaises.

On peut rattacher aux débuts de l'action psychologique ces rassemblements que les chefs d'unité organisent fréquemment à partir du début de l'année 1956. Il s'agit souvent de manœuvres d'intimidation. Même quand les thèmes de l'action psychologique seront plus élaborés, la démonstration de force gardera la première place. Le *Mémento de l'officier de l'action psychologique en Algérie* explique que « l'opposition de ces deux thèmes : force de la France, faiblesse des rebelles, doit amener en l'esprit des ruraux la "suggestion" qu'il y a un choix à faire dès maintenant et l'appréhension d'un mauvais calcul. Elle doit amener en définitive la population musulmane à l'idée qu'elle doit collaborer avec la France ».

Un peu partout, c'est avec les anciens combattants que les officiers ont d'abord cherché à reprendre contact : on tente de faire jouer à la fois l'intérêt et le souvenir des combats menés ensemble durant la Seconde Guerre mondiale. Le capitaine J., rappelé en 1956 dans un régiment d'infanterie cantonné dans l'Algérois, raconte comment sa compagnie fut organisée « sur un plan d'action psychologique pour pénétrer les masses arabes[39] » : « Les premiers supports sont les anciens combattants. Il faut agir sur eux, prendre contact avec les présidents de djemaas (...) et prévoir l'organisation de meetings dans les douars. Pour cela, il fallait protéger le douar par un cordon de troupes qui ne se verrait pas. » Les contacts personnels doivent être à la base des meetings. Des hommes, triés sur le volet, sans arme apparente, auront pour mission le « noyautage » de la population. Ils se mêleront aux anciens combattants, distribueront des cigarettes. « Cela avait un double but : d'abord en principe une espèce de propagande, et en même

39. Témoignage recueilli par Pierre HAUDIQUET, « L'incendie », *in La Guerre d'Algérie*, Temps Actuel/Messidor, t. 2, 1983, p. 237-238.

temps on "mouillait" le douar vis-à-vis du FLN. » Il faut, précisaient les instructions du bureau psychologique, « compromettre » le plus de monde dès le premier contact, sans cependant effaroucher. En principe, ce type d'intervention devrait conduire à toutes formes de ralliement, du groupe d'autodéfense à la constitution des harkas.

En principe seulement... Dans les états-majors, la majorité était loin d'être acquise à des thèses qui ne s'imposeront réellement qu'à partir de 1957. Au début de la guerre, il y a un abîme entre les options d'un Cherrière et celles d'un Juin. Pour le patron de l'armée en Algérie, on l'a vu, une répression brutale menée avec de gros moyens devrait suffire à écraser définitivement toute velléité de soulèvement. A l'opposé, le maréchal Juin opte en faveur de la constitution d'une véritable force d'autodéfense *musulmane*, « afin d'éviter que l'on se trouve en présence d'une vague d'assassinats en masse de Français de souche et de musulmans fidèles », dit-il dans une note adressée à Edgar Faure, président du Conseil[40]. Un comité de guerre est alors réuni afin de souscrire « à l'enrôlement volontaire des musulmans ». Le maréchal Juin s'en retire le 1er juillet 1955. Il ne souhaite être, dit-il, « ni otage, ni caution de discussions qui lui paraissent sans efficacité[41] ». De fait, parmi les partisans de l'algérianisation de la guerre, deux courants s'affrontèrent quant à la façon dont devait s'opérer le renforcement de l'armée coloniale par des effectifs musulmans.

Pour les uns, il fallait constituer des troupes autonomes, des harkas. Pour les autres, il fallait intégrer directement ces effectifs dans les unités de l'armée française, à raison de 10 % des effectifs par exemple. Lors du débat sur l'Algérie qui s'ouvrit le 12 novembre 1954 à l'Assemblée nationale, le général de Montsabert avait annoncé la couleur : « S'il faut disposer sur place de forces dites de souveraineté judicieusement placées et extrêmement mobiles, c'est par nos régiments indigènes que s'établit notre pénétration spirituelle. Par leur recrutement local, leur action dans le bled familial, la manifestation des avantages dont ils disposent, par le contact qu'elles doivent garder avec leurs anciens soldats, les unités indigènes sont de véritables éléments de renseignements, de sécurité et de paix...

« C'est elles qui ont manqué partout où la situation s'est détériorée et c'est pourquoi j'insiste car en Afrique du Nord, l'armée

---

40. Note n° 349 CAB du 16 mai 1955.
41. BOUALAM S., *Les Harkis au service de la France, op. cit.*, p. 28.

a un rôle social, voire politique, autant que militaire à remplir[42]. » De Montsabert fait partie de ceux qui tablent prioritairement sur l'usage d'unités régulières telles que les tirailleurs.

Une solution de compromis finira par prévaloir, dont témoigne l'ordre du 8 février 1956 cité en début de chapitre. On recrutera des troupes supplétives, les harkas, étroitement rattachées aux unités régulières, soit par la constitution d'un groupe autonome indigène à l'échelon de la compagnie ou du bataillon, soit sous forme de groupes éclatés et intégrés dans les unités régulières au niveau de la section[43].

Un recrutement difficile

En 1956, il y a encore très peu de harkis. Seules quelques harkas ont pu être levées « dans certaines régions peu contaminées », selon le général Allard[44]. Elles comptent 2 000 hommes à la fin de l'année. La lenteur du recrutement est parfois imputée à la méfiance des autorités administratives, dans la mesure où, si les harkas sont formées et employées par l'armée, elles sont en revanche payées et armées sur des crédits civils. Dans un rapport publié en mars 1957, le commandant F. explique : « Les administrateurs par les mains desquels passe l'argent nécessaire à l'entretien ne voient pas d'un œil très favorable une organisation dont l'emploi reste totalement extérieur à leurs attributions et leurs capacités. Le commandement et l'administration militaire ne s'intéressent que fort peu à des unités dont ils ne sont pas administrativement responsables et les directives qui les concernent sont édifiantes : il est, en effet, préconisé de ne pas avoir de harkas permanentes, rien n'est prévu pour le logement des familles, ni pour l'habillement des harkas, et seules les armes de chasse sont autorisées. En fait, toutes les charges sont abandonnées à l'initiative des commandements de quartiers ou de sous-quartiers qui, eux, comprennent l'intérêt fondamental des supplétifs. A eux le soin de se débrouiller, à leurs risques et périls, pour habiller, encadrer, instruire, armer d'une

42. DE MONTSABERT G., *in* VAUJOUR J., *De la révolte à la révolution, op. cit.*, p. 26.

43. *Cf. infra, Bataillon d'infanterie type Afrique du Nord - dit 107.*

44. ALLARD J., « Le combat pour la paix », *in* PORTEU DE LA MORANDIÈRE F., *Soldats du djebel, op. cit.*, p. 256. Dans un autre article, le général Allard donne le chiffre de 2 600 harkis pour l'année 1956 : ALLARD J., « La guerre d'Algérie », *Historia magazine*, n° 34.

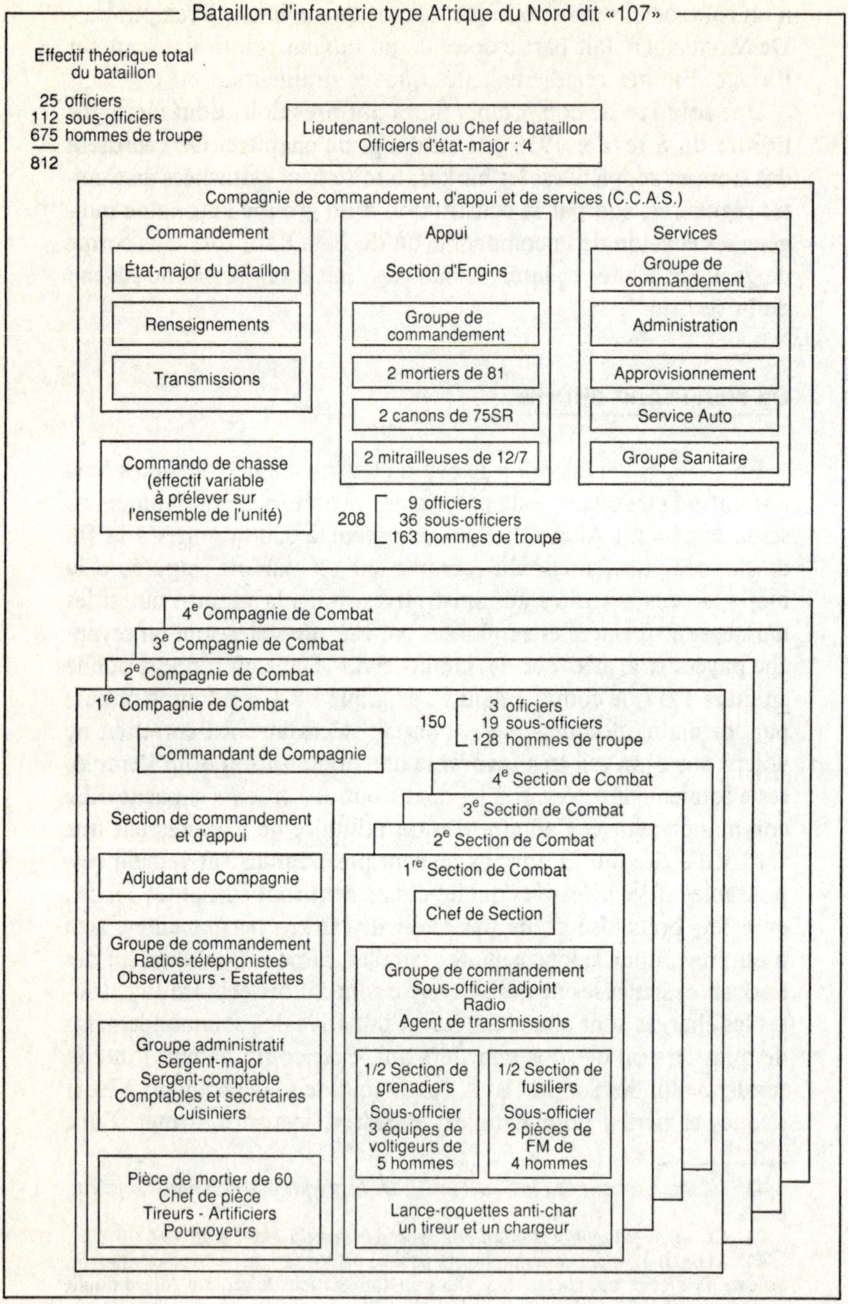
Bataillon d'infanterie type Afrique du Nord dit «107»
Effectif théorique total du bataillon
25 officiers
112 sous-officiers
675 hommes de troupe
812
Lieutenant-colonel ou Chef de bataillon
Officiers d'état-major : 4
Compagnie de commandement, d'appui et de services (C.C.A.S.)
Commandement
État-major du bataillon
Renseignements
Transmissions
Commando de chasse (effectif variable à prélever sur l'ensemble de l'unité)
Appui
Section d'Engins
Groupe de commandement
2 mortiers de 81
2 canons de 75SR
2 mitrailleuses de 12/7
Services
Groupe de commandement
Administration
Approvisionnement
Service Auto
Groupe Sanitaire
208
9 officiers
36 sous-officiers
163 hommes de troupe
4e Compagnie de Combat
3e Compagnie de Combat
2e Compagnie de Combat
1re Compagnie de Combat
150
3 officiers
19 sous-officiers
128 hommes de troupe
Commandant de Compagnie
Section de commandement et d'appui
Adjudant de Compagnie
Groupe de commandement
Radios-téléphonistes
Observateurs - Estafettes
Groupe administratif
Sergent-major
Sergent-comptable
Comptables et secrétaires
Cuisiniers
Pièce de mortier de 60
Chef de pièce
Tireurs - Artificiers
Pourvoyeurs
4e Section de Combat
3e Section de Combat
2e Section de Combat
1re Section de Combat
Chef de Section
Groupe de commandement
Sous-officier adjoint
Radio
Agent de transmissions
1/2 Section de grenadiers
Sous-officier
3 équipes de voltigeurs de 5 hommes
1/2 Section de fusiliers
Sous-officier
2 pièces de FM de 4 hommes
Lance-roquettes anti-char
un tireur et un chargeur

façon efficace même, ces unités dont ne veut pas s'occuper le haut commandement militaire.

« Telle harka a été payée et nourrie pendant des mois par un capitaine qui l'avait déclarée comme "ensemble de suspects en attente d'enquête", telle autre se nourrit sur l'ordinaire de la compagnie, presque toutes sont habillées par des prélèvements non réglementaires et non autorisés sur les magasins des unités. Quant à l'encadrement, il est prélevé sur celui déjà déficitaire des compagnies voisines. En résumé, ces harkas, dont les preuves d'efficacité et de fidélité ne se comptent plus, ne subsistent que par la volonté et l'esprit d'invention du commandement local ; elles vivent au crochet et au détriment des unités leur servant de support[45]. »

Saïd Ferdi, qui fut harki, insiste lui aussi sur le sous-équipement de ces unités de supplétifs. « La section de harkis à laquelle j'étais rattaché logeait dans une baraque préfabriquée, isolée dans un coin de la caserne. Cette section ne participait pas aux grandes opérations ; elle sortait patrouiller dans le village et les douars environnants. Elle était composée d'une trentaine d'hommes commandés par un adjudant arabe. Chaque fois que je voyais ces hommes, ils me donnaient l'impression de ressembler à tout sauf à des militaires. Ils s'habillaient bizarrement, moitié civil, moitié militaire. Ils portaient des armes étranges que je voyais pour la première fois (il s'agissait d'armes récupérées après des ratissages). Et malgré le fait qu'ils logeaient à l'intérieur de la caserne, il leur était interdit d'avoir des contacts avec les tirailleurs (...) Les uns me paraissaient très jeunes, les autres avaient des cheveux blancs et de longues moustaches. Ce qui me frappa aussitôt, ce fut cette différence d'âge : ils étaient ou bien trop jeunes, ou bien trop vieux. J'aperçus néanmoins deux ou trois personnes en âge d'être soldats (entre vingt et trente ans). (...) Il n'y avait aucun critère de sélection physique, ni limite d'âge. Il suffisait de savoir "tenir un fusil". De plus aucun contrat n'attachait les harkis à l'armée[46]. »

Finalement, la constitution des harkas sera marquée par deux grandes phases de recrutement et d'emploi (1957-1958, 1959-1960) et par deux noms, Salan et Challe.

Nommé le 8 novembre 1956, le général Salan arrive le 15 et prend officiellement le commandement de l'armée le 1er décembre. L'expérience indochinoise, la bataille d'Alger livrée à partir de jan-

45. Cdt F., *Remarques sur l'organisation des supplétifs en Algérie, op. cit.*
46. Le « statut des harkis » n'a été publié qu'en novembre 1961 (*cf. infra*, chapitre 5). Ferdi S., « Stances d'un harki », *Historama*, hors-série n° 1, p. 110-112.

vier 1957, les méthodes employées alors par la 10e division parachutiste amènent son état-major — notamment le général Allard — à repenser la doctrine de la pacification. Leur plan se résume en deux mots : détruire / construire. En clair : torturer et faire de l'action psychologique. Ou bien encore : liquider l'organisation politico-administrative du FLN et bâtir un ordre nouveau, les termes sont du général Allard. Mais laissons-leur la parole en citant quelques « morceaux choisis » de ces stratèges :

« Dans la guerre révolutionnaire, explique Allard, l'action militaire pure, primordiale dans une guerre de type conventionnel, cède le pas à l'action psychologique, à la propagande, à la recherche et l'exploitation du renseignement, aussi bien politique qu'opérationnel, à l'action policière, aux contacts humains avec les populations, aux actions sociales et économiques, etc.[47]. » « Dans cette forme de lutte subversive, fait écho Salan, d'essence marxiste, avoir la population avec soi devient la condition même du succès. Il faut lui redonner confiance, la faire participer à la lutte, la libérer de la peur qui la rend complice de l'ennemi. Une étroite adaptation des organisations administratives et militaires s'impose. Quadrillage et pacification vont de pair. (...) Toutes ces mesures (pacificatrices) devront également permettre une plus vaste participation des musulmans à la guerre. (...) Je suis décidé, au-delà des unités régulières, à utiliser les musulmans sous les formes les plus diverses : autodéfense des villages pour s'opposer aux incursions rebelles, harkis jumelés à nos bataillons, mokhaznis qui protègent les SAS[48]. »

D'où la mise en place ou le renforcement d'institutions telles que l'Action psychologique (le cinquième bureau chargé de son maniement se met en place à tous les échelons de l'armée) ou bien le Centre d'instruction-pacification-contre-guérilla d'Arzew (CIPCG) chargé d'instruire les officiers sur les nouvelles méthodes[49].

---

47. ALLARD J., « Conférence prononcée au SHAPE le 15 novembre 1957 », *in* DÉON M., *L'Armée d'Algérie et la pacification, op. cit.*, p. 76 à 79.

48. SALAN R., *Mémoires*, t. 3, « L'Algérie française », Presses de la Cité, 1972, p. 61.

49. A vrai dire, des structures étaient déjà en place. En mars 1955, le commandant en chef créa en Algérie des « bureaux psychologiques » aux différents niveaux de la hiérarchie. En même temps — à l'état-major — le bureau « moral-information » crée au lendemain de la Guerre mondiale devient la « Section psychologique et du moral » et les « officiers du moral » deviennent « officiers d'action psychologique ». Un an plus tard, en avril 1956, Maurice Bourgès-Maunoury, ministre de la Défense nationale, crée le Service d'action psychologique et d'information (SAPI). En Algérie apparaissent, dès juillet 1956, les « compagnies de haut-parleurs et tracts », puis les « officiers itinérants » qui vont aller d'unité en unité expliquer l'usage de l'arme psychologique. Enfin, le 22 novembre 1956, un

D'où la multiplication des harkas. L'adhésion plus ou moins « spontanée » d'Algériens disposés à lutter aux côtés de l'armée est considérée comme l'indice — par excellence — du succès de la pacification. Avec la pacification, selon le général Allard, « leur nombre s'accrut très rapidement, au point que, fin 1957, on dut limiter le nombre des harkis en fonction des crédits accordés pour leur rétribution, cependant modeste (800 anciens francs par jour sans aucun autre avantage) ; à cette date, 30 000 harkis étaient sous les armes[50] ».

Mais en adoptant de nouvelles méthodes, on allait vite mettre au jour de nouvelles contradictions. Quadrillage et pacification orientaient l'armée vers un certain statisme auquel le général Challe — succédant à Salan — tentera de remédier avec quelque succès et au prix d'un regroupement quasi général de la paysannerie algérienne. Ce qui créera une nouvelle contradiction insoluble...

Dans le cadre du plan Challe — on y reviendra plus en détail dans le chapitre 4 —, deux types d'unités nouvelles seront mis en place : les « réserves générales » et les « commandos de chasse ». Ces derniers recourront largement aux supplétifs. Si bien que le nombre des harkis va passer de 30 000 en janvier 1959 (soit environ 10 000 par zone, répartis en 450 harkas) à 60 000/70 000 en 1960[51].

Le 1er juin 1959, une note de service émanant de l'état-major indiquait : « Compte tenu des services exceptionnels et des excellents résultats obtenus par les harkas depuis leur emploi, il importe de multiplier leur création en Oranie, dans l'Algérois et dans le Constantinois. A cet effet les commandants de secteur devront faire parvenir, pour le 1er août 1959, leurs propositions. Un effort tout particulier sera fait dans les zones où la pacification est la plus avancée, et d'abord dans le corps d'armée d'Oran... »

« plan d'action psychologique » est défini. En février-mars 1957 paraît un numéro spécial de la *Revue de la défense nationale* intitulé *La Guerre révolutionnaire. Données et aspects, méthodes de raisonnement, parade et riposte.* Cet ouvrage va contribuer à diffuser les méthodes de la « guerre psychologique », destinée aux adversaires, et de l'action psychologique, destinée aux amis et aux neutres (*cf.* Tournoux J.-R., *Secrets d'État*, 10/18, 1962, p. 59-104).

50. Allard J., *Le Combat pour la paix, op. cit.*, p. 256. On fête à tour de bras et en grandes pompes les nouvelles recrues. Ainsi le 26 novembre 1957, en présence du général Massu, a lieu une cérémonie pour le ralliement du douar Melouane. Des armes sont remises à une harka de 28 hommes placée sous les ordres du sous-lieutenant Jean-Pierre Soisson... La question de la solde et des avantages attribués aux harkis est abordée dans le chapitre 5.

51. Comme pour les GAD, les GMPR et les makhzens, les estimations des effectifs divergent (*cf.* le tableau, p. 76-77).

Effectifs des formations de supplétifs et des soldats algériens (appelés et engagés)
État comparatif des sources

	1956	1957	1958	1959	1960	1961[10]	1962
Harkis	2 000[1 11] 2 600[1]	2 000 en janvier[8] 15 000 an août[8 15] 26 000[17] 28 000[2] 30 000[6 13]	24 000 au 1.5[10 21] 26 100 au 1.11[8] 28 071 au 31.12[3] 30 000[11]	30 000[8]	60 000[10 14 20] 66 000[17] 70 000[2]	63 000[10]	30 000[5 17] 45 000[3 16] 58 000 au 19.3[9] 70 000[12]
Mokhaznis		17 000[2]	25 000 au 1.5[21] (Mokhaznis et GMPR/GMS) 17 141[3]		19 442[20] 20 000[2 14] 26 000 employés civils et militaires[4]	19 000[10]	15 000[3 16] 20 000[5 12 17 18] 23 000 au 19.3[9]
GMPR/GMS	3 400[22]	4 500 en janvier[8] 8 000[2]	8 500 en décembre[8] 8 614 au 31.12[3 12]		8 617[20] 10 000[2] 15 000[14]	8 500[10]	10 000[3 12 16 17] 12 000 au 19.3[9] 15 000[10 12]
GAD		17 000[2] dont 2 500 sur le territoire du corps d'armée d'Alger[1]	80 000 au 1.5[21] 16 855 au 31.12[3]	26 500 au 1.12[20]	60 000 au 29.10[2 14 20]	55 000[10]	60 000[5 12 16 17 18]
Autres					10 754[20]		
Sous-total		70 000[2]	70 681 au 31.12[3]	53 000[7] 160 000[19] 210 000[5]	158 813[20] 160 000[2]		120 000[17] 160 000 au 1.1[5]
Appelés du contingent			31 000 au 1.5[21] (appelés et militaires de carrière)	129 000[7] (appelés et militaires de carrière)	40 000[14] / 50 687[20] (appelés et militaires de carrière) 20 000[2]	17 000[10]	50 000 à 60 000[16] (appelés et militaires de carrière) 20 000[17] 40 000[10 12]
Militaires de carrière					20 000[2]	20 000[10]	20 000[5 12 17 18]
Total général		38 000 en janvier[17] 42 000 au 1er mai[21] 43 400[7]	88 000 au 1er mai[21] 103 000 en décembre[17]	160 000 en septembre[19] 182 000 en novembre[7] 210 000[18]	150 000[14] 180 000[2] 210 000 en avril[5 17]	250 000 à 300 000	160 000[5 17 18]

Notes :

1. Allard F., « La guerre d'Algérie », *art. cit.* ; « Le combat pour la paix », *in* Porteu de la Morandière F., *op. cit.*, p. 256.
2. Brière C., *Qui sont les harkis ?*, L'Atlanthrope, 1974, p. 10 ; Dezet P., « Les harkis, ni mercenaires, ni collabos », *art. cit.*
3. Boualam S., *op. cit.*, p. 155 ; Abdellatif-Rekaya S., *Enquête sur la condition familiale des Français-Musulmans en Picardie*, *op. cit.*, p. 41, 48.
4. Collot C., *Les Institutions de l'Algérie durant la période coloniale, 1830-1962*, CNRS/OPU, Alger, 1987, p. 71.
5. D'Andoque N., *1955-1962, guerre et paix en Algérie*, *op. cit.*, p. 191.
6. De Bonis J., *La Guerre d'Algérie*, Messidor/Temps actuels, 1983, tome 2, p. 497.
7. De Gaulle C., conférence de presse du 10 novembre 1959.
8. Déon M., *op. cit.*, p. 109.
9. De Saint-Salvy C., *Rapport sur les crimes de guerre en Algérie*, 1962 ; Boualam S., *L'Algérie sans la France*, France-Empire, 1964.
10. Faivre M., « Une histoire douloureuse et controversée », *Hommes et Migrations*, n° 1135, septembre 1990, p. 14, 16.
11. Fleury G., *op. cit.*, p. 103-104.
12. Hamoumou M., *op. cit.*, p. 68.
13. Harbi M., *Le FLN, mirage et réalité*, J.A., 1985, p. 208.
14. Huré R., *L'Armée d'Afrique, 1830-1962*, *op. cit.*, p. 459.
15. Lacoste R., directive n° 5 du 12 août 1957.
16. *Le Monde*, 26 juin 1962, 10 juillet 1962, 2 novembre 1962.
17. Pervillé G., « Guerre d'Algérie : l'abandon des harkis », *L'Histoire*, n° 102, juillet-août 1987, p. 31.
18. Porteu de la Morandière F., *Soldats du djebel*, *op. cit.*
19. Suant J., *L'Affaire algérienne*, Publisud, 1987.
20. Teguia M., *L'Algérie en guerre*, OPU, Alger, 1981 ; X.X.X., « L'armée française et la stratégie du FLN en 1960 », *La Nouvelle Critique*, n° 122, janvier 1961, p. 11, 12, 19. Ces chiffres sont tirés de *La Vie militaire* du 25 décembre 1959, éditions Lavauzelle. Ils ont été rectifiés en fonction des communiqués du commandant Maire, responsable de l'information à Alger (Alger, 29 octobre 1960).
21. Tripier P., *Autopsie de la guerre d'Algérie*, France-Empire, p. 182 ; Heinis A., *L'Insertion des Français-Musulmans. Étude faite sur les populations regroupées dans le midi de la France dans les centres d'ex-harkis*, université de Montpellier, 1977, p. 14.
22. Vaujour J., *op. cit.*, p. 320.

3

Peut-on raisonnablement armer les indigènes ?

> Méfie-toi, méfie-toi toujours, où que tu sois et quoi que tu fasses, car la perfidie est l'arme n° 1 de la guérilla et les ressources de l'âme orientale dans ce domaine dépassent tout ce que tu peux imaginer. Tous les musulmans ne sont pas terroristes, certes, mais chacun peut l'être, quelles que soient ses références*.

Des supplétifs « douteux »

Le développement des harkas ne s'accompagna pas d'une moindre méfiance de bon nombre de civils et de militaires vis-à-vis des initiatives d'enrôlement de supplétifs. Georges Buis, nommé à la tête d'un secteur du Constantinois, le Hodna, à partir de 1957, se fit l'écho de ces réticences. Il estime alors que sur la trentaine de harkas qu'il manipula dans le Beni Ouagags, les Bibans et dans le Mansourah, trois ou quatre seulement étaient sûres.

Parmi celles qui constituent « une troupe combative, offensive et que valorisait encore la connaissance du terrain », il compte la harka des portes de Fer et celle de la tribu qui avait été décimée à Mechta Kasbah dans l'affaire du massacre de Melouza[1]. Les hommes de cette tribu, raconte Buis, étaient presque tous ouvriers chez Simca, à Paris. « On les avait rapatriés pour qu'ils assurent

* Brochure d'information sur la défense intérieure et la guerre psychologique, diffusée par le secrétariat d'État aux Forces armées de terre, 3 novembre 1956 (Réf. 12177/EM3/EGER.3.RFM/DR).

1. Voir plus loin, p. 91-92.

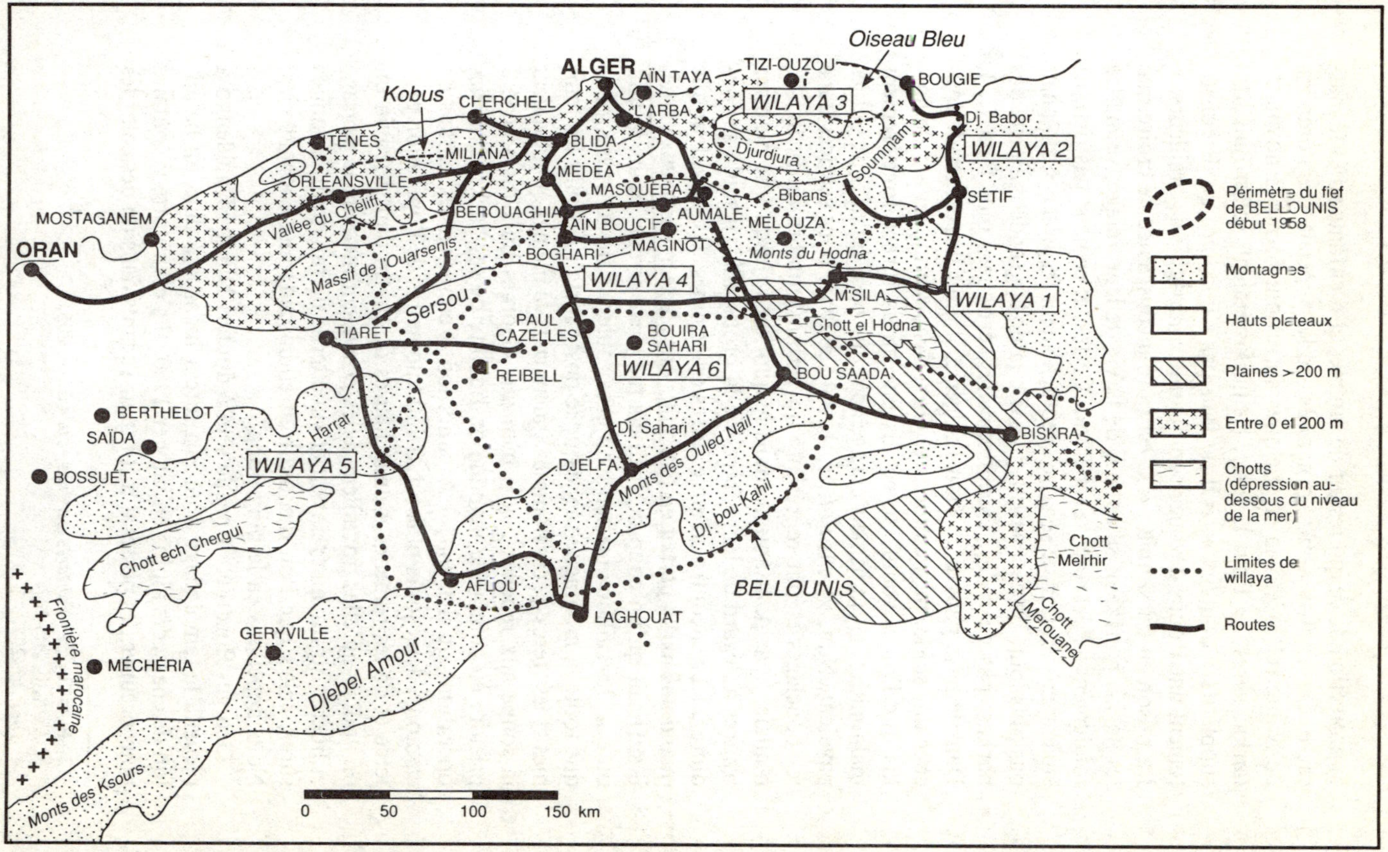

D'après Porteu de la Morandière F., Soldats du Djebel, SPL, 1979.

la protection de ce qui restait de femmes et d'enfants après le massacre. On les avait armés, organisés, on les appelait "les pompiers de Nanterre". Ceux-là et quelques autres ont formé le noyau de harkas sûres[2]. » Pour le reste, les harkis étaient, selon Buis, des supplétifs « douteux ». « Il ne faut pas s'imaginer qu'ils constituaient une troupe dévouée comme une compagnie de tirailleurs. » La raison en est simple : « C'est pure inconscience de croire que les harkis pouvaient se couper de la vie de leur village, se mettre totalement à l'écart de la rébellion. Certes, et ce n'est pas rien, ils étaient en situation de se faire éventuellement respecter. Ça n'allait pas plus loin. Ils pactisaient, je parle là de la grande majorité des harkas, pas de celles, exceptionnelles, évoquées plus haut (...). Dans le pays pauvre qu'était l'Algérie, il était important de toucher une solde, même modeste. On a donc recruté autant de harkis que l'on a voulu. Je ne dis pas qu'ils furent foncièrement malhonnêtes et qu'ils ne s'engageaient que pour trahir ceux qui les payaient. Non, *volens nolens*, ils ont rendu de bons services dans les bouclages et ont représenté un certain nombre de fusils. Ils n'allaient pas pour autant, dans le quotidien, jusqu'à se montrer traîtres à l'égard de leurs frères de la broussaille, jusqu'à se conduire à leur encontre en adversaires déterminés. Il est évident que quand une harka partait en patrouille dans le secret le mieux gardé, il suffisait qu'un coup de fusil claque "par erreur" dans la nuit ou que des cailloux un peu trop gros roulent dans un ravin, pour que toute la montagne sache que le poste sortait. Et puis les femmes et les frères de ces hommes étaient ceux-là mêmes qui portaient la soupe aux rebelles[3]. » Si bien que Georges Buis fut amené à prendre en compte le manque de fiabilité de ses harkas dans les opérations qu'il mena. « A condition d'emmener les harkas en camions, deux jours plus tôt, à 150 kilomètres de l'opération projetée et de les ramener à deux heures du matin dans le ravin où on voulait qu'elles travaillent, elles pouvaient meubler le paysage et libérer du travail éreintant et subalterne de rabatteur les unités sûres, celles que l'on disposait en embuscade aux endroits clés. Nous appelions ça le ping-pong[4]. »

Georges Buis n'était pas le seul à douter. Dimitri Davidenko a recueilli le témoignage d'un instituteur incorporé dans un bataillon de chasseurs alpins en janvier 1960. Il s'était porté volontaire pour occuper des postes d'instituteur vacants dans un des coins les

---

2. BUIS G., *Les Fanfares perdues, op. cit.*, p. 206.
3. *Ibid.*, p. 206-207.
4. *Ibid.*, p. 207.

plus reculés de la Haute-Kabylie, où il arrive moins d'un an après l'opération « Jumelles ». « C'était l'époque où il fallait "faire oublier" à la population ce qui s'était passé... Et ce qui s'était passé avait été terrible. L'armée française avait traité les montagnes, ces "repères de rebelles". "L'affaire avait été dure", comme disent les communiqués militaires. Un village sur deux avait été rasé... Les survivants étaient regroupés à proximité des postes. Le reste, les forêts de chênes-lièges : zone interdite.

« Je suis arrivé dans un petit poste. Un tout petit poste. A deux heures de camion du village le plus proche, à six heures de route de Tizi-Ouzou. Perdu en pleine montagne, sur un piton, à 1 000 mètres d'altitude... Nous étions dix militaires français et quarante harkis, tous originaires du secteur, qui rentraient chez eux le soir. Ils rendaient leurs fusils et ils rentraient[5]... En réalité, je l'ai su après, 80 % d'entre eux faisaient la liaison avec la "rébellion". (...) On m'a "envoyé" en patrouille ou en embuscade de nuit, seul Européen au milieu d'une section de harkis, sans arme, avec un petit poste émetteur-récepteur — le PP8 — en cas de coup dur. Il ne s'est rien passé, puisque les harkis étaient acquis à la rébellion. Mais à ce moment-là, je ne le savais pas encore[6]. »

Même le général Parlange, qui s'était pourtant fait le promoteur des unités supplétives dans les Aurès, considérait comme une lubie bureaucratique et stupide de vouloir enrôler à tout prix des « musulmans ». Il s'insurgeait contre les directives qui prescrivaient de constituer partout des harkas de 30 hommes en appendice des compagnies. Là où on peut, affirmait-il, il ne faut pas hésiter à enrôler 100, 200, 300 hommes ; il est alors absurde de réduire les unités supplétives à trente hommes maximum. Et là où on ne peut pas, il est préférable de s'abstenir[7].

Il faut bien dire que, de 1955 à 1958, un certain nombre d'expériences ont alimenté cette méfiance. Arrêtons-nous sur deux des principaux facteurs qui l'expliquent :

— les désertions qui frappent aussi bien les unités régulières de l'armée coloniale, et notamment les régiments de tirailleurs, que les différentes catégories de formations supplétives ;

5. Jacques Ragot raconte que dans la région de Saïda, le commandant d'un sous-quartier avait autorisé les harkis mariés et habitant le village à se munir, pour leur sécurité personnelle, d'un pistolet qu'ils pourraient porter sur eux en toutes circonstances. Cela dit, il ne fit jamais distribuer plus de cartouches que n'en contenait le chargeur... c'est-à-dire huit (RAGOT J., *De Gaulle, la légion, l'Algérie*, Arcachon, 1984).

6. DAVINDENKO D., *Chouf !, op. cit.*, p. 138.

7. Témoignages du commandant R.

— l'échec cuisant de plusieurs opérations de ralliement : le plan « Olivier », « Oiseau bleu », « Kobus ». Née en Indochine, l'idée de contre-maquis conduira, de novembre 1955 à septembre 1956, au passage à l'ALN de la totalité d'un maquis créé, armé et financé par les services secrets français en Kabylie maritime (opération « Oiseau bleu »). Cet échec cinglant n'empêchera pourtant pas les Français de jeter les bases de deux autres maquis anti-FLN (« Kobus » et « Bellounis »), qui s'étendront durant l'année 1957 puis seront liquidés par l'armée un an plus tard. On a tenté de jouer les oppositions ethniques à l'indochinoise entre peuples des montagnes (Kabyles) et peuples des plaines (Arabes) et les clivages politiques entre FLN et MNA. Au-delà des différences, l'échec de ces expériences illustre la difficulté que rencontrait l'armée coloniale à gérer des ralliements collectifs. Tous ces contre-maquis éclateront, on va le voir, dès lors que l'armée tentera de les transformer en harkas qui lui soient directement rattachées et qu'elle puisse contrôler étroitement.

Les désertions

Le nombre des déserteurs s'est accru durant les premières années de la guerre pour culminer une première fois en 1956, décroître ensuite et remonter à partir du printemps 1961. Les données émanant de l'état-major étant pour le moins suspectes[8], on se contentera de présenter quelques exemples, d'autant plus significatifs

8. Dans ce domaine comme en matière de bilan des opérations, c'est le règne de ce que Gérard Periot appela « le mensonge roi » dans son livre *Deuxième classe en Algérie* (*op. cit.*, p. 69-85). Officiellement, si on compte tous les Algériens servant comme appelés ou engagés dans les unités régulières et les formations supplétives, il y eut 8 942 déserteurs — sur un effectif total de 200 000 hommes à la fin des années cinquante, et de 400 000 si l'on considère toute la durée de la guerre. De novembre 1954 à mars 1962, les désertions se seraient réparties comme suit : novembre, décembre 1954 : 34 ; 1955 : 466 ; 1956 : 1 735 ; 1957 : 1 399 ; 1958 : 1 591 ; 1959 : 1 325 ; 1960 : 1 155 ; 1961 : 958 ; 1962, 1er trimestre : 280 (*cf.* HURÉ R., *L'Armée d'Afrique. 1830-1962, op. cit.*, p. 459). Le général Maurice Faivre, qui avance le chiffre de 8 800 déserteurs les répartit comme suit : « 7 000 appelés et un millier de supplétifs, soit 0,7 ‰ des supplétifs » (*cf.* « Une histoire douloureuse et controversée », *Hommes et migrations*, n° 1135, septembre 1990, p. 16).

Si très peu de harkis ont déserté, observe Mohand Hamoumou, leur « fidélité » a souvent « été donnée à voir pour davantage ou pour autre chose que ce qu'elle fut réellement. Les désertions étaient rares en raison même des engagements : devenus supplétifs parce que lassés ou révoltés par les pratiques du FLN ou les règlements de comptes interfamilles, ils ne pouvaient quitter l'armée sans signer leur arrêt de mort » (*cf.* HAMOUMOU M., « Les harkis, un trou de mémoire franco-algérien », *Esprit*, mai 1990, p. 42).

qu'ils concernent notamment ces régiments de tirailleurs algériens dont Georges Buis saluait le dévouement.

Octobre 1955. Nombre de cadres de l'ALN sortent du moule des tirailleurs et c'est à l'automne 1955 que déserta l'un des plus connus d'entre eux. Ali Khodja était sergent de l'armée française, il allait devenir responsable du commando qui tendra à l'armée française deux embuscades restées célèbres : Sokamodi, le 25 février 1956, et les gorges de Palestro, le 18 mai 1956, où une section de rappelés du 9e RIC fut anéantie.

17 février 1956. C'est l'affaire dite de Sebabna. Dans l'Ouest oranais, l'ALN multiplie les actions dans la plaine de Marnia et dans les massifs du M'Sirda, des Traras, dans les monts de Tlemcen, entre Sebdou et Turenne. Pierre Lambert, préfet d'Oran et membre de la SFIO comme le ministre résident Robert Lacoste, annonce à la mi-février l'évacuation des 6 000 habitants du djebel Fouagga (M'Sirda). Quelques jours plus tard, au cœur de la future zone interdite, une unité de l'ALN attaque le poste de Sebabna tenu par une compagnie du 50e bataillon de tirailleurs algériens — cinquante Français et quatre-vingts Algériens — nouvellement constitué à Relizane. Soixante-cinq des quatre-vingts tirailleurs tournent leurs armes contre les gradés et les soldats français. Dix-neuf officiers (dont le sous-lieutenant commandant le poste) et soldats sont tués, vingt sont blessés.

Dans les jours qui suivent, quelques-uns des groupes d'autodéfense et des harkas en voie de constitution dans la région doivent être désarmés, les groupes de l'ALN du djebel Nador-Seghir ayant attaqué en janvier les GAD des Beni Rached et des Beni Mischel[9]. A l'autre bout du territoire, dans les Aurès Némentchas, le nombre des désertions est passé de 17 en décembre 1955 à 56 en février 1956[10].

28 février 1956. On embarque pour la France une partie du 7e régiment de tirailleurs algériens stationné dans le Constantinois.

7 mars 1956. C'est l'affaire dite de la « ferme Djegoul ». Dans le secteur de Guelma, près de Souk Ahras, une compagnie entière du 3e bataillon de tirailleurs algériens se mutine. Cent cinquante hommes désertent avec armes et bagages. Le 3e régiment de parachutistes coloniaux de Bigeard les poursuit et élimine la quasi-

9. PORTEU DE LA MORANDIÈRE F., *Soldats du Djebel, op. cit.*, p. 60-62. FLEURY G., *Le Combat des harkis, op. cit.*, p. 172 ; *La Guerre d'Algérie, op. cit.*, Messidor, T. 2, p. 29.

10. MONTAGNON P., *La Guerre d'Algérie*, Pygmalion, 1984, p. 161.

totalité des déserteurs. Six jours plus tard, ce qui reste du bataillon quitte son secteur d'implantation sur l'axe Bône, Duvivier, Souk-Ahras et est embarqué pour la Corse[11]. Quant au 22e RTA, stationné au Maroc et qui a déjà enregistré 114 désertions, il est transféré en France le 10 mars.

Au total, de février à avril 1956, il faut « mettre à l'écart le gros des troupes musulmanes », reconnaît Robert Lacoste le 23 mai. En outre, il devient rare que l'on confie un fusil-mitrailleur à un Algérien dans les régiments qui ne sont pas confinés en Allemagne ou dans l'est de la France. Tous les soirs, les armes sont rangées et bouclées sur les rateliers. Enfin, des tirailleurs suspects de sympathie avec le FLN sont regroupés dans les camps où ils ne sont guère mieux traités que les djounoud capturés en opération[12].

En février 1957, 52 officiers algériens prennent publiquement position dans une lettre au président de la République, René Coty : « Si la politique française ne se dirige pas vers une solution équitable, nous n'avons plus les moyens ni les raisons valables pour justifier notre mission au sein de l'armée française[13]. » Sanctionnés, nombre d'entre eux donneront leur démission et rejoindront l'ALN en Tunisie et au Maroc. En mars 1958, le FLN installera à Bonn un service chargé des questions militaires. L'objectif est de faire déserter les officiers algériens stationnés en Allemagne et en France. Le 8 avril 1958, le responsable de ce service enregistre la désertion d'une quinzaine d'officiers et de sous-officiers. Au cours de l'été 1959, on a pu évaluer leur nombre à plus de quarante[14].

20 octobre 1957. Une compagnie de méharistes déserte dans la région de Timimoun, à 500 km au sud de Colomb-Béchar. Elle s'est débarrassé de ses cadres, officiers et sous-officiers français. « Soixante-dix hommes, soixante-dix armes et soixante-dix chameaux s'évanouissent dans l'Erg occidental, une mer de sable de 350 000 km^2 : les deux tiers du territoire français[15]. » Avec des moyens considérables — 1 570 hommes et des avions —, Bigeard

11. Porteu de la Morandière F., *Soldats du Djebel, op. cit.*, p. 63-64. Bigeard M., *Pour une parcelle de gloire*, Plon, 1975, p. 239-242. C'est le 3e BTA qui — à Bastia — défendra la préfecture contre les émeutiers du comité de salut public après le 13 mai 1958.

12. Fleury G., *Le Combat des harkis, op. cit.*, p. 123.

13. Ramani A., *L'Affaire des officiers algériens*, Seuil, 1958, p. 41.

14. Harbi M., *Le FLN, mirage et réalité, op. cit.*, p. 229-230.

15. Pour d'autres exemples, *cf.* Porteu de la Morandière F., *Soldats du Djebel, op. cit.*, p. 99, 94, 328, 332, 334 ; et Frémont A., *Algérie-el Djazaïr, op. cit.*, p. 97, 118.

sera chargé de poursuivre et d'anéantir ces soixante-dix méharistes qui menaçaient « la sécurité des prospecteurs pétroliers », comme dit *Le Figaro*[16].

Printemps 1961. Le désarroi et la désorganisation provoqués par le putsch des généraux d'avril 1961, l'ouverture officielle de la conférence d'Évian le 20 mai 1961 suscitent chez les supplétifs de l'armée française et dans les unités régulières une vague de désertions.

Ainsi à Aourir ou Eulmi, dans le Guergour, le poste est tenu par douze militaires français du 20e dragon et par une harka de quarante hommes. Selon François Désormonts, ces harkis sont âgés de dix-sept à cinquante-cinq ans et « recrutés plus ou moins de force » : « Ils ne sont pas très combatifs, pas très sûrs pour tout dire. (...) En automne 1961 le conflit éclate : pendant que certains prolongent exagérément une permission, six d'entre eux désertent avec leurs armes, dont un fusil-mitrailleur. Une opération est aussitôt déclenchée avec deux régiments, des hélicoptères. (...) Deux déserteurs viennent rapidement se rendre : on les torture tout de même, ainsi que les permissionnaires qui s'étaient absentés pour ne pas se mouiller... Le village est considéré comme complice, l'école et le poste d'AMG sont fermés. Les militaires sont repliés sur el-Maïn[17]. »

Les exemples du même type abondent. En mai 1961, on compte 110 déserteurs avec 195 armes ; en juin, les déserteurs apportent 198 armes à l'ALN, 202 en juillet ; en août, il y a 265 déserteurs avec 300 armes. Philippe Tripier évalue à 2 000 le nombre des armes fournies à l'ALN durant l'année 1961[18].

L'opération « Oiseau bleu »

L'opération « Oiseau bleu[19] » se termina mal pour ceux qui en prirent l'initiative. Elle eut pour effet d'approvisionner le maquis de Krim Belkacem en hommes et en fonds et de l'armer avec un matériel relativement moderne. Cette opération fut longtemps ignorée en France. Ni Soustelle, ni Lacoste, ni les membres de leurs cabinets ne semblent en avoir gardé souvenir. Elle a été relatée par

16. Cité *in* Freire J., *La Guerre d'Algérie, op. cit.*, t. 2, p. 177-178.
17. Témoignages de F. Desormonts, *in ibid.*, t. 3, p. 342-343.
18. Tripier P., *Autopsie de la guerre d'Algérie*, *op. cit.*, p. 529.
19. Appelée aussi « Force K », K comme Kabylie.

Yves Courrière[20]. Par la suite, l'ethnologue Camille Lacoste-Dujardin en proposera une passionnante analyse[21].

L'idée avait germé au sein du cabinet Soustelle. L'affaire fut engagée en 1956 par la DST, dans le plus grand secret. Puis elle passa sous le contrôle des services spéciaux de l'armée, secondés par quelques membres kabyles de la DST. Il s'agissait, avec la bénédiction de Soustelle, le gouverneur, et du général Lorillot, le patron de l'armée en Algérie, de monter en Grande Kabylie un contre-maquis composé, comme dit Courrière, de « super-harkis clandestins[22] » qui lutteraient contre le FLN en employant les mêmes armes et susciteraient des ralliements en cascade. Aux membres de cette armée secrète on donnerait d'abord des mousquetons, puis des armes plus efficaces. Ces commandos clandestins se déplaceraient dans les zones où l'armée française n'effectuerait aucun ratissage. Les enfants du pays qui constitueront cette armée secrète sauraient bien débusquer les maquisards que les unités classiques ne parvenaient jamais à accrocher.

En juin 1955, les Français avaient saisi un rapport de Krim qui relevait les déficiences des maquis kabyles tant sur le plan financier qu'en armement. Le moment paraissait donc favorable pour lancer des groupes bien équipés, connaissant parfaitement le terrain et la tactique locale, contre des maquis FLN encore peu nombreux et peu armés. Un inspecteur kabyle de la DST, un nommé Ousmeur, tenait un homme, Tahar Achiche, qu'on supposait bien introduit dans les milieux kabyles restés favorables à Messali Hadj. C'est lui qui sera chargé du montage de l'opération. A la fin de l'été 1956, il semble que 850 armes, des mousquetons surtout, mais aussi des fusils Garants, des pistolets-mitrailleurs, une grande quantité de munitions, des jumelles et 84 millions de francs, aient été distribués. On songeait également à doter cette force de mortiers.

L'opération est apparemment un succès. C'est une période de grande tranquillité dans toute cette région de la Kabylie maritime et du Haut-Sebaou, autour de Port Gueydon, d'Azazga, de Tizi-Ouzou et dans une partie de la région de Michelet. De temps à autre, des cadavres de fellaghas sont livrés à l'armée française et attestent de la loyauté du nouveau contre-maquis. En fait de fellaghas, ce sont des prisonniers du MNA, des bellounistes[23] : « On

20. Courrière Y., *Le Temps des léopards, op. cit.*, p. 216.

21. Lacoste-Dujardin C., « Opération "Oiseau bleu", 1956. Géostratégie et ethnopolitique en montagne kabyle », *ROMM*, n°s 41-42, 1986, Édisud, p. 167-193.

22. Courrière Y., *Le Temps des léopards, op. cit.*, p. 217.

23. Du nom de Mohammed Belloumis : voir plus loin le récit de l'opération « Olivier ».

a abandonné ainsi quelques cadavres de MNA fraîchement tués ! Des hommes originaires de régions éloignées pour qu'aucun villageois kabyle ne puisse les reconnaître lorsqu'on expose leurs cadavres sur la place publique[24]. »

La DST manque d'informations sur les interlocuteurs d'Achiche et ne parvient pas à apprécier la situation politique locale autour d'Azazga, ni d'Alger, ni même de Tizi-Ouzou. Elle pense manœuvrer des Kabyles profrançais, susciter des maquis analogues à ceux qui entourent Mohamed Bellounis à Genzet en 1955, profiter des faiblesses des troupes de Krim. Il en sera de même des services de l'armée qui reprennent l'opération à leur compte. Ils croyaient avoir la situation bien en main en Kabylie maritime et étaient avant tout attentifs à surveiller les implantations de groupes beaucoup plus au sud, plus près de Djurdjura, autour de Krim lui-même. Or dès cette époque, les milliers d'hectares boisés de Kabylie maritime sont un des lieux d'implantation privilégiés des partisans. Et les recrues de l'opération « Oiseau bleu » ont toutes été désignées par Mohamed Yazouren, le responsable FLN d'Azazga, et choisies parmi les agents de liaison du FLN : des hommes restés dans les villages d'où ils renseignent et ravitaillent les maquis.

En août 1956, lors du congrès de la Soummam, Krim est sommé par ses compagnons de « récupérer » ses troupes et de lancer la Kabylie dans la lutte. A la fin du mois, le 151ᵉ d'infanterie tombe dans une embuscade : trente-cinq morts. Le 30 septembre, c'est le tour des chasseurs alpins : quarante morts. Les masques tombent et les membres des « contre-maquis » rejoignent officiellement les rangs de l'ALN. Après dix mois de silence, la Kabylie s'est embrasée. A compter d'octobre 1956, la guerre y est générale : ratissages, napalm, zones interdites et regroupements.

Arrêtons-nous sur les erreurs d'appréciation qui ont amené le montage puis l'échec de l'opération « Oiseau bleu ». Elle fut décidée au plus haut niveau, « en passant par-dessus la tête de tout le monde, l'administration comme les militaires[25] » et en utilisant le savoir acquis par des ethnologues : Soustelle et Servier, qui en aurait été le conseiller particulier. Ces spécialistes, concurremment à des militaires, des agents secrets, ont mis en pratique, selon Camille Lacoste-Dujardin, une ethnopolitique en direction de populations berbérophones choisies, semble-t-il, en raison de leur régionalisme et de leur traditionalisme supposés. Le 23 juin 1955,

---

24. COURRIÈRE Y., *Le Temps des léopards, op. cit.*, p. 222.
25. LACOSTE-DUJARDIN C., *art. cit.*, p. 187.

Soustelle écrit à Henri-Paul Eydoux, chargé des rapports avec la police et les services spéciaux : « Il y a quelque chose à faire sur le plan du berbérisme[26]. »

Servier a sans doute pensé pouvoir réitérer avec les Kabyles ce qui avait réussi deux ans plus tôt avec les Chaouïas. Sa démarche s'intégrait à l'ethnopolitique tentée par Jacques Soustelle : utiliser les antagonismes locaux entre tribus, régionaux entre Arabes et Berbères, miser sur les Kabyles supposés profrançais ou sur le parti de Messali Hadj contre le jeune FLN. Comme Soustelle, Servier se faisait l'héritier d'une longue lignée par laquelle le casque colonial pesa et pèsera encore longtemps sur la connaissance de l'Algérie.

La découverte scientifique de l'Algérie commença en effet avec le débarquement sur les sables de Sidi Ferruch en 1830 et progressa au rythme où les militaires occupèrent le terrain. Aux yeux de l'anthropologie militaire, l'Algérien est alors un adversaire sur lequel on enquête. Après la chute du second Empire, l'observation de l'Algérie change radicalement : une fois vaincu, l'Algérien n'est plus qu'un objet de description néo-folklorique. Il en résulta une imagerie stéréotypée de l'Algérien indigène et barbare. « C'est à ce moment que naissent les mythes et stéréotypes, indéfectiblement défendus comme vérité scientifique jusqu'en 1962. Les sédentaires s'opposent de toute façon aux nomades, les Berbères aux Arabes, la Petite à la Grande Kabylie, le Nord au Sud, l'Occident à l'Orient, la chrétienté à l'islam, etc. Version dichotomique simpliste et rassurante, où une "race" s'imposant à une autre n'a plus besoin de la connaître sinon pour mieux la dominer. A quoi bon apprendre l'arabe, par exemple ? L'Algérien devient l'indigène des clichés immémoriaux, condamné à ne plus évoluer[27]. »

Se généralise alors ce que Philippe Lucas et Jean-Claude Vatin nomment « la manie collectionneuse des ethnologues du résiduel[28] » : recensement et explication des « zones attardées »,

---

26. Courrière Y., *Le Temps des léopards, op. cit.*, p. 157. En 1957, peu après son retour d'Algérie, Jacques Soustelle encouragea les ethnologues à aider la France dans les territoires d'outre-mer à « procéder à l'étude systématique des populations autochtones, notamment celles qui, n'ayant pas encore été prises dans le circuit de l'économie moderne, vivent selon les normes traditionnelles. En Algérie, il est bien certain que l'étude approfondie du village berbère, des tribus chaouïas est une nécessité que doit accepter le gouvernement même pour la sécurité » (Soustelle J., « Ce que la recherche scientifique peut faire pour l'Algérie française », *Revue politique des idées et des institutions*, 45e année, n° 15, p. 456-464 ; n° 16, p. 487-497).

27. Lucas P., Vatin J.-C., *L'Algérie des anthropologues*, Maspero, 1975, p. 15.

28. *Ibid.*, p. 56.

description méticuleuse des rituels, célébration des cultures en péril, exaltation de la vie campagnarde et de la famille traditionnelle. Cette ethnologie folkloriste et passéiste réoriente l'Algérie vers des mythes aussi vains que ceux de l'occidentalisation à la française et se condamne à ne rien percevoir des courants et forces qui bouleversent la situation coloniale.

Même limitée, l'anthropologie militaire proposait une description des faits tels qu'ils se présentaient réellement aux yeux du conquérant. Rien de tel avec l'anthropologie coloniale du XXe siècle qui se nourrit de la fiction de modèles d'organisation, d'alliance et de rivalités entre tribus supposées épargnées par cent trente années de colonisation. Il n'est pas question de prétendre ici que tout a été bouleversé : l'Algérie des années cinquante est encore un pays où pèsent les microsolidarités locales. Mais la colonisation a transformé en profondeur la façon dont s'organisent ces microsolidarités. Des groupes entiers ont fait allégeance au colonisateur, et cette dépendance prime désormais sur les alliances qui les unissaient à d'autres groupes. De même, la mise sous tutelle des notables locaux prend le pas sur les rapports qui les liaient aux groupes qu'ils étaient censés représenter.

Dans les Aurès, Servier a eu beaucoup plus de chance que de flair en manipulant la rivalité entre Ouled Abdi et Touabas. Appliquée à la Kabylie une démarche identique se soldera par un fiasco.

Un siècle plus tôt, le capitaine Carette avait publié une étude de la tribu des Iflissen où sera recruté le gros des « contre-maquis ». Cette étude était centrée sur le clivage interne de la tribu en deux clans. D'un côté « ceux d'en haut » : Aït Zrara et Aït Aïmed ; de l'autre « ceux d'en bas » : Tifra dans la partie occidentale du territoire des Iflissen et Aït Zouaou, ces derniers constituant le groupe le plus nombreux[29]. Or il apparaît dans les années cinquante que les gens de l'ouest, à Tifra et à Tensa, sont en partie ralliés à la cause coloniale, par notables interposés. Leurs villages semblent intégrés à l'aire d'influence du bachaga Aït Ali, grande figure du ralliement inconditionnel à la France et auxiliaire zélé de la police et des renseignements généraux. Il sera un des premiers à inciter au recrutement et au développement de milices profrançaises. Pour qui considère, comme le font alors les hommes de Soustelle, ceux de la DST et du deuxième bureau, qu'aux Iflissen la vie s'arrêta au moment de la conquête, il ne fait aucun doute que les Aït Zouaou — alliés traditionnels des gens de Tifra — s'opposeront

---

29. CARETTE E., *Étude sur la Kabylie proprement dite*, Paris, Imprimerie nationale, 1848.

au FLN. Comme ils sont les plus nombreux et qu'ils résident dans la partie la plus inaccessible du territoire, c'est à eux que s'adressa préférentiellement « Oiseau bleu ».

Cette façon schématique d'appréhender une situation jugée traditionnellement figée conduisit à négliger le fait que les Aït Zouaou subirent une évolution très différente de celle de leurs alliés supposés. Dès 1947, ils étaient engagés dans la contestation de la domination française. Un ensemble de circonstances économiques locales — ruine de l'activité artisanale traditionnelle des Aït Zouaou (l'armurerie), émigration, scolarisation, etc. — avait provoqué le renversement de la vieille alliance entre les groupes qui tenaient les deux extrémités du territoire Iflissen.

Il semble donc bien, pour conclure avec Camille Lacoste-Dujardin, que « l'échec de l'opération "Oiseau bleu" doive être imputé à cette force aveuglante d'une représentation ethnopolitique (...) de l'image d'une paysannerie montagnarde passive, dont la vie s'ordonnerait encore selon des règles, des rites immuables, vestiges intangibles de l'Antiquité, voire même du néolithique[30] ».

L'opération « Olivier »

L'affaire Bellounis est une opération de ralliement de messalistes visant à la constitution d'une vaste zone dont serait exclu le FLN au cœur des territoires du Sud. Ce sera l'une des affaires les plus confuses de cette guerre, qui n'en manqua pourtant pas. Chacune des deux parties — Français et messalistes — essaiera systématiquement de rouler l'autre... jusqu'au dénouement tragique de juillet 1958.

Premier acte : FLN contre MNA (1954-1955).

Les messalistes du MTLD (Mouvement pour le triomphe des libertés démocratiques) disposent, en 1954, de nombreux atouts : une organisation puissante en Algérie et en France, des moyens financiers, une notoriété et une audience populaire acquises de longue date. Favorables à l'indépendance mais non préparés à l'action armée, ils s'emploieront dans un premier temps à dénigrer le FLN et à tenter de se subordonner les militants qui avaient pris les armes. Dans un second temps, le MTLD — qui devient MNA (Mouvement national algérien) fin 1954 — cherche à s'implanter militairement dans les zones où des militants suivirent Messali Hadj

30. Lacoste-Dujardin C., *art. cit.*, p. 191.

lors de la crise du MTLD : dans le Sud, en Oranie, à Alger, en Kabylie, dans la région de Bouira et dans la vallée de la Soummam. De nombreux militants quittent la Belgique et la France pour rejoindre les groupes armés en voie de constitution. Le gros des troupes messalistes est regroupé en Kabylie — dans la région de Guenzet sur le versant sud du Djurdjura — sous la direction de Mohamed Ben Lounis, dit Bellounis. Selon un rapport de Moktar Zitouni cité par Mohammed Harbi[31], Bellounis dispose de 1 200 fusils et de 40 000 cartouches[32].

A partir du printemps 1955, les relations entre FLN et MNA atteignent un point de non-retour : l'épreuve de force est sanglante et va se dérouler sur tous les terrains, en Algérie, en France, en Belgique et ailleurs. En Kabylie, elle prend rapidement un caractère militaire et durant l'été 1955 Amirouche localise et extermine le maquis messaliste de Guenzet[33]. L'armée française étant restée neutre, Yves Courrière y voit la preuve d'une collusion entre Bellounis, le gouvernement général et l'état-major. Instruits par l'expérience locale de forts maquis antiguérilla en Indochine, et conscients de l'importance que pourrait prendre le MNA, Soustelle et les hommes des services spéciaux auraient testé Bellounis en n'intervenant pas dans les zones où il implantait ses maquis[34]. Il paraît plus vraisemblable de considérer — avec Mohammed Harbi — que l'armée française attendait de savoir qui sortirait vainqueur pour se lancer contre lui. Le MNA l'eût-il emporté, il aurait subi ses coups[35].

Acte 2 : la tuerie de Melouza.

Si son armée a été décimée par le FLN, Bellounis a échappé au massacre et s'est réfugié plus au sud, à la lisière de la Kabylie, où quelques centres arabophones de la région de Melouza sont acquis au MNA. Coincée entre les Bibans et le Hodna, Melouza se situe dans un secteur qui tient le passage de la Kabylie (wilaya 3) au

31. HARBI M., *Le FLN, mirage et réalité, op. cit.*, p. 146, note 2.

32. Un autre groupe armé du MNA dirigé par Masmoudi est mis en place en 1956 dans l'Ouarsenis. *Cf.* TÉGUIA M., *L'Algérie en guerre, op. cit.*, p. 241-242.

33. Des combats eurent également lieu à Bouira, à Draa el-Mizan, aux Ouadhias, à Seddouk, dans le Guergour, au douar Beni Bou Addou, à Amlouline, à Aïn Bessem et à Menerville. Nombre de cadres de l'Étoile nord-africaine et du PPA disparaissent dans la tourmente. Dans l'émigration, il a été possible d'en établir le bilan : 12 000 agressions, 4 000 morts et 9 000 blessés (*cf.* HARBI M., *Le FLN, mirage et réalité, op. cit.*, p. 158).

34. COURRIÈRE Y., *Le Temps des léopards, op. cit.*, p. 166. Teguia considère lui aussi que la collusion est antérieure à 1957 (*cf.* TÉGUIA M., *L'Algérie en guerre, op. cit.*, p. 238).

35. HARBI M., *Le FLN, mirage et réalité, op. cit.*, p. 149.

Constantinois (wilaya 2) et à la Tunisie d'une part, aux territoires du Sud (wilaya 6) d'autre part. La ville même — dans laquelle a sévi en 1956 le colonel Antoine Argoud — est acquise au FLN. En revanche, les mechtas des alentours et celles du djebel Mansourah fournissent des partisans à Bellounis ; celui-ci reconstitue des groupes MNA, qu'il baptise Armée de libération nationale algérienne (ALNA). Le FLN, qui tente à partir de Melouza d'établir son influence dans ce secteur, subit déboire sur déboire : militants, collecteurs de fonds, agents de liaison, sont « donnés » ou abattus. Si bien qu'en représailles, le 28 mai 1957, un groupe de l'ALN du sud des Bibans, accompagné d'habitants de Melouza, cerne le douar des Beni Illemane, emmène tous les hommes dans un hameau du djebel (mechta Casbah), et les exécute, à coups de pioche, de couteau, de hache. A son arrivée sur les lieux, deux jours plus tard, l'armée française comptera 315 cadavres.

La thèse officielle du gouvernement français est rapidement élaborée : il faut éviter de parler du conflit FLN-MNA. La presse amenée par hélicoptère sur les lieux enregistre que le raid sanglant a pour origine le ralliement de populations à la France ; que c'est par la terreur et seulement la terreur que le FLN maintient son emprise sur les Algériens. Robert Lacoste fait publier un livre blanc sur la tuerie et le fait diffuser dans le monde entier.

Ce massacre eut pour effet d'amener Mohamed Bellounis à contracter une alliance avec les Français. Un contact avait été établi, dès avril 1957, avec le responsable d'un sous-quartier au nord de Melouza par l'intermédiaire d'un sympathisant MNA et du chef du makhzen des Ouled Taïrs. Le 31 mai a lieu une première entrevue et dans les semaines qui suivent les négociations menées avec des représentants du général Salan débouchent sur un semblant d'accord. Comme la Kabylie et la région d'Aumale-Boghari où il s'est retiré ensuite ne semblent pas sûres, Bellounis s'établira plus au sud — au coeur de la wilaya 6 — dans une zone d'influence qui lui sera concédée ; une aide matérielle lui serait accordée en fonction des résultats obtenus. En échange, il s'engage à faire la guerre au FLN, à fournir des renseignements et à ne pas intervenir sur le plan politique, administratif ou judiciaire dans la zone qu'il contrôlera — encore moins dans les secteurs limitrophes. L'opération « Olivier » commence, elle va durer quatorze mois.

Acte 3 : la grande misère de la wilaya 6 (1956-1957).

Si l'affaire Bellounis est confuse, la situation des territoires algériens du Sud l'est encore plus. C'est à juste titre que Mohamed Bellounis, les stratèges de l'état-major et ceux des services spéciaux penseront pouvoir y jouer leurs cartes. Dans cette zone, le FLN n'avait pas à proprement parler d'organisation en 1956.

— A l'ouest, dans le djebel Amour, et jusqu'aux environs d'Aflou et de Geryville, un secteur qui dépend du front sud de la wilaya 5 (Oran) et du corps d'armée d'Oran, les groupes de partisans dirigés par Abderrahmane ben el-Hadi ne semblent affiliés ni au FLN ni au MNA.

— Au centre, dans les Ouled Naïl, une armée de libération « indépendante » a été levée en mai 1956 par un lettré, Achour Ziane, et donne du fil à retordre à l'armée coloniale qui se voit obligée de créer à Laghouat un groupement particulier, le commandement opérationnel du Sud algérien (COSA), confié au général Katz. En même temps, les zianistes opèrent des ponctions dans les convois d'armes destinés à la Kabylie et à l'Algérois. Ziane est tué le 7 novembre 1956 lors d'une opération du COSA près d'Aïn Rich. Amor Driss le remplace. A la tête d'une troupe estimée à 2 000 hommes, il mènera des opérations jusqu'à Djelfa au nord et à Laghouat au sud.

— A l'est, Ahmed ben Abderrazack — dit Si Haoues — responsable FLN de la zone présaharienne de la wilaya 1 (Aurès) autour de Biskra-oued Djellal, est en désaccord avec les autres responsables aurésiens. Son groupe compte un millier d'hommes.

Durant l'été 1956, le congrès de la Soummam décide d'assainir la situation dans le Sud des wilayas 1 et 5 et de structurer la wilaya 6. Fin 1956, Si Haoues accepte de réintégrer le FLN avec ses partisans. A la même époque, le bataillon Mourad s'installe dans le Sud-Oranais et proclame que désormais le djebel Amour relève de l'autorité de la wilaya 5. Perplexes, les chefs « indépendants » du Sud iront consulter Amor Driss.

En revanche, la structuration de la wilaya 6 va se heurter à d'énormes difficultés. C'est Ali Mellah, un membre des premiers maquis kabyles de Krim Belkacem qui est chargé de cette mission. Il commence par s'installer au nord de la wilaya, accompagné d'un adjoint surnommé Rouget qui se distingue bientôt par la brutalité des méthodes qu'il utilise vis-à-vis de la population. Au printemps 1957, Rouget et Ali Mellah sont assassinés par Cherif Lambri ben-Saïd — dit Si Cherif — qui entre en dissidence et s'autoproclame responsable de la wilaya 6. De nombreux Kabyles envoyés pour encadrer les premiers djounoud recrutés dans le Sud sont liquidés. L'organisation FLN du Titteri n'existe plus.

Si Cherif était maréchal des logis lorsqu'il fut démobilisé en janvier 1955, après onze années d'armée française et deux séjours en Extrême-Orient. Installé dans son douar natal de Souaghi — dans la région d'Aïn Boucif, près de Maginot — il avait été, déclara-t-il, kidnappé par le FLN du côté de Masquerey alors qu'il venait de se réengager dans les spahis à Aumale (5e RSA). Toujours est-il qu'au moment où il liquida Ali Mellah et Rouget, il dirigeait une section de l'ALN. En juin-juillet 1957, se sentant menacé par les groupes ALN de la wilaya 4 venus mettre de l'ordre dans le secteur, Si Cherif se présente à la SAS de Maginot et se rallie avec 200 réguliers et des supplétifs armés. Son groupe, d'abord baptisé « Force armée franco-musulmane », se voit attribuer du matériel et confier une zone à Aïn Boucif. Un an plus tard, il est officiellement transformé en harka. On le verra défiler sur le forum à Alger. Lors de l'indépendance, il sera rapatrié *in extremis*.

Ce n'est qu'en 1958 que pourra être reconstitué l'état-major de la wilaya 6 avec Si Haoues et Amor Driss ; ce dernier rallia le FLN durant l'été 1957, mais une partie des partisans rejoindra Bellounis, contribuant ainsi à l'implantation de son armée au cœur de la wilaya 6.

Acte 4 : ANPA contre FLN (1957).

Principalement axé nord-sud, de Sidi Aïssa à Djelfa, le secteur attribué à Bellounis est un plateau pelé et déshérité au peuplement rare et mouvant. Cette zone constitue un écran entre l'Oranie et la Kabylie, un passage quasi obligatoire pour les convois qui se rendent du Maroc vers l'intérieur. Bellounis installe son PC à Diar el-Choukh, dans le djebel Sahari. Il rebaptise son armée « Armée nationale du peuple algérien » (ANPA) et porte ses effectifs à 1 200 puis 1 500 hommes, équipés et armés comme des harkis, avec des mousquetons et des carabines. Ses ambitions vont rapidement se révéler contradictoires avec celles qui lui ont été assignées par les responsables de l'état-major. Pour ces derniers, l'opération « Olivier » doit s'en tenir à des coups de main sur les caravanes suspectes et les katibas d'accompagnement, à la pacification d'un périmètre déterminé. Elle présenterait ainsi l'avantage de soulager l'armée française dans les zones présahariennes. Bellounis, quant à lui, ne se considère pas comme un subordonné mais comme un allié. Son objectif n'est pas tant d'anéantir le FLN que de se substituer à lui. Il veut rallier la population à sa cause, à celle du MNA et se trouver ainsi en position de discuter d'égal à égal avec les Français, dans l'optique, pourrait-on dire, d'une République algérienne messaliste. Dès le mois d'août 1957, il envoie des émissaires un peu partout pour reprendre contact avec les militants du MNA dispersés dans toute l'Algérie. A l'automne, il déborde largement du secteur qui lui a été confié et pousse des pointes vers

Aflou et le djebel Amour à l'ouest, Reibell, Paul-Cazelle et Boghari au nord, Bou Saada à l'est et Laghouat au sud. Ses groupes armés comptent alors 2 000 à 3 000 hommes, selon les Français, 3 500 selon *El Moudjahid*[36]. Ils sont dispersés sur 60 000 km² environ (un sixième du territoire algérien), à cheval sur trois wilayas. Bellounis serait même parvenu à étendre son influence jusqu'au sud de l'Orléansvillois avec l'aide d'un ancien militant du PCA — Bouhamama — dont le maquis se maintiendra longtemps après la liquidation de l'ANPA.

Les émissaires vont se succéder auprès de Bellounis, dans la plus grande confusion des missions et des attributions. Des représentants de Salan — qui a confié l'affaire aux hommes du deuxième bureau — au délégué du ministre Chaban-Delmas, en passant par les chargés de mission de Robert Lacoste, beaucoup de monde séjourne à Djelfa. De ces longues tractations résultera finalement une réaffirmation du compromis établi quelques mois plus tôt. Invité à définir par écrit sa position, Mohamed Bellounis précise ses engagements : « Le général Salan m'a envoyé un émissaire avec qui j'ai négocié un accord. J'ai accepté les conditions de cet accord qui peuvent se résumer ainsi ·

« 1) Des limites à la zone d'opérations ont été définies d'une manière précise. J'entends les respecter en laissant le général Salan juge de l'opportunité de les étendre en fonction des événements.

« 2) Mon armée conservera sa structure actuelle jusqu'à la pacification complète de l'Algérie. Elle conserve son unité et son autonomie, étant bien entendu que j'agirai toujours en fonction des impératifs militaires et en accord complet avec les éléments de la région.

« 3) Pour des raisons d'opportunité politique, je ne souhaite pas officialiser mon armée. Mon prestige pourrait s'en trouver diminué, mon action risquerait d'être moins efficace. Et un ralliement spectaculaire et sans doute séduisant irait finalement à l'encontre du but commun que nous poursuivons. Pour atteindre ce but, rien ne doit être négligé, et pour de vaines satisfactions de vanité ou de prestige, nous devons nous garder de compromettre ou de rendre plus difficile la victoire commune que nous recherchons. Je connais la valeur du symbole que peut représenter pour nous le drapeau tricolore. Croyez-vous que nous avancerions le problème en l'adoptant dès à présent ? Faites-moi confiance malgré mes réticences sur ces questions que je considère comme secondaires,

---

36. BERGOT E., *Commando de choc. Algérie*, Grasset, 1986, p. 213.

uniquement parce qu'elles ne font pas avancer le problème mais tendent plutôt à le faire reculer[37]. »

De son côté, l'état-major, jugeant insuffisante la pression exercée par les officiers du deuxième bureau, dépêche dans le Sud une unité dépendant du SDECE — le 11e choc[38] — avec une triple mission :

— dissuader Bellounis de jouer des tours pendables aux secteurs voisins ;

— le persuader de faire de la bagarre contre le FLN son principal souci ;

— « exiger qu'il abandonne son autonomie pour composer avec la France dans un cadre normal[39] ».

En bref, si on exige pas de Bellounis qu'il transforme ses partisans en harkis, on s'efforce de le corseter et de l'engager dans cette voie en intégrant des commandos du 11e choc aux compagnies de l'armée de Bellounis.

Dénouement : armée française contre ANPA (1958).

Fin 1957, le Sahara bouge, les djounoud sont descendus vers le désert et à partir de février 1958, Bellounis va cesser de gagner du terrain. A Aflou, dans le djebel Amour et dans les Ksours, l'ANPA subit des revers, le climat se détériore au sein des unités. Dans la zone limitrophe au secteur tenu par Si Haoues, des déser-

---

37. Texte complet de la déclaration de M. Bellounis *in* FLEURY G., *Le Combat des harkis, op. cit.*, p. 82-85.

38. Le 11e bataillon de choc, ou « 11e choc » fut formé en septembre 1946. Paul Ramadier — président du Conseil — et Jules Moch — ministre de l'Intérieur — redoutant un coup d'État communiste avaient demandé au ministre de la Défense nationale de mettre à leur disposition une unité de contre-subversion capable de diriger et de contrôler les maquis blancs qui ne manqueraient pas de surgir spontanément. L'unité en question a pour destination la guérilla, pour méthodes celles des commandos de sabotage, et pour emploi l'encadrement des populations. Le 11e choc, comme les services spéciaux, dépend donc du président du Conseil. Il constitue le bras séculier du SDECE qui y puise selon ses besoins, afin d'étoffer ses propres services « action ».

La guerre d'Algérie étant officiellement une affaire intérieure, le 11e choc sera une des premières unités chargées de maintenir l'ordre dans cet ensemble de départements français, au même titre que les gendarmes ou les CRS. Gonflée jusqu'à représenter l'équivalent d'un régiment, cette unité sera, sept années durant, la seule formation opérationnelle dépendant d'un commandement en métropole. Elle prendra plusieurs noms (groupement de marche du 11e choc, 11e DBPC, DS 111) et possédera ses propres supplétifs regroupés au sein de la harka Allias, ou bien dispersés dans divers avatars du 11e choc : commandos, centaines, antennes du CCI, etc. Après le putsch d'avril 1961, on a craint que les cadres du 11e choc n'aient conservé trop d'affinités avec l'OAS. Le bataillon est officiellement dissous fin 1963 (*cf.* BERGOT E., *Commando de choc. Algérie, op. cit.* ; HUITRIC E., *Le 11e choc*, Pensée moderne, 1976).

39. HUITRIC E., *Le 11e choc, op. cit.*, p. 158.

tions se produisent. Ailleurs des gradés sont assassinés. Enfin certains groupes refusent de partir en opération. Si bien que Bellounis est obligé de marcher sur ses propres troupes mutinées.

Les relations avec les Français se dégradent elles aussi, l'intervention du 11e choc n'a pas donné les résultats escomptés. Il a dû s'émietter sur un territoire immense ; et le responsable militaire des commandos est tué en février 1958 lors d'une opération contre les djounoud d'Amor Driss. Au printemps, les incidents avec les troupes de secteur se multiplient dans les environs de Laghouat et de Geryville. Ultimatums et tentatives de médiation vont se succéder. Alors que Bellounis souhaite qu'on reconnaisse officiellement son ANPA et qu'on lui confie toutes les formations dissidentes du FLN, Salan, par décision du 6 janvier 1958, lui enjoint de rebaptiser ses unités « commandos du Sud algérien » (CSA). Lacoste, de son côté, a organisé une vaste opération médiatique et publicitaire autour du « général du désert » rallié à la France. Craignant les répercussions négatives que pourrait susciter l'échec de l'opération « Olivier », il délègue le général Parlange pour arrondir les angles avec les commandants de secteur et convaincre Bellounis de s'en tenir à une action strictement militaire.

Le 13 mai 1958, les événements qui secouent l'Algérie provoquent une redistribution des cartes. Parlange passe la main au colonel Girard, qui a pour mission de provoquer l'adhésion sans réserve des CSA et leur intégration dans les forces militaires françaises.

Fin mai, Bellounis rompt tout contact et se réfugie dans le djebel au nord de Diar el-Choukh. La rupture est consommée. Le commandement décide de bloquer tout ravitaillement, tout envoi de fonds et de transmettre un ultimatum aux bellounistes : ou bien ils s'intègrent dans l'armée française, ou bien ils rentrent chez eux après avoir été désarmés, ou bien ils seront considérés comme des rebelles. La situation ainsi créée précipite l'éclatement de l'ANPA et les affrontements violents entre factions profrançaises, pro-FLN, attentistes ou messalistes. Bellounis n'est plus maître de ses troupes. Il liquide en même temps ses prisonniers de l'ALN et ceux de ses partisans qui veulent rallier les Français.

Le 8 juillet, l'armée française déclenche l'opération « Damier » pour en finir avec l'ANPA. Le djebel Sahari est bouclé, Bellounis est arrêté et abattu par les Français à la mi-juillet. Dans les mois qui suivent, des groupes épars de l'ANPA constituent des maquis flottants et désorganisés qui se maintiendront souvent jusqu'à l'indépendance. Selon Mohamed Teguia, des combats entre ALN et ex-ANPA se déroulent encore en 1959 aux Ouled Djellal (au sud-ouest de Biskra), dans le djebel Bou K'hil (au sud-est de Djelfa), et en 1961 près de Bou Mahdi (dans la région de Bou Saada)[40].

Au total, sur près de 3 000 hommes que comptait l'ANPA, à peine 300 s'intégreront dans les harkas ; le déficit matériel se solde par une perte de 1 500 fusils.

L'élimination des « maquis rouges de l'Ouarsenis »

Toutes les expériences de contre-guérilla menées dans le cadre de la « pacification » n'échoueront pas. A côté des opérations « Olivier » et « Oiseau bleu », il faut mentionner le succès relatif des interventions de ce type dans l'Orléansvillois.

Située au sud-ouest d'Alger, cette région occupe une position névralgique entre les parties « utiles » de l'Algérois et de l'Oranais. La vallée du fleuve Chélif est un des hauts lieux d'une colonisation accaparatrice de terres, et les villages indigènes ont été rejetés sur les piémonts du Dahra au nord, et de l'Ouarsenis au sud, qui encadrent de leur masse montagneuse le long couloir de la plaine.

Les premières harkas de l'Ouarsenis furent armées en septembre 1956. En mars 1957, la région est désignée comme « zone pilote ». Elle doit être, à l'instar de la vallée de Dra el-Mizan en Kabylie, une sorte de vitrine de la « pacification » telle qu'elle fut redéfinie par Allard et les stratèges de l'action psychologique. Le dispositif mis en œuvre dans l'Orléansvillois comporte diverses facettes dont certaines seront — du point de vue de leurs instigateurs — des réussites : constitution de GAD et de harkas dans le Zaccar, autour de Warnier (Dahra) et dans les Beni Boudouanes (Ouarsenis)[41]. D'autres se concluront par un échec retentissant, comme l'opération « Kobus » dans les monts du Doui (Ouarsenis).

Au cœur des monts de l'Ouarsenis, le « quartier » de Lamartine occupe une superficie de 831 km² pour 33 000 habitants. C'est une terre montagneuse et boisée que ne pénètre, vers le sud, aucune voie réellement carrossable. Les trois postes militaires placés en bout de piste sud, sud-est, sud-ouest, se trouvent encore à quatre ou cinq heures des limites du quartier.

---

40. Teguia M., *L'Algérie en guerre, op. cit.*, p. 246.

41. *Cf.* également la présentation que fait Michel Déon de la zone pilote du Dahra Oranais (Déon M., *L'armée d'Algérie et la pacification, op. cit.*, p. 154-158).

Le territoire des Beni Boudouanes, fief du bachaga Saïd Boualam, est l'un des douars de ce quartier. Une quinzaine de milliers d'habitants y vivent dispersés dans de petites mechtas accrochées à flanc de coteau. Ils sont bergers, cultivateurs, bûcherons, mais aussi betteraviers. Et cela pèsera sans doute en faveur du ralliement du douar. A partir de 1955, « quatre à cinq cents personnes partaient chaque année de mon douar, raconte Saïd Boualam, le voyage payé par le gouvernement. Après un séjour de sept mois environ, dans les départements de la Seine-et-Marne et du Nord, passés à la culture des betteraves, ces gens revenaient avec quatre, cinq ou six cent mille francs d'économie. De pauvre, le douar était devenu aisé, il allait devenir riche[42] ».

Ce douar et son notable Saïd Boualam seront portés sous les feux de l'actualité durant l'été 1956, à travers un épisode que la presse désigna sous le nom de « maquis rouges de l'Ouarsenis ». Le FLN était alors faiblement implanté dans la région, et il faudra attendre la seconde moitié de l'année 1956 pour pouvoir y déceler une activité des djounoud, dans le Dahra algérois d'abord, puis dans le Dahra et l'Ouarsenis oranais. Par endroits, notamment dans la vallée du Chélif, le rayonnement du Parti communiste algérien dépassait même, avant 1954, celui de ses concurrents nationalistes. Il avait mené une campagne de solidarité relativement active lors du tremblement de terre qui secoua la région en 1954.

Après avoir commencé par caractériser, selon une rhétorique désormais classique, l'insurrection de novembre 1954 comme une provocation faisant « objectivement le jeu du colonialisme », le PCA avait révisé sa position en juin 1955. Il décide alors de s'engager dans la lutte armée avec une organisation qui lui serait propre : les « Combattants de la liberté ». La direction du parti estime que dans la vallée du Chélif les « Combattants de la liberté » sont susceptibles de trouver des appuis populaires suffisants. Militants et syndicalistes y ont noué des contacts avec les fellahs. Par ailleurs, le FLN n'y paraît pas très organisé. Un premier embryon de maquis est constitué par Abdelhamid Boudiaf dans le douar Medjadja, au nord-ouest d'Orléansville. Un autre s'installe dans l'Ouarsenis entre Orléansville et Duperré, sous la direction d'Abdelkader Gherab et de Maurice Laban. Encore peu armés, ces militants recrutent des partisans parmi les Beni Boudouanes. Le problème de l'armement fut bientôt résolu par un événement qui fit alors sensation. En avril 1956, Henri Maillot, militant du PCA, rappelé avec le grade d'aspirant au 57e BTA, parvient à déserter

42. Boualam S., *Mon pays, la France, op. cit.*, p. 106.

avec un stock d'armes dont une partie prend, avec Maillot lui-même, la direction des maquis du Chélif. Mais ce noyau armé, qui n'avait pas eu le temps de s'implanter solidement, disparut aussi vite qu'il était né. En juin 1956, après une opération dans les Beni Rached, le groupe des Combattants de la liberté est repéré sur le douar des Beni Boudouanes par des hommes du bachaga Boualam. Une compagnie du 504ᵉ BT, un peloton de gendarmes mobiles, deux sections du GMPR de Lamartine et les gendarmes d'Orléansville sont envoyés et ne font qu'une bouchée des partisans. Laban et Maillot périssent dans l'engagement. Quant aux rescapés, ils rejoindront l'ALN.

La harka du bachaga Boualam

Saïd Boualam, dans ses livres, s'attribue généreusement les mérites de l'anéantissement des maquis rouges de l'Ouarsenis. Il profita surtout de l'intérêt suscité autour de son douar pour équiper des groupes d'autodéfense, puis une harka. « Je reçus donc, raconte-t-il, dans mon douar, dès juillet 1956, une centaine d'armes, que l'armée me délivra non sans une quantité de formalités et d'engagements. Elles servirent à constituer ce qu'on a appelé les groupes d'autodéfense. Les armes, composées de fusils de chasse, furent distribuées par mes soins en fonction de la situation géographique de chaque fraction de mon douar et en fonction de la population. J'avais choisi, avec l'accord de l'armée, de remettre ces fusils à des hommes rompus au maniement des armes, c'est-à-dire à des anciens combattants ou d'anciens militaires à la retraite (...). C'est en septembre 1956 qu'après un long entretien nous avons mis sur pied avec le général de Brebisson, la première harka. Le général me fit apporter l'habillement, l'armement et les munitions pour équiper trois cents hommes. Ces hommes recrutés parmi les volontaires de mon douar furent habillés de treillis kakis et de djellabas. Des fusils de chasse 8,6 et 7,15 leurs furent confiés, ainsi que quelques pistolets-mitrailleurs PM 38. Leur commandement m'ayant été confié au début, je les répartis à raison de vingt à trente par fraction[43]. »

Mais Saïd Boualam ne garda pas longtemps le contrôle de ses formations de supplétifs. Deux hommes avaient été dépêchés dans l'Ouarsenis pour surveiller l'affaire et la prendre en main. Le premier était l'inévitable Jean Servier, fraîchement promu conseiller

43. BOUALAM S., *Mon pays, la France, op. cit.*, p. 194-196.

technique au cabinet de Lucien Paye, directeur des affaires politiques au gouvernement général. Dans le cadre des opérations qui allaient transformer l'Orléansvillois en zone pilote quelques mois plus tard, il avait obtenu 600 millions de francs de crédits civils et l'autorisation de monter des harkas dans la forêt du Zaccar, au nord de Miliana et à environ 130 km au sud-ouest d'Alger. Là, des bûcherons du douar Bou-Maad avaient tué à coups de hache des collecteurs du FLN ; non point parce qu'ils étaient farouchement hostiles au FLN mais parce qu'ils refusaient de payer l'impôt. Dans ce douar, Servier, aidé par quatre officiers mis à sa disposition par l'état-major, aurait, selon Yves Courrière, réussi à regrouper trois cents supplétifs, dont cent harkis à cheval. Il aurait également formé des équipes sanitaires mixtes et une école de cadres. « Je ne recrute pas des individus, dit-il, mais des collectivités, je joue sur une morale collective forte. Dans ce pays, c'est la seule chose à faire. Si l'armée recrute des supplétifs individuellement, ce sera la pagaille[44]. »

Dans les Beni Boudouanes, Servier s'occupa essentiellement de l'aspect civil de l'opération, notamment de l'installation des fellahs « repliés » dans le quartier de Lamartine. En avril 1958, il est rappelé à Alger pour y occuper le poste d'inspecteur général des opérations pilotes. Le contrôle et la direction des unités supplétives sont confiés à un membre du régiment « action » du SDECE, le capitaine Hentic. La harka de Lamartine, dont il n'est officiellement que le conseiller, compte deux compagnies en février 1958[45] et six compagnies légères en 1959[46]. Les hommes qui la composent sont tous originaires des Beni Boudouanes[47].

Ce n'est pas sans amertume que Saïd Boualam abandonna la direction de ses supplétifs : « Lorsque le chiffre des engagés augmenta, ce commandement me fut retiré. On envisageait peut-être de voir constituer avec mes harkis et ceux des douars voisins une force Boualam, ce dont le gouvernement ne voulait à aucun prix, car il pensait sans doute à l'avenir[48]. » Le premier contact entre Hentic et Boualam fut glacial, raconte Courrière[49]. « Vous me

---

44. COURRIÈRE Y., *Le Temps des léopards, op. cit.*, p. 33.
45. BOUALAM S., « Situation dans la région de Lamartine en date du 10 février 1958 », *in Les Harkis au service de la France, op. cit.*, p. 71.
46. Témoignage du lieutenant Verkinder au procès du général Challe, *in* BOUALAM S., *Les Harkis au service de la France, op. cit.*, p. 141.
47. Une formation de harkis est également levée dans deux douars voisin des Beni Boudouanes, les douars Harchoun et Chouchaoua. La direction en est confiée au garde champêtre Mehraz.
48. BOUALAM S., *Mon pays, la France, op. cit.*, p. 196.
49. COURRIÈRE Y., *L'Heure des colonels, op. cit.*, p. 36.

dites que vous avez tant d'hommes armés, annonça Hentic au bachaga, moi je veux bien. Montrez-les-moi. Je ne paie que ceux que je voie ! » Même Servier n'aurait eu qu'une piètre opinion de l'influence réelle du bachaga : « J'ai vu, confia-t-il à Courrière[50], un type qui avait un ascendant réel sur deux des douze fractions[51] de son douar et qui se prenait pour le commandeur des croyants. » Servier considérait en outre que les Beni Boudouanes étaient avant tout intéressés par la solde des supplétifs.

Il faut dire que, dès avant l'insurrection, de nombreux rapports des administrateurs de communes mixtes soulignèrent une très nette régression de l'influence et de la clientèle des notables locaux. S'ils tenaient toujours le premier rang au niveau des institutions, c'était plutôt à la suite de manipulations électorales que du fait de leur représentativité. Comme il était de plus en plus évident que l'équilibre des forces sociales et politiques s'était modifié aux dépens des notables et des confréries religieuses, il paraissait risqué de leur confier la direction de formations supplétives.

Les notables locaux, auxiliaires de la colonisation

Au lendemain de la conquête et durant longtemps, l'État colonial s'était borné à aménager des formes d'encadrement des populations héritées à la fois des Turcs et de l'embryon d'État qu'avait tenté de mettre en place Abd el-Kader durant la guerre de résistance à la conquête qu'il mena jusqu'en 1847-1848. L'organisation administrative de la régence d'Alger, sous domination ottomane depuis le XVIe siècle, se fondait sur une sorte d'absolutisme provincial. Le bey était allié à des grandes familles et à des tribus. Cependant 200 tribus sur 516 échappaient à son autorité. Les conquérants français emprunteront ce système d'administration indirecte. Ils délégueront le pouvoir à de grandes familles nobles, presque souveraines, comme dans le Constantinois. Ou bien ils le placeront entre les mains de khalifas, bachagas, aghas et cheikhs dirigeant des tribus importantes, comme dans la majeure partie des provinces d'Oran et d'Alger. Cette forme indirecte de domination rappelait irrésistiblement l'*indirect rule* que lord Lugard avait appliquée avec succès au Nigéria britannique.

Jusqu'à la veille de la Première Guerre mondiale, l'organisation économique de la couche supérieure rurale restera fiscale et non

50. COURRIÈRE Y., *L'Heure des colonels, op. cit.*, p. 36.
51. Les fractions, *harfiqth* ou *çofs*, sont des sous-ensembles de la tribu.

productive, comme le souligne Peter von Sivers[52]. Les revenus de ces notables se fondaient « sur les rentes, sur les commissions, sur les impôts », et leurs investissements s'orientaient « sur les immeubles ruraux et urbains, la location des domaines appartenant à l'État et les entreprises commerciales urbaines et rurales ». Progressivement mécanisées, les propriétés des grands notables ruraux[53] ne fonctionnaient pas intégralement selon des normes capitalistes. Leurs ouvriers agricoles accomplirent souvent des services gratuits en échange de terres à cultiver ou de réserves de provisions annuelles.

Si cette puissance économique resta en partie intacte, en revanche le pouvoir de ces notables ne fut bientôt plus qu'une façade derrière laquelle l'autorité militaire des bureaux arabes exerçait la réalité de la domination. Progressivement l'administration indirecte des bureaux arabes tendit même à devenir une administration directe des tribus par la suppression de l'intermédiaire des grands chefs indigènes. Aghas et bachagas deviennent progressivement des rouages inutiles aux titres flatteurs. Caïds et cheikhs se transforment en simples agents d'exécution. Adjoints des administrateurs des communes mixtes, nommés et rétribués par les autorités françaises, ils ont en général la responsabilité d'un douar où ils sont confinés dans des tâches très limitées. Ils y jouent un rôle très ambigu. D'une part, ils sont des agents de l'administration chargés de la surveillance politique et pénale de la population (ils ont le pouvoir d'internement administratif), d'une partie des opérations de recensement, d'assiette et de recouvrement de l'impôt[54]. Ils veillent aussi à l'exactitude des déclarations d'état civil et assistent l'administrateur dans l'établissement des listes de conscrits. D'autre part, ils sont censés représenter la population, président la djemaa de leur douar et sont membres de la commisssion municipale où ils doivent défendre les intérêts de leur douar.

Malgré les limitations imposées, ces tâches donnent aux notables une grande emprise sur une population qu'ils vont exploiter sans vergogne. Leur très faible rétribution de fonctionnaires ne leur donne d'autres ressources que de « plumer la poule sans la faire crier » sous formes de backchichs, corvées diverses, extorsions et

---

52. Von Sivers P., « Le capitalisme fiscal en Algérie », *Annales Économies, Sociétés, Civilisations*, 35e année, n° 34, mai-août 1980.

53. En 1954, on comptait 8 499 propriétés de 200 hectares en moyenne.

54. Le dixième de l'impôt leur revient. Il faut savoir que la part des impôts arabes (impôts traditionnels coraniques ne frappant que des musulmans), conservés et déformés par les Français, constitue l'essentiel des recettes du budget départemental : 73 % des recettes ordinaires en 1882, 84 % en 1901, 67 % en 1911, 57 % en 1918.

détournements de fonds. « Le colonialisme n'a pas seulement conduit au refoulement des Algériens sur les terres marginales puis à l'appauvrissement général de la population indigène. Il a également produit une petite minorité d'Algériens exerçant un contrôle sur la grande partie des profits et des revenus ruraux. Cette minorité bénéficie largement de l'accumulation du capital fiscal. (...) L'Algérie a donc été victime non seulement d'un colonialisme rapace, mais aussi d'un système économique traditionnel improductif, qui atteint sa phase la plus oppressive au cours du XIXe siècle[55]. »

Trois sources de recrutement alimentent alors cette couche de notables : les familles de djouads (aristocratie d'épée), de chorfas (noblesse religieuse), et enfin les parvenus auxquels les autorités françaises ont confié des postes de caïds : fellahs enrichis à la fin du XIXe siècle, anciens soldats, sous-officiers et gardes champêtres[56]. Ces grandes familles caïdales se répartiront les postes de député, de conseiller général, de délégué à l'Assemblée algérienne, etc. Quelle que soit leur origine, ces potentats locaux accepteront le compromis administratif que leur imposait la France. Cette alliance inégale leur permettait de garder la haute main sur la société civile et de préserver les trois piliers sur lesquels repose leur influence : un patrimoine, une clientèle... et la violence. Ils ont leur propre organisation d'hommes de main et leurs services de renseignements.

Saïd Boualam était un de ces caïds, et bénéficiait à cet égard d'une renommée certaine. Dans sa famille, originaire de Tenes dans le Dahra, le caïdat remonte selon lui à la conquête turque. Aïssa Boualam, son arrière-grand-père, avait sept ou huit ans lorsque la famille fit allégeance à la France après la reddition d'Abd el-Kader. La scène se serait déroulée à Orléansville en présence de Bugeaud. Aïssa Boualam devint caïd, puis agha. Yahia Boualam, le grand-père, fut lui aussi agha. Il participa activement à la répression de l'insurrection des Beni M'Nasser en 1871. Quant au père de Saïd Boualam, il fit carrière dans l'armée (1er RTA) puis dans la gendarmerie, où il servit durant trente-deux ans. Né en 1906, Saïd Boualam fut placé en 1919 à l'école des enfants de troupe de Saint-Hippolyte-du-Fort, puis à Montreuil-sur-Mer. En 1924, il intègre le 1er RTA à Blida, avec lequel il participe aux campagnes

55. VON SIVERS P., « Le capitalisme fiscal en Algérie », *loc. cit.*

56. En 1937, une centaine de caïds sont issus de familles de djouads, 200 de familles de chorfas, 350 de la petite bourgeoisie rurale, 60 autres sont d'anciens officiers ou sous-officiers de l'armée française.

de Tunisie et du Maroc. Nommé chef de section en 1940, sous-lieutenant en 1942 et lieutenant en 1945, il fait partie, dit-il, des officiers algériens restés fidèles à Pétain après l'armistice. Il partagera le sort de l'armée d'Afrique en Tunisie, puis en Italie et enfin en Allemagne. Il quitte l'armée avec le grade de capitaine de réserve en 1946. Un an plus tard, il est nommé caïd des services civils d'Algérie. Affecté le 11 avril 1947 au douar des Beni Bouttouab — commune mixte du Chélif —, il est muté en avancement au douar des Beni Boudouanes le 1er mars 1948. A partir de novembre 1954, ses promotions deviennent fulgurantes : il est promu agha en 1956 et bachaga en 1957, alors qu'il faut normalement douze ans d'ancienneté à un caïd pour pouvoir prétendre être nommé agha et six ans à un agha pour accéder au rang de bachaga. Enfin, il se présente aux élections de 1958, est élu député d'Orléansville et devient ainsi l'un des quarante-cinq députés musulmans parmi les soixante et onze représentants de l'Algérie à l'Assemblée nationale. « Dans l'Orléansvillois où je me présentais, je suis passé avec plus de 60 % des voix et je puis affirmer, raconte Saïd Boualam, que les élections n'étaient pas truquées. (...) Mon groupe m'avait proposé comme candidat à la vice-présidence de l'Assemblée. J'ai été élu à l'unanimité, et je veux remercier, à cette occasion, ceux qui m'ont toujours fait confiance. J'ai été réélu quatre fois à ce poste de confiance[57] »

La Force K de l'Ouarsenis

Commencée en octobre 1956, alors que la Force K levée en Kabylie dans le cadre de l'opération « Oiseau bleu » vient de rejoindre en masse l'ALN, la mise en place d'une autre Force K dans l'Ouarsenis prendra fin en avril 1958, trois mois avant le dénouement de l'opération « Olivier ». De dix ans le cadet de Bellounis et originaire de Miliana, Abdelkader Djilali Belhadj — surnommé par la suite Kobus[58] — milita au PPA de Messali Hadj et fut arrêté en 1950, en tant que membre de l'OS (l'Organisation spéciale était la branche paramilitaire du parti de Messali Hadj, créée en 1947). Condamné à trois ans de prison, il accepta de devenir indicateur et fut relâché.

Comme dans l'opération « Oiseau bleu » l'initiative fut prise par la DST d'Alger. Comme dans l'opération « Olivier », l'affaire

57. Boualam S., *Mon pays, la France, op. cit.*, p. 142-148.
58. D'où cette seconde dénomination de « Force K ».

passa bientôt sous le contrôle du SDECE par l'intermédiaire du 11e choc. La zone affectée à la Force K est située dans l'Ouarsenis algérois et couvre la région des monts du Doui à proximité de Duperré : douars Zeddine, Bou Rached et Ouarguenay. Il y a une possibilité d'extension vers l'Ouarsenis du Lyra et du Tiabine, jusqu'à l'oued Fodda et Affreville.

Dans une première phase qui s'étend approximativement de l'automne 1956 à l'été 1957, le développement de la Force K s'effectue de façon quasi clandestine. Kobus recrute une soixantaine de combattants déchirés entre le FLN et le MNA, en développant à peu près la thématique suivante : le FLN est marxiste — comme en témoigne le ralliement des rescapés du « maquis rouge de l'Ouarsenis » à l'ALN — et cette collusion avec le communisme international l'empêche d'engager réellement la lutte pour l'indépendance. Il convient donc d'édifier une véritable Armée de libération nationale fidèle aux principes de l'islam. Elle démasquerait le FLN, l'anéantirait et pourrait alors lutter pour une véritable indépendance.

Très sommairement armée et équipée, la Force K compte bientôt 150 à 200 hommes et parvient à chasser le FLN de son secteur d'implantation. La DST d'Orléansville exerce une surveillance discrète et le capitaine Conill, responsable de la SAS de Lamartine, assure tout aussi discrètement la liaison entre Kobus et le commandement militaire de l'Ouest algérois.

Dans une seconde phase qui va de l'été 1957 au printemps 1958, la situation se dégrade. Kobus a réuni environ 400 partisans et même si son passé d'indicateur de police en fait un « client » politiquement sûr, les autorités militaires décident de prendre quelques précautions. Un officier, le lieutenant Heux, vient coiffer les activités de la Force K en mars 1957. Il a plusieurs objectifs : rallier à la France les cadres de la Force K, faire des propositions concernant l'effectif et l'armement de ce contre-maquis, éviter les collisions avec la harka des Beni Boudouanes. En août 1957, des hommes du 11e choc viennent appuyer les troupes de Kobus ; et en janvier 1958, la Force K sort de sa semi-clandestinité pour prendre le nom de « bataillon du Doui ». Son effectif s'élève alors à 600 hommes.

A terme, l'objectif est d'obliger Kobus à dissoudre lui-même sa formation pour l'intégrer en la morcelant dans les harkas ou dans les autodéfenses plus directement contrôlées par l'armée. La surprise est grande au sein de troupes, qui pensaient — pour une bonne partie d'entre elles — mener une lutte pour l'indépendance. Il devient désormais impossible à Kobus de continuer à entretenir un double jeu. Une première mutinerie a déjà échoué fin mai 1957 ; moins d'un an plus tard, une seconde mutinerie éclate, le 28 avril 1958. Elle entraîne l'assassinat de Kobus. La quasi-totalité de la Force K (environ 900 hommes répartis en une demi-douzaine de compagnies, l'effectif d'un régiment) déserte et fait route vers le nord de Teniet el-Haad, où elle se rallie à l'ALN. Seule une compagnie refusera de suivre le mouvement et viendra donner l'alerte à Duperré.

La « nostalgie indochinoise »

Malgré le succès relatif de ralliements opérés par l'intermédiaire de notables tels que le bachaga Boualam[59], l'échec d'opérations telles que « Olivier », « Oiseau bleu » ou Force K tend à montrer que les autorités coloniales ne parviennent pas à gérer des ralliements de masse. Comme le dit Yves Courrière, « on ne se débarrassait pas facilement de la nostalgie indochinoise et on n'avait pas renoncé à rééditer en Algérie la politique des partisans des hauts plateaux[60] ».

A partir de 1951, c'était également le SDECE qui, en Indochine, avait pris en charge la conduite des opérations de guérilla et de contre-guérilla, en s'appuyant sur les minorités ethniques. Discrètement camouflés sous des sigles — GMCA, groupement de commandos mixtes aéroportés, puis GMI, groupement mixte d'intervention —, les commandos du service action du SDECE encadrèrent des maquis Nungs, Thaï, Man, Tho, Moï, Hré, Djaraï, Mnongs et Bahnan derrière les lignes Vietminh. Les généraux d'Afrique du Nord avaient dans un premier temps considéré dédaigneusement l'expérience indochinoise : l'Algérie n'est pas l'Indochine, disaient-ils, et la Tunisie ou le Maroc ne peuvent se comparer à la Chine. Mais avec l'extension de l'insurrection, ils sombrent dans une sorte d'expérimentation frénétique des techniques de guerre contre-révolutionnaire. Ils sont encouragés dans cette voie par les anciens du corps expéditionnaire français en Indochine. A mesure que furent connus les échecs de ces contre-maquis algériens, la volonté d'extension à l'Algérie de « leçons » tirées de l'expérience indochinoise se transforma en un regain de méfiance à l'égard des supplétifs algériens.

59. On a déjà évoqué les exemples de l'agha Merchi dans les Aurès et du bachaga Aït Ali dans la Soummam. On aurait pu parler également du sénateur Ourabah en Petite Kabylie, ou encore des frères Azem dans le Djurdjura.

60. Courrière Y., *L'Heure des colonels, op. cit.*, p. 199.

En fait, ces expériences avaient été menées en combinant trois principes également faux :

— le premier, tenant comme on l'a vu aux présupposés de l'anthropologie coloniale, voulait qu'on puisse utiliser l'opposition Arabes-Berbères comme on avait utilisé en Indochine l'antagonisme entre Vietnamiens et minorités nationales des hauts plateaux ; de même on pensait ainsi pouvoir manipuler les clivages internes aux tribus ;

— le deuxième était qu'on puisse utiliser un antagonisme politique FLN-MNA, comme on avait utilisé en Indochine un clivage ethnique ;

— le troisième consistait à chercher dans une guerre coloniale une « troisième force » après laquelle s'étaient vainement essoufflés au Viêt-nam les Français... et après laquelle les Américains s'essoufflèrent vainement par la suite.

Si la réussite — du point de vue de l'état-major — de l'expérience du bachaga Boualam méritait d'être mentionnée, ce n'est pas parce qu'elle s'apparenta, de quelque manière que ce soit, à la révolte des Méos, pour ne prendre qu'un exemple. Ces derniers constituaient un groupe ethniquement différent des populations annamites du Delta. Ils étaient moins soucieux d'appartenir à un État indépendant que de préserver leurs traditions et leur culture. Le ralliement des Beni Boudouanes procède d'une situation différente. Il semble avoir résulté d'abord de l'influence relativement intacte — fait rare en Algérie au milieu des années cinquante — d'un notable sur une communauté. Il résulte aussi de la faiblesse locale du FLN et enfin du réseau serré de l'implantation des troupes françaises dans la région du Chélif.

Le général Challe, se distinguant en cela de ses prédécesseurs, et — peut-être parce qu'il était aviateur — avec moins de préjugés « coloniaux » ou « subversifs », reconsidérera l'emploi des supplétifs et l'étendra, comme on va le voir, sur des bases sensiblement différentes.

4

Béret rouge, béret vert, béret bleu, béret noir

> Voici venu le temps des soldats d'élite et des équipes sélectionnées.
>
> Charles de GAULLE*.

Quatre années séparèrent les événements du 13 mai 1958 — qui ouvrirent la voie à la Ve République — du 19 mars 1962, date du cessez-le-feu. Quatre années gaulliennes dont on oublie souvent qu'elles constituent la partie la plus longue de la guerre. Ceux qui, depuis la fin de la guerre d'Algérie, ont eu tendance à récrire l'histoire au rythme des nécessités quotidiennes de la politique ont répandu le mythe d'une période de recherche obstinée de la paix par la négociation avec les dirigeants du FLN. En réalité, ces quatre années furent marquées par les affrontements sanglants et les massacres.

En mai 1958, de Gaulle quitte Colombey-les-Deux-Églises et, après sept mois d'intermède à Matignon, il s'installe à l'Élysée le 8 janvier 1959. Il devient le premier président de la Ve République. En Algérie, depuis le départ de Robert Lacoste en mai 1958, le général Salan cumule tous les pouvoirs civils et militaires. Sur tout le territoire, les généraux jouent aux préfets, les colonels aux sous-préfets et les capitaines aux maires. L'Algérie vit sous la tutelle militaire, politique, policière, administrative — parfois même économique et commerciale — de l'armée.

Le passé militaire de Raoul Salan (il avait été lié à de Lattre), ses relations politiques (notamment à la SFIO), le rôle qu'il avait joué le 13 mai, les ambitions qu'on lui attribuait, tout poussait de Gaulle à l'éloigner de l'Algérie. Un décret adopté le 12 décembre

---

* *Vers l'armée de métier*, 1934.

1958 en Conseil des ministres le guide vers une voie de garage : il devient gouverneur de la place de Paris. Deux hommes le remplacent : Paul Delouvrier, nommé délégué général[1]. et Maurice Challe, nommé commandant en chef. Appartenant à l'armée de l'air, Challe n'avait pas réellement l'expérience de l'outre-mer colonial. De Gaulle vit probablement là un avantage qui empêcherait le nouveau commandant en chef d'outrepasser ses prérogatives.

Les guerres coloniales se suivent et se ressemblent souvent. Le problème posé à une armée d'occupation est toujours le même : « l'ennemi » se trouve à la fois partout et nulle part parce qu'une guerre de libération nationale mobilise tout un peuple. L'état-major oscille entre deux démarches : ou bien il s'en tient à un quadrillage serré du territoire, ou bien il concentre ses forces sur les principales implantations de l'adversaire. Dans le premier cas, hommes et matériels sont dispersés dans des milliers de postes et de services de toutes natures. Dans le second, on crée un corps de bataille en prélevant sur ces forces dispersées. En Indochine, on passa d'une solution à l'autre. Ce fut le « plan de Lattre » puis, après un « entracte Salan », le « plan Navarre ». En Algérie, le quadrillage était devenu, aux yeux du général Challe, le symbole d'une armée inefficace et sclérosée. A partir du printemps 1959, la presse allait commencer à parler du « plan Challe ».

Depuis les premiers mois de 1958, les barrages édifiés sur les frontières algéro-marocaines et algéro-tunisiennes sont achevés. Parsemés d'obstacles, équipés d'un système de surveillance très moderne, ils isolent le territoire algérien. Challe décide de faire balayer d'ouest en est ce champ clos par des unités de choc. Légionnaires et parachutistes s'attaqueront aux djebels — sanctuaires de l'ALN —, s'en empareront et y resteront le temps nécessaire pour que les moudjahidin ne puissent revenir et reconstituer leurs formations une fois l'alerte passée. Du côté français, cela suppose des ressources considérables et permanentes en hommes et en matériels. On fait donc ce qu'on appelle, dans les états-majors, « l'impasse », en prélevant des unités au détriment du quadrillage. Il en résulte une moindre efficacité et une vulnérabilité du quadrillage, que l'état-major s'efforce de compenser de deux manières. D'abord par l'éclatement des unités de quadrillage, afin d'occuper les secteurs qui viennent d'être abandonnés. Ensuite par le regroupement des populations civiles à proximité des postes militaires français. Enfin, dernière pièce du plan Challe, après le

1. Et non « gouverneur » — comme Jacques Soustelle — ou « ministre résident » comme Robert Lacoste.

matraquage des unités de choc, les djebels passeront aux mains de « commandos de chasse » qui occuperont le terrain, nomadiseront et harcèleront les débris de l'ALN.

Toutes les dispositions du plan Challe nécessitent le recrutement de supplétifs : renforcement du quadrillage par les harkas, mise en place des commandos de chasse, etc. Dans le chapitre 5 seront examinés les effets du regroupement du tiers de la population algérienne. Auparavant, il faut présenter les deux types d'unités nouvelles mises en œuvre par ce plan : les « réserves générales » et les « commandos de chasse ».

« Aucune bête au monde[2]... »

Les réserves générales sont formées d'unités prélevées sur l'ensemble du territoire algérien et constituées d'éléments de choc — parachutistes, légionnaires, tirailleurs, chasseurs alpins... Elles représentent en tout l'équivalent de deux divisions. Pourvues d'hélicoptères, ces unités sont d'une extrême mobilité. Deux bataillons complets peuvent par exemple entrer en action en moins d'un quart d'heure. L'image couramment utilisée lorsqu'on évoquait à l'époque l'utilisation de ces troupes était celle d'un gigantesque rouleau compresseur nettoyant les zones « contaminées » de la frontière marocaine à la frontière tunisienne.

L'offensive commença en mars 1959 par la wilaya 5 (Oranie), c'est l'opération « Couronne ». En avril est lancée l'opération « Courroie » contre la wilaya 4, Dahra et Ouarsenis algérois, atlas blidéen et Titteri. Suivent en juillet les opérations « Étincelle », dans le Hodna, et surtout « Jumelles », qui devaient se poursuivre jusqu'en mars 1960 : 25 000 hommes des troupes opérationnelles et 15 000 des troupes de secteur posent une gigantesque nasse sur le massif kabyle, Soummam, Akfadou et Djurdjura. Enfin, les opérations « Pierres précieuses » se succèdent de septembre 1959 à juin 1960 dans la wilaya 2 (Nord-Constantinois).

Le thème de la victoire sur le terrain de l'armée française fut largement utilisé durant la guerre d'Algérie, à la fois pour des raisons de propagande et pour atténuer les rancœurs accumulées par les cadres de l'armée et certaines unités. Très régulièrement faisait retour une campagne sur l'essoufflement du FLN : quelques semaines après la « Toussaint rouge », Roger Léonard, le gouverneur

2. Titre d'un ouvrage de BIGEARD M. et FLAMENT M. (La Pensée moderne, 1959).

général, affirma avoir réduit « la poignée de rebelles dans ses derniers retranchements » et ne lui accordait plus que quelques semaines de survie ; Soustelle ne manqua pas de dénoncer « les difficultés énormes dans lesquelles se débat la rébellion » et prévoyait la reddition pour la fin de l'année 1955 ; Lacoste passera à la postérité avec son « dernier quart d'heure » ; Salan, dans les vœux qu'il adressa en 1957 à l'armée française à l'occasion des fêtes de fin d'année prédit « l'écrasement des rebelles dans l'année qui s'ouvre » ; enfin, Delouvrier déclare le 17 octobre 1960 à Oran : « L'Algérie n'est plus un champ de bataille. »

Cela dit, force est de constater qu'après les tâtonnements des quatre premières années, avec le plan Challe, l'armée est maîtresse du terrain, en apparence du moins[3].

« Les rebelles se trouvent assez rapidement encerclés entre les mailles du bouclage et la lame du ratissage. Selon les régions, selon leurs forces, leur comportement n'était pas le même. Avant les regroupements de populations, ils pouvaient tenter de disparaître dans les mechtas habitées, mais cette parade, qui d'ailleurs attirait souvent des représailles collectives, leur fut soustraite par l'évacuation et la désertification des grandes zones opérationnelles. Souvent encore, ils disparaissaient dans les grottes. Si leur entrée avait été repérée, bloqués, ils ne pouvaient plus en bouger (...). Les fellaghas mouraient généralement asphyxiés par le gaz ou les fumigènes après plusieurs heures ou même plusieurs jours de siège[4]. » L'ALN intérieure perd ainsi en une année environ le quart de ses hommes et de son armement[5]. Elle ne peut plus maintenir la même pression, doit réduire la taille de ses unités. Les « grands » combats vont devenir plus rares.

Les opérations du plan Challe n'affectent pas seulement l'ALN, elles précipitent la cristallisation de certaines tendances qui travaillent en profondeur l'armée française.

Sous Challe, les effectifs militaires atteignent des chiffres records. L'engagement accru du contingent, l'emploi de quelque 400 000 jeunes appelés ou rappelés érigent la guerre d'Algérie en problème d'opinion et la placent sous les feux de l'actualité. Or les cadres professionnels de l'armée française ont en commun la

3. Début 1961, l'état-major est obligé de reprendre l'attaque des « places fortes » avec ses réserves générales.

4. FREMONT A., *Algérie-el Djazaïr, op. cit.*, p. 173.

5. En même temps que l'ALN extérieure renforçait ses effectifs — 9 200 hommes en Tunisie, 2 000 au Maroc fin 1959 —, complétait son armement et améliorait son organisation. Mais les barrages aux frontières la rendaient relativement impuissante.

mauvaise conscience d'une longue série d'échecs : la défaite de 1940, relayée par le désastre de Dien Bien Phu (1954) et la frustration de Suez (1956). De leur point de vue, seul le maintien d'une Algérie française pourrait y mettre un terme. Tous ces officiers vont engager des supplétifs en se prenant pour la « parole de la France ». Ils feront le serment solennel que jamais la France ne quittera l'Algérie. C'est ainsi que le lieutenant Verkinder — qui prêta en 1959 ce serment aux harkis des Beni Boudouanes — déclara, lors du procès du général Challe : « Je me suis engagé personnellement parce que mon engagement reposait sur la parole de mes supérieurs et, qui plus est, de celui qui commande à tous les soldats[6]. » Du haut en bas de la hiérarchie descend ainsi une cascade de serments qui prennent leur source dans l'autorité morale du chef de l'État. La révolte de nombreux militaires, quand de Gaulle fera clairement comprendre que l'Algérie française n'est plus à l'ordre du jour, sera violente. En ce sens, la crise de l'armée française sera une des composantes essentielles du drame algérien. On verra plus loin quel rôle jouera — après le cessez-le-feu — ce serment prononcé par nombre d'officiers.

En second lieu, en confiant les grandes actions offensives à 4 000 combattants encadrés, entraînés et disposant du meilleur matériel, on contribuait à développer chez eux un comportement particulier. Leurs officiers finissent par constituer une caste méprisant le monde civil et politique ainsi que la masse des appelés qui occupe le pays. Ils sont convaincus de leur supériorité, mènent *leur* guerre et veulent la gagner.

Le « mythe para » est né en Indochine de la logique propre à tout corps expéditionnaire. Il trouvera en Algérie son terrain d'élection. Les correspondants de guerre eurent leur part dans la diffusion de ce culte d'une aristocratie guerrière. L'esprit de corps qui règne dans certaines unités les transforme en de véritables sectes. « En fin de compte — écrit Raoul Girardet —, c'est tout le vieil esprit de bande qui tend à ressusciter dans certains secteurs de la société militaire, avec son culte particulier de l'honneur, sa fierté ombrageuse d'élite souffrante et combattante, avec aussi un orgueil fortement affirmé à l'égard de tous ceux qui ne participent pas à l'intensité de sa vie et de son aventure[7]. »

Autour des chefs, dont certains cultivent avec soin leur légende,

---

6. Cité *in* DEZET P., « Les harkis, ni mercenaires, ni collabos », *Le Crapouillot, loc. cit.*

7. GIRARDET R., *La Crise militaire française. 1945-1962*, Presses de la FNSP, 1964

s'est constitué un réseau de fidélités et de complicités où l'attachement au corps et à ceux qui le commandent s'inscrit dans un système de relations quasi féodales. Ce n'est pas un hasard si les unités de légionnaires et de parachutistes sont les seules forces sur lesquelles parviendront à s'appuyer les généraux putschistes d'avril 1961.

Ce n'est pas un hasard non plus si Maurice Challe donne ces unités spéciales, leur « style », leur « esprit », en modèle aux nouvelles recrues afin de faire « digérer » les jeunes du contingent par l'armée de métier. Il s'attachera même à ce que les commandos de chasse calquent leur organisation, leur tactique, leur équipement et leur uniforme — dont la fameuse « casquette » Bigeard — sur celle des « supermen » des commandos parachutistes.

Les commandos de chasse

Ce dispositif fut mis en place pour compléter les grandes opérations. « Le problème — explique le commandant en chef — est d'aller chercher les rebelles où ils sont. (...) Je mets des réserves dans les djebels pour casser les structures rebelles et derrière elles, les commandos de chasse prennent le relais et poursuivent la lutte jusqu'à l'extermination de l'adversaire[8]. »

Après quelques expériences à l'échelon des régiments (correspondants aux secteurs), les commandos de chasse furent institués dans le cadre des bataillons (correspondants aux quartiers). Dès que les unités de réserve générale étaient parties ratisser plus loin, le quartier devait compter sur ses propres forces et sur son commando de chasse. La zone d'action de ces nouvelles unités restait d'une grande souplesse, et l'effectif de chaque commando était laissé à l'initiative du commandement intéressé : théoriquement une centaine d'hommes, mais on trouvera aussi des commandos de cent cinquante hommes commandés par un capitaine et des commandos de soixante hommes. La proportion des appelés et des supplétifs était également très variable. Parmi les commandos les plus connus, on trouva des unités supplétives, comme le commando Georges, et des unités composées en majorité d'appelés, comme le commando Cobra. Par ailleurs, plusieurs bataillons de tirailleurs algériens furent transformés en « bataillons travaillant sur le type commando » en 1960. En règle générale, les commandos de chasse

8. CHALLE M., cité *in* FREIRE J., *La Guerre d'Algérie, op. cit.*, t. 3, p. 118.

comporteraient une majorité de supplétifs. « L'utilisation des FSNA (Français de souche nord-africaine) — déclare Challe — est d'abord un impératif moral. Nous ne pacifierons pas l'Algérie sans les Algériens. C'est ensuite une garantie d'efficacité. Le meilleur chasseur de fellaghas est le FSNA. C'est enfin une nécessité pour limiter la chute d'effectifs[9]. »

Yves Courrière raconte que, deux mois après sa nomination, Challe présenta deux revendications à de Gaulle. « La première concerne les harkis. Il faut développer ce corps. On ne fait bien la guerre qu'avec les autochtones. Ils sont actuellement 26 000. J'en veux au moins 60 000 ! La seconde : je veux votre accord formel qu'on ne m'enlèvera pas un seul des hommes que je trouverai en arrivant. Les effectifs doivent rester tels qu'ils sont actuellement[10]. »

Dans l'esprit de Challe, les supplétifs devaient non seulement servir à alimenter les commandos de chasse, mais ils devaient également tenir les secteurs dégarnis. « Serrez les effectifs », avait exigé Challe, « utilisez les harkis, servez-vous des autodéfenses et libérez-moi ces unités opérationnelles qui, jusque-là, étaient enlisées dans des opérations de secteur et de pacification. »

Il fallait théoriquement faire correspondre un commando à chaque katiba de l'ALN. Il la « marquerait », mènerait contre elle une véritable chasse, sans avoir à se préoccuper des limites du secteur ou du ravitaillement. Autonomes et légers, les « chasseurs » lâchés dans la nature devaient vivre, agir et manœuvrer comme les djounoud. Des éléments légers d'observation seront mis en place de nuit. Ils tendront des embuscades et effectueront de rapides coups de main sur des objectifs bien repérés[11]. C'est là que les difficultés surgirent. Les appelés français se révélèrent vite inaptes à soutenir le rythme de la poursuite. En outre, on ne prit pas modèle sur la méthode des caches de ravitaillement de l'ALN, qui aurait épargné le transport de plusieurs jours de vivres. Le système ne se révéla guère plus payant que celui des sections de nomadisation.

9. CHALLE M., *Notre révolte*, Presses de la Cité, 1968.

10. COURRIÈRE Y., *L'Heure des colonels, op. cit.*, p. 368. Le colonel Alain de Boissieu, chef de cabinet et gendre de De Gaulle, soutient une autre thèse. Il affirme que son beau-père avait recommandé aux officiers de ne prendre aucun engagement envers les Algériens, de ne plus employer les harkis en opération contre leurs frères de race et donné des instructions pour limiter leur nombre à 25 000. C'est donc contre ses ordres qu'ils avaient été portés à 66 000. (DE BOISSIEU A., *Pour servir le général*, Plon, 1982, p. 151.)

11. En Indochine, déjà, des « commandos d'intervalle » sortaient de nuit, hors du périmètre fortifié de la ligne de Lattre, s'infiltraient dans les zones où le Viet-minh se déplaçait librement et créaient une base secrète où stocker vivres, habillement et munitions.

Si bien que, dans nombre de secteurs, les commandos se virent surtout chargés d'une mission de détection : « Ils doivent être les têtes chercheuses des troupes opérationnelles. » Après la localisation d'un groupe de djounoud, ils ont ordre de ne pas engager le combat mais de déclencher l'intervention des renforts : compagnies opérationnelles de secteur, éventuellement troupes de réserve générale, artillerie, aviation, etc.

Malgré ces limitations, la création des commandos de chasse satisfaisait ceux des officiers qui critiquaient la sous-utilisation des supplétifs, l'usage des harkis pour les corvées ou pour porter les postes radios.

« Si les harkas, nous l'avons déjà dit, nous permettent d'associer définitivement des familles entières à notre œuvre, si elles nous donnent des troupes particulièrement aptes à mener la guerre de partisans qui est celle que nous impose le fellagha, elles n'ont leur efficacité complète que lorsqu'elles sont considérées comme des unités d'élite et non comme des auxiliaires de deuxième qualité[12]. » Ce point de vue exprimé par le commadant F. est également celui du capitaine Hentic qui s'inquiétait, fin 1957, de voir apparaître en Algérie les « symptômes alarmants d'un acheminement vers une situation sans issue », semblables à ceux qu'on pouvait observer au Viêt-nam dans les années 1947-1948 : « La France ne peut payer indéfiniment une armée d'occupation dont les deux tiers de l'effectif passent les quatre cinquièmes de leur temps à se protéger, à se nourrir, administrer et rendre compte, l'autre tiers s'épuisant en actions sporadiques, à porter des coups désordonnés sur des objectifs plus ou moins définis. » « Il est indispensable — préconisait Hentic — d'adapter rapidement nos moyens à cette guerre subversive en faisant participer étroitement et efficacement les Français-Musulmans à l'action. (...) Malheureusement rien de sérieux n'est fait dans ce sens. Nous sommes toujours dépassés par les événements, après trois ans de lutte contre la rébellion, les harkas commencent seulement à naître, au moment où il faudrait de véritables bataillons de contre-guérilla — les harkas n'étant qu'une courte étape vers la formation d'unités légères — entraînés, encadrés et formés politiquement. Nous n'obtiendrons de résultats durables dans ce pays qu'en créant et organisant sérieusement des unités de contre-guérilla, et en en mesurant l'importance, en leur accordant tous les moyens. On ne fait pas une troupe d'élite, fidèle, instruite, disciplinée, combative, en lui remettant quelques

---

12. Commandant F., *Remarques sur l'organisation des supplétifs en Algérie, op. cit.*, p. 3.

fusils de chasse et une solde misérable, en l'accolant à n'importe quelle unité régulière. Les harkas, les compagnies légères d'intervention, doivent être encadrées, soutenues, administrées et bénéficier du même statut que n'importe quelle unité régulière. Pourquoi ne pas créer, dès à présent, une force armée d'Algérie, avec son administration, ses moyens propres et dont le rendement et l'efficacité, et aussi l'économie, prouveraient que ces formations sont infiniment plus rentables que la plupart des unités régulières ? Un retour à l'ordre nous amènerait forcément à envisager cette solution afin de substituer progressivement des formations locales aux troupes métropolitaines, des formations qui trop souvent sont considérées (cadres et hommes) comme sous-produit de l'armée et traitées comme tel[13]. »

Cependant — comme les harkas —, les commandos de chasse ne firent pas l'unanimité. Selon le général Jacquin, Challe dut déployer beaucoup d'énergie poour faire exécuter ses directives. « Il se heurte à des résistances nées d'habitudes routinières : chacun s'était installé dans la guerre. A beaucoup d'échelons on considérait les commandos de chasse comme une marotte, une mode qui passerait[14]... » Les instructions du nouveau commandant en chef, ajoute Jean Mabire, « dérangeaient des habitudes prises depuis déjà plusieurs années et présentaient des risques indéniables de "rallumer" les opérations dans des régions où rebelles et forces de l'ordre en étaient arrivés à un certain *modus vivendi* à base d'inactivité réciproque, faisant croire à la réalité de la pacification[15] ».

A vrai dire, tous les commandos de chasse ne bousculeront pas le *modus vivandi* qu'évoque Mabire, comme en témoigne cet officier de réserve interrogé par Dimitri Davidenko. D'abord patron d'un camp de prisonniers, il se retrouve affecté aux commandos de chasse : « On partait huit jours, seuls, sans liaison, en plein djebel, avec l'équivalent d'une boule de riz... la méthode Viet-minh. Ce qui donnait des résultats assez cocasses ! On venait de se taper trente mois, on était sur le point de partir, on n'avait pas envie de se faire buter... on est tombé sur une katiba. Nez à nez ! Chacun s'est retiré sur ses positions, en faisant beaucoup de bruit, mais sans combattre vraiment. C'est caractéristique de cette période...

---

13. Rapport du capitaine Hentic au général commandant la 9e DI et la ZOA. Cité par BOUALAM S., *Les Harkis au service de la France, op. cit.*, p. 48-50.
14. Général JACQUIN, « Les guérilleros du général Challe », *La guerre d'Algérie, Historia Magazine*, n° 80, Librairie J. Tallandier, 1973.
15. MABIRE J., *Commando de chasse*, Presse Pocket, 1978, p. 410.

Mon copain, celui qui commandait le fortin isolé, avait fait amener le drapeau tricolore et avait hissé un drapeau noir[16]... »

En outre, on ne peut pas dire que les volontaires se soient toujours bousculés au portillon pour intégrer les « bérets noirs » des commandos de chasse. Il fallut assez souvent désigner d'office ceux qui les composèrent. L'état-major en fut souvent réduit à baptiser commando de chasse des unités normales.

Cela dit, la contagion para fut parfois opérante, on va en donner quelques exemples. Intégrés dans le rang des professionnels, encadrés par eux, systématiquement associés aux opérations de répression, aux exactions et exécutions sommaires, certains appelés et certains supplétifs succombent, tout en croyant s'élever au rang des « durs » qu'on leur donne en exemple. Un des anciens d'AFN raconta son expérience à Dimitri Davidenko : « La tenue de combat c'était jouissif, très jouissif : on avait vraiment l'air de quelque chose, pour une fois... C'était avantageux, de l'extérieur, enfin ça abolissait l'âge, depuis le temps qu'on nous faisait chier avec ça ! Alors dans les copains miroirs, on regardait l'image flatteuse : "Pas possible, j'ai cette gueule-là, moi ?" On prenait l'air blasé du super-dur qui flingue comme il pisse, mais secrètement en joie... Et la tenue camouflée ! Combien en ont rêvé, de ce putain de treillis tacheté ? Quand les commandos de chasse ont été créés, en 1959, des milliers d'appelés se sont portés volontaires uniquement pour endosser l'inaccessible tenue léopard légendaire. Épater le bourgeois, en ville, impressionner les mecs des troupes ordinaires : des types se sont fait tuer pour satisfaire cette vanité[17]. »

A cette première cause d'engagement — qui conduira à ce que les commandos de chasse soient composés, comme dit Daniel Zimmermann, de « harkis volontaires », « rempilés baroudeurs » et « appelés tordus[18] » — on doit en ajouter une autre : la routine de la vie « en poste », c'est-à-dire en petite unité installée au milieu du djebel avec une mission de garde ou d'observation, souvent en zone interdite, vidée de sa population, impose un tel isolement, un tel ennui mortel que partir en opération de « chasse » ou de ratissage était considéré préférable à rester de garde sur place ; en dépit des risques et de la fatigue. Car les accidents, les excès ou les suicides consécutifs à une interruption de courrier n'étaient pas rares[19].

16. DAVIDENKO D., *Chouf, op. cit.*, p. 120.
17. *Ibid.*, p. 24.
18. ZIMMERMANN D., *Nouvelles de la zone interdite, op. cit.*, p. 111-112.
19. SIGG B. W., *Le Silence et la honte, op. cit.*, p. 99.

On va maintenant présenter quelques exemples — tous situés dans l'Ouest algérien (Nemours et Saïda) — de commandos de chasse, parmi les plus connus.

« Yatagan », précurseur des commandos de chasse

En 1956, la frontière algéro-marocaine est très perméable, le barrage n'est pas encore électrifié. Les djounoud sont actifs dans les monts de Tlemcen et les Traras. En juin 1956, deux opérations — « Zoulou » et « Pygmée » — visent ces maquis. Durant l'automne, près des deux tiers des effectifs militaires de la région sont utilisés à édifier le barrage, à en surveiller les abords et à « nettoyer » la zone frontière. A Nemours, ultime sous-préfecture du littoral avant la frontière, c'est la 2e demi-brigade de fusiliers marins (2e DBFM) qui est chargée de maintenir le filtre du barrage. Dans une zone qui s'étend sur soixante kilomètres de bords de mer escarpés et sur quarante kilomètres vers le sud montagneux, les marins de la DBFM ont construit le long de la frontière une douzaine de petits postes pour empêcher le passage de katibas formées et instruites au Maroc. Une zone interdite s'étend sur une bande de deux à cinq kilomètres de large entre la frontière réelle et la ligne des postes des fusiliers marins. Réglementairement, la DBFM devait recevoir un conseiller technique de l'armée de terre.

Jean-Louis Delayen, capitaine de la coloniale, est détaché du RICM pour occuper cette fonction. En Indochine, il a commandé des supplétifs au Tonkin, les a rapatriés au Sud et transformés en bataillon d'infanterie de marine vietnamien. A Nemours, il réédite l'expérience en formant un « commando de volontaires musulmans ». Avec l'accord des autorités civiles d'Oranie, les crédits sont facilement trouvés. Les supplétifs seront payés au titre des GMPR, et le capitaine Duraigne est détaché des formations supplétives de la police pour s'occuper du nouveau commando.

Le 1er janvier 1957 naît officiellement *Yatagan*. Deux ans avant le plan Challe, c'est le premier commando de chasse en Algérie. Les toutes premières recrues venaient du même douar, M'Sirda Tatha, à l'ouest de Nemours. Membres de la tribu des Beni Menir, elles étaient apparentées au bachaga Si Ali Benhamida. Une vingtaine de Belhacen du village d'Assi bou Kouba (douar Tillouine) complètent l'effectif. Tous viennent s'établir avec leurs familles dans les mechtas du douar Beraoun. Abandonnées depuis l'opération « Zoulou », elles se trouvent au-dessus de Nemours et à proximité d'un poste. Les « Chibani », les vieux de la harka, assurent la défense du poste. Une quinzaine de gradés, détachés de la DBFM, encadrent le commando. Les supplétifs sont coiffés d'un béret noir, portent la veste camouflée des commandos de marine et un pantalon de treillis vert olive. L'armement est fourni par la 2e DBFM. Il est le même que celui des autres compagnies de fusiliers marins.

Les marins commandos réguliers sont payés par la DBFM, les supplétifs sont pris en charge par le GMS 80 du capitaine Duraigne.

Yatagan sort tous les soirs par petits commandos pour tendre des embuscades. En juillet 1957, l'unité compte 230 combattants et quatre mois plus tard — le 11 novembre —, elle défile lors de la traditionnelle parade des troupes à Oran. *L'Écho d'Oran* titre à cette occasion : « Une foule innombrable a acclamé l'armée et les forces de l'ordre. Le clou de ce brillant spectacle : le commando *Yatagan* constitué de rebelles ralliés. »

Promu chef de bataillon fin 1958, Delayen n'est plus administrativement à sa place à la tête d'un commando de supplétifs. Après un séjour à Fréjus, il est nommé — en décembre 1960 — commandant du groupement des commandos de chasse de l'Akfadou en Kabylie : six commandos de secteur composés d'appelés, quatre commandos d'engagés, deux commandos de l'air et deux du 11e choc.

Yatagan est dissous et rebaptisé « Tempête ».

Notons que tous les harkis de la zone opérationnelle tenue par la 2e DBFM ne servirent pas dans Yatagan. Plusieurs d'entre eux furent enrôlés dans des compagnies traditionnelles où ils étaient employés comme pisteurs ou comme guetteurs.

D'autres servent dans les sections des commandos marine : les bérets verts des commandos Trepel, Jaubert, de Monfort et Penfenteyo. Ainsi Rabah Oundi et Ahmed Karouni, militants du FLN faits prisonniers, furent intégrés au commando Jaubert qui tenait un poste escarpé au-dessus des oueds Saffar et Honaïne.

Le commando « Georges »

Dernière ville du Tell à 174 km au sud d'Oran, Saïda commande l'accès d'une vaste zone de hauts plateaux. La cité était déjà une place forte au temps de l'occupation romaine et en 1841 elle fut une des capitales d'Abd el-Kader. De février à octobre 1959, elle devient le domaine de Bigeard. Des plumes complaisantes ont patiemment travaillé à forger sa légende de « spécialiste de la contre-guérilla », baroudeur, dur au combat, impitoyable pour les « fells » mais bon enfant avec ses « p'tits gars casseurs de fellouzes ». L'ancien commandant du 3e RPC (1955-1958) s'était vu confié par Jacques Chaban-Delmas la direction d'un centre d'entraînement à la guerre subversive, avant d'être affecté au commandement des troupes du secteur de Saïda : 5 000 hommes, fantassins, spahis à cheval, tirailleurs algériens, artilleurs et membres des GMS.

Le secteur représente 7 000 km² et compte 90 000 habitants, 8 000 Français et 82 000 Algériens, dont 32 000 regroupés dans 22 centres situés à proximité des postes tenus par les troupes de quadrillage, 6 000 réfugiés à Saïda et enfin 7 000 réfugiés à Doui-Thabet, jouxtant Saïda.

Youssef ben Brahim, un ancien aspirant de la zone 2 de la wilaya 5, s'était rallié au printemps de 1958. Il appartient à la tribu des Yousfi, originaire des Hassasnas, haut plateau bosselé et boisé à l'est de Saïda. Son père était transporteur et — de Tiaret à Brézina, de Saïda à Figuig — il connaissait tous les itinéraires, tous les relais où convois et caravanes s'arrêtaient pour se ravitailler, se reposer ou changer de monture. Youssef ben Brahim lui avait succédé et s'était occupé de transporter armes et médicaments pour le FLN. Chassé du FLN pour avoir détourné des fonds, il s'était rallié, et on lui faisait, depuis lors, jouer le rôle d'un petit Bellounis local à la tête d'une harka. Ses « exploits » (brigandages et rançonnages, vols et viols) tolérés pendant un temps — au nom de la lutte contre le FLN — finirent par le mener en prison. En mars 1959, Bigeard l'en fit sortir, avec un groupe de comparses également emprisonnés. Le commando « Georges » était né. Quelques semaines plus tard, il compte 150 hommes.

Dans une émission réalisée le 8 juillet 1960 à Saïda pour le compte de la radiodiffusion militaire, le lieutenant Grillot, « patron » du commando, s'explique : « Il a donc été décidé de prendre une tranche de la population musulmane et de créer un commando 100 % musulman en retournant les anciens fellaghas ralliés ou prisonniers, en relançant les anciens militaires, en incorporant les jeunes, matière première du maquis. A tous ces gens-là, leur donner une dignité, leur donner des responsabilités et puis aussi les franciser au maximum, ce qui n'avait peut-être pas été fait auparavant[20]. »

---

20. Periot Y., *Deuxième classe en Algérie, op. cit.*, p. 257-279. Voir aussi la brochure *Ceux du commando musulman*, dont de larges extraits sont cités dans les mémoires de Bigeard M., *Pour une parcelle de gloire, op. cit.*, p. 380 *sq.*

« Georges » compte 30 % de ralliés, 40 % d'anciens militaires et 30 % de jeunes cooptés[21]. Ce n'est pas un commando opérationnel, comme le commando Cobra, mais un commando-renseignement qui va appliquer à la lettre quelques-uns des principes énoncés par Bigeard : « Les commandants d'unité penseront et agiront en policiers. » Car comment reconnaître « parmi des centaines d'individus anonymes au visage impénétrable, le tueur, le collecteur d'impôts, le chef de cellule, le propagandiste ? » ; pas de « fausse humanité », on ne « fait pas la guerre avec des enfants de chœur », tout secteur réputé « pourri » sera « nettoyé », les « interrogatoires doivent être durs ». En clair, on torture et on exécute.

« Georges » est une harka spécialisée. *Harka*, parce que cette unité est uniquement composée de supplétifs : « Le supplétif, c'est un monsieur qui vient de son propre mouvement ; il se présente, il est volontaire... On n'a pris aucun homme de troupe, aucun cadre, dans aucune unité de secteur. Le supplétif est par ailleurs un monsieur qui a un contrat mensuel renouvelable. Cela lui donne de petits avantages financiers pour lui-même et pour sa famille[22]. » 800 francs par jour, précise Bigeard[23]. La solde est identique pour tous, mais chacun reçoit des primes supplémentaires en fonction de ses responsabilités et des résultats obtenus. *Spécialisée*, parce qu'en dehors de la question des effectifs, « Georges » est avant tout un commando, « c'est-à-dire un banc d'essai pour l'amélioration de l'armement, de l'équipement, de l'habillement. C'est ainsi qu'on lui a donné cette petite note parachutiste qui flatte l'orgueil militaire de la race[24] ». Les équipements sont ceux des commandos : tenues camouflées recoupées, brélages en toile et armes modernes.

L'organisation du commando est copiée sur celle de l'ALN. Il n'y a pas de compagnies mais des katibas, pas de sections mais des sticks, et à côté des adjudants de compagnie on trouve des commissaires politiques !

« J'ai mis le sous-lieutenant Youssef à la tête de la zone. (...) Il a nommé parmi les hommes du commando deux chefs de région, des chefs de secteur et des chefs d'arch. C'est une organisation qui est calquée, absolument calquée sur l'organisation rebelle. C'est-à-dire que dans un tel coin, sur tel territoire du secteur de Saïda, il y a un chef rebelle ; au commando, il a son vis-à-vis qui le cher-

---

21. GAGET R., *Commando Georges*, J. Granger, 1990, p. 123.
22. GRILLOT G., *in* PERIOT Y., *op. cit.*, p. 258.
23. BIGEARD M., *Pour une parcelle de gloire, op. cit.*, p. 380.
24. GRILLOT G., *in* PERIOT Y., *op. cit.*, p. 258.

che, lui. (...) Ces commissaires politiques, donc, surveillent une zone, surveillent un secteur. Dans ce secteur, ils ont des amis, ils ont des familles, ils connaissent le terrain, ils fichent nos agents, ils fichent nos ennemis. Et ils intéressent tout un stick de chez moi à cette zone-là. Donc tel coin du secteur de Saïda est surveillé par tel stick du commando. Ce stick a comme patron, pour la surveillance territoriale, un commissaire politique qui est chargé de faire la liaison entre le peuple et le commando et son action est axée avant tout sur le renseignement[25]. »

Les effectifs du commando croissent de façon considérable pour atteindre 250 supplétifs en juillet 1960 — 11 sticks de 22 harkis. Les grades sont « prêtés » par Grillot, situation fréquente dans les unités de supplétifs : « Je précise en outre, en ce qui concerne la hiérarchie, que les grades au commando sont seulement prêtés. (...) Si ça va OK, on passe au grade supérieur, sinon je dégrade. (...) Les grades sont non seulement prêtés mais soumis à l'approbation des hommes[26]. » Ainsi Youssef est-il nommé sous-lieutenant à titre fictif, les quatre chefs de katiba — Riguet, Smaïn, Bendida et Adda — adjudants à titre fictif, et les chefs de stick, sergents-chefs à titre fictif[27].

Le commando Georges n'est pas un exemple isolé[28]. De par sa notoriété, il méritait simplement une mention spéciale.

Les « bleus de chauffe » de la bataille d'Alger

Des « bleus de chauffe » délateurs et redoutés de la bataille d'Alger aux « calots bleus » des harkis métropolitains de Maurice Papon en passant par les harkis « action » du CCI et les tortionnaires des DOP, l'engagement de supplétifs n'est pas resté localisé dans le bled et les djebels.

---

25. GRILLOT, *in* PERIOT Y., *op. cit.*, p. 262-263.
26. *Ibid.*, p. 262.
27. BIGEARD M., *Pour une parcelle de gloire, op. cit.*, p. 386.
28. D'autres commandos suivront ; pour le seul Sud-Oranais, on peut citer :
— le commando Griffon, commando de renseignement du secteur de Geryville formé en 1960 et dirigé par le lieutenant François Meyer du 23e régiment de spahis. Quatre-vingts combattants — algériens pour l'essentiel — le composaient ;
— le commando Gatty qui opérait vers Aïn Sefra au profit du 2e REI ;
— le commando Cobra : commando de chasse opérationnel fondé à Saïda en 1959. Il comporte beaucoup plus de soldats et de cadres européens que le commando Georges — 30 Algériens sur 80 hommes au début. A partir de 1960 — à l'instar du commando Georges — le commando Cobra sera utilisé dans le Sud-Oranais (Geryvillois et Ksours), en coordination avec le groupement des commandos de marine (Grouco).

Le 7 janvier 1957, sur ordre de Robert Lacoste, le général Massu, commandant la 10e division parachutiste constituée à l'occasion de l'affaire de Suez, se voit confier les pouvoirs de police dans le département d'Alger. Ce fut — dira Pierre Vidal-Naquet — un tournant décisif qui devait conduire « à la capitulation sans condition du pouvoir civil devant le pouvoir militaire, de la République devant les généraux[29] ».

Les parachutistes engagent rapidement la bataille d'Alger. « En langage militaire, on dit faire du renseignement. En langage distingué on dit : presser de questions. En français on dit : torturer ; (...) à la fin d'une nuit de janvier 1957 à Alger, quatre régiments d'une même division se mettent simultanément à faire du renseignement[30]. » La répression est dirigée par le colonel Godard, chef du secteur Alger-Sahel. Une équipe d'officiers de renseignement, placée sous l'autorité du lieutenant-colonel Trinquier — chef du service action renseignements —, centralise les informations et prend les décisions importantes. Au printemps 1957, le dispositif est baptisé du double nom de CCI (centre de coordination interarmées — pour indiquer qu'il comprend des représentants de toutes les armées) et de DOP (dispositif opérationnel de protection). Si bien montée que fût cette machine, elle aurait cependant tourné à vide si, comme le dit Vidal-Naquet, « elle ne s'était appuyée sur des éléments locaux recrutés à la fois dans la population européenne et dans la population musulmane[31] ». Le 4 mars 1957, les services de Robert Lacoste annoncent la création à Alger d'un « dispositif de protection urbaine » (DPU), une police supplétive composée d'Européens et destinée à quadriller la ville. A la tête de ce service, Trinquier, qui s'adjoint les présidents des deux plus importantes associations d'anciens combattants. Désormais chaque îlot, chaque maison de la ville européenne aura son responsable DPU. Deux mois plus tard, Trinquier dispose de 7 500 indicateurs, également mobilisables lors de manifestations de masse. La méthode est alors étendue aux quartiers et bidonvilles arabes. Chaque quartier reçoit son numéro particulier, chaque îlot une lettre peinte en bleu à hauteur du premier étage, chaque responsable d'îlot — désigné d'office — le fichier des habitants dont il répondra, et chaque chef de famille un certificat de recensement...

---

29. VIDAL-NAQUET P., *La Torture dans la République, op. cit.*, p. 44.
30. Déposition du capitaine Joseph Esloup au procès du lieutenant Daniel Godot, *in* VIDAL-NAQUET P., *Les Crimes de l'armée française, op. cit.*
31. VIDAL-NAQUET P., *La Torture dans la République, op. cit.*, p. 49.

Ce quadrillage systématique est complété par l'intervention des « bleus de chauffe ».

L'usage industriel de la torture, la menace de représailles exercées sur les familles ont amené un certain nombre de membres du FLN incarcérés à collaborer avec les paras. On en comptera de 700 à 800. C'est ainsi que Boualem Khouas et Alilou (agents de liaison de Yacef Sadi), Saïd Fares (adjoint de Si Mourad, le dernier régleur de bombes de la Casbah), Hacène Ghandriche et Mohammed Hani (responsables de la zone d'Alger du FLN), devinrent « bleus de chauffe ».

Le capitaine Léger, qui est à l'origine du recrutement de ces hommes, leur assigne deux missions. Ils doivent en premier lieu dénoncer leurs anciens camarades des réseaux clandestins. Ils doivent ensuite tenter de *retourner* la population en faveur des Français.

Les « bleus de chauffe » dépendent du Groupement de renseignement et d'exploitation (GRE) dirigé par Léger. Leur PC se trouve 21, rue Émile-Maupas, dans la basse Casbah. Pour uniforme, ils ont été dotés d'un simple blouson de travail bleu porté sur une sorte de jean en grosse toile de même couleur. Des cadres parachutistes sont détachés de leurs unités pour encadrer ces groupes informels de harkis. Les adjoints de Léger sont le sergent-chef Barjoux et Abdelaziz Abdelhami — dit « Surcouf » —, un ancien des GMCA d'Indochine, comme le capitaine Léger.

Les « bleus de chauffe » circulent régulièrement dans la Casbah, bavardent avec ceux qui veulent bien leur adresser la parole et tentent de reconnaître, parmi la foule, les hommes avec qui ils furent en contact. D'autres, dont le ralliement n'est pas encore public, siègent dans les locaux où se mènent les interrogatoires, le visage masqué par des cagoules. Parmi les milliers d'hommes raflés dans la Casbah, à Belcourt, Fontaine-Fraîche, etc., qui défilent devant eux, ils désignent d'un geste ceux qui seront ensuite soumis à la question.

Ils joueront aussi un rôle lors des manifestations de fraternisation qui succéderont au 13 mai 1958. « J'ai observé de près, raconte le pasteur Trocmé, la préparation des manifestations franco-musulmanes des 16 et 18 mai : les SAU (sections administratives urbaines) et les bleus (jeunes musulmans « ralliés » souvent anciens internés) avaient déployé de grands efforts, organisé les transports par camions, distribué d'immenses banderoles de calicot, des drapeaux[32]... »

---

32. *Le Monde*, 24 mai 1958.

Trinquier avait réuni les chefs d'îlot du DPU, Léger les « bleus de chauffe ». Ils voulaient que le forum soit envahi par la Casbah. Le jour de la « fraternisation », tout était prêt. Les Arabes avaient été menacés — s'ils n'obéissaient pas — d'être privés de leur carte d'identité sans laquelle ils étaient considérés comme hors-la-loi, et pouvaient être arrêtés ou abattus comme des chiens. Même l'itinéraire était soigneusement « truffé » d'hommes du DPU et de paras en civil[33].

En 1959, le capitaine Léger ira commander la compagnie musulmane du 3e RPIMa — l'ancien régiment de Bigeard — en Kabylie. Avec Saïdoun et quelques autres bleus, il continuera à mener des opérations s'appuyant sur des djounoud retournés[34].

Les « ralliés » tortionnaires des DOP

Challe succédant à Salan, on assiste à une « rationalisation » du renseignement, de la torture. « On ne pouvait plus admettre, explique Pierre Vidal-Naquet, que chaque unité eût sa technique particulière de "renseignement", comme cela avait été le cas pendant la première période de la guerre. Il fallait un organisme unique, à la fois capable de centraliser les informations, et suffisamment ramifié pour que le "travail" se fasse sur place[35]. » Ce sera le rôle du CCI, composé de cadres du 11e choc et regroupant des officiers des trois armes. Entre 1958 et 1960, le CCI s'étend à toute l'Algérie. Il jouit de la plus totale autonomie par rapport à l'état-major général et possède ses propres liaisons radio. Le CCI comprend trois services : le service de renseignements opérationnels, le service de contre-espionnage dont dépendent les DOP, et le service action, ou CCI/A.

Les hommes des DOP ont pour mission d'arracher des aveux par n'importe quel moyen, de soumettre à la question et de mettre en fiche des centaines de milliers d'Algériens. De la frontière tunisienne à la frontière marocaine, de la mer à l'extrême sud du Sahara, aucune région n'échappe à leur contrôle. Le plus petit DOP possède des milliers de fiches. Le plus important peut en compter plus de cent mille. Régulièrement, des bulletins de renseignements sont adressés aux corps de troupe intéressés, aux autres DOP, ou aux organismes de renseignements parallèles : DST,

33. COURRIÈRE Y., *L'Heure des colonels, op. cit.*, p. 279-280.
34. *Ibid.*, p. 420.
35. VIDAL-NAQUET P., *La Torture dans la République, op. cit.*, p. 85.

CCI/A, gendarmerie, deuxième bureau, renseignements généraux, etc. Les centres de torture sont quelquefois ambulants, et se transportent sur le lieu des opérations afin de pouvoir torturer sur place prisonniers et blessés.

Les DOP achèvent leur implantation à la fin de l'année 1958. En septembre-octobre 1959, elles sont réorganisées. On tente de les rendre moins visibles en leur imposant le schéma classique d'un corps de troupe ordinaire. Officiellement, l'appellation DOP disparaît pour laisser place à des « compagnies d'infanterie ». Les antennes implantées dans les villages sont rebaptisées « sections ». Comme le changement d'infrastructure ne s'accompagne d'aucune modification dans la finalité de la mission, le mot DOP continuera à être en général utilisé jusqu'à la fin de la guerre, tant à l'intérieur de ces unités qu'en dehors.

Il y eut de 10 000 à 15 000 militaires de carrière, appelés et supplétifs dans les DOP. Tous les soldats réguliers étaient détachés de leurs corps d'origine, et non mutés. Ils pouvaient donc se voir réexpédiés dans le djebel à la moindre incartade. Si on ajoute à cela des privilèges et des passe-droits exorbitants, qui confèrent au moindre secrétaire d'un DOP un pouvoir supérieur à celui d'un lieutenant du corps de troupe, on peut concevoir que les hommes des DOP ont manié la « gégène » sans se poser de questions particulières.

Quant aux supplétifs, ils furent d'abord chargés de la protection des détachements. A partir de la réorganisation de l'automne 1959, ils sont intégrés massivement dans les DOP. Les détachements sont encouragés à multiplier les sections de harkis formées de ralliés du FLN, ou directement recrutées dans les villages.

Le « professionnel de la torture » dont Jean-Pierre Vittori a recueilli la « confession » souligne que les responsables des DOP ont constaté que les aveux s'obtiennent plus rapidement quand l'interrogatoire est mené par des anciens du FLN. Ils doivent en effet constamment apporter la preuve de leur sincérité et de leur dévouement à la cause qu'ils viennent d'embrasser. En outre, ils se sentent terriblement coupables par rapport aux militants fidèles à leur idéal. Cette culpabilité, loin de les rendre moins brutaux que les Français intégrés dans les DOP, les pousse souvent, au contraire, à surenchérir dans la cruauté. « Nous savons vite que les prisonniers préfèrent un interrogatoire mené par Fançais et nous utilisons la menace comme moyen de pression[36]. »

---

36. VITTORI J.-P., *Confessions d'un professionnel de la torture*, Ramsay, 1980, p. 55.

Autre avantage : les ralliés ne désertent jamais. « Bien entendu, on ne se contente pas de dire à un militant du FLN — "Ralliez-vous et vous vivrez heureux." On sait par expérience que certains signeront un papier, puis fuiront à la première occasion. Nous demandons des gages au candidat rallié par le biais d'une photo prise lors d'un interrogatoire poussé, lorsque le postulant rallié tourne lui-même la manivelle. Autre méthode : la photo du rallié au centre d'une brochette d'officiers au cours d'un bon repas, le cliché étant pris à l'instant précis où tous ces messieurs trinquent. "A la santé de la France", dira bien entendu la légende. Ou encore : instantané d'un rallié prêchant la bonne parole dans un centre de regroupement. Soigneusement conservées, ces photos prennent place dans un coffre-fort. "Si tu nous fausses compagnie, elles prendront le chemin du maquis." Simple menace, mais pas la peine d'insister. Les ralliés ne désertent jamais. Mieux, ils se montrent d'une efficacité extraordinaire dans la poursuite de leurs anciens camarades[37]. »

Si les DOP, malgré leur réorganisation-camouflage, restèrent visibles, en revanche le service action du CCI est parvenu à se maintenir dans une clandestinité quasi totale. Directement rattaché au SDECE, il fut décentralisé en deux antennes, le DATO (Détachement avancé tactique ouest) à Oran, et le DATE à Bône. Le terrain de chasse du CCI/A se situe en Tunisie et au Maroc. DATO et DATE sont deux petits noyaux d'officiers ayant pour mission de s'attaquer à des problèmes dépassant la compétence des autorités locales, voire nationales ; actions « inavouables », au-delà des frontières (embuscades, sabotages et « liquidations » de personnalités). Le secret qui devait peser sur ces opérations, la nécessité qu'aucun élément régulier de l'organisation ne soit capturé, ni même mis en cause, l'impossibilité d'utiliser des Européens — immédiatement identifiables en Tunisie ou au Maroc —, excluaient les officiers et les sous-officiers du 11e choc, pour ne pas parler des appelés du contingent. Restaient les supplétifs, notamment les ralliés. Mais comment les choisir ? Les persuader de mener à bien une mission qui — en cas d'échec — ne leur laisserait que peu de chances de survivre et aucune d'échapper à la torture ? Comment s'assurer de leur loyauté ? Éviter les bavardages et les révélations en cas de capture ?

Les agents recruteurs sillonneront les camps de prisonniers, les prisons, feront appel aux DOP et mettront en œuvre les méthodes de ralliement qui semblent y avoir si bien réussi. « Le recru-

---

37. VITTORI J.-P., *op. cit.*, p. 149.

tement est un problème difficile. (...) Cela implique des complicités aux différents niveaux de commandement, de l'administration et du terrain. Il y a de fausses évasions, de faux juges, de faux civils européens, de vraies et de fausses promesses, de vraies menaces, quelques chantages aussi. Au départ les "volontaires" sont individuellement consignés dans des fermes amies et isolées, les "frigidaires", en compagnie d'instructeurs[38]. »

Parmi ces harkis « Action » il y a ceux qui — comme dit un de leurs instructeurs — sont comme des allumettes : ils ne servent qu'une fois. Durant plusieurs semaines, ils subissent un entraînement et acquièrent ce que l'adjudant Gay — leur instructeur — appela « la religion de la goupille ». Le contrat est le suivant : s'ils rentrent de la mission qui leur est confiée, sur présentation de l'anneau de fer prouvant que l'engin a bien été actionné, ils touchent le reliquat de la prime promise, une carte d'identité à leur vrai nom et un « laissez-passer » destiné aux autorités administratives de leur douar d'origine. S'ils ne rentrent pas — échec ou désertion — ils ne savent rien, ni le nom de leurs instructeurs, tous vêtus en civil, ni l'unité dont ils relèvent, ni leur lieu d'hébergement et d'entraînement. Ils ignorent qu'ils sont recrutés par l'armée et croient appartenir à une « organisation clandestine paramilitaire, une "main rouge" anti-FLN que des officiers dirigent plus ou moins discrètement au profit de ceux qu'en Algérie on appelle les ultras[39]. »

Ce sont des harkis « Action » qui, au printemps 1959, détruisirent l'émetteur radio de la wilaya 5 installé en territoire marocain au sud d'Oujda-Mosbah. Le chef du commando était un sergent, déserteur d'un régiment de tirailleurs, capturé lors d'une tentative de passage du barrage de l'est puis recruté par le CCI à la prison de Bône.

D'autres harkis « Action » sont réutilisés au retour de leur première mission. Regroupés dans la base arrière du 11e choc, ils s'y entraînent à l'écart des autres commandos. Eux aussi, à chaque nouvelle mission, seront considérés comme perdus. Paradoxalement, déclare un officier du 11e choc, leur seule chance de survie est de jouer leur rôle jusqu'au bout : tous ceux qui ont peur, tous ceux qui se rendent au FLN périssent.

Enfin le CCI, par l'intermédiaire du 11e choc, contrôle une harka (Alias) cantonnée à l'est à proximité du « bec de canard », cette portion du territoire tunisien qui s'enfonce comme le doigt

---

38. MUELLE R., « A pour Action », *Hommes de guerre*, n° 6, mars 1988.
39. *Ibid.*

d'un gant dans les djebels algériens. Au printemps 1958, la plupart des offensives de l'ALN sur le barrage sont parties de là. « Alias » est composée d'une partie des 138 hommes d'une unité de l'ALN, commandée par Ali Hambli, ralliée le 11 mars 1959 au sud de Souk-Ahras. Ce ralliement est lié aux purges consécutives à l'un des plus célèbres complots qui traversèrent le FLN. Ce complot, dit « des colonels », opposa trois anciens commandants de wilaya au GPRA. Deux points de vue s'affrontèrent du côté français à propos de l'usage des hommes d'Ali Hambli. Pour les membres du cinquième bureau d'Alger et pour Matignon, il convenait de privilégier l'exploitation médiatique du ralliement — « paix des braves » oblige — tant vis-à-vis de la métropole qu'à l'intention des djounoud massés de l'autre côté de la frontière. Pour d'autres, il fallait confier le plus discrètement possible les ralliés au 11ᵉ choc et les utiliser dans des missions en territoire tunisien. C'était sans compter sur l'opinion d'Ali Hambli, ni sur celle de ses hommes. Le premier espérait obtenir — à l'instar de Kobus ou de Bellounis — un « territoire » sur lequel il aurait régné sans partage, plus ou moins contrôlé par l'autorité militaire. Son choix s'était porté sur Montesquieu et le douar M'Douaouche, dont il était originaire. Quant aux djounoud, originaires de Montesquieu, l'Ouenza ou Souk Ahras, ils souhaitaient simplement rentrer chez eux. Si bien que la première opération de la harka du 11ᵉ choc échoua lamentablement fin mars 1959. Trente hommes de la harka « Alias » sous le commandement d'Ali Hambli devaient effectuer un raid sur Ghardimaou en Tunisie, et plastiquer le PC de la base est de l'ALN. Peu après, Ali Hambli est envoyé en permission puis liquidé par les hommes du 11ᵉ choc. Les djounoud sont répartis, à la fin de l'été, dans diverses unités du Constantinois.

Harkis métropolitains

> « Notre résolution est inébranlable de juguler le terrorisme. Pour un coup reçu nous en porterons dix. »
>
> Maurice PAPON, 2 octobre 1961.

La présence de supplétifs sur le territoire métropolitain fut évoquée pour la première fois dans la presse en juillet 1960. Deux harkis avaient pénétré dans un café de la rue François-Miron dans le IVᵉ arrondissement, à deux pas de l'Hôtel de Ville, insulté et frappé des consommateurs. Puis ils avaient ouvert le feu, blessant grièvement au ventre un des clients. Les Arabes auxquels ces supplétifs s'en étaient pris étaient en réalité des Juifs et les deux supplétifs furent inculpés d'homicide volontaire. Contrainte de fournir des explications, la préfecture de police affirma que ces supplétifs avaient agi dans le cadre d'une opération visant à mettre la main sur des trafiquants de drogue. Quant aux harkis écroués à Fresnes, ils avaient beaucoup de difficultés à saisir les raisons de leur incarcération. « Il y a environ vingt jours, déclara l'un deux, un homme de chez nous m'a raconté que dans le XVIIIe arrondissement, place d'Italie, il avait tiré sur un Nord-Africain et l'avait tué. Il m'a expliqué qu'il lui avait tiré une balle dans la gorge. Il m'a dit qu'aucune sanction n'avait été prise contre lui. Lorsqu'il m'a raconté cela, deux ou trois jours s'étaient écoulés depuis ces faits. Je me demande pourquoi lui n'est pas en prison et moi j'y suis[40]. »

A partir de février 1961, les plaintes commencent à s'accumuler contre les « harkis métropolitains ». Bien que des dizaines d'instructions aient été ouvertes, aucune inculpation ne sera prononcée. *Libération* et *L'Humanité* qui évoquent ces affaires voient leurs numéros saisis. De même, on saisit *Les Harkis à Paris*, un dossier publié en juillet 1961 dont l'éditeur François Maspero a confié la présentation à Paulette Péju, alors journaliste à *Libération*. Plus ou moins discrètement, les harkis continueront à torturer à Paris et dans la région parisienne. Interpellé sur ces questions les 17 et 18 mars 1961 lors d'une session du conseil général de la Seine, Maurice Papon, préfet de police de Paris, niera les faits et expliquera que les militants du FLN ont reçu pour consigne d'affirmer que tous les aveux passés ont été extorqués sous la torture. Pis, selon lui, ils ont même reçu l'ordre de se torturer eux-mêmes, de « se brûler avec leur cigarette, de se donner des coups contre un mur, une table ou un bat-flanc, pour justifier leurs plaintes[41] ».

Le projet d'implantation de harkas sur le territoire métropolitain est relativement tardif, puisque sa mise en œuvre date d'août 1959. La création d'une force de police, dite « auxiliaire », avec cadres mixtes, français et arabes, et effectifs arabes, parachevait le dispositif mis en place par Maurice Papon, depuis sa nomination au poste de préfet de police de Paris.

Maurice Papon est aujourd'hui plutôt connu pour ses activités de secrétaire général de la préfecture de la Gironde entre juin 1942 et août 1944. Son rôle dans l'arrestation et la déportation des Juifs

---

40. Témoignage cité *in* LEVINE M., *Les Ratonnades d'octobre*, *op. cit.*, p. 42.
41. *Ibid.*, p. 43.

du département lui vaudra d'être inculpé, le 19 janvier 1983, de crime contre l'humanité. Sa carrière ne s'est pourtant pas achevée avec les années d'Occupation. A la Libération, il est d'abord nommé préfet. Puis très vite, en 1945, il est chargé de la sous-direction de l'Algérie au ministère de l'Intérieur. Successivement chef de cabinet du secrétaire d'État à l'Intérieur, préfet de la Corse, préfet de Constantine, secrétaire général de la préfecture de police, secrétaire général du protectorat au Maroc, il se trouve, au cours des années 1956-1958, inspecteur général de l'administration en mission extraordinaire à Constantine, où il coordonne l'action de plusieurs préfets. De cette dernière expérience, il tira — selon ses propres termes — quelques-unes des recettes qu'il mettra en œuvre lorsque la IVe République le nomme préfet de police de Paris en mars 1958. « Pendant deux ans j'ai été inspecteur général de l'administration, en mission extraordinnaire à Constantine, au cours des années 1956-1958. J'y ai appris à connaître les ressorts de la guerre subversive. Or, l'un de ceux-ci est la clandestinité. A défaut de celle-ci, qu'il est impossible d'observer à fond dans un pays comme le nôtre, où toute action doit se terminer par la saisine de la justice, du moins estimais-je qu'il fallait entourer de quelque discrétion nos opérations[42]. »

Le dispositif mis en place par Maurice Papon présente deux volets : le Service de coordination des affaires algériennes (SCAA) et le Service d'assistance technique aux Français-Musulmans d'Algérie (SATFMA). Le SCAA est composé de spécialistes de la police municipale, de la police judiciaire et des renseignements généraux. Sa mission est répressive. Cette direction opérationnelle contrôle une section de renseignement, une section d'opérations judiciaires (la brigade des agressions et violences) et une brigade territoriale. C'est en liaison avec le SCAA que furent organisées les grandes rafles policières qui précédèrent le référendum de septembre 1958. Les Algériens interpellés étaient dirigés, pour interrogatoire, vers le Vélodrome d'hiver, qui retrouvait ainsi la fonction qui avait été la sienne durant l'Occupation. Ils étaient ensuite regroupés au gymnase de l'avenue Jean-Jaurès ou au gymnase Japy. En principe, ils ne devaient pas y séjourner plus de quatorze jours. Ensuite ils étaient relâchés, ou traduits en justice, ou bien encore envoyés pour internement dans les camps de Vadenay, du Larzac ou de Saint-Maurice-l'Ardoise. Parfois, ils disparaissaient...

---

42. Déclaration de Maurice Papon le 18 mars 1958. Citée par VIDAL-NAQUET P., *La Torture dans la République, op. cit.*, p. 108.

A partir de janvier 1959, le Vel'd'Hiv' étant promis aux démolisseurs, Maurice Papon le remplace par le centre de triage de Vincennes.

En liaison avec le SCAA, le SATFMA s'occupe plus particulièrement du renseignement. Déjà dans les années vingt avait été créé un Office des affaires indigènes nord-africaines de Paris. A la veille de la Seconde Guerre mondiale, la préfecture de police s'était dotée d'une « brigade nord-africaine », composée surtout d'Algériens chargés de surveiller leurs compatriotes. Après avoir fourni un abondant personnel à la Gestapo, elle avait été dissoute à la Libération. Le SATFMA hérite de ce dispositif. Maurice Papon l'étoffe en faisant venir d'Algérie trois officiers SAS, qui constituent un état-major directement rattaché au cabinet du préfet de police. Cet état-major centralise les renseignements collectés par les services de police, notamment le service des garnis, divers organismes privés d'aide aux Algériens, comme le Service social nord-africain, diverses administrations, le service des affaires algériennes à Alger, les officiers des affaires algériennes en mission auprès des préfets et des sous-préfets en Algérie, les conseillers techniques pour les affaires musulmanes auprès des préfets en France. En outre six « secteurs d'assistance technique » correspondant aux six districts de police sont mis en place à Paris et en banlieue.

Le dispositif donnant pleine satisfaction, sur proposition de Papon, le Premier ministre Michel Debré décide de l'étendre à tous les départements à forte population algérienne. En novembre 1959, après accord du conseil interministériel, le préfet de police de Paris confie au SCAA la constitution d'une « force de police auxiliaire » (FPA) composée d'Algériens. Elle sera la « force de frappe » du SATFMA et aura toute liberté d'action pour démanteler les réseaux FLN et « pacifier la médina de Paris ». Ce corps de supplétifs est créé par ordonnance du 25 novembre 1959[43]. Une équipe de militaires — les commandants Cunibille, Bedinger et Pilleau, anciens collaborateurs de Papon à Constantine — se met au travail sous la haute autorité du colonel Terce, spécialiste des affaires algériennes rue de Lille.

Les premiers contingents arrivent le 26 décembre 1959 et sont regroupés au fort de Noisy-le-Sec, près de Romainville, pour instruction. La plupart des supplétifs viennent d'Algérie.

Gérard Monatte, ancien dirigeant d'un syndicat de policiers,

---

43. Ce n'est pas tout à fait la première harka de métropole. En effet, depuis 1957, il existait une harka à Valence qui opérait sous la tutelle du préfet de la Drôme, M. Ghisolfi. Ce dernier s'en occupait personnellement.

expose la duperie sur laquelle se fondait leur recrutement : « C'était facile, on cherchait des douars où les gars étaient sous la pression des forces françaises et sous la pression du FLN. (...) Les fameux officiers SAS allaient voir des gens et leur disaient : "Écoute, plutôt que de t'embêter comme ça, va à Paris, tu seras gardien de la paix, tu seras tranquille." Il y eut des jeunes de 17-18 ans qui arrivèrent à Paris persuadés de devenir gardien de la paix, et qui se trouvèrent embarqués dans des histoires de fouilles, etc. Certains parlaient mal le français et l'écrivaient encore plus mal. On leur fit des cours, mais comme à des gosses de huit ans, alors que c'étaient des gaillards qui avaient entre 17 et 23 ans. C'est-à-dire qu'on les mettait au piquet, c'est tout juste si on ne leur mettait pas le bonnet d'âne. (...) Je l'ai toujours dit : les forces spécialisées, c'est pas dur à faire, il suffit que le gars se sente rejeté par tout le monde pour qu'il se replie sur lui-même et devienne un combattant hors pair[44]. »

Accessoirement, les SAT parviennent à recruter quelques supplétifs. Là encore, le procédé est classique. On commence par opérer des distributions de vêtements pour hommes, femmes et enfants, de layettes, d'articles mobiliers, d'ustensiles de cuisine, de lait en poudre, de charbon, de cigarettes auprès de certains des Algériens fréquentant les SAT. On peut aussi offrir de l'argent car les SAT possèdent une caisse spécialisée à cet effet ; ou du travail en recommandant l'intéressé à un employeur ; ou enfin une chambre, un appartement dans un foyer. L'objectif est de compromettre certains informateurs épisodiques aux yeux du FLN. Ils deviendront ainsi des « protégés » et seront envoyés au fort de Noisy, spécialement équipé pour les accueillir et les former.

Les « calots bleus » du préfet Papon

Cette « force de police auxiliaire » porte l'uniforme de drap bleu de la police parisienne, assorti du calot bleu de l'armée. Administrativement, elle relève du secrétariat général aux Affaires algériennes. Pour l'emploi, elle relève directement du préfet de police. Recrutés par contrat de six mois renouvelables, les hommes qui la composent touchent la même paie que les policiers parisiens — 70 000 francs par mois —, complétée par diverses primes, prime d'habillement, de risque, d'éloignement. Si bien que la solde peut

44. Témoignage de Gérard Monatte *in 500 000 harkis à la recherche de leur histoire*, France-Culture, 2 août 1989.

atteindre entre 80 000 et 100 000 francs par mois. Le stage au fort de Noisy-le-Sec dure huit jours. On y apprend le maniement des armes et la conduite des interrogatoires. Ces supplétifs sont commandés par trois hommes : le capitaine Montaner, officier des affaires indigènes, assisté par les lieutenants Derogeot et Nibouche. Ce dernier est algérien.

Montaner avait auparavant dirigé la section administrative urbaine du clos Salambier à Alger. Il y était également responsable du Centre de formation de la jeunesse algérienne où étaient regroupés cent vingt jeunes gens d'une quinzaine d'années, ramassés dans la rue, le plus souvent par les paras. A Claude Huet — qui animait une association sur le bidonville du petit Nanterre — Montaner déclara : « J'ai pacifié un bidonville à Alger. Je sais m'y prendre. Je vais installer des haut-parleurs partout, les gens vont savoir qu'on les protège[45]. » Montaner savait si bien « s'y prendre » qu'au sein de la police il fut, selon Monatte, rapidement renommé pour « dérouiller ses gars ».

Une cinquantaine de harkis entrent en action à Paris au printemps 1960. A l'automne ils sont près de 600. Ils s'installent d'abord dans le XIIIe arrondissement, où la proximité des usines Panhard a suscité une importante concentration d'Algériens. Ils ne sont pas logés dans des casernes ou des commissariats, mais dans des hôtels dont ils ont chassé les occupants : rue du Château-des-Rentiers, 9, rue Harvey, 151, boulevard de la Gare. En mai 1960, Maurice Papon affrète un autocar pour emmener la presse sur le terrain. Dans le XIIIe, les journalistes pourront approcher ces « calots bleus » dont on attend qu'ils libèrent les « travailleurs nord-africains en France des racketteurs, des tortionnaires et des tueurs fellaghas[46] ». Montaner déclare aux journalistes que « l'expérience faite dans le XIIIe où ont été installé deux cents FPA a donné jusqu'ici des résultats sensationnels : les racketteurs et agents FLN qui n'ont pas été détectés ou arrêtés ont disparu comme par enchantement. Les travailleurs musulmans, mis jusque-là en coupe réglée, respirent enfin librement[47]. »

Le XVIIIe arrondissement fut ensuite investi. Trois hôtels (rue de la Goutte-d'Or et rue de la Charbonnière) et le café « Chez Ferhat » sont réquisitionnés. Progressivement, la terreur s'installe dans le quartier. « Chaque jour, ils patrouillent, en double file, un

---

45. Témoignage de C. Huet *in* LEVINE M., *Les Ratonnades d'octobre, op. cit.*, p. 104.
46. *France-Soir*, 14 mai 1960.
47 *Ibid.*

sur chaque trottoir, mitraillette en bandoulière. Ils font aussi des visites nocturnes dans les bidonvilles. Les Algériens qu'ils rencontrent sont fouillés, parfois délestés de leur portefeuille, frappés et emmenés dans les caves de leurs hôtels, où ils sont soumis au supplice de l'eau de Javel, de la bouteille dans l'anus ou du "mechoui" : pieds et poings liés, l'homme est attaché à un bâton que l'on tourne à toute vitesse, en le bourrant de coups. Les suppliciés peuvent passer des semaines entières dans les "caves qui chantent", ainsi baptisées par les habitants du quartier à cause de la musique que les harkis prennent soin de faire hurler quand ils torturent leurs prisonniers[48]. »

Début 1961, on comptait des FPA dans tous les quartiers de Paris où vivaient des Algériens, notamment le XIVe et le IIIe où sévissait un groupe dirigé par un lieutenant de spahis. La fédération de France du FLN ne reste pas inactive. Dès 1960, on assiste à des exécutions de supplétifs. Au printemps 1961, les PC harkis des XIIIe et XVIIIe arrondissements sont attaqués. Quelques rues de Paris sont transformées en de véritables champs de bataille. A la fin de la guerre, il y aura eu vingt-sept tués et soixante-sept blessés officiels parmi les FPA.

Après l'ouverture des négociations d'Évian, les harkis métropolitains sont transférés au fort de Romainville en juin 1961. Il en résulte, selon Pierre Vidal-Naquet, « une indéniable détente[49] ». De son côté, le comité fédéral du FLN réfugié en Allemagne recommande, début octobre, aux groupes de choc du FLN de cesser toute attaque contre les policiers et de l'informer sur la manière dont les harkis sont liquidés. « Il paraît qu'un responsable, dénommé Djafar, recrute des harkis pour le renseigner et les abat une fois que les premières recrues lui en ont amené d'autres... et ainsi de suite. A ce sujet, il serait nécessaire de se pencher sur cette question et, s'il y a des possibilités au sein des harkis, il serait plus rentable de les organiser au sein même de la caserne pour faire ensuite un coup spectaculaire, soit une désertion massive, soit provoquer une mutinerie à l'intérieur de la caserne. Nous croyons qu'il y a des moyens de faire mieux que la liquidation physique et individuelle, si nous pouvions "récupérer" les harkis et faire une action politique spectaculaire, ça serait beaucoup plus rentable que la vengeance sur des pauvres types égarés[50] ».

Toutes ces directives allaient être balayées par le pogrom orga-

---

48. Levine M., *Les Ratonnades d'octobre, op. cit.*, p. 40.
49. Vidal-Naquet P., *La Torture dans la République, op. cit.*, p. 110.
50. « Lettre du comité fédéral », cité *in Sou'al*, n° 7, septembre 1987, p. 72.

nisé par Papon pour réprimer les manifestations des Algériens de Paris les 17 et 18 octobre 1961. On tirera à la mitraillette sur un cortège engagé sur le pont de Neuilly. Des dizaines d'hommes seront exécutés sur les grands boulevards, à Saint-Michel, aux alentours de l'Opéra et de la préfecture de police. La Seine et les canaux charrieront des corps d'Algériens et des cadavres anonymes seront exhumés dans les bois de Boulogne, de Vincennes et de Senlis. Près de 12 000 manifestants sont arrêtés. Il y a au moins 200 morts et 2 000 blessés. Les unités de la FPA prennent part au carnage. Elles participent notamment au blocage du pont de Neuilly et à l'encerclement du bidonville de Nanterre dans la journée du 18 octobre 1961.

Longtemps je me suis demandé ce qu'étaient devenus ces supplétifs de la FPA. Il ne m'a jamais été donné d'en croiser un. Où et comment avaient-ils pu disparaître ? La clef de l'énigme me fut donnée par Constantin Melnik, chargé des affaires algériennes à Matignon, du 9 janvier 1959 au 14 avril 1962. S'ils ont disparu, c'est, paradoxalement, parce qu'ils sont toujours là ! Non plus comme supplétifs mais comme gardiens de la paix titulaires depuis le 1er juillet 1962. S'il y a un calvaire que je n'ai pas eu à vivre, raconte Melnik, c'est d'avoir « abandonné ces hommes à la vindicte des vainqueurs, regardant pudiquement ailleurs, comme le fit, à sa plus grande honte, l'armée gaullienne en Algérie après le cessez-le-feu, pendant que se déroulaient massacres, ébouillantages, émasculations dans l'ignoble liesse des mises à mort collectives. (...) Lorsque je quittai Matignon, les harkis parisiens s'étaient vu offrir, grâce à Maurice Papon, la possibilité d'entrer dans les rangs de la police française[51]. »

---

51. MELNIK C., *1 000 jours à Matignon*, Grasset, 1988, p. 272. Dès 1962 était créée l'Amicale des anciens de la police auxiliaire de Paris.

5

Les voies de l'engagement dans le camp français

Ce qui frappa le plus Gérard Périot lors de son arrivée, en 1958, au centre d'instruction du 2e régiment de tirailleurs algériens à Mostaganem, ce fut de voir quelle discrimination l'armée faisait entre — pour reprendre ses propres formules — les FSE et les FSNA, c'est-à-dire les Français de souche européenne et les Français de souche nord-africaine. Il semblait à Gérard Périot que « le but recherché par le commandement fût que les uns et les autres ne pussent avoir aucun contact entre eux. Les FSNA avaient leurs compagnies, leurs officiers, leurs sous-officiers, leur réfectoire, leurs dortoirs, leurs séances d'instruction et de tir, etc., etc. Et nous autres, Européens, nous avions les nôtres. (...) Ce qui m'offusqua à Mostaganem, (...) c'était d'abord ce cloisonnement matériel, ce grillage qui était placé sur les galeries des dortoirs et qui départageait la partie qui leur était réservée de celle qui nous était réservée à nous. (...) Mais surtout, ce qui m'indisposa et me scandalisa ainsi que tous mes camarades, c'était le traitement qui leur était infligé et que personne n'aurait osé nous infliger à nous parce que nous ne l'aurions jamais admis et que nous nous serions tous révoltés. (...) Je veux faire allusion à ces coups de poing, de pied, de ceinturon de cuir qui leur étaient distribués généreusement lors des exercices. [1] »

Le traitement généralement infligé aux supplétifs, le paternalisme et le mépris avec lesquels ils étaient considérés par l'autorité militaire ne contribuèrent pas à rendre leur sort plus enviable que celui de ces tirailleurs. Ce n'est pas là qu'il faut chercher les raisons d'un engagement relativement massif d'auxiliaires algériens aux côtés

1. PERIOT G., *Deuxième classe en Algérie, op. cit.*, p. 18-21.

d'une armée coloniale. Un des anciens combattants interrogé par Dimitri Davidenko raconte : « Il y avait une poignée de harkis avec nous. Ils couchaient dans une baraque à part, traités comme de la chair à canon : quand on partait en opération, ils étaient toujours devant. Du bétail ! Il y en a quand même deux qui se sont barrés une nuit de garde, avec leurs flingues... Traités comme ils l'étaient, ce qui est étonnant, c'est qu'il n'y ait pas eu de désertion en masse !

« En patrouille, c'était un musulman engagé qui conduisait mon camion. Il était caporal, mais comme les gradés n'avaient pas confiance, moi, deuxième classe, j'étais chef de bord et lui simple conducteur... Il roulait comme un fou. Un jour, il effleure une jeune pied-noire avec la bâche du bahut. Elle n'avait absolument rien, seulement eu un peu peur. On l'a raccompagnée chez ses parents. Avec moi, ils étaient gentils, mais lui, s'ils avaient pu le fusiller avec les yeux, il serait mort ! Ils ne lui ont pas adressé la parole... Le chien, le bougnoule. Et ce même caporal, un autre jour, renverse une voiture de quatre-saisons arabe. Je lui crie "Arrête-toi !", je voulais établir un contact, le faire indemniser. Il fonce toujours "C'est pas la peine ! Ces cons d'Algériens..." Il s'assimilait bien, lui[2]. »

Fidélité à la France ?

Dans une guerre qui, de 1954 à 1962, n'est jamais officiellement considérée comme telle, les harkis combattent sans être des soldats. Le statut des harkis promulgué le 7 novembre 1961, alors que s'annonce la perspective d'une dissolution des unités de supplétifs[3], ne présente guère d'attraits pour un candidat attiré par les seuls avantages matériels d'un enrôlement volontaire[4]. Certes, la solde — sur laquelle on retient parfois l'alimentation et le tabac — s'élève à environ 800 F par jour (1 200 F pour un sergent-chef).

---

2. DAVIDENKO D., *Chouf !, op. cit.*, p. 131.

3. « Dès le début de 1961, le gouvernement avait décidé une sensible diminution des effectifs et l'octroi d'avantages pour hâter le retour de ces personnels à la vie civile. » (Déclaration du secrétaire d'État aux Affaires algériennes, *Journal officiel* du 22 janvier 1963.)

4. Sans parler des risques du métier. Officiellement, du 1er novembre 1954 au 3 juillet 1961, 3 200 supplétifs furent tués. *Cf.* HURÉ R., *L'Armée d'Afrique - 1830-1962, op. cit.*, p. 464. Les pertes réelles sont probablement beaucoup plus élevées. Il n'existe pas de statistiques détaillées répartissant les pertes selon les formations supplétives. Pour les seuls mokhaznis, Camille Brière donne 607 tués et 897 blessés (*cf. Qui sont les harkis ?, op. cit.*, p. 13).

Ce qui représente une somme non négligeable quand on sait que le revenu moyen d'un paysan chaouïa des Aurès ne dépasse guère 20 000 F par an. Cela dit, le contrat d'un mois renouvelable peut être résilié par mesure disciplinaire, sans préavis, ou pour inaptitude physique sous préavis de huit jours ; la prime de recasement, limitée à un mois par année de service effectif, peut être supprimée sur décision de l'officier commandant le secteur.

Quant aux blessures de guerre, elles sont indemnisées, au choix du harki, en application soit de la législation sur les accidents du travail, soit de la réglementation relative à l'indemnisation des actes de terrorisme.

Soldats dans les faits, les supplétifs étaient traités comme des civils pour les risques.

Avec la misère, la fidélité à la France est une cause souvent invoquée pour expliquer l'engagement des supplétifs. Face à une « tentative de subversion révolutionnaire menée par une infime minorité de fanatiques manipulés de l'étranger », le premier réflexe de la grande majorité des musulmans d'Algérie aurait été « d'organiser eux-mêmes la défense de leurs foyers et de leurs champs ». Certains notables musulmans et des officiers — profitant de leur expérience indochinoise — avaient compris « l'intérêt et l'urgence d'encourager cette détermination pour la sauvegarde des populations offertes sans défense à un ennemi insaisissable et sans pitié ». La mobilisation générale des musulmans d'Algérie, avec l'aide des pieds-noirs et des éléments stables de l'armée, aurait pu permettre de réembarquer le contingent et d'obtenir que l'Algérie soit sauvée et « d'une façon ou d'une autre, conservée à la France par ses propres enfants[5] ».

Pour soutenir cette thèse, pour prouver que le peuple musulman était en majorité fidèle, on invoqua souvent le fait que les supplétifs furent toujours plus nombreux que les djounoud. Mohamed Teguia, qu'on peut difficilement soupçonner de sympathie pro-française, évalue à 158 000 le nombre total des supplétifs en 1960 et crédite l'ALN de 75 000 à 90 000 hommes, pour l'année 1958 — moment où elle atteint son apogée au plan des effectifs globaux[6]. En fait la situation était telle, selon Mohand Hamoumou, que toute comparaison est absurde : « D'un côté un pays puissant capable d'armer et d'entretenir autant d'hommes que

5. Citations tirées de Brière C., *Qui sont les harkis ?, op. cit.*, p. 9-10.

6. Teguia M., *L'Algérie en guerre, op. cit.*, p. 386 et 448. Mohamed Harbi évalue à 160 000 le nombre total des supplétifs (Harbi M., *Le FLN, mirage et réalité, op. cit.*, p. 208).

voulu ; de l'autre des hommes traqués, sans camps ni matériel, ne pouvant enrôler autant qu'ils le voudraient. » Du reste, ajoute Hamoumou, « le fait même que la guerre ait pu durer si longtemps malgré la disproportion des moyens militaires prouve à l'évidence qu'à défaut d'armes, le FLN ne manquait pas d'âmes prêtes au sacrifice suprême[7] ».

La thèse de la population musulmane fidèle résiste donc aussi difficilement à l'analyse que l'argument inverse, l'adhésion populaire massive au FLN. En vérité, la plupart des supplétifs furent d'abord acquis à l'idée d'indépendance. A cet égard, tous les témoignages que j'ai pu recueillir correspondent à ceux qui furent rassemblés par Mohand Hamoumou.

« Dans tous les entretiens d'anciens supplétifs, revient, presque monotone, souvent nostalgique, ce cri paradoxal : "On était tous pour l'indépendance." Pour être étrange venant d'hommes qui se sont battus avec la France, cette adhésion de la population musulmane à la cause de l'indépendance n'est guère réfutable. Elle peut seulement être nuancée. (...) La population a été à la fois spontanément acquise à l'idée d'indépendance et attentiste. La contradiction n'est qu'apparente : attentisme avant de savoir qui est le FLN ; prudence en souvenir des répressions de révoltes ; sceptique face à la disproportion des forces. Mais acquise aux buts du FLN dès que celui-ci s'explique ; prête à suivre une fois encore ces hommes, ces fils, qui relèvent la tête pour refuser le mépris, la misère, l'injustice[8]. »

Presque tous les supplétifs ont cotisé au FLN, bon nombre ont ravitaillé les djounoud et parmi eux une forte proportion a cherché — à un moment ou à un autre — à rejoindre les maquisards. Certains supplétifs évoqués dans les chapitres précédents ont même — on s'en souvient — combattu au sein de l'ALN avant de rallier l'armée française.

Méprisés par l'armée française, favorables à l'indépendance, comment ces hommes ont-ils pu devenir supplétifs ? Dans une troupe si vaste, les motivations ne pouvaient être que très diverses. Il serait vain de prétendre les présenter en fonction de la seule répartition administrative des unités (harkis, mokhaznis, GAD, GMR...), comme le remarque justement Hamoumou[9].

Compte tenu du développement très inégal de l'implantation

---

7. Hamoumou M., *Les Français-Musulmans rapatriés. Archéologie d'un silence, op. cit.*
8. *Ibid.*, p. 254.
9. *Ibid.*, p.225.

LE STATUT DES HARKIS

Article premier. — Les formations supplétives civiles dites « harkas », rattachées à un corps de troupe pour tout ce qui concerne l'encadrement, le contrôle et l'administration de leurs personnels, sont composées de harkis et de gradés liés à l'administration par contrat et soumis au régime précisé par le présent décret.

Art. 2. — Pour une harka de cent hommes, les postes de gradés ne peuvent excéder les limites suivantes :

— 2 sergents-chefs ;

— 6 sergents ;

— 12 caporaux.

Art. 3. — Les gradés, harkis, sont recrutés par contrat de un mois. Ce contrat est renouvelable. Les contrats sont établis et souscrits pour le compte de l'administration civile par le chef de corps auquel la harka est rattachée. Les contrats en cours de validité peuvent être résiliés :

— par mesure disciplinaire, sans préavis,

— pour inaptitude physique sous préavis de huit jours.

(...)

Art. 7. — Les gradés et harkis bénéficient d'un congé calculé sur la base de deux jours ouvrables par mois de service effectif. Des congés supplémentaires de courte durée n'excédant pas huit jours par an, au prorata de leur temps de service, peuvent leur être accordés à titre de récompense.

Art. 8. — Les gradés et harkis perçoivent une rémunération forfaitaire mensuelle à laquelle s'ajoute éventuellement une indemnité d'entretien de monture.

Cette rémunération peut subir des retenues pour contribution à l'entretien de l'habillement, pour prestations de chauffage et d'éclairage, de couchage et d'ameublement.

Art. 9. — Le service de la rémunération mensuelle est maintenu même audelà de la durée de validité du contrat, pendant la durée de l'hospitalisation consécutive à une maladie ou à une blessure imputable au service, ainsi que pendant le congé de convalescence faisant suite à une hospitalisation

La rémunération cesse d'être attribuée aux intéressés lorsqu'ils sont reconnus irrécupérables et ceci à compter de la date d'attribution de la rente qui leur est allouée dans le cadre de la législation du travail.

(...)

Art. 12. — La validation des services accomplis dans les harkas pour leur assimilation partielle à des services militaires et pour l'obtention par les intéressés d'avantages particuliers est opérée dans les conditions suivantes :

— elle n'est accordée qu'au profit des gradés ou harkis qui, ayant servi sous contrat dans les conditions précisées au présent décret, auront bénéficié d'un renouvellement de contrat ou auront souscrit un deuxième contrat ;

— les 3/6ᵉ, 4/6ᵉ ou 5/6ᵉ de leur durée effective selon qu'ils ont été accomplis sous l'effet d'un contrat conclu pour une validité fixée respectivement à un mois, trois mois ou six mois ;

— les bénéficiaires des dispositions précédentes profitent au surplus d'une validation identique pour les services qu'ils ont déjà accomplis dans les harkas, ces services sont pris en compte pour la moitié de leur durée.

> Art. 13. — En outre, des majorations déterminées conformément au barème ci-dessous sont accordées sans que la durée totale ainsi attribuée pour des services antérieurs puisse excéder la durée réelle de présence dans les formations de harkis :
>
> — citation à l'ordre de l'armée : 5 mois.
>
> — attribution de la médaille militaire : 5 mois.
>
> — blessure de guerre : 3 mois.
>
> (...)
>
> Art. 15. — Les gradés et harkis ont droit à une prime de recasement lorsqu'ils quittent le service sans engagement ou réengagement dans l'armée, à la condition de justifier d'au moins deux ans de service dans les harkas.
>
> Art. 16. — Le montant de la prime de recasement est égal à la rémunération d'un mois par année de service effectif dans les harkas.
>
> Art. 17. — La prime peut être supprimée pour manquement grave à la discipline sur décision de l'officier général, ou supérieur, commandant de secteur.
>
> Art. 18. — En cas de décès, le droit à la prime est reporté sur les ayants droit de l'intéressé sans conditions de durée de service accompli par le cujus.
>
> Si le décès est survenu en service, la prime est calculée sur la base minimum de 18 mois de service. Elle est cumulative avec l'indemnisation à laquelle peut prétendre la famille par application, à son choix, soit de la législation sur la réparation des accidents du travail, soit de la réglementation relative à l'indemnisation des actes de terrorisme.
>
> Art. 19. — En cas de décès du bénéficiaire, la prime de recasement est attribuée à raison de 50 % de son montant à la veuve, et de 50 % aux enfants à charge. A défaut soit de veuve, soit d'enfants à charge, elle est attribuée en totalité, selon le cas, aux enfants ou à la veuve. A défaut à la fois de veuve et d'enfants, elle est attribuée à raison de 50 % de son montant aux parents à charge.
>
> *Journal officiel*, 7 novembre 1961

locale du FLN et de la montée en violence extrêmement rapide des affrontements avec l'armée coloniale, un destin de supplétif peut naître de la simple fatalité d'un lieu de naissance ou de vie. Pris entre deux feux, un homme peut être poussé à se réfugier du côté d'un occupant qui, momentanément, apparaît comme le plus fort. Il peut naître aussi d'une revanche à prendre sur tel ou tel militant du FLN, d'une querelle à propos d'un héritage, d'une vengeance à assouvir suite à l'exécution sommaire d'un parent ou plus simplement du refus de continuer à verser une dîme de plus en plus astreignante aux collecteurs de fonds du FLN. Il peut résulter de la torture, de la terreur exercée par l'armée française. Il peut enfin cristalliser les effets sur un individu donné de cent trente années de colonisation civile et militaire.

Les raisons qui poussèrent les Algériens à prendre les armes contre d'autres Algériens prenant naissance dans des terreaux aussi divers, toute tentative d'établissement d'une typologie des motifs de ralliement ne peut éviter le schématisme et l'arbitraire. Dans ce qui suit, on a opté pour une distinction entre causes immédiates de l'engagement profrançais, relevant de la dynamique des rapports de forces opposant l'armée française à l'ALN, et causes plus lointaines renvoyant d'une part aux structures de la formation sociale algérienne, et d'autre part au poids spécifique de cent trente années de colonisation civile et militaire.

La faiblesse initiale des noyaux armés du FLN

> On ne peut tout demander au peuple, et il donne tout, à partir du moment où il a compris ce qu'on lui réclame, l'action que l'on entreprend pour lui, avec lui. Il donne ses enfants, son argent, sa maison, sa vie. Mais il ne faut pas en abuser. Ce qui hélas ! nous arriva.
>
> Commandant AZZEDINE[10]

Ce n'est que rétrospectivement et, selon les termes de Mohammed Harbi, dans le cadre d'une « histoire tronquée et simplifiée[11] » que l'adhésion des Algériens à la lutte armée apparaît comme un élan unanime. Au printemps 1954, certains, dans les cercles nationalistes, se plaisaient à souligner que le peuple algérien n'avait ni la préparation ni la liberté nécessaires pour faire un choix. Il le fera pourtant, mais pas avec la rapidité dont parle l'histoire officielle. La transposition de la lutte sur le plan militaire est d'abord le fait d'une minorité. Dans un pays comptant près de dix millions d'habitants, les courants nationalistes ne regroupaient pas 50 000 militants en 1954. La plupart résidaient dans les villes et les gros bourgs, et seule une infime minorité d'entre eux se lancera dans l'insurrection. Au début, le nombre des hommes en armes était dérisoire : 450 en Kabylie, 350 dans les Aurès, 50 dans l'Algérois, 60 en Oranie[12].

Cette situation, la population la ressent d'instinct. Beaucoup pensent que l'insurrection est le fait d'une poignée de « bandits », thèse largement relayée par les préfets, les administrateurs civils et les caïds. « Au début, raconte un ancien spahi interrogé par Mohand Hamoumou, en 1954 et 1955, on entendait dire que des

10. Cdt AZZEDINE, *On nous appelait fellaghas*, Stock, 1976, p. 65.
11. HARBI M., *La guerre commence en Algérie*, Complexe, 1989, p. 34.
12. BENTOBBAL L., « Conférence aux cadres du FLN » à Tunis le 5 février 1960 ; et « Procès-verbal du congrès de la Soummam », cités par HARBI M., *Le FLN, mirage et réalité. 1945-1962, op. cit.*, p. 127.

voleurs et des bandits faisaient des coups. En tout cas, moi je les croyais. J'étais jeune, je ne m'intéressais pas à la politique. Quand, en 1956, on a réalisé que ce que disaient les Français et les journaux n'étaient que des mensonges, pour moi il était trop tard : j'étais dans les spahis depuis presque deux ans[13]. »

Ailleurs, la sympathie que suscite l'action armée n'est pas exempte d'inquiétude. Pour Germaine Tillion, avant 1956, l'appareil de la révolution algérienne, « assez réduit et très mal connu des masses musulmanes », n'inspire à ces dernières qu'une « vague bienveillance, une vague inquiétude et beaucoup de curiosité[14] ». Pourquoi d'ailleurs n'y aurait-il pas eu ces hésitations ? Mohammed Harbi en énumère quelques causes : lenteur dans la transformation des mentalités, vigueur des identifications et des loyautés traditionnelles, effets paralysants de la misère et de l'analphabétisme. Un certain bon sens populaire, constatant la misère présente, pouvait redouter qu'une guerre sans merci ne l'aggrave encore. L'insuffisance de l'armement pouvait susciter d'autres craintes. Les massacres de mai 1945 à Sétif et à Guelma font partie de la mémoire collective des Algériens.

Dans la majeure partie du pays, les maquis ne bénéficient pas encore de la protection des populations. Des rapports établis par le commandement militaire à Oran signalent que des groupes de paysans ont neutralisé des djounoud[15]. Même épisode dans le Dahra autour de Cassaigne. Peu de monde, y compris parmi les initiateurs de l'insurrection, imagine alors que le FLN trouvera, dans un délai relativement bref, un appui massif dans les campagnes, soustraira les villes à l'emprise des forces politiques existantes et ralliera l'UDMA, les centralistes et les oulémas sous son drapeau. Il est faux d'avancer, comme le fait Yves Courrière, que « le premier réflexe de la population musulmane fut de rentrer la tête dans les épaules[16] » (généralisation hâtive qui ne prend pas en compte un développement local inégal ; ainsi dans les Aurès l'engagement des populations fut à la fois rapide et massif) ; en revanche, il est vain d'idéaliser une situation où le manque de sensibilité à la lutte que menaient quelques djounoud était relativement répandu.

Ahmed Mekich, né en 1935 en Kabylie à Sidi Aïch près de Sétif, aujourd'hui installé dans la banlieue d'Évreux, effectua son ser-

---

13. HAMOUMOU M., *Les Français-Musulmans rapatriés. Archéologie d'un silence, op. cit.*, p. 238-239, entretien Mire n° 11.
14. TILLION G., *Les Ennemis complémentaires*, Minuit, 1960, p. 168-170.
15. URI P., *Mémoires de notre temps, op. cit.*, p. 233-234.
16. COURRIÈRE Y., *Les Fils de la Toussaint, op. cit.*, p. 357.

vice militaire au 1er régiment de tirailleurs algériens de Blida de 1955 à 1958. « J'ai été appelé à faire mon service militaire puisque l'Algérie avait les mêmes lois que la France. Du moins pour les obligations, car pour les avantages c'était une autre musique. (...) La révolution était commencée. Précisément dans les montagnes, en Petite Kabylie. Mais moi, je ne comprenais rien à la politique. Mon père avait servi dans l'armée française, et je ne voyais pas pourquoi j'aurais agi différemment. Je suis resté trois ans sous les drapeaux ; pourtant, je n'étais pas complètement idiot, et je savais bien que les "fellaghas", comme on disait alors, se battaient pour chasser la France d'Algérie. Et je me suis toujours arrangé, dans les diverses opérations auxquelles j'ai dû participer, pour ne rien faire contre eux. Tantôt je me sentais malade, ou mon camion tombait en panne ou je me faisais désigner pour un travail pacifique. Peut-être que j'ai eu beaucoup de chance ; en tout cas, je n'ai pas un coup de fusil à me reprocher, pas un geste qui ait pu nuire aux révolutionnaires. Personnellement, je n'approuvais pas leur action, parce que je n'étais pas formé politiquement, mais ils restaient mes frères. C'est la raison pour laquelle j'ai décidé de quitter l'Algérie à ma démobilisation, et de venir en France[17]. »

Même au sein de l'ALN, la conscience nationale des premiers militants est encore imprécise. « Quand je suis entré dans l'ALN, je ne savais pas très bien les buts poursuivis, et je ne connaissais pas les motifs fondamentaux pour lesquels la révolution algérienne luttait[18] », reconnaît par exemple Messaoudi el Hadi, qui fut moussebel avec son père dans les Aurès, avant d'entrer dans l'ALN.

Si la lutte du FLN renvoie à une tradition qui n'est pas étrangère à la paysannerie, la faiblesse initiale de noyaux armés constitués préalablement à toute organisation politique entraîna une utilisation à la fois rapide et massive de la contrainte comme méthode de ralliement à l'insurrection. Sommés de rejoindre la « révolution », il fut difficile à nombre de fellahs de refuser. Et pour ceux qui malgré tout refusèrent, il ne resta guère d'alternative que d'aller se placer sous la « protection » de l'armée française.

---

17. Témoignage de A. Mekich *in* ANGLADE J., *La Vie quotidienne des immigrés de 1919 à nos jours*, Hachette, 1984, p. 123 à 131.

18. Entretien avec Messaoudi el Hadi, *in* FREIRE J., *La Guerre d'Algérie, op. cit.*, t. 2, p. 140. Un moussebel (pluriel moussebelin) est un combattant auxiliaire de l'ALN, un partisan sans uniforme.

L'autoritarisme et la violence des djounoud

« La guerre que mène le FLN, dit Pierre Vidal-Naquet, est, par sa nature même, une guerre révolutionnaire, moins peut-être par les objectifs économiques et sociaux proclamés par les dirigeants de l'insurrection — ils restaient toujours assez imprécis — que par la technique du combat. L'enjeu d'une telle guerre, les techniciens français de la guerre subversive n'ont pas eu tort de le dire, c'est la conquête de la population. Faire en sorte, en usant au besoin des méthodes les plus sanglantes (exécution des collaborateurs de l'armée française, châtiment physique de ceux qui n'obéissent pas aux mots d'ordre, par exemple celui qui interdit de fumer), que dans chaque ville, et plus encore dans chaque mechta (groupe d'habitations rurales), dans chaque douar, chaque Algérien soit convaincu que la cause du FLN est sa cause, tel a été l'objectif majeur de l'insurrection[19]. »

Dans ses souvenirs, le commandant Azzedine raconte comment les premiers groupes de l'ALN de l'Algérois ont commencé à rallier les villages des environs de Palestro, sans cacher que la pénétration du monde paysan se fit initialement par la force.

Il fallait, dit-il, gagner les paysans : « La politisation des masses paysannes garantirait sur le terrain la sécurité des membres de l'ALN à laquelle elles offriraient des réserves inépuisables de moudjahidin et de moussebelin. Avant d'entreprendre des opérations militaires, il importait d'organiser nos arrières, de mobiliser les villages, d'accumuler refuges, caches, entrepôts, armureries, infirmeries, etc. » Or les paysans de la région étaient méfiants et passifs. « Pressurés de toutes parts, ils rechignaient d'avoir affaire à l'armée française, ils redoutaient une provocation, un avenir incertain... On est malheureux, d'accord. Mais l'indépendance, qu'est-ce que c'est[20] ? » Les rivalités entre FLN et messalistes ne facilitaient pas la tâche. Ces derniers, tout en se différenciant du FLN et en cherchant à tirer profit de son initiative, ne l'affrontaient pas directement. Ils rusaient : « Attention aux bandits ! », disaient-ils aux montagnards. Si bien que les djounoud étaient amenés à procéder de la façon suivante : lorsqu'un sympathisant fournit au groupe FLN des renseignements sur la population d'une dechra, celle-ci est cernée. Le notable, réveillé, convoque les hommes à la mosquée, ou dans un autre lieu de prière. Il leur faut remettre leurs armes de chasse, accepter des responsables — parmi

19. VIDAL-NAQUET P., *La Torture dans la République*, *op. cit.*, p. 34-35.
20. Cdt AZZEDINE, *On nous appelait fellaghas*, *op. cit.*, p. 53.

lesquels souvent le même cheikh, mais désormais investi par le Front —, payer leur cotisation. Certes, les djounoud font appel aux sentiments religieux, patriotiques et à l'esprit d'entraide. Mais, comme le dit Mohand Hamoumou, « les moudjahidin ajoutent à la rhétorique des arguments plus concrets[21] ». Un des supplétifs qu'il a interrogé en donne un exemple : « Il a fait son discours, deux ou trois heures, et après il a fait jurer tous les gens sur le Coran que nous sommes tous frères, tous ensemble jusqu'au dernier pour la révolution. Même l'Amin, même les anciens combattants. Mais c'était pas un engagement, c'était une promesse de ne pas dénoncer. (...) Après, le gars, il a sorti un "poignard" d'un mètre de long. Il a dit : "Maintenant voilà : ce n'est pas seulement le Coran sur lequel vous avez tous juré qui va jouer. Il y a ça aussi. Celui qui veut marcher droit, ça ira, celui qui veut faire des zigzags, on ne gaspillera pas de balles, elles sont chères, mais voilà qui fera l'affaire." La réunion s'est terminée là-dessus[22]. »

Mustapha Saadoun, qui fut responsable du PCA et participa au « maquis rouge » de l'Ouarsenis avant de rejoindre les maquis ALN du Chélif et du Dahra, est encore plus explicite. Face à la structure coloniale, affirme-t-il, « il fallait une pénétration de force et on était amené à organiser un groupe armé qui pénétrait dans le douar. (...) La première chose que nous faisions, c'était de liquider la structure coloniale. Le mouchard, le garde champêtre, le caïd, c'étaient les trois éléments à abattre directement[23] ».

« A l'image de toutes les couches dominantes de l'histoire, explique Mohammed Harbi, la bureaucratie algérienne s'élève au-dessus du peuple en utilisant l'action policière, la corruption et la terreur en même temps que le discours qui occulte sa réalité. La conviction de l'incapacité du peuple à diriger ses affaires est la pierre angulaire de son idéologie. La toute-puissance des chefs sur les cadres a pour contrepartie celle des cadres sur le peuple[24]. » Par la force des choses, poursuit Harbi, « l'application du principe du djihad est confié à des hommes sans expérience. Les cadres sont sans formation politique et n'ont pas le temps d'en avoir une ». Si bien que les « combattants soucieux d'associer le peuple à l'entreprise de libération et de ne pas le confiner dans des tâches d'exécution sont une minorité infime ». Quant à la majo-

21. Hamoumou M., *Les Français-Musulmans rapatriés. Archéologie d'un silence, op. cit.*, p. 252.
22. *Ibid.*, p. 251-252.
23. Entretien avec M. Saadoun, *in* Freire J., *La Guerre d'Algérie, op. cit.*, t. 2, p. 101.
24. Harbi M., *Le FLN, mirage et réalité, op. cit.*, p. 306.

rité, elle « ne connaît que propagande et ordres ». « Étonnés par l'attentisme des populations à leur égard en 1955, engagés dans un combat crucial avec des moyens dérisoires, soumis à des pressions morales, politiques et physiques, les cadres du FLN combineront la persuasion et la violence pour s'enraciner dans les régions paysannes[25]. » L'autoritarisme s'exerça dans tous les domaines.

• *Contributions de guerre et amendes*

En vertu du préjugé selon lequel le paysan dissimule toujours ses possiblités matérielles, les contributions de guerre sont fixées arbitrairement. Mohammed Harbi a montré comment, dans l'émigration, sévissait la technique dite de « l'arriérage » qui consistait à imposer les Algériens non pas en fonction du moment de leur adhésion au FLN, mais à partir du 1er novembre 1954. On imagine l'importance du solde pour les adhérents les plus tardifs. En outre, « l'arrivisme des cadres ajoute aux dégâts provoqués par ces pratiques. Soumis à l'exigence d'améliorer les collectes financières pour grimper dans la hiérarchie, les "percepteurs" multiplient sous divers prétextes (consommation d'alcool, retard de paiements, etc.) les amendes et les comptabilisent en gonflant le chiffre des "contribuables"[26] ».

• *Interdits et mutilations*

La remise en vigueur de principes religieux ou moraux correspondit parfois à la mise en œuvre d'armes économiques : boycottage du tabac, du vin, des jeux. Elle prit souvent la forme de prétentions exorbitantes. Le journal de l'écrivain Mouloud Feraoun évoque abondamment ces interdits « dictés par le fanatisme le plus obtus, le racisme le plus intransigeant, la poigne la plus autoritaire » ; « il ne reste aux femmes de T.A. qu'à youyouter avec entrain en l'honneur de la nouvelle ère de libération qui semble poindre pour elles à l'horizon brumeux que barrent inexorablement nos montagnes sombres. Défense de faire appel au toubib (?), à la sage-femme, surtout à la sage-femme (?), au pharmacien[27] ». Quant aux châtiments que suscitait la transgression de tels interdits, ils rivalisèrent souvent en férocité avec les crimes perpétrés par l'armée française. Certes, la pratique des mutilations semble inséparable des guerres paysannes et on a pu l'observer de la Vendée (1793) à l'Éthiopie (1937-1940) en passant

25. HARBI M., *Le FLN, mirage et réalité, op. cit.*, p. 310.
26. *Ibid.*, p. 311.
27. FERAOUN M., *Journal 1955-1962, op. cit.*, p. 58.

par l'Espagne (1809) et le Mexique (1863) ; en tant que telle, elle n'a donc rien de particulièrement « islamique ». Cela étant, il faut souligner que l'un des traits les plus frappants de la guerre d'Algérie est la fréquence des mutilations d'humains — morts ou vifs — que prodiguent abondamment les deux camps. Des parachutistes, des légionnaires, mais aussi des appelés et des supplétifs firent collection d'oreilles, et les arborèrent en collier[28]. « Un de mes plus mauvais souvenirs, raconte le chanteur François Deguelt, c'est le sandwich aux oreilles. Je suis passé dans un endroit où le gag était de remplacer le jambon du sandwich par deux oreilles d'Algérien fraîchement coupées. J'ai vu ça ! Et croyez-moi, c'étaient des appelés, de jeunes morpions imbéciles qui commettaient ces actes[29]. »

Du côté de l'ALN, on coupa souvent les parties sexuelles des cadavres et le nez des récalcitrants au boycottage du tabac et de l'alcool.

• *Viols et exécutions*

Ces interdictions ou obligations diverses n'auraient pu à elles seules susciter tant d'engagements dans les formations supplétives si n'était venu s'y superposer ce que Mohand Hamoumou appelle des catalyseurs : les manquements au code de l'honneur[30].

Toute atteinte à l'honneur des femmes est une offense qui se répare dans le sang. Les djounoud qui ne se comportèrent pas en hommes d'honneur suscitèrent le mépris et souvent des engagements profrançais. Les viols furent — semble-t-il — assez nombreux et le thème de l'honneur bafoué revient plusieurs fois dans les témoignages recueillis par Hamoumou[31].

Les exécutions furent le second catalyseur. Elles visaient en principe deux objectifs :

— défendre l'insurrection en éliminant les Algériens collaborateurs et en tarissant ainsi les sources d'information de l'administration civile et militaire. « Chaque patriote se fera un devoir d'abattre son traître », annonce un tract du FLN diffusé en Kabylie fin 1955[32] ;

— mettre à l'épreuve la détermination des nouvelles recrues :

---

28. La pratique consistant à collectionner les oreilles semble bien être passée d'Indochine en Algérie (*cf.* DE PIREY P., *Opération gâchis*, Julliard, 1953 ; ZIMMERMANN D., *Nouvelles de la zone interdite, op. cit.*, p. 12-13 ; VIDAL-NAQUET P., *Les Crimes de l'armée française, op. cit.*, p. 15).

29. Dossier Algérie : « Les Français ont-ils été des criminels de guerre ? », *L'Événement du jeudi*, n° 311, octobre 1990, p. 94.

30. HAMOUMOU M., *Les Français-Musulmans rapatriés. Archéologie d'un silence, op. cit.*, p. 290.

31. *Ibid.*, p. 291.

32. Document cité *in* FERAOUN M., *Journal 1955-1962, op. cit.*, p. 51.

« Une nouvelle recrue, indique alors Krim Belkacem, avant d'être qualifiée pour servir dans l'armée, doit assassiner au moins un colonialiste ou un traître reconnu[33]. » Dans ce domaine le FLN n'innove guère, puisque de 1948 à 1950 cette méthode était en vigueur au sein de l'OS[34].

Appliquée sans discernement jusqu'en 1957 au moins, la règle de l'assassinat préalable — qui avait pour objectif d'intimider les partisans algériens de la colonisation — provoqua souvent des effets inverses. Craignant de subir le sort d'amis ou de parents exécutés sommairement, ou bien désireux d'assouvir leur vengeance en traquant le FLN, certains Algériens rallièrent les formations de supplétifs. C'est le cas, par exemple, de T.M., actuellement employé de mairie à Sainte-Maxime. Originaire de la région de Chréa, dans le djebel blidéen, il devint harki après que onze membres de sa famille — dont son père — furent assassinés.

En outre, des exécuteurs potentiels refusèrent d'accomplir la tâche qui leur était assignée. Dans un passage de sa thèse intitulé « De la difficulté à devenir moudjahid[35] », Mohand Hamoumou montre comment la règle de l'attentat préalable poussa dans le camp adverse des hommes disposés à rejoindre l'ALN. Au début, lui raconta un ancien supplétif, « lorsqu'on apprenait que X ou Y étaient retrouvés assassinés, on se disait : on n'aurait pas cru qu'ils étaient des traîtres. Mais ils devaient l'être puisque le FLN les a exécutés. Puis, peu à peu, lorsque notre famille, nos amis commençaient à être touchés, on a douté du FLN[36] ».

Destinée à tester la résolution des nouvelles recrues, la règle de l'attentat préalable présente un autre effet pervers que mentionne Hamoumou : « Les personnes prêtes à tuer sans preuves ou pour des raisons personnelles devinrent maquisards à la place de ceux dont l'idéal n'exclut pas les scrupules et le bon sens[37]. »

Même si on peut penser, avec Serge Adour, que les meurtres culminent toujours lors de la période de prise en main, au moment où l'organisation s'implante[38], dans les faits la terreur touche vite tous les milieux, y compris les milieux nationalistes. La décision

---

33. Krim Belkacem, *Revue des affaires internationales*, Belgrade, 1er décembre 1959.

34. Au 1er mai 1956, selon Michel Gorlin, l'ALN a tué 106 civils européens dont 4 enfants, et 1 158 Algériens dont 9 enfants, au cours de 1 654 attentats individuels contre des civils (*cf.* Courrière Y., *Le Temps des léopards, op. cit.*, p. 336).

35. Hamoumou M., *Les Français-Musulmans rapatriés. Archéologie d'un silence, op. cit.*, p. 258-268.

36. *Ibid.*, p. 262.

37. *Ibid.*, p. 214.

38. Adour S., *Le Monde*, 31 octobre 1957.

de ne tolérer aucun rival ni aucune institution indépendante, fût-elle religieuse, commanda toute l'évolution ultérieure. Comme le dit Mohammed Harbi, le 1er novembre 1954 a « sonné le glas du pluralisme politique[39] ». On a vu comment la rivalité sanglante entre FLN et MNA avait pu pousser des pans entiers du parti de Messali Hadj à la collusion avec l'armée française.

L'autoritarisme, l'intolérance, le soupçon vont rejeter durablement des individus, voire des collectivités entières, du côté des forces coloniales. « Au début, tout le monde était FLN », raconte Hamou, un ancien supplétif installé aujourd'hui à Givors, « mais quand ils ont vu l'injustice, ils se sont tous révoltés. Il y a de l'injustice, on ne se bat pas pour une cause, on n'a pas une cause à défendre. Quand on voit des types égorgés... Quand même, c'est pas des moutons ! Ça s'est jamais produit ! Aucun pays ne l'a fait et pourquoi l'Algérie l'aurait fait ?

« Les trucs qui ont défavorisé la sympathie envers le FLN c'est les actions qu'il a faites. C'est d'avoir égorgé, d'avoir brûlé le bétail, les champs. Les champs à la rigueur c'est du sabotage, il n'y a pas de victimes, il n'y a pas de vies humaines. Mais brûler les vaches... Ils faisaient ça, soi-disant ils sabotent les colons. Et couper les arbres, des arbres fruitiers, la vigne, des hectares, des orangers[40]... »

Hamou appartient à une famille kabyle relativement aisée. « Moi, je vous dis, le premier camion de la régie Renault qui a été fabriqué à Billancourt, c'était mon père qui l'a acheté en Algérie, on n'était pas malheureux. (...) On avait une situation correcte, on n'avait pas besoin d'être immigrés, ni d'être harkis pour vivre[41]. » La quasi-totalité de la famille d'Hamou s'est intégrée au groupe d'autodéfense du village à la suite d'une agression contre l'un des anciens de la famille, adjoint au maire du village. Leur engagement, comme celui d'Hamou, illustre le fait qu'un certain nombre de supplétifs ne se rallièrent pas pour des motifs d'ordre économique, misère endémique, attrait de la solde, etc. « Les harkis, quand ils se sont engagés, ils ont été pour chercher la paix, pour chercher la protection, pas pour se battre, ni pour avoir la paye. Si vous croyez que moi j'avais besoin d'aller chercher à être harki ! J'ai été chercher la protection[42]. »

39. HARBI M., *Le FLN, mirage et réalité, op. cit.*, p. 302.

40. Témoignage recueilli par Marwan ABI SAMRA et François Jérôme FINAS, *Regroupement et dispersion. Relégation, réseaux et territoires français-musulmans*, Ariese, univ. de Lyon-II, mars 1987, p.234.

41. *Ibid.*, p. 233.

42. *Ibid.*

Le tournant du plan Challe

Il est très difficile d'évaluer jusqu'à quel point pèsent alors les méthodes autoritaires et bureaucratiques du FLN. D'autres facteurs interviennent en effet, qui peuvent inciter aux ralliements, ou bien les contrarier. Ainsi la pression exercée par l'armée française peut forcer tel Algérien à se rallier, alors que dans le même temps elle poussera tel autre à rejoindre l'ALN. Saïd Ferdi, un des seuls supplétifs à avoir publié un récit autobiographique, explique que « fin 1955, les révolutionnaires étaient enfin reconnus en tant que tels par la majorité de la population, non pas à cause de leur propagande, faible du fait de leurs moyens, mais à cause du comportement des Français. Comme ces derniers faisaient prisonniers bon nombre d'innocents, les autres villageois prenaient le maquis ou travaillaient dans le village pour les révolutionnaires[43] ».

Par ailleurs, les effets négatifs des méthodes du FLN fluctuent dans le temps en fonction de l'état des rapports de forces, tant sur le plan national que sur le plan local.

A partir de décembre 1955, le caractère embryonnaire de l'entreprise initiale du FLN laisse place à une activité soutenue. Des attentats du 1er novembre 1954 au 5 juillet 1956 — date de l'ordre de grève générale lancé par le FLN et massivement suivi —, la situation en Algérie se modifie en profondeur. De conspiration, le FLN devient, en deux ans, un mouvement de résistance. Mohammed Harbi résume bien cette évolution : « Villageois à l'origine, le mouvement a jeté le trouble chez les notables ruraux, vivier où les autorités coloniales recrutaient les élus préfabriqués. En juillet 1955, il gagne les commerçants des grandes villes jusqu'alors non organisés professionnellement, dont la grève, à Alger principalement, est unanime. L'insurrection du Nord-Constantinois, le 20 août 1955, éloigne la majorité des notables de l'administration française. (...) Avec les démissions des élus musulmans[44], qui commencent dès novembre 1955, le divorce entre l'appareil colonial et la réalité sociale apparaît au grand jour. La naissance de l'UGTA et la grève des cours et des examens le 26 mai 1956 achèvent de consacrer l'emprise du FLN sur l'ensemble de la société[45]. »

---

43. FERDI S., *Un enfant dans la guerre, op. cit.*, p. 21-22.

44. Le 26 septembre 1955, Edgar Faure annonce que le but du gouvernement est de parvenir rapidement à l'intégration de l'Algérie à la France. Le même jour, soixante et un élus musulmans déclarent : « La politique dite d'intégration, qui n'a jamais été sincèrement appliquée, est actuellement dépassée, l'immense majorité des populations est présentement acquise à l'idée nationale algérienne. » On peut considérer que ces élus reflètent alors l'opinion du peuple algérien. Leur démission poussera le gouvernement français à différer les éléctions générales en Algérie.

45. HARBI M., *Le FLN, mirage et réalité, op. cit.*, p. 163-164.

Bien des militaires considèrent alors que la situation se dégrade encore plus vite qu'elle ne le fit en Indochine. Le 28 février 1956, le général Lorillot, commandant en chef, reconnaît que la situation générale est très médiocre et que la situation militaire est préoccupante. Il est impensable, affirme-t-il, que les « rebelles » acceptent de déposer les armes dans l'état actuel de leur succès. Quant à Robert Lacoste, il déclare le 14 mai, devant le conseil général de la Dordogne, que l'armée a touché le fond de l'abîme depuis le début de l'année 1956.

Tous ceux qui ne prennent pas la mesure réelle du phénomène colonial et préconisent encore la conciliation, parmi les Algériens ou parmi les Européens, iront désormais à contre-courant des communautés qu'ils disent représenter.

Les Algériens sont entrés dans la zone des tempêtes et Germaine Tillion ne fabule pas lorsqu'elle raconte que de toutes parts les gens cherchent le contact avec l'organisation clandestine[46], même si le manque de moyens, la faiblesse de l'armement freinent, voire bloquent le recrutement des volontaires.

A partir de 1958 et du « plan Challe », la situation change radicalement : l'importance des moyens mis en œuvre par l'armée française pour briser le FLN va en effet susciter d'énormes dégâts. L'évolution de la force en armes de l'ALN qui prend, selon Georges Buis, la forme d'une courbe de Gauss, entre en phase décroissante. « Quelques types ont couru dans le maquis ; puis ce furent de petits groupes, puis se sont formées les fameuses katibas qui pendant trois ou quatre ans ont été l'élément opérationnel de bonne dimension. Là, en 1958, nous sommes au point haut de la familière courbe en cloche. Après c'est la dégringolade. Les katibas se font casser et des groupuscules n'ont d'autre choix que de courir la montagne, difficiles à anéantir certes, mais disqualifiés aux yeux de la population. Dans ce même temps que les villageois et les citoyens étaient l'objet de pressions moins dangereuses, nous finissions d'implanter des postes partout. Pour la première fois depuis cent trente ans, nous étions présents en pluie sur tout le territoire, nos camions roulaient de village en village, nos radios dialoguaient en trame serrée[47]. » L'armée a reçu l'ordre d'anéantir « par tous les moyens » les cadres politico-militaires du FLN. Cela signifie liquider pratiquement tous les notables des villages, toutes les élites des villes, toute la jeunesse instruite, affirme Germaine

46. Tillion G., *Les Ennemis complémentaires*, p. 168-170.
47. Buis G., *Les Fanfares perdues, op. cit.*, p. 211.

Tillion[48]. Une partie des élites urbaines est détruite, une autre quitte le pays, une autre enfin gagne le maquis.

On a évoqué dans le chapitre précédent comment, après la défaite du FLN dans la capitale lors de la bataille d'Alger, des combattants furent alors brisés et poussés à renier leur action passée pour devenir des auxiliaires des forces de répression, des « bleus ». Leur reniement est utilisé par les services d'action psychologique pour lancer en direction des maquis des opérations d'intoxication qui auront des effets meurtriers. Le primat du renforcement du potentiel militaire au détriment de la formation politique des djounoud rend les maquis vulnérables à ces opérations.

La plus connue d'entre elles fut le « complot bleu » ou « bleuite ». « Le système consistait à renvoyer vers sa wilaya un membre du FLN arrêté depuis un certain temps après lui avoir laissé entendre qu'un certain nombre des officiers et sous-officiers de sa zone y étaient les correspondants de l'armée française[49]. » Les intellectuels, le personnel sanitaire, les infirmières, les étudiants, tous ceux qui avaient fui la répression dans les villes et constituaient un apport humain et social considérable pour le maquis, sont une cible idéale pour l'opération parce que les anciens cadres issus du recrutement de 1954-1955 se sentent menacés dans leur pouvoir. Dès avril 1958, Amirouche se laisse prendre au piège et il fait liquider près de 2 000 partisans en Kabylie[50]. La méfiance entre intellectuels et paysans devient méfiance entre responsables et djounoud, puis méfiance entre responsables eux-mêmes. L'espionnite se propage dans la wilaya 4 (Alger) et dans les zones limitrophes de la wilaya 5 (Oran). La « bleuite » sera à l'origine de nombreux ralliements à l'armée française. « Jamais le moral n'avait été aussi bas, dit Courrière, jamais les ralliements aux Français plus nombreux. Quant aux désertions, devant la réception réservée par Amirouche à ceux qui gagnaient les maquis, elles étaient devenues infimes[51]. »

Au refoulement du FLN hors des villes, à l'essoufflement des wilayas consécutif à la « bleuite », aux coups de boutoir du plan Challe s'ajoutent les effets du déplacement systématique des populations rurales. Les paysans sont brisés, déracinés. De 1954 à 1960, deux millions d'entre eux sont parqués dans des camps de regrou-

---

48. TILLION G., *Les Ennemis complémentaires, op. cit.*, p. 17-18.
49. PAILLAT C., *Dossiers secrets de la guerre d'Algérie*, Le Livre contemporain, 1961, p. 98.
50. ZAOUANE H., *Rapport au GPRA*, 29 juin 1960. COURRIÈRE avance le chiffre de 3 000 (*cf. L'Heure des colonels, op. cit.*, p. 340).
51. *Ibid.*, p. 339.

pement, 300 000 sont en Tunisie ou au Maroc dans les camps de réfugiés, 731 000 ont quitté les campagnes pour la ville. Enfin l'émigration vers la France a presque doublé ses effectifs. Les structures rurales ne sont plus supportées par une activité paysanne. Cette tragédie ôte à la paysannerie toute prise sur le réel. Cet affaiblissement du sens de l'identité, voire de la dignité, a été décrit minutieusement par Rachid Mimouni dans certaines des pages les plus dures de son roman *Tombeza*[52].

Contre l'injustice, dit Mohammed Harbi, « la paysannerie se protège par tous les moyens, même ceux qui ne servent pas la cause nationale ». « Le nombre d'Algériens engagés dans les harkis est édifiant », conclut-il[53].

Hamou, de Givors, témoigne du désarroi qui s'est emparé en Kabylie d'une paysannerie coincée entre le FLN et l'armée française. Elle a parfois le sentiment d'être prise entre deux feux et de devoir se résigner à rallier le plus puissant des adversaires. « Il y a deux choses. Ou être mitraillé, ou être égorgé, ou être harki. Parce que si vous restez au village, même sans être harki, le FLN, il se dit : "Tiens, comment ça se fait qu'on n'ait pas arrêté celui-là, il est resté au village, donc c'est un indicateur." S'ils le trouvent, ils l'égorgent, et si le FLN n'a rien fait à celui qui est resté au village, alors c'est l'armée qui l'élimine[54]. »

En 1959, les signes de mécontentement et de désaffection sont tels que l'usage de la force devient impraticable pour l'appareil du FLN. On appela ce phénomène la « lassitude », dit Harbi. « Des directives sont données pour rectifier le style de travail. On commence enfin à se pencher sur les malheurs du peuple. La violence à l'égard des populations et des combattants est condamnée. Mais l'appareil suit mollement. Dans une note de service, en date du 23 août 1960, le commandant Si Mohamed rappelle "une dernière fois (...) que les bastonnades, brutalités, etc., à l'égard des djounoud et des civils sont formellement interdites", et menace de prendre "des sanctions très sévères à l'encontre des fautifs[55]" ». De tels ordres seront peu appliqués.

---

52. MIMOUNI R., *Tombeza*, Robert Laffont, 1984.
53. HARBI M., *Le FLN, mirage et réalité, op. cit.*, p. 310.
54. Témoignage recueilli par M. ABI SAMRA et F.J. FINAS, *op. cit.*, p. 232.
55. HARBI M., *op. cit.*, p. 312. Le procès-verbal du Congrès de la Soummam prouve que, déjà, les chefs des wilayas (zones opérationnelles) de l'intérieur étaient conscients du danger et soucieux de faire respecter la « légalité révolutionnaire » : « Aucun officier, quel que soit son grade, n'a plus le droit de prononcer une condamnation à mort. Les tribunaux à l'échelle secteur et zone seront chargés de juger les civils et les militaires. L'égorgement est formellement interdit ; à l'avenir les condamnés à mort seront fusillés. L'accusé a le droit de choisir une défense. La mutilation est formellement interdite. »

Je traiterai ensuite plus brièvement le rôle de la question de la pression exercée par l'armée française en vue d'enrôler des supplétifs que celui des méthodes employées par le Front. Mais qu'on ne se méprenne pas, ce traitement inégal n'est pas proportionnel à l'importance relative des deux facteurs. Simplement, le rôle joué par le FLN était à la fois moins évident et moins connu que les crimes de l'armée française, sur lesquels on bénéficie déjà des ouvrages de Pierre Vidal-Naquet.

Cela dit, il faut souligner que, pour les Algériens, la violence du FLN n'a jamais pu être mise en balance avec la violence de l'armée française. Ce qui vaut pour le peuple algérien en général vaut également pour cette fraction du peuple qui passera du côté français. « Mus par la haine de la domination étrangère, les Algériens, du fait même de la place que la religion et l'autorité tiennent dans leur conception du pouvoir, considèrent l'arbitraire comme le revers inévitable de ce qui, pour eux, est l'essentiel, la communauté. Ils ont vécu, dans la douleur, et parfois dans la honte, les atteintes à leur dignité. (...) Cette violence est perçue comme celle de la communauté dont chacun se veut membre. La violence coloniale, elle, est vécue comme une violence étrangère qui menace l'identité ethnique, religieuse et culturelle de tous. Il y a là comme une histoire de famille que l'Occident ne comprend pas et qui explique les illusions que les militaires français ont entretenues sur la possibilité de dissocier le peuple algérien du FLN[56]. »

Lors du reportage qu'il effectue en Algérie en 1960, Jules Roy visite Toudja, un des postes militaires qui lui parut le plus tranquille dans le secteur de Bougie. Toudja se trouve à 12 km au nord de la vallée de Soummam, au milieu de collines boisées qui s'élèvent progressivement vers la zone côtière montagneuse. Toudja comptait 7 230 habitants en 1954, il n'en reste que 3 800 en 1960, dont 900 réfugiés des régions voisines. Six cents hommes travaillent en métropole. « Les Français ne sont vraiment venus à Toudja qu'en 1956, pour écraser la rébellion. Des Français avec des armes, des chars et des avions : l'armée. Elle a exercé la répression. Je tiens de source sûre, affirme Jules Roy, le chiffre que je vais donner et que j'ai recoupé par des conversations sur place. On ne m'a pas demandé de le garder pour moi. On me l'a avoué en répon-

---

56. Harbi M., *Le FLN, mirage et réalité, op. cit.*, p. 311-312. Je ne partage pas le point de vue de Mohand Hamoumou lorsqu'il affirme — avec beaucoup de prudence — que « le rejet des violences injustifiées des potentats locaux du FLN reste en tout état de cause probablement le facteur le plus important, au moins par la fréquence, de l'engagement des supplétifs » (*cf.* Hamoumou M., *Les Français-Musulmans rapatriés. Archéologie d'un silence, op. cit.*, p. 282).

dant par oui ou par non à mes questions. Je ne commets pas d'erreur. J'ai cru dépasser les limites de l'horreur, en lançant d'abord le chiffre de cinq cents morts ou disparus ; mais j'ai une certaine connaissance du pays. On m'a fait signe que non.

"Trop ?

— Non.

— Huit cents ?

— Non.

— Mille ? On s'est tu.

— Douze cents ?

— Environ." (...)

« Quand on sait que le FLN égorge de son côté — on met seize assassinats sur son compte depuis six ans —, on commence à comprendre le sentiment dans lequel vivent les habitants de Toudja. Seize meurtres, et cela compte déjà, d'un côté. Mille deux cents de l'autre. On ne commente pas cela[57]. »

Les regroupements forcés de populations et le bouleversement de la société rurale

Si les spécialistes de l'action psychologique ont usé de tous les stratagèmes possibles et imaginables pour « mouiller » la population, et susciter des engagements par compromission, ceux-ci n'ont pas été les plus fréquents. La violence abjecte de la torture, de la répression collective, des exécutions sommaires, des destructions de villages, et des regroupements joua de ce point de vue un rôle bien plus décisif.

Dès la fin de l'année 1954, dans les Aurès, des montagnards avaient été contraints d'évacuer les zones où ils vivaient. On vide massivement djebels et collines de leurs habitants, on concentre les nomades, on installe tous ces gens dans des zones d'accès facile que l'on entoure éventuellement de barbelés ; quitte à leur donner un aspect concentrationnaire, quitte à faire mourir de faim les regroupés chassés des zones d'où ils tiraient leurs ressources. On pense ainsi ôter aux djounoud de précieux appuis. A partir de 1957, Salan et son état-major substituent à cette pratique empirique une politique méthodiquement appliquée, visant à la fois à isoler l'ALN, à rassembler et à surveiller systématiquement la paysannerie algérienne. Le regroupement n'est plus conçu comme

57. ROY J., *La Guerre d'Algérie*, *op. cit.*, p. 72-73.

une regrettable nécessité, mais comme une pièce maîtresse dans la « reconquête des corps et des cœurs ». Rodée en 1957, la méthode est appliquée intensivement en 1958. Au Viêt-nam où la même tactique fut employée, on parla de « hameaux stratégiques ». En Algérie, où on prétendait officiellement que les habitants des douars avaient voulu fuir les exactions du FLN et se mettre à l'abri du terrorisme FLN, les vocables en usage étaient différents. On parla de « regroupement » ou de « resserrement », sans remarquer qu'il s'agissait là d'équivalents du terme qu'on n'osait pas prononcer : « concentration ».

L'expulsion fut opérée sous la contrainte. Tous les moyens furent employés pour convaincre les paysans d'abandonner terres et maisons : incendies de forêts, anéantissement des réserves et du bétail, tactique de la terre brûlée. « Bien entendu, il nous aurait fallu trop de temps pour démolir les mechtas "interdites" du secteur, mais enfin le travail fut réalisé très proprement sur 4 ou 5 km². Tout d'abord les hommes montaient sur les toits et jetaient les tuiles par terre, pendant que d'autres cassaient les pots, les jarres et les tuiles rescapées. (...) A la fin de la journée, cette technique, un peu lente, s'était perfectionnée : des réserves de bois et de branchages étaient entassées dans les maisons et enflammées ; en général, les charpentes n'y résistèrent pas et les toitures s'effondraient assez rapidement ; il ne restait plus qu'à fignoler l'ouvrage au gourdin[58]. »

La comparaison de deux versions du même épisode — le regroupement des habitants d'un douar de l'Ouarsenis — illustre à quel point dans ce domaine aussi le mensonge est roi. Le 12 juillet 1957, raconte Alban de Jerphanion dans son *Journal d'un rappelé*, quatre half-tracks du 1/131ᵉ régiment d'infanterie ramènent à Bou Medfa sept Algériens « qui désiraient se mettre sous notre protection, car ils étaient sans cesse menacés par les fellaghas dans leur douar ». Trois jours plus tard, « en fin d'après-midi, une cohorte d'hommes, de femmes et d'enfants arabes est arrivée au village. Ils venaient se mettre sous notre protection. Certains avaient traîné avec eux leurs troupeaux ou, tout au moins, la majeure partie du bétail pour le conserver. En effet, dans la nuit de samedi à dimanche, les rebelles sont venus les menacer, leur demander de l'argent. Menacés de mort, ils sont donc partis[59] ». Voici maintenant la ver-

---

58. TALBO-BERNIGAUD J.-P., « Les zones interdites », *Les Temps modernes*, déc. 1960-janv. 1961, p. 719.

59. A. DE JERPHANION, « Journal d'un rappelé» , non publié, cité dans FREIRE J., *La Guerre d'Algérie, op. cit.*, t. 2, p. 153.

sion quelque peu divergente de l'un de ces « regroupés », S.B., aujourd'hui retiré à Villeneuve-sur-Lot : « J'habitais un douar dans la montagne, les gens du FLN venaient et mangeaient, les armes à la main. Après, les Français venaient et tuaient certains d'entre nous en représailles. Lorsque le FLN revenait, il nous reprochait d'avoir accueilli l'armée française. Ils nous condamnaient, mais, eux qui avaient les armes, où étaient-ils quand les Français étaient là ? Finalement, ce sont les Français qui ont brûlé nos gourbis et nous ont obligés à nous replier sur le village. Là, avec tous ceux des autres douars, nous avons été rassemblés près du résevoir d'eau et embarqués vers les centres de colonisation de la Mitidja. »

Privé des repères qui étaient les siens au sein de son douar, abandonné à l'oisiveté, aux occupations de fortune, dépossédé de toute maîtrise sur son destin, parqué, S.B. fut rapidement transformé en sous-prolétaire résigné à une existence de parasite. Il tente bien, quelque temps, de se maintenir à la terre en travaillant pour un colon. Mais lorsque le travail vient à manquer, il se laisse happer par la machine à fabriquer les harkis. En compagnie d'Ahmed, son frère, il est incorporé à la harka du 23e Rima... « Si on n'y rentrait pas, on crevait[60]... »

De tous les bouleversements que la société rurale algérienne a subis entre 1955 et 1962, ceux qui ont été déterminés par les regroupements de populations sont parmi les plus profonds.

Des mouvements de population avaient déjà eu lieu dans l'entre-deux-guerres, nés de l'accroissement des grandes surfaces d'exploitation et de la raréfaction des terres en général. Mais ils n'atteignirent jamais l'ampleur des regroupements de guerre. Dans une étude remarquablement documentée et s'appuyant sur les données fournies par le service de la statistique générale de l'Algérie, Michel Cornaton estime à 2 157 000 le nombre de « regroupés » pour 1960. En 1961, sans compter les « recasés » dans les villages préexistants, leur nombre s'élève à 2 350 000, soit 26 % de la population algérienne. « Quand on sait que la population rurale compte 6 900 000 personnes en 1961, on s'aperçoit que plus d'un rural sur trois est regroupé. Par ailleurs on estime, en règle générale, qu'à deux regroupés correspond un recasé (dans un village ou une ville). En plus des regroupés, 1 175 000 personnes au minimum auraient donc quitté leur domicile, soit 3 525 000 au total, c'est-à-dire 50 % des ruraux[61]. » La conséquence la plus évidente

60. Témoignage de S. B. recueilli en 1985 à Villeneuve-sur-Lot.

61. CORNATON M., *Les Regroupements de la décolonisation en Algérie*, Éditions Ouvrières, 1967.

du regroupement fut la crise de l'agriculture et de l'élevage, liée à l'abandon partiel ou total des terres anciennement cultivées, à la dispersion du cheptel pendant ou après le regroupement.

La présence militaire massive, le quadrillage, les bombardements, le napalm avaient déjà modifié le paysage algérien. Les regroupements, océans de boue, de poussière, de planches et de tôles où s'entassent des centaines de milliers de personnes démunies de tout, parachèvent l'œuvre en le bouleversant radicalement.

En 1958, Michel Rocard — qui n'était encore qu'un jeune inspecteur des finances — visite une quinzaine de centres dans les régions d'Orléansville et de Tiaret. Le rapport qu'il remet à Paul Delouvrier est édifiant : « Dans les villages où l'expérience de regroupement semble la mieux réussie, la plus susceptible d'être définitive, les responsables ont néanmoins toujours admis qu'à leur avis, le revenu par habitant avait, de ce fait, diminué d'un quart, sinon d'un tiers. Il faut ajouter que la disparition du troupeau détruit complètement l'équilibre alimentaire ; (...) le plus souvent le regroupement a été opéré pour vider une zone interdite. L'accès aux anciennes terres est alors rendu très difficile ; (...) l'élevage est encore plus paralysé que la culture, car il est impossible de faire paître des bêtes sur les terres proches du regroupement. La disparition quasi totale de l'élevage est une caractéristique commune des regroupements, elle implique que le lait, les œufs, la viande sont pratiquement exclus du régime alimentaire des regroupés[62]. »

L'apparition d'un nombre assez important d'emplois salariés, créés plus ou moins artificiellement par l'armée (harkis, employés communaux, ouvriers de chantiers de travaux publics, etc.) ne pouvait que contribuer à hâter la dépaysannisation. « C'est la SAS qui a contribué à détourner les gens de la terre ; elle a donné des métiers aux gens. Il y eut d'abord l'autodéfense, c'est le premier métier : ce qui est sûr, dans ce métier, c'est qu'il empêchait de s'occuper de ses propres affaires et rapportait pas grand-chose. Il y eut, par la suite, les harkis, les goumiers, les mokhaznis, sergent, caporal, sergent-chef, première classe, deuxième classe ; il y a eu les secrétaires et les khodja, sans parler du maire et de ses conseillers. Après ça, il suffit que le lieutenant apprenne qu'un tel sait faire ceci ou cela pour qu'il le mentionne comme ayant ce métier[63]. »

62. *Cf. Témoignages et documents*, mai 1959, *Le Monde* du 18 avril 1959 ; VIDAL-NAQUET P., *Les Crimes de l'armée française, op. cit.*, p. 137-142 ; VIDAL-NAQUET P., *La Raison d'État, op. cit.*

63. Cité par BOURDIEU P., SAYAD A., *Le Déracinement*, Minuit, 1964.

Les heures d'ouverture et de fermeture des bureaux, l'entrée et la sortie de l'école, la sonnerie régulière du téléphone de la tour de contrôle, les tours de garde et les rondes de la harka, le passage du facteur, l'ouverture et la fermeture de l'infirmerie, le signal du couvre-feu : tels sont quelques-uns des nouveaux repères qui se substituent à la durée rythmée par les divisions du calendrier traditionnel et le découpage de la journée par les cinq prières. La multiplication des rapports bureaucratiques a familiarisé tous les individus avec dates, années et mois, la montre commence à faire son apparition et il n'est plus de chef de famille qui ne sache son âge et celui des siens.

Atteints dans leurs revenus, les fellahs le sont aussi dans leur dignité. Ils sont placés, vis-à-vis du commandement et du chef de SAS, dans un état de dépendance totale. Parqués, dominés par les miradors, ces Algériens se réfugient dans ce traditionalisme du désespoir qu'évoquent Pierre Bourdieu et Abdelmalek Sayad. Cette passivité entretenue est sans doute un des objectifs des promoteurs de l'opération. Elle favorisera des vocations de supplétifs. « Les mentalités et les attitudes sont irrémédiablement perturbées ; (...) ce qui faisait de l'homme un paysan a été tué en lui[64]. »

L'assujettissement par la torture

Armand Frémont achève ses études de géographie en 1956. En 1959, il se retrouve, durant l'été, nommé chef d'un poste situé à 70 km au sud de Constantine sur les hauts plateaux qui dominent les premiers contreforts de l'Aurès. Dans la ferme où est cantonnée la section qu'il commande, se trouvent aussi huit prisonniers. Ils sont, dit Frémont, détenus depuis plusieurs mois, depuis un an pour quelques-uns, dans la plus parfaite illégalité, comme dans presque tous les postes. Ce sont des combattants de seconde zone, des petits responsables locaux, des gardes champêtres, des collecteurs de grains et de fonds, des ravitailleurs. « En dépit des déclarations lénifiantes des autorités, affirme Frémont, la dictature militaire sur le terrain, arbitraire, illégale, assurée de la plus parfaite impunité, est totale. Les officiers, faute de toute autre solution crédible, enquêtent, arrêtent, jugent, détiennent et tuent... La "pacification" d'un peuple révolté par une force étrangère procède d'une logique implacable[65]. » Tout aussi implacable est la

64. VATIN J.-C., *L'Algérie politique : histoire et société, op. cit.*, p. 291-292.
65. FRÉMONT A., *Algérie-el Djazaïr, op. cit.*, p. 157. Les prisonniers en transit dans les unités qui les ont pris s'appellent PIM (prisonniers internés militaires) ; le nom remonte à la guerre d'Indochine.

logique qui poussera certains de ces prisonniers à devenir supplétifs. L'histoire de Saïd Ferdi est, à cet égard, exemplaire.

Saïd Ferdi est né en 1944 au pied des Aurès, dans un douar arabophone. En 1956, ses deux frères aînés (19 et 27 ans) rejoignent le maquis. L'un d'entre eux sera tué en 1957, l'autre en 1959. A partir de 1957 — il a à peine treize ans —, Saïd Ferdi est utilisé comme agent de liaison par le FLN. « Mon jeune âge me rendait insoupçonnable, et j'allais partout faire les commissions avec l'accord de mon père. Jamais le commissaire ne me confia une mission importante. Je distribuais des enveloppes cachetées dont j'ignorais le contenu, uniquement pour lui rendre service[66]. » Fin 1957 et surtout en 1958, Ferdi fut « très sollicité par le commissaire politique et ses agents » : « Les contrôles dans le village s'accentuaient, et la plupart des responsables FLN étaient connus des Français. Dans la crainte d'être pris, ils m'utilisaient comme messager. Aux yeux de l'armée, je restais insoupçonnable, mais dès ce moment, sans le vouloir, je mis le doigt dans l'engrenage. Les premiers temps, je ne faisais ça que par amitié pour le commissaire, mais peu à peu, le rythme des missions s'accrut, malgré mes protestations et celles de mon père. Mais les responsables, sans nous l'avouer explicitement, nous firent comprendre que c'étaient des ordres et qu'il fallait les exécuter, sinon nous aurions des ennuis. Mon père s'adressa à l'un d'entre eux, et lui dit : "J'ai déjà perdu un fils, le second va certainement subir le même sort, alors foutez-nous la paix et laissez ce gosse tranquille." Celui-ci répondit que même la disparition d'une famille entière ne comptait pas devant le but recherché[67]. »

Le 3 mars 1958, à 6 heures du matin, Saïd Ferdi est arrêté par une patrouille de tirailleurs qui cherche un prisonnier évadé. A treize ans et demi il est conduit à la caserne, torturé puis emprisonné. « A cause de mes cahiers d'écolier où étaient écrit des chants patriotiques et surtout du fait que j'avais deux frères dans le maquis, les militaires m'ont passé à la gégène et m'ont tabassé. Après quoi je fus conduit dans une pièce située au bas d'un mirador. Ce fut là que je passai ma première nuit de taulard. Le lendemain, lorsque mon père est venu à la caserne signaler ma disparition, le capitaine m'a ordonné de lui répondre que c'était moi qui avais choisi de rallier les Français sous peine de l'emprisonner lui aussi. Cet officier me dit notamment : "Fais bien attention ! Si tu ne veux pas qu'on garde ton père, dis-lui que tu es venu

---

66. FERDI S., *Un enfant dans la guerre, op. cit.*, p. 34.
67. *Ibid.*, p. 36-37.

de toi-même et que tu veux rester avec nous.'' Sous la menace, j'ai fini par accepter un mal pour éviter le pire. Étant jeune, je me disais que rien de grave ne pouvait m'arriver et que je serais bien relâché un jour ou l'autre. Mais pris dans l'engrenage, j'entrais dans le système de la guerre[68]. » Un mois après son arrestation, tous les gens du village de Saïd Ferdi étaient persuadés qu'il s'était rendu volontairement à la caserne et avait dénoncé ses camarades. « Lorsque nous sommes allés nous installer à une trentaine de kilomètres de chez moi, le capitaine m'appela un jour dans son bureau pour me dire : ''Je vais te faire une proposition : tu es bien trop compromis pour qu'on te relâche, tu seras égorgé dès que tu auras franchi la porte de la caserne. Cependant tu es trop jeune pour que je t'engage dans les tirailleurs. Au lieu de pourrir ici en prison, il vaudrait mieux pour toi t'engager chez les harkis du village[69].'' »

Le cas de Saïd Ferdi relève plutôt de l'engagement par compromission et la contrainte physique exercée sur lui apparaît légère si on la compare aux méthodes qui furent en général mises en œuvre pour susciter le ralliement de djounoud prisonniers. « C'était, dit Jean-Luc Tahon, le temps des lâchetés, des trahisons, des têtes épuisées qui vident leurs secrets, des confidences murmurées entre deux lèvres vomissantes[70]. »

Dans une guerre traditionnelle, la mission consiste généralement à conquérir du terrain. Dans une guerre coloniale, le territoire est secondaire. Face à une insurrection qui s'étend à l'ensemble d'un pays, engager de gros renforts pour effectuer quelques opérations de ratissage revient à tenter de recueillir de l'eau avec une passoire. Le principal objectif est de conquérir la population par la persuasion et par la force. Du côté français on en conclura très vite qu'il fallait mener une guerre de renseignement et que cette guerre ne pouvait se gagner que par la trahison suggérée ou imposée à l'ennemi. Il y eut dans cette guerre non déclarée, sans front, sans lois de la guerre — ni même lois civiles tant l'exception devint la règle —, quelque chose qui en fit une « guerre obscène », comme dit Rachid Boudjedra. Certes, l'image de la guerre propre, du soldat civilisateur et chevaleresque ne fut jamais qu'une image et les campagnes de Champagne, d'Ukraine, de Birmanie et d'Indochine portent déjà les stigmates de la bestialité. Mais avec la guerre d'Algérie l'obscénité, la violence et l'horreur sexuelle semblent

68. FERDI S., « Stances d'un harki , *Historama*, p. 110.
69. *Ibid.*, p. 111.
70. TAHON J.-F., « En pacifiant l'Algérie. 1954 », *Les Temps modernes*, mai-juin 1958, p. 2094 et 2112 ; VIDAL-NAQUET P., *Les Crimes de l'armée française*, *op. cit.*, p. 32.

bien, selon Bernard W. Sigg, l'emporter sur les blessures sanglantes, et s'épanouirent comme rarement auparavant[71].

Puisque chaque Algérien est suspect d'apporter sa contribution à la guerre, chaque Algérien sait quelque chose et doit le dire. La torture est efficace non seulement parce qu'elle fait parler et produit du renseignement utilisable, mais aussi parce qu'elle brise et retourne. Elle suscite des engagements, contraint une partie de la population algérienne à collaborer à la répression. Et c'est précisément à ceux qui sont retournés que seront confiées les basses besognes.

Dans l'ensemble du dispositif de domination mis en place par la police puis par l'armée durant la guerre d'Algérie, la torture a fonctionné à la fois comme aboutissement inéluctable et comme clef de voûte du système. Pierre Vidal-Naquet a montré à quel point il s'agissait d'une méthode d'assujettissement. La torture, lorsqu'elle est une institution d'État, ce qu'elle fut à des titres divers pendant la guerre d'Algérie, dans l'Allemagne de Hitler, dans l'URSS de Staline, n'est pas autre chose, selon Vidal-Naquet, que « la forme la plus directe, la plus immédiate de la domination de l'homme sur l'homme, ce qui est l'essence même du politique ». « Le tortionnaire reconnaît dans sa victime un homme puisqu'il entend l'obliger à "parler", mais la parole de la victime ne doit être que ce qu'attend le bourreau. Celui-ci ne demande à la victime de parler que pour lui confisquer cette parole. Dans ces conditions, le "renseignement" (...) n'est qu'un aspect de la politique de la torture. Par son "aveu" la victime fait beaucoup plus que donner un "renseignement", elle reconnaît son bourreau comme maître et possesseur de sa parole, c'est-à-dire de son humanité[72]. »

Il n'est pas possible ici, faute de données et de place, de restituer dans le détail la façon dont furent mises en œuvre localement les variantes de la « méthode bessif » (*bessif :* par force, en arabe dialectal). Disons simplement qu'elles pèsent inégalement dans le temps et dans l'espace.

Si la contrainte physique s'exerça durant toute la guerre et partout, elle fut plus féroce durant cette période de terreur militaire massive que furent les années 1957-1960. En outre, il semble qu'elle pesa moins fortement dans l'Oranais que dans ces bastions de la rébellion que sont les grands massifs montagneux qui dominent l'Algérie centrale et orientale ou la ville d'Alger.

Le peuple des campagnes ne forme pas une masse indifférenciée.

---

71. SIGG B. W., *Le Silence et la honte, op. cit.*
72. VIDAL-NAQUET P., *La Torture dans la République, op. cit.*, p. 8 et 9.

Le niveau de conscience nationale varia en fonction de la position sociale et de la situation géographique. Fin 1957, un officier relève l'existence de « deux catégories de population particulièrement perméables à la rébellion : celle des douars qui n'a guère connu de présence française concrète et qui, de ce passé d'isolement, comme aussi de la configuration tourmentée du territoire où elle vit, a gardé un goût d'autonomie et une impression d'inviolabilité ; (...) et celle des douars qui sont dans l'orbite des centres de colonisation ». Le peuplement européen y est dense et la tension permanente comme dans le Sahel oranais, la région de Tlemcen, ou même le Souf. Là, chez les ouvriers agricoles, « il suffit de quelques émissaires pour réveiller les tentatives de jacquerie[73] ».

Dans la première catégorie on peut ranger la Kabylie. La Grande Kabylie ne fut conquise par Randon qu'en 1857, vingt-sept ans après Alger. En 1871, la révolte d'El-Mokrani fut la plus importante insurrection de toute l'histoire de la colonisation française en Algérie avant 1954. Elle s'étendit de la Mitidja à la péninsule de Collo, du littoral jusqu'à la steppe, soit à l'ensemble du quadrilatère montagneux de Grande et Petite Kabylie qui devait à nouveau se révolter quatre-vingts ans plus tard. Huit années durant, et sans aucune interruption, le territoire des wilayas 2 (Petite Kabylie) et 3 (Grande Kabylie) fut le siège des combats sans doute les plus violents et les plus meurtriers de la guerre d'Algérie, avec ceux des Aurès. « Dans les faits, dans les cœurs, de 1954 à 1962, et très probablement de 1830 à 1962, malgré quelques illusions, les Kabylies et les Kabyles ne furent jamais soumis[74]. » Là, la guerre fut bien révolutionnaire en ce qu'elle toucha le peuple dans son ensemble. Là, comme dans les Aurès, les supplétifs furent souvent des djounoud retournés et anéantis par la torture, ou bien des Algériens qui rallièrent l'armée française pour venger un des leurs. Définitivement compromis, ils devinrent les plus farouches adversaires du FLN : « Perdu pour perdu, dit Saïd Ferdi, et sachant qu'ils étaient la cible privilégiée du FLN, ils appliquent la politique du pire[75]. » Pillages, vols, viols, assassinats, ils font en général plus peur à la population que l'armée française. Souvent extraits de leur région d'origine, ils formèrent des harkas et des commandos de chasse très opérationnels. Nombre d'entre eux sont parvenus à se réfugier en France après la guerre, ce qui donna à certains cher-

73. ADOUR S., *Le Monde* du 31 octobre 1957.
74. FRÉMONT A., *Algérie-el Djazaïr, op. cit.*, p. 94-95.
75. FERDI S., « Stances d'un harki », *loc. cit.*, p. 110.

cheurs l'impression fausse que les forces supplétives furent essentiellement recrutées parmi les Berbères kabyles et chaouïas[76].

En revanche, dans les zones intermédiaires, ni trop éloignées ni trop proches des centres de colonisation, où la paysannerie est souvent restée groupée derrière les notables profrançais, ou encore dans les zones où le MNA était traditionnellement bien implanté, de forts contingents de supplétifs furent recrutés plutôt par compromission et par persuasion. Les harkas y furent peu opérationnelles — au sens militaire du terme —, mais le recrutement y prit parfois un caractère plus collectif qu'en Kabylie ou dans les Aurès. Certains de ces supplétifs parvinrent à se faire oublier après la guerre, échappèrent aux massacres et restèrent en Algérie. C'est le cas de l'Oranais, ce bastion de l'Algérie « franco-espagnole » où la proportion de la population européenne fut toujours la plus forte au sein de l'ensemble. Cette région resta la plus calme de la guerre d'Algérie, jusqu'à l'intervention apocalyptique et sanglante de l'OAS dans les mois qui précédèrent l'indépendance.

Le poids de l'histoire : solidarités locales et confréries

Dans un village kabyle, un représentant du FLN est dénoncé aux militaires français par un ennemi de sa famille. Guetté, pris, maltraité, il accepte de se faire harki — le voilà libre avec une solde et un fusil. Quelques semaines plus tard, il assassine l'homme qui l'avait dénoncé au temps, peu lointain, où il était djounoud. « Aucune enquête autour de ce meurtre. (Qu'est-ce qu'un mort de plus en Algérie ?) Et puisque le meurtrier est harki, la victime était nécessairement suspecte. Maintenant la famille du mort surveille à son tour les allées et venues du harki. Si elle le tue (et elle le tuera nécessairement), aura-t-elle assassiné un membre du FLN ou un ennemi du FLN ? »

Cette question posée par Germaine Tillion illustre une nouvelle dimension de l'engagement des supplétifs : celle des allégeances traditionnelles : tribu, village, parentèle, famille.

Certes, l'Algérie des années cinquante n'est pas l'Algérie d'avant

76. C'est probablement à partir de son expérience dans les villages ralliés du sous-quartier de l'oued Berd (Petite Kabylie-massif des Babors), à la suite des opérations « Jumelles » que le général Maurice Faivre donne une évaluation minimisant — me semble-t-il — l'importance des recrutements individuels à partir de déserteurs du FLN ou de prisonniers « convertis » par rapport « à la masse des engagements collectifs ». Ils représenteraient selon lui 4 à 5 % du total (*cf.* FAIVRE M., « Une histoire douloureuse et controversée », *Hommes et migrations*, n° 1135, septembre 1990, p. 14).

la conquête. C'est en cela que se leurre une anthropologie coloniale qui tente de définir des populations qui resteraient inéluctablement fidèles. « La société algérienne appauvrie car dépossédée jusqu'à la fin du XIXe siècle est bien définitivement "rompue" et désintégrée à la suite des coups reçus entre 1918 et 1945[77]. » L'Algérie a été plus éprouvée que le reste du Maghreb. Des techniques, des formes de culture, des modes de vie, l'ensemble des structures économiques et sociales sont altérés au contact de cent trente ans de colonisation. Altérés, mais non abolis. Ni l'arabisation, ni l'islamisation, ni même la colonisation n'ont totalement mis à bas ce que Jean-Claude Vatin caractérise comme des « constructions segmentaires » : « De l'individu à la confédération de tribus, se développe toute une gamme de relations antagonistes, dont les acteurs se perçoivent comme membres et comme adversaires. Par exemple, si la fraction semble unie, c'est contre une autre, de même puissance. La solidarité interne ne vaut qu'au niveau précis où se situe le conflit. Ainsi le système des clans, qui partage en deux tous les groupements arabo-berbères, connu sous le nom de *çofs*, aboutit à une répartition binaire, rivalité-entraide, des ensembles sociaux. Ainsi les membres d'un même "segment" se sentent-ils à la fois semblables et différents[78]. » D'où il résulte des alliances non permanentes : « Moi contre mon frère, moi et mon frère contre les fils de mon oncle, moi et les fils de mon oncle paternel contre les autres. » Le bouleversement colonial provoque la destruction des segments les plus grands — les confédérations — et la perturbation des autres, rendant encore plus complexe le tableau des affrontements et des alliances possibles. Le réseau devient inextricable pour l'anthropologue colonial habitué à repérer les permanences. La lutte pour l'indépendance, comme à d'autres périodes le facteur religieux, fut, dans une certaine mesure, un instrument de dépassement de cette « construction segmentaire ». Dans une certaine mesure seulement... « Il convient, dit Jean-Claude Vatin, d'éviter le piège d'une lecture simpliste, consistant à affirmer que, parce que cette société est désagrégée, le nationalisme devient son seul recours[79]. » Si le haut degré d'instabilité atteint par l'essentiel de la population algérienne, d'origine rurale, la rend mobilisable politiquement par le FLN, il produit aussi des crispations sur des formes traditionnelles d'allégeance. Dans une société libérée de ses attaches anciennes et en instance

---

77. VATIN J.-C., *L'Algérie politique : histoire et société, op. cit.*, p. 220.
78. *Ibid.*, p. 60.
79. *Ibid.*, p. 302.

de mouvement, il est encore bien des cas où patriotisme cantonal et conscience nationale restent contradictoires, notamment semble-t-il à l'écart des grandes zones de colonisation. « Des règlements de comptes, des comptes anciens, s'opèrent avec célérité au nom de la résistance et de la lutte libératrice[80]. »

Le journal de Mouloud Feraoun regorge de ce que l'on n'ose appeler des anecdotes — tant le tragique des situations éclate à chaque page — relatant la façon dont de tels dispositifs, qui pèsent sur les individus et les groupes, ont pu affecter, voire entraver, le libre choix du camp dans lequel on se situe.

De vieilles rivalités entre familles (comme les dettes d'honneur, les différends familiaux s'héritent) sont à l'origine de dénonciations auprès de l'armée française ou auprès du FLN et, partant, source de nombreux engagements dans les forces supplétives ou dans celles de l'ALN.

L'histoire et la géographie sociales de la révolution algérienne restent à faire, affirme le géographe Armand Frémont. En quelques pages remarquables, il a brossé l'étude du douar des Ouled Y. situé à 70 km au sud de Constantine, sur les hauts plateaux que dominent les premiers contreforts de l'Aurès, la région dont est originaire Saïd Ferdi. L'intérêt de sa monographie réside en ce qu'il décrit très concrètement ce qui résiste en s'adaptant et ce qui se transforme dans la société civile algérienne à l'échelle locale. Il montre comment les racines de la lutte de libération plongent non seulement dans les inégalités, le dénuement, la misère, mais aussi dans les structures sociales, les oppositions de clans, le réseau très complexe des rivalités, *chicayas* et querelles dont la terre et les alliances matrimoniales sont principalement l'objet. L'enchevêtrement du réseau des allégeances traditionnelles, du réseau des institutions coloniales et du réseau des institutions algériennes qui dans l'ombre venaient doubler les premières, débouche sur une multiplication des conflits, des démarches et des dépendances. Il donne également prise à des tactiques très diversifiées.

« A côté du bakchich, dit Frémont, de pratique courante, un deuxième élément est fondamental pour comprendre la guerre, sa nature et ses pratiques à l'échelle locale et régionale : les rivalités ancestrales qui opposent les familles et tendent à former des clans à l'intérieur des mechtas, des douars, des régions.

« A la base se trouvent les chicayas, qui sont des querelles personnelles souvent haineuses, mais qui restent limitées à quelques individus et qui ne vont jamais plus loin que des mots, des coups,

80. FERAOUN M., *Journal 1955-1962, op. cit.*, p. 153.

et parfois des meurtres pendant quelques années. Une chicaya peut provoquer une dénonciation ou le départ d'un homme au djebel. Mais beaucoup plus fortes sont les grandes rivalités interfamiliales qui expriment les options fondamentales et permettent souvent de retrouver les nerfs directeurs de la guerre locale[81]. »

En même temps, Armand Frémont présente l'émergence des oppositions de classes entre cette bourgeoisie rurale naissante d'accapareurs de terres et d'entrepreneurs agricoles — ces « koulaks » algériens — et les paysans sans terre. Cette opposition tend à prendre le pas, dit Frémont, sur les oppositions de clans — en une crise semblable à celle qui opposa le petit peuple des usagers des communaux et de la vaine pâture aux propriétaires et aux laboureurs du XVIIIe siècle français. Dans la société traditionnelle algérienne, les fellahs privés de terrains pouvaient recourir à la solidarité familiale, remède principal contre les inégalités sociales, à l'utilisation partielle et collective des terres vaines, chaumes, jachères et du djebel. Mais les nouveaux riches ignorent les anciennes solidarités et, par leurs techniques intensives, limitent encore le parcours déjà largement amputé par les zones interdites.

Autre héritage historique essentiel à prendre en compte : le rôle des confréries. J'ai dit plus haut qu'en proposant le modèle d'une grande communauté des croyants, l'islam avait pu, de façon inégale, offrir un idéal d'action commune permettant de dominer la division segmentaire de la société civile algérienne. Il servit ainsi de lien puissant et permit le regroupement de tribus sous l'égide d'un marabout, d'une confrérie ou d'un mahdi.

« L'autorité des chefs religieux, tout d'abord, marabouts et chérifs (chorfa), les désignait comme meilleurs candidats pour diriger les actions d'ensemble, commander aux communautés élargies (...). En second lieu, le besoin de médiations multipliées à tous les degrés de la pyramide segmentaire favorisait hommes saints, chefs de confréries et de zaouïas. Extérieurs aux groupes, ils se trouvaient plus à même de préparer leurs bons offices ou d'imposer leur arbitrage. Ils pouvaient donc, mieux que quiconque, rassembler, aux moments cruciaux, les masses les plus imposantes, en raison de leur aura ou charisme d'essence spirituelle[82]. »

La confrérie, à caractère populaire, représente la version idéalisée de l'organisation communautaire. Au début du XIXe siècle,

---

81. FRÉMONT A., *Algérie-el Djazaïr, op. cit.*, p. 145.

82. VATIN J.-C., *L'Algérie politique : histoire et société, op. cit.*, p. 62. Parmi les confréries algériennes on peut citer la Derkaoua, la Kadria, la Senoussia, la Rahmania à l'est, la Taïbia à l'ouest et la Tidjania au sud.

elles mirent en péril le régime turc et les révoltes maraboutiques de cette époque fournissent l'exemple type de contestations à mobiles économiques qui s'expriment par le canal d'organisations à inspiration essentiellement religieuse.

De 1830 à 1919, la société algérienne connut une histoire accélérée où les confréries, une fois encore, jouèrent un rôle majeur. « Une société en péril, doutant d'elle-même, se raccroche aux intercesseurs et se cherche un mahdi, un imam, un chef capable de chasser les infidèles, rendre l'Algérie aux musulmans, restaurer un État en accord avec les grands principes islamiques[83]. » Cette aspiration se fixa sur la personne d'Abd el-Kader, qui était, avec son père Mahi el-Dine, un des responsables de la Kadria. L'échec de l'homme conduisit les Algériens vers des leaders de moindre envergure et à un repli extrême sur les valeurs et les relations passées. La religion semblait alors le moyen de sauvegarder la communauté du chantage à l'assimilation. Mais les confréries, vassalisées ou éliminées par Abd el-Kader, s'étaient souvent ralliées à la France et opposées à l'émir. « Au cours du temps, les confréries utilisées, les marabouts en partie domestiqués, l'islam rural n'annonce plus rien. Il véhicule les moyens de l'attente. La prophétie repousse le départ de l'infidèle dans un brumeux lointain[84]. »

Cette évolution a deux conséquences. D'une part, le prestige des marabouts et des confréries est entamé : 300 000 adhérents dans les confréries en 1910, 200 000 en 1934. D'autre part, à partir de 1914, la France soutient directement l'islam maraboutique comme en atteste cette circulaire adressée en 1948 aux préfets par le directeur du cabinet civil du gouvernement général de l'Algérie : « Il est certain que dans leur immense majorité, les chefs de zaouïas se sont montrés tout à fait loyalistes à l'égard de la présence française dans ce pays. Nous devons en tenir compte en leur témoignant à chaque occasion les égards et la considération à laquelle ils sont sensibles et que d'ailleurs justifient le plus souvent la dignité de leur vie et les services que rendent leurs zaouïas (assistance aux miséreux et instruction)[85]. »

Même si nombre de chefs de confrérie n'étaient pas si loin des nationalistes sur le plan culturel, la plupart furent poussés vers la France, comme le dit Mohammed Harbi, par l'entrée en scène de nouvelles élites, les partis nationalistes en général et l'Association

---

83. VATIN J.-C., *L'Algérie politique...*, *op. cit.*, p. 145.
84. *Ibid.*, p. 198 et 147.
85. Circulaire n° 623, 17 mars 1948. *Pour l'Algérie, pour la France*, Alger, Droz, 1956 (cité par HAMOUMOU M., *Les Français-Musulmans rapatriés, op. cit.*, p. 330).

des oulémas musulmans d'Algérie en particulier, les premiers mettant en cause la domination coloniale et les seconds revivifiant la contestation à base religieuse.

Ils devinrent des cibles du FLN. Dès avril 1957, les *ziaras* — offrandes aux marabouts — étaient interdites et durant les cinq premières années de la guerre, de nombreux chefs de zaouïas et des dizaines de marabouts furent exécutés. Compte tenu de l'autorité qu'avaient certains d'entre eux, tant sur leurs parents que sur leurs fidèles et plus généralement sur leur clientèle, ces exécutions ont suscité l'engagement d'un certain nombre de membres des confréries parmi les supplétifs.

L'empreinte de l'ordre militaire

On a critiqué en début de chapitre le mythe de l'Algérien s'engageant dans une harka par fidélité à la France ; il convient maintenant de nuancer ce propos en s'attaquant à la mythologie inverse. Dans l'Algérie indépendante, remarque Mohammed Harbi, le nationalisme tend à fausser aux yeux des générations nouvelles le tableau de l'Algérie telle qu'elle était avant juillet 1962[86]. La comparaison entre l'*apartheid* en Afrique du Sud, la situation des Palestiniens en Israël et le sort du peuple algérien colonisé y est monnaie courante. Or, le recours à l'analogie résulte d'un manque évident de méthode. Il efface les nuances et fige les appartenances. Européens et Algériens ne forment pas deux camps retranchés se faisant face, souligne Harbi. Les occasions de contact et les connivences sont nombreuses, même si le cadre colonial les fausse et limite leur portée. Cela vaut évidemment pour une autre comparaison extrêmement fréquente : celle qui assimile cent trente ans d'occupation coloniale en Algérie à cinq années d'occupation allemande en France et identifie l'engagement dans les unités supplétives aux faits de collaboration durant la Seconde Guerre mondiale. C'est tout bonnement faire l'impasse sur l'empreinte laissée par une présence plus que centenaire.

Les voies de la francisation culturelle en Algérie furent au nombre de deux : l'armée et l'école. L'école, sauf en Kabylie où l'instruction fut répandue, imposa un mouvement promotionnel sur un mode essentiellement élitaire. En revanche, l'armée opéra sur de grands nombres et joua finalement dans la francisation un rôle plus important que l'école.

86. Harbi M., *La guerre commence en Algérie, op. cit.*, p. 31.

Si l'exercice de la terreur fut, à partir de 1954, l'instrument essentiel utilisé par l'armée pour s'attacher des supplétifs, on ne peut oublier que durant des décennies des Algériens furent conduits à entretenir avec l'ordre militaire des rapports fondés également sur une bonne dose de consentement.

L'historien René Galissot souligne que dans une colonie la marque de l'armée est forte parce qu'elle est fondatrice. C'est elle qui assure la conquête et l'occupation. C'est elle qui offre ensuite le premier modèle d'organisation et de comportement. Un modèle qui s'accorde avec la morale et l'ordre militaire du système de domination qui encadrait pour partie la société algérienne avant la colonisation, et que celle-ci a réutilisé en pratiquant la division entre notables. Un modèle qui s'accorde aussi avec les usages de ségrégation masculine.

En outre, par comparaison à l'ordre colonial civil, l'ordre militaire parvint même à s'imposer presque comme un idéal. « Sous l'effet de l'avancée de la colonisation terrienne et de la prépondérance de la colonie civile, du triomphe en 1870-1871 des civils sur les militaires, l'armée se trouve valorisée en étant perçue comme l'envers de la domination éhontée des maires et des "Français d'Algérie" qui poussent le mépris jusqu'à proclamer être seuls les "Africains" ou les "Algériens" : "L'Algérie c'est nous"[87]. »

Enfin, l'armée coloniale s'offre comme recours contre le déclassement consécutif à la colonisation. Déclassement des grandes familles, mais aussi déclassement de la paysannerie. L'armée coloniale est aussi une armée de paysans, et à partir de 1914 les « Nords-Africains » font partie de l'armée française.

Ces tendances se verront renforcées à l'occasion de la Première Guerre mondiale, dont l'expérience marquera les quelque 200 000 à 300 000 Algériens qui y seront directement impliqués[88]. Des hommes jeunes, parfois des adolescents, sont transportés sur le sol français pour y être incorporés à la « patrie française » en guerre contre l'Allemagne.

Dès août 1914, les premiers contingents débarquent à Marseille, Sète ou Bordeaux, venus d'Afrique du Nord, puis du Sénégal. Leur envoi n'aurait pu être qu'un symbole si, en septembre, le conflit n'avait pris un tour imprévu. On vit alors, dit l'historien

87. GALLISSOT R., « Aux origines de l'immigration algérienne (Première Guerre mondiale et après-guerre) le mixte fondateur franco-algérien », *in* COSTA-LASCOUX J. et TEMINE E., *Les Algériens en France (genèse et devenir d'une migration)*, Publisud, 1985, p. 207-223.

88. 170 000 soldats ; 80 000 travailleurs coloniaux requis par le ministre de l'Armement ; 20 000 à 30 000 travailleurs libres.

Marc Michel, les Algériens et les Marocains sur la Marne, les Sénégalais dans la « course à la mer ». « Dès l'automne, il fallut de nouveau recruter, et en plus grand nombre, des hommes. L'Algérie et l'Afrique occidentale française étaient des "réservoirs désignés" depuis l'avant-guerre. En Algérie et en Afrique occidentale française, on crut d'abord suffisant d'augmenter les primes d'engagement, mais dès 1915, les autorités durent recourir au recrutement forcé (...). Comparé aux minces prélèvements d'avant 1914, l'effort était gigantesque et avait déjà entraîné un peu partout insoumissions, exodes de villageois, fuites en brousse et premières résistances armées au Soudan. Cependant la crise des effectifs et les pressions parlementaires renforcèrent la résolution du gouvernement. En septembre 1916, l'appel anticipé de la classe 1917 en Algérie — environ 26 000 hommes — se fit en pleine révolte du Constantinois. (...) En 1917, le seuil de tolérance paraissait avoir été dépassé, d'autant plus qu'un effort économique était maintenant réclamé. Mais, après une accalmie, Clemenceau, arrivé au pouvoir, décida la reprise des grands recrutements, en fait la conscription dans tout l'Empire. (...) Au total, la contribution coloniale se chiffra à un peu plus de 600 000 hommes, sans doute assez peu, environ 7,8 % des effectifs sous les drapeaux, au regard de la mobilisation métropolitaine (7 740 000 hommes), et pourtant elle représentait un effort redoutable pour des populations peu nombreuses, mal soumises ou étrangères aux motivations du colonisateur[89]. »

Gilbert Meynier, qui a consacré sa thèse à l'Algérie et au rôle des Algériens durant cette période, observe que l'armée produit alors une « intégration relative » qui tient sa force de la « pratique militaire du maniement des esprits et des corps[90] ». La vie militaire rapproche non seulement par la fraternité d'armes mais aussi sous l'effet du paternalisme autoritaire qui y règne. Ce paternalisme protège et subordonne. Il fixe des distances et crée en même temps une familiarité entre les officiers français, les sous-officiers et les hommes de troupe. Certes, la discrimination demeure, non seulement celle de la condescendance et de la vulgarité, mais aussi la discrimination explicite qui exclut les Algériens des grades élevés, bloque les promotions, privilégie les officiers français. Certes, les Algériens portent le kaki des troupes

---

89. MICHEL M., « Les troupes coloniales arrivent », *L'Histoire*, n° 69, juillet-août 1984.

90. MEYNIER G., *L'Algérie révélée. La guerre de 1914-1918 et le premier quart du XXᵉ siècle*, Genève, Droz, 1981.

coloniales, la culotte bouffante, la vareuse, la chéchia qui les distinguent des soldats français habillés de drap bleu. Mais en même temps qu'ils mettent à part, l'esprit de corps et l'exaltation de la guerre rassemblent, valorisent et incorporent à la France combattante. L'armée semble réaliser la plénitude de la condition de sujets français.

Au point que des soldats algériens purent se sentir et croire français, alors qu'ils restaient des sujets : c'est-à-dire « indigènes » ou « musulmans ». C'est à l'armée que les Algériens devinrent des « Français-Musulmans ».

Nous sommes, dit Galissot[91], aux sources du mythe de la « vraie France », qui n'est pas celle des colons, mais tient de la modernité et d'une certaine justice, voire de l'égalité. L'armée, la guerre et la France se présentent comme l'envers de la société coloniale. A tel point que la barrière coloniale n'apparaît plus infranchissable. L'apprentissage des techniques, l'usage des armes, l'identification à la cause française, l'héroïsme semblent être des moyens de la franchir. La guerre apporte l'impression d'accéder à une autre vie et à un semblant de dignité. D'où le loyalisme et le courage des régiments de tirailleurs algériens.

La valorisation des relations qui s'instaurèrent au sein de l'ordre militaire par rapport à celles qui étaient vécues au sein de l'ordre civil colonial est à l'origine de deux types de comportement opposés dans leur évolution ultérieure, mais tous deux marqués par l'empreinte de l'ordre militaire.

Pour les uns, l'identification au patriotisme français, loin de conduire à une volonté d'assimilation, suscita au contraire l'exaltation d'une contribution proprement algérienne à la victoire qui enlevait son monopole aux prétentions algériennes des colons. Dans l'entre-deux-guerres, l'algérianité change de signification et désormais ce sont des « indigènes » qui se proclameront algériens. En outre, ils vont bientôt revendiquer que la relative égalité de traitement en usage dans l'armée le soit aussi dans la vie civile. L'empreinte de l'ordre militaire qui marque pour partie la revendication nationaliste dès son émergence se maintiendra et influera jusqu'à la structuration dont se dota le nationalisme algérien.

En mai 1945, les médailles pendaient encore sur les poitrines de l'adjudant Ben Bella (tabors marocains, campagne d'Italie et de France), du sergent Ouamrane et de l'adjudant Boudiaf. Dix ans plus tard, ils avaient fondé non un parti mais une « armée-État » — le terme est de Mohammed Harbi.

---

91. GALISSOT R., *Aux origines de l'immigration algérienne en France, op. cit.*

La lutte de libération étant à l'origine le fait d'un groupe minoritaire dans le parti (PPA-MTLD) et dans la société, elle n'a pas bénéficié de l'enracinement préalable de ce parti. Conséquence : la paysannerie, plus éparpillée, moins sensible au nationalisme dont les villes étaient le berceau, a réalisé son unification à l'intérieur de l'armée. On ne peut même pas parler ici de prédominance de l'armée sur l'organisation politique. Dès l'origine, tout le pouvoir réside dans l'ALN. Rien n'est prévu quant à la définition de ses rapports avec le FLN. Si bien qu'au lendemain de l'indépendance l'armée a absorbé toute la substance du mouvement politique, le réduisant à un appareil dépendant, une logistique ou une diplomatie.

Pour d'autres, l'empreinte de l'ordre militaire maintiendra l'allégeance à la « patrie française » que l'on défendra, comme dit Galissot, « y compris contre les siens et pour certains qui font nombre, jusqu'au terme de la colonisation[92] ». Pour ces Algériens, l'armée française continue de paraître l'envers de la société coloniale — un refuge au sein duquel il est toujours possible d'accéder à une autre vie, à un semblant de dignité. A condition, croient-ils, d'en rajouter : sur l'identification à la cause, le patriotisme, l'héroïsme, etc.

Il y a là un fil conducteur qui mène des recours par le commandement français aux troupes coloniales pour circonscrire et mater les mutineries de Champagne en 1917, jusqu'à l'engagement de ces troupes, doublé par le recrutement de supplétifs, après la Toussaint 1954.

---

92. GALISSOT R., *Aux origines de l'immigration algérienne en France, op. cit.*, p. 209.

6

Le cercueil et la valise

Le 5 septembre 1960, le général de Gaulle évoqua, en une formule restée célèbre, la nécessité de « laisser les couteaux au vestiaire » pour négocier. A Ferhat Abbas qui venait d'annoncer que le FLN ne cesserait pas le combat en échange de la création d'un « État croupion », il répondit, deux mois plus tard : « L'Algérie algérienne (...) aura son gouvernement, ses institutions et ses lois[1]... » Tout en maintenant son refus de considérer le FLN comme représentant du peuple algérien, de Gaulle assure que si la majorité des Algériens se prononce pour une « rupture brutale », la France ne s'acharnera pas. Simplement, elle fera en sorte que soient mis à l'abri les intérêts de «ceux des Algériens qui voudraient rester français ».

Un ministère d'État chargé des Affaires algériennes est créé et confié à Louis Joxe ; ce qui revient, selon Jean Lacouture, « à confier ces responsabilités à un libéral notoire et à les retirer, pour tout ou partie, au Premier ministre, Michel Debré, dont la loyauté est certaine et la conviction partagée[2] ».

Joxe s'entoure d'une équipe dont l'objectif est, de toute évidence, non l'administration de l'Algérie, mais le contact avec le FLN. Robert Boulin est discrètement chargé d'étudier le problème que poserait le retour de « quelques dizaines de milliers de rapatriés ». Selon Yves Courrière, Boulin envisageait « une pointe d'environ 200 000 rapatriés en trois mois » ; après, pensait-il, « ça se tasserait[3] ».

1. Déclaration du 4 novembre 1960.
2. LACOUTURE J., *Algérie, la guerre est finie*, Complexe, Bruxelles, 1985, p. 52.
3. COURRIÈRE Y., *Les Feux du désespoir, op. cit.*, p. 414. Malgré les estimations pessimistes du général Gambiez (commandant en chef jusqu'en juin 1961) le gou-

Les accords d'Évian et l'indépendance

Les initiatives s'enchaînent alors en cascade. Au voyage mouvementé du chef de l'État en Algérie, du 9 au 13 décembre 1960, succède un référendum organisé à la hâte, le 8 janvier 1961, qui lui donne mandat pour négocier sur le thème de l'autodétermination par 75 % des suffrages exprimés. En Algérie, où la tension monte au sein du colonat et de l'armée durant tout l'hiver 1960-1961, un putsch éclate le 22 avril 1961. Quatre jours plus tard, les généraux Salan, Challe, Jouhaud et Zeller, qui ont tenté d'entraîner l'Algérie et toute l'armée en sécession, baissent les bras. Le 3 mai 1961 paraît le premier tract de l'OAS, dont la terreur allait désormais ponctuer chaque journée du crépuscule de l'Algérie française.

Ce même printemps 1961, les contacts avec le FLN et le GPRA reprennent au grand jour et le 20 mai, le gouvernement français, représenté par Louis Joxe, entame des négociations officielles à Évian. Après bien des péripéties, elles déboucheront, près d'un an plus tard, sur la signature des accords d'Évian le 18 mars 1962.

Quatre-vingt-treize pages... Ces accords, selon Jean Lacouture, « sont aussi copieux que leur existence fut aléatoire[4] ». Conclusion de sept ans et demi de guerre, l'accord militaire stipule qu'« il sera mis fin aux opérations militaires et à toute action armée sur l'ensemble du territoire algérien le 19 mars 1962 à 12 heures ». La France reste théoriquement souveraine en Algérie durant la période transitoire qui s'écoulera entre le cessez-le-feu et le référendum. Prévue initialement pour une durée de trois à cinq mois, cette période s'étendit du 19 mars au 3 juillet 1962, soit trois mois et demi durant lesquels Christian Fouchet — haut commissaire[5] désigné par la France et installé le 23 mars 1962 — fut dépositaire des pouvoirs de la République en Algérie, notamment en matière de défense, de sécurité et de maintien de l'ordre. Son plus proche collaborateur civil est Bernard Tricot. Le colonel Buis est nommé directeur du cabinet militaire. Ils sont assistés d'un exécutif provisoire de douze membres nommés par le gouvernement français

---

vernement n'envisagea jamais, semble-t-il, plus de 300 000 retours en deux ans. Les premiers départs massifs eurent lieu en avril 1962, aussitôt après l'arrestation de Raoul Salan. En mai, 100 000 Français ont déjà quitté l'Algérie. C'était l'avant-garde. En juin, ports et aéroports sont pris d'assaut et à la fin du mois la moitié des Français d'Oran et les trois quarts de ceux de Constantine sont partis. En trois mois (de juin à août), 800 000 Français quittent l'Algérie. A la fin de l'année, il n'en reste que quelques dizaines de milliers sur l'ensemble du territoire.

4. LACOUTURE J., *Algérie, la guerre est finie*, *op. cit.*, p. 156.

5. Et non plus gouverneur général.

et présidé par Abderrahmane Farès. Sur le plan militaire, les généraux Ailleret, Fourquet et de Brebisson se succéderont au poste de commandant supérieur des forces françaises en Algérie[6]. Selon les accords d'Évian, l'armée française demeure en Algérie jusqu'au scrutin d'autodétermination, mais doit réduire ses effectifs à 80 000 hommes au cours de l'année 1962 pour évacuer totalement dans les trois années qui suivront le référendum. Quant à l'ALN, ses éléments basés en Tunisie et au Maroc doivent y rester jusqu'au référendum. A l'intérieur, chacun s'est engagé à éviter tout contact avec les forces adverses. Une commission mixte de cessez-le-feu est instaurée.

L'exécutif provisoire dispose de ses propres services d'administration, de police et d'une force de maintien de l'ordre dite force locale. Encadrée par des officiers algériens et composée de militaires algériens de recrutements divers (membres des GMS, soldats algériens de l'armée française, et aussi bon nombre de résistants de la dernière heure[7]), la force locale devait théoriquement compter 40 000 hommes. Le FLN, note Yves Courrière, ne souhaitait y voir ni harkis, ni Français d'Algérie[8]. Elle avait pour mission d'intervenir au fur et à mesure du retrait des forces françaises et d'éviter notamment les massacres provoqués par l'OAS ou l'ALN.

En bandes molletières et mousquetons, cette force locale ressemblait à une territoriale, observe Georges Buis : « Ni chair, ni poisson, les forces de l'ordre, créées en exécution des accords d'Évian, étaient condamnées avant de naître par leur caractère provisoire. Des forces, c'est fait pour obéir à un gouvernement auquel elles croient. Pour l'aider à durer, pour durer avec lui. Or, l'armée de libération attendait à l'est de Souk Ahras[9]. »

La situation des forces de police révèle les mêmes ambiguïtés et la création par la préfecture de police d'un corps d'« auxiliaires temporaires occasionnels » *(sic)* — ATO — ne donna guère de résultats.

Le 30 juin 1962, dans la soirée, la radio d'Alger déclare : « C'est demain dimanche 1er juillet que se déroulera le référendum. Les électeurs auront à se prononcer par oui ou par non à la question

6. Et non plus commandant en chef.

7. « Après l'annonce du cessez-le-feu, nombre de jeunes, mais aussi nombre de ceux qui se maintinrent dans une prudente neutralité tant que tout danger n'était pas écarté pour les porteurs d'uniforme, se firent recruter dans le corps des forces locales nouvellement constituées et se pavanèrent en tenue kaki et képi en tout point semblables à ceux des soldats qui avaient été combattus » (BELAMRI R., *Le Regard blessé*, Gallimard, 1987, p. 119).

8. COURRIÈRE Y., *Les Feux du désespoir, op. cit.*, p. 559.

9. BUIS G., *Les Fanfares perdues, op. cit.*, p. 226, 239.

suivante : "Voulez-vous que l'Algérie devienne un État indépendant coopérant avec la France dans les conditions définies par la déclaration du 19 mars 1962 ?" » Le dimanche 1er juillet à minuit, les journalistes se rendent à la cité administrative du Rocher Noir, siège de l'exécutif provisoire. Les résultats du référendum d'indépendance dans les différentes régions d'Algérie sont inscrits, au fur et à mesure qu'ils parviennent, sur un grand tableau noir. Ils seront bientôt à la une de tous les journaux : inscrits, 6 549 736 ; votants, 6 010 806 ; exprimés, 5 992 115 ; nuls, 25 565 ; oui, 5 975 581 ; non, 16 534.

A la quasi-unanimité — 91,23 % des inscrits et 99,72 % des suffrages exprimés — l'Algérie s'est prononcée pour l'indépendance. Le 3 juillet, Christian Fouchet remet à Abderrahmane Farès la lettre du général de Gaulle reconnaissant officiellement l'indépendance de l'Algérie et Jean-Marcel Jeanneney est nommé premier ambassadeur de France à Alger.

« Nous avions, dit Georges Buis, des ordres de de Gaulle d'une parfaite netteté : le 3 juillet à minuit, quoi qu'il arrive, on ouvrait les frontières à l'ALN, l'armée du FLN stationnée à l'extérieur, et on passait la main. Fouchet n'a jamais hésité là-dessus, même quand le bruit a couru qu'il était l'objet de pressions pour faire durer la phase transitoire en profitant (quel profit ?) de ce qu'à Tunis la dissidence Boumediene-Ben Bella, le 30 juin, cassait le GPRA. Le référendum intervint le 1er juillet. Quatre jours plus tard, on devait ouvrir les frontières est et ouest. On l'a fait[10]. »

Le 5 juillet 1962, cent trente-deux ans jour pour jour après la prise d'Alger par les troupes de Charles X, dans un extraordinaire climat d'euphorie, les ministres du GPRA font leur entrée dans Alger sous la direction du triumvirat des trois B. (Abdelhafid Boussouf, Lakhdar Ben Tobbal, Krim Belkacem), appuyés par l'un des deux vice-présidents du GPRA (Mohamed Boudiaf) et par Hocine Aït-Ahmed. Au même moment — et plus discrètement —, les unités de l'ALN fidèles à l'état-major général (Houari Boumediene, Kaïd Ahmed et Ali Mendjli), soutenues par l'autre vice-président du GPRA (Ahmed Ben Bella) et par le nouveau bureau politique du FLN, passent les frontières du Maroc et de la Tunisie. La crise du FLN, jusqu'alors ignorée de la plupart des Algériens, éclate au grand jour. Les mois de juillet et d'août 1962 seront marqués par l'affrontement des deux groupes jusqu'à ce que Boumediene et Ben Bella l'emportent définitivement en septem-

10. BUIS G., *Les Fanfares perdues, op. cit.*, p. 228.

bre. Ce dernier — devenu secrétaire général du FLN — sera ensuite élu président de la République.

Mais cela est une autre histoire, celle de l'Algérie indépendante... ; et entre l'ouverture des négociations à Évian en mai 1961, le cessez-le-feu du 19 mars 1962, le référendum d'indépendance du 1er juillet et la prise du pouvoir par le groupe de Tlemcen en septembre 1962, la période fut fertile en événements dont certains nous importent ici au premier chef. Mentionnons la démobilisation et le désarmement des unités de supplétifs, leur abandon et le massacre de plusieurs dizaines de milliers d'entre eux ; l'exode qui, de fin avril 1962 à la fin de l'été, précipitera la grande masse des Français d'Algérie sur l'autre rive de la Méditerranée ; et enfin l'exode infiniment plus discret de milliers de supplétifs, quittant définitivement un pays devenu pour eux un enfer.

Désarmement

Au printemps 1961, pour marquer « sa bonne volonté » dans la perspective de l'ouverture de négociations officielles, le gouvernement français avait annoncé une trêve unilatérale. Baptisée pudiquement « interruption des opérations offensives », le projet en avait été révélé par Jean Lartéguy dans *Paris-Presse* quelques heures avant le putsch des généraux[11]. Commencée en mai 1961, l'expérience est abandonnée trois mois plus tard le 16 août. Elle trouve toutefois un prolongement dans le dégagement des troupes amorcé dès juillet. La 2e DIL est la première à embarquer, bientôt suivie par une autre division. Les divisions restantes ont ordre de se regrouper autour des villes et des grands centres ruraux. Le processus engagé allait se poursuivre jusqu'à l'évacuation des postes au printemps 1962.

Le putsch, l'annonce de la trêve, le dégagement, à quoi vient s'ajouter la rumeur persistante d'une réduction imminente des effectifs dans les formations supplétives[12] suscitent une vague de désertions qui culmine avec l'annonce du cessez-le-feu.

La vague de désertions de l'hiver 1961 et du printemps 1962 n'est pas seulement l'effet de la conjoncture politique qui marqua cette période. Elle est liée aux circonstances concrètes du dégagement de l'armée française. Commentant les mesures de sécurité édictées par l'administration dès avant le cessez-le-feu, Nicolas d'Andoque

11. COURRIÈRE Y., *Les Feux du désespoir, op. cit.*, p. 373.
12. *Cf. infra.*

note que « le cadenas succédait à la confiance, sans solution de continuité[13] ». Quant à la démobilisation des formations supplétives, c'est — on le verra — sur place et dans la plus extrême confusion qu'elle s'opéra courant 1962.

Dans la SAS dont Nicolas d'Andoque est responsable, le premier déserteur du makhzen de Bir Bahir Chergui disparaît avec son MAS 36 dès le 16 février 1961. Quel choix reste-t-il désormais aux supplétifs ?, demande d'Andoque. Que peuvent-ils éprouver à la nouvelle que les anciens chefs de l'armée d'Afrique ont été jusqu'à la révolte ouverte pour sauver la politique au nom de laquelle ils considèrent s'être engagés[14] ? Trêve et rumeur de dissolution des harkas et makhzens achèvent de les persuader qu'ils ont été abusés par leurs officiers. Dans ces circonstances, bon nombre de harkis et de mokhaznis vont tenter de se dédouaner en désertant et en apportant à l'ALN — qui apparaît déjà victorieuse — armes, munitions et même l'argent de leur solde.

L'affaire qui secoue une harka des Aurès en mai 1961 illustre bien l'ambiance de fin de règne qui domine alors. Cette unité est composée de quinze spahis et de soixante et un harkis, dont deux sergents et cinq caporaux, tous originaires de la mechta Merabtine où ils ont été recrutés de force en octobre 1959. A l'annonce de l'ouverture prochaine des négociations d'Évian, et plus encore avec l'interruption des opérations offensives à partir du 20 mai 1961, les harkis se réunissent par petits groupes et envisagent de déserter après avoir exécuté les Français du poste et mis la main sur l'armement. Pour reprendre ses hommes en main, le lieutenant Chesnais, qui commande cette unité depuis le 10 avril 1961, ne vit pas — selon son propre témoignage — d'autre solution que de laisser les supplétifs exécuter six prisonniers. Mis aux arrêts de rigueur, il expliquera dans un rapport destiné à ses supérieurs que ses hommes avaient été « dès le début habitués à avoir toute liberté d'action après les accrochages », et que les exécutions lui permirent de reprendre en main des harkis « pour qui la preuve venait d'être faite que le FLN n'avait pas gagné et que je ne les abandonnais pas[15] ».

Un an plus tard, la signature des accords d'Évian et l'annonce du cessez-le-feu donnent le signal de la débandade. Selon le géné-

---

13. D'Andoque N., *1955-1962 : guerre et paix en Algérie, op. cit.*, p. 131.
14. *Ibid.*, p. 125-130.
15. « Rapport du lieutenant Chesnais, commandant d'une harka, avril-mai 1961 », *in* Vidal-Naquet P., *La Raison d'État, op. cit.*, p. 289-290 ; *La Torture dans la République, op. cit.*, p. 98-99 ; *Les Crimes de l'armée française, op. cit.*, p. 127-128 ; *Face à la raison d'État, op. cit.*, p. 216.

ral Faivre, il y eut 1 500 désertions en mars et 3 000 en avril 1962[16].

A Souiga, où cantonne le commando Cobra depuis fin décembre 1961, les désertions s'accumulent. Les harkis partent la nuit « avec armes et bagages », écrit Robert Filliatre ; un groupe est passé « dans la chambre du stick de commandement pour y prendre des munitions et la trousse de l'infirmier[17] ». On a donc désarmé Cobra et enchaîné les armes aux râteliers.

Tombeza, le héros du livre de Rachid Mimouni, dresse un tableau assez saisissant de cette période : « Après la proclamation du cessez-le-feu, les événements évoluèrent très vite. Tout le monde semblait dépassé, personne ne savait exactement à quoi s'en tenir ni ce que nous réservait l'avenir. Il y eut d'abord comme une période de temps mort suspendant toute évolution, les gens ne continuaient à accomplir leurs gestes quotidiens que par inertie, en l'absence d'une solution de rechange. On attendait, les harkis avaient reçu l'ordre de rester cantonnés dans les locaux de la SAS. L'inquiétude les tourmentait. Le lieutenant Petit essaya de les rassurer du mieux qu'il put. Plusieurs disparurent, certains abattus à un détour de chemin, d'autres désertèrent après s'être débarrassés de leur tenue, d'autres enfin rejoignirent les maquisards, et quand ces derniers descendirent vers les plaines, on eut la surprise de reconnaître ces transfuges de la dernière heure qui se pavanaient avec plus d'arrogance que les vrais combattants[18]. »

Tombeza ne dit pas si ces transfuges parvinrent longtemps à se dédouaner et à garder la vie sauve. En revanche, on sait comment finirent ceux du commando Georges.

Dès le 19 mars, des tracts faisant appel à la désertion immédiate étaient distribués dans toutes les unités du secteur de Saïda qui employaient des Algériens. Le lendemain, Mahmoud — ancien chef de katiba au commando Georges — et son radio Zaedine disparaissaient avec leurs armes. Le 21, trois nouveaux déserteurs sont abattus par Riguet, un des chefs de katiba. Georges Grillot impose alors à chaque katiba de regrouper son armement dans une pièce forte, gardée par des hommes de confiance. En dépit de cette précaution, le 11 avril au matin, huit hommes de Riguet ont déserté avec 8 PM, 4 fusils, de nombreux chargeurs, des munitions et 12 poignards. Sur ordre du commandant de secteur, tout l'arme-

---

16. FAIVRE M., « Une histoire douloureuse et controversée », *Hommes et migrations, loc. cit.*, p. 17.
17. Lettre de R. Filliatre à R. Gaget, *in* GAGET R., *Commando Cobra*, J. Granger, 1988, p. 334-335.
18. MIMOUNI R., *Tombeza, op. cit.*, p. 156.

ment du commando est alors rassemblé et placé sous la garde d'une unité du 8e RIM. Depuis le 6 avril, le lieutenant Kouies de l'ALN a noué des contacts avec les gradés du commando Georges. « Riguet n'est plus sûr de Riguet », déclare ce chef de katiba au colonel Maire, commandant du secteur de Saïda. Durant la seconde quinzaine d'avril, il est aperçu avec Bendida, autre responsable d'une katiba, en train de pénétrer dans une zone de regroupement de l'ALN près de Toudmout. Mal leur en prit. Riguet sera condamné à mort. Gaget raconte qu'il fut saigné, ébouillanté, dépecé et brûlé sous les yeux des vingt-deux harkis qui l'avaient suivi et qui furent ensuite eux-mêmes exécutés[19]. Bendida et une quinzaine de ses harkis furent également liquidés.

Opéré ouvertement dans le secteur de Saïda, le désarmement des formations supplétives se fit souvent par la ruse. Saïd Boualam rapporte un des stratagèmes alors utilisés : « Un beau jour, les autorités vinrent leur annoncer qu'on allait remplacer leurs antiques fusils de chasse par des armes automatiques. Tous poussèrent des cris de joie et remirent leurs fusils. Ils attendent encore les armes promises en remplacement. Ils en ont trouvé d'autres : celles qui les mettaient en joue[20]. »

Ajoutons que si le désarmement résulte en général des premières vagues de désertions, il les précéda et les suscita parfois. Pierre Rivière, qui commanda une unité de supplétifs dans les Aurès, rappelle que « si, immédiatement après le cessez-le-feu, le commandement a ainsi réussi à désarmer par surprise les harkas d'Edgar-Quinet — 150 hommes — et de Bou-Hamama — 100 hommes — qui furent plus tard exécutés à Kenchela avec leurs femmes et leurs enfants, en revanche, l'opération montée pour désarmer le commando de Foum-Toub échoua et celui-ci ainsi qu'une section du makhzen opérationnel d'Arris et la totalité des GMS furent enregistrés par la gendarmerie comme déserteurs[21] ».

Tous les déserteurs n'ont pas rejoint l'ALN. Certains sont rentrés chez eux. Parmi les uns comme parmi les autres, tous n'ont pas été exécutés. Enfin, parmi les déserteurs survivants, certains ont réussi à gagner la métropole. Si bien qu'il se trouve aujourd'hui en France d'anciens supplétifs encore considérés comme déserteurs. On comprend mal — souligne aujourd'hui Pierre Rivière — que quelques milliers d'Algériens qui ont déserté

---

19. GAGET R., *Commando Georges*, J. Granger, 1990, p. 212.
20. BOUALAM S., *Mon pays, la France, op. cit.*, p. 205-206.
21. RIVIÈRE P., *Problèmes des rapatriés musulmans. Note à l'attention du président Wormser*, 16.12.1988.

pour sauver leur peau n'aient pas bénéficié de l'amnistie dont profitèrent les militaires qui désertèrent pour rejoindre l'OAS. Sauf à considérer qu'il y a là un nouvel exemple de la façon dont se reconstitua après 1962 la barrière coloniale sur le territoire métropolitain[22].

Démobilisation

Le 26 mars 1962, trois compagnies du 4e régiment de tirailleurs algériens bouclent la rue d'Isly où s'engage une manifestation à l'appel de l'OAS pour soutenir le petit peuple pied-noir de Bab-el-Oued, bouclé par l'armée française à la suite d'un accrochage entre un commando de l'OAS et un élément du contingent. Vingt et un tirailleurs menés par le lieutenant Ouchène Daoud, un Kabyle, sont en contact direct avec les premiers manifestants massés devant la grande poste. Une fusillade aveugle de quelques minutes laissera 46 morts et près de 200 blessés aux alentours de la grande poste.

Lorsque le général Fourquet prend la succession du général Ailleret au poste de commandant supérieur des forces françaises en Algérie, il réunit à Alger les chefs de corps des régiments et bataillons composés pour l'essentiel de soldats algériens afin d'envisager avec eux la démobilisation de ces unités. Cette réunion est l'occasion pour le colonel Goubard de dresser un tableau peu reluisant du 4e RTA : « Ces derniers temps, avoue-t-il, nous devons compter une cinquantaine de désertions avec armes ; (...) ce qu'il faut maintenant, c'est que nous puissions annoncer dans nos unités les décisions du gouvernement concernant l'avenir de nos musulmans[23]... » Chacun des chefs de corps qui rend compte lors de cette réunion mentionne à son tour une impressionnante quantité de désertions récentes. Des sections d'un bataillon de tirailleurs se sont même battues entre elles.

Fourquet annonce alors un ensemble de mesures visant les appelés et engagés algériens de l'armée française.

Les engagés auront le choix entre la libération sur place, le retour en France et le maintien jusqu'à dissolution dans les uni-

---

22. Pierre Rivière propose « une amnistie fixant leur départ de l'armée à la date de leur désertion et supprimant la mention de celle-ci sur toutes les pièces fournies par l'administration militaire », ainsi que « le rétablissement dans leurs droits antérieurs pour la retraite et les décorations », *ibid.*

23. Témoignage cité par Georges FLEURY, *Le Combat des harkis, op. cit.*, p. 208.

tés de l'armée d'Afrique : « Les musulmans qui choisiront de quitter l'armée d'Afrique ne seront pas privés de leurs droits acquis. Un abaissement des annuités de service permettra aux candidats à la démobilisation qui n'auront pas assez de service de toucher tout de même une retraite proportionnelle. Ceux qui, malgré ces facilités nouvelles, ne réunissent pas les conditions de retraite, pourront avoir droit à dénoncer leur contrat avec une prime de résiliation ; (...) ceux qui désireront demeurer au service de la France seront immédiatement mutés en métropole. Quant aux tirailleurs et spahis qui n'aimeraient pas aller en France mais voudraient poursuivre leur engagement jusqu'aux jours de la retraite effective, ils pourront rester dans les unités de l'armée française pendant quelques années encore en Algérie, dans le cadre des accords d'Évian[24]. » Les appelés seront libérés peu à peu avec leur classe.

Les mesures annoncées par le responsable des armées en Algérie sont très vite mises à exécution. Au 4e RTA, le colonel Goubard libère au mois de mai un millier de tirailleurs — pour la plupart appelés des dernières classes du contingent — après avoir ordonné qu'ils ne cherchent pas à reprendre contact avec leurs compagnons demeurés sous les armes. La confiance règne...

La dissolution des formations supplétives s'opéra sur une plus longue période, de façon plus discrète et plus confuse. Des notes de service, nombreuses et souvent contradictoires, traduisent les hésitations de l'état-major. Il semble que, début 1961, le commandement ne jugeait plus nécessaire d'entretenir des effectifs importants dès lors que la guerre allait finir. Le statut des harkis promulgué en décembre 1961 est — on l'a dit — l'indice d'une volonté de la part des pouvoirs publics de hâter le retour des supplétifs à la vie civile[25]. Selon Pierre Rivière, on commença par les harkas de dix hommes rattachées aux compagnies. En même temps, on regroupait les sections isolées et on supprimait les makhzens de SAS.

Durant l'automne 1961, il fut un temps question de reverser les harkis dans les GMS, avec l'idée que ces unités pourraient alors former l'embryon de la force locale. Mais le projet fut abandonné, et lorsque les GMS furent versés dans la force locale, le nombre de harkis et de mokhaznis ayant été autorisés à les intégrer était faible.

---

24. FLEURY G., *Le Combat des harkis, op. cit.*, p. 208-209. Les unités de l'armée d'Afrique furent dissoutes entre 1962 et 1964.

25. *Cf. supra*, chapitre 5, la déclaration du secrétaire d'État auprès du Premier ministre chargé des Affaires algériennes (Assemblée nationale, 22 avril 1963, *Journal officiel*, p. 1417), et le statut des harkis.

Finalement, ordre fut donné de dissoudre purement et simplement les unités supplétives après désarmement. La dissolution des harkas s'opéra entre janvier et juillet 1962. Au moment du cessez-le-feu ne demeuraient guère que les grosses harkas opérationnelles, quelques makhzens et les GMS[26].

Des décrets publiés le 22 mars 1962 précisent les conditions de démobilisation et offrent théoriquement le choix entre trois solutions :

— Les harkis peuvent en premier lieu s'engager dans l'armée française à titre régulier à condition, selon Ahmed Kaberseli, de renoncer à leur grade et de faire neuf mois de service durant la durée légale, et ce, quel que soit leur temps de service au sein des harkas. C'est ainsi, par exemple, qu'un « sergent-chef à sept citations reprenait du service comme deuxième classe et ce, pendant neuf mois ». En outre, « rien n'a été fait pour les familles de ces engagés, sauf à l'échelon individuel de chef de commando et de chef d'unité. Rien n'a été prévu tout au moins pour le transport de ces familles lorsque ces nouveaux engagés, suivant le sort des engagés, sont affectés en métropole ou en Allemagne[27] ».

— Deuxième solution : le retour à la vie civile avec la prime de démobilisation ou de recasement prévue dans le statut des harkis, complétée parfois d'une prime de licenciement. En juin 1962, le ministre d'État chargé des Affaires algériennes annoncera que la majorité des harkis a demandé à être licenciée — 21 000 — et que 19 000 mokhaznis sont rentrés chez eux[28].

— Enfin, les harkis peuvent demander un délai de réflexion de six mois durant lequel ils continueront à toucher leur solde et seront employés comme auxiliaires non armés.

Dans les faits, les autorités civiles et militaires poussèrent avec obstination les supplétifs à opter pour la deuxième solution — démobilisation et maintien sur place. Selon Nicolas d'Andoque, tous les chefs de SAS reçurent, début 1962, une note de service énumérant les aides administratives qu'il convient d'apporter aux harkis et mokhaznis licenciés : « Aide en nature pour la construction et la reconstruction de leur maison, aide vestimentaire, aide alimentaire, priorité d'embauche sur les chantiers de l'État, attribution de semences pour les cultures de printemps, aide à l'acces-

26. Saint-Salvy évalue à 93 000 le nombre des supplétifs en activité au 1er mars 1962 : 58 000 harkis, 23 000 mokhaznis, 12 000 GMS (*cf.* Boualam S., *L'Algérie sans la France, op. cit.*).

27. Kaberseli A., *Le Chagrin sans la pitié*, Clin d'œil, Rouen, 1988, p. 97-98.

28. D'Andoque N., *1955-1962 : guerre et paix en Algérie, op. cit.*, p. 179.

sion à la propriété, prêts spéciaux pour l'acquisition de lots de moutons[29] ».

Pour le général Faivre, il n'y aurait eu au total que 1 500 engagements sur un effectif total de 45 000 harkis[30]. En avril 1963, le ministre d'État chargé des Affaires algériennes explique en une formule sibylline que très peu de supplétifs choisirent l'armée parce qu'« ils estimaient ne pas courir de risques » et que, pour sa part, l'armée « ne voulait pas les compromettre davantage et ne les conservait dans son orbite que s'ils en manifestaient le désir[31] ».

La dissolution du commando Georges est un bon exemple de la façon dont disparurent les harkas.

A Saïda, c'est le 25 mars 1962 qu'on prend connaissance du décret offrant la possibilité aux harkis d'être intégrés dans les unités régulières de l'armée sous certaines conditions d'âge, de santé, d'aptitude. Il est alors envisagé que le commando Georges puisse être affecté en sureffectif comme unité spécialisée avec les postes suivants : 4 officiers, 18 sous-officiers et 220 hommes de troupe. Le 29 mars est annoncée la nomination au grade de sous-lieutenant d'active de Riguet, Bendida, Habib et Smaïn, les quatre chefs des katibas. Elle prend effet à compter du 1er avril 1962. Mais cette nomination, comme l'intégration promise des hommes dans des unités régulières, est loin de résoudre tous les problèmes.

Les harkis sont en majorité mariés. En comptant les conjoints, les enfants et les ascendants directs, cela fait plusieurs centaines de personnes à rapatrier. Le 6 avril, Grillot, Riguet et Bendida rencontrent l'amiral Kerville à la base de Mers el-Kebir et tentent de le convaincre d'affréter un bateau pour transporter les harkis, leurs familles et leurs biens vers la métropole — soit environ 1 200 personnes. Kerville en réfère à Alger. La réponse est négative. De nombreux supplétifs reçoivent cette décision comme une trahison et un abandon, et on a évoqué plus haut les désertions qui s'ensuivirent. Grillot, qui a fait préparer des contrats d'engagement dans les troupes régulières, propose alors au commandement de suspendre toute procédure d'engagement et de laisser aux harkis de Georges un délai de réflexion afin qu'ils puissent consulter leur entourage et leur famille.

Rendez-vous est pris pour le 24 avril. D'ici là, les 259 supplétifs rejoignent Saïda, ses faubourgs et ses douars. Le 24 avril, il n'y

---

29. D'Andoque N., *op. cit.*, p. 160.
30. Faivre M., « Une histoire douloureuse et controversée », *Hommes et migrations, loc. cit.*, p. 17.
31. *Cf.* Boualam S., *Les Harkis au service de la France, op. cit.*, p. 242.

aura que 204 hommes pour regagner le camp du commando et assister au rendez-vous fixé par Grillot. Selon le texte du décret, ils doivent choisir entre un engagement au 8e RIM qui reste stationné à Saïda, un engagement dans un corps de la métropole ou des forces françaises d'Allemagne et le retour au foyer après perception d'une prime de licenciement.

La scène est décrite par Gaget dans son ouvrage sur le commando Georges : « Georges a posé sur le bureau deux bérets, l'un rouge, l'autre noir. Chaque commando devra se déterminer, en posant un billet à son nom dans l'un d'eux : le rouge pour un engagement dans l'armée, le noir pour un retour au foyer. Le choix est pour le moins étonnant. 180 noms dans le béret noir, 24 dans le béret rouge : 16 pour la métropole, 8 pour le 8e RIM[32]. »

Le sentiment d'abandon, la crainte d'un déracinement difficile à assumer, l'incertitude quant au devenir des familles que l'armée refusait de transporter, l'espoir que le FLN saurait faire preuve de mansuétude l'avaient emporté. Dans presque toutes les harkas, le choix sera le même : les supplétifs opteront pour le pécule et regagneront leurs villages.

En épilogue, on peut citer la conclusion d'un rapport rédigé le 25 mai 1962 par le colonel Maire, commandant le secteur opérationnel de Saïda : « Le doute plane sur le sort du plus grand nombre des harkis du commando rentrés dans leurs foyers et ce pour plusieurs raisons :

« — le contrôle des quartiers musulmans structurés par le FLN échappe à l'armée, qui ne dispose plus des moyens et des pouvoirs nécessaires à leur contrôle ;

« — sous la pression de l'OPA, les hommes du commando évitent les contacts avec les militaires, sauf lorsqu'ils sont envoyés par le FLN en mission de renseignement ;

« — la plupart d'entre eux ont perdu confiance en nous ;

« — enfin, certains ne répondront plus à l'appel de leur nom...

« ... Certains harkis ayant demandé leur licenciement sont susceptibles de réapparaître au cours des semaines qui viennent, au fur et à mesure qu'ils sortiront de la phase de dépression où ils ont été plongés et se rendront mieux compte du sort qui leur est réservé dans le nouvel État algérien.

« Des listes de traîtres sont tombées entre les mains des unités françaises, les hommes du commando y figurent en totalité. Dès lors, il n'est plus qu'une alternative, donner des gages ou disparaître[33]. »

---

32. Gaget R., *Commando Georges, op. cit.*, p. 206.
33. *Ibid.*, p. 209-210.

A l'exception des GMS versés dans la force locale, les autres formations supplétives furent dissoutes dans des conditions encore plus draconiennes. Saïd Boualam raconte que lorsque furent dissous les commandos Partisan (commandos de chasse de la gendarmerie), le 28 avril 1962, « on leur proposait, bien sûr, l'engagement dans un corps de gendarmerie, mais il fallait être célibataire et la presque totalité des harkis étaient mariés, ou bien le rengagement, seulement pour ceux qui comptaient l'équivalent de 18 mois de service militaire, soit 36 mois de service comme harkis. Rares étaient les supplétifs qui avaient trois ans de service[34] ». Sur un effectif de 600 harkis des commandos Partisan, à peine un dixième fut réintégré dans l'armée. Les autres retournèrent à la vie civile avec un pécule qui, en fonction du temps de service, s'élevait de 800 F à 2 000 F.

Quant aux mokhaznis, ils pouvaient craindre à juste titre un licenciement pur et simple, à la différence des harkis qui, liés à l'armée, pouvaient caresser l'espoir de s'y intégrer et d'accomplir une carrière normale. Le 17 février 1962, le *Journal officiel* publiait un décret créant les centres d'aide administrative qui devaient remplacer les SAS. Ce texte abrogeait toutes les dispositions précédentes, notamment le décret du 2 septembre 1959 relatif aux fonctions de chef de SAS[35]. En mars 1962, on fit partout les bagages. Les SAS n'étaient plus tenues que par de jeunes appelés, les officiers d'active anciens avaient été mutés, les officiers de réserve en situation d'activité avaient donné leur démission. Rien n'avait été prévu pour les mokhaznis. Un projet de reconversion dans la force locale avait fait long feu et le transfert sur le territoire métropolitain n'était pas envisagé. Lorsque François Reverchon, un officier SAS, se rend à la Direction générale des affaires algériennes le 23 février 1962, il apprend que les mutations dans les GMS seront très limitées et les engagements dans l'armée réduits au minimum : « La plupart des hommes seraient en conséquence licenciés. Dans le meilleur des cas, ils emportaient un pécule de 1 500 F dont le versement au FLN, à coup sûr, ne suffirait pas à calmer le courroux[36]. » Le 23 mars, la direction du recrutement à Alger informait les chefs de SAS des conditions

---

34. BOUALAM S., *Les Harkis au service de la France, op. cit.*, p. 255-257.

35. D'ANDOQUE N., *1955-1962 : guerre et paix en Algérie, op. cit.*, p. 146.

36. *Ibid.*, p. 141. Le 29 mars 1962, Bernard Tricot, délégué du haut commissaire de la République en Algérie, précise que, dans le cadre du licenciement des mokhaznis, une prime de reconversion à la vie civile d'un mois et demi de salaire par année de service effectif sera versée. « C'est un tout petit mieux que le droit aux congés payés », commente Nicolas d'Andoque (*ibid.*, p. 161).

d'engagement ou de réengagement dans l'armée française. Mais là encore, les candidats doivent être célibataires alors qu'une majorité de supplétifs est mariée[37].

Le 25 avril 1962, le commandant supérieur des forces françaises en Algérie signale que « par dérogation exceptionnelle à l'arrêté du recrutement des supplétifs en date du 14 mars précédent, les mokhaznis pourront s'engager dans la gendarmerie, dans la limite, bien sûr, des places disponibles dont le nombre sera communiqué plus tard ; la gendarmerie cherche quelques chauffeurs et des manipulateurs de poste radio type C 10[38] ». A cette date, moins de dix semaines avant l'indépendance, les deux tiers des SAS ont déjà été repliées et une partie des mokhaznis est déjà licenciée. Si l'armée fait encore mouvement, et si, jusqu'en août 1962, le contingent continue d'être envoyé en Algérie, c'est avec la seule mission de recueillir les éléments évacuant les postes isolés dans le djebel et de protéger ceux-ci jusqu'aux centres de regroupement.

A Menaa, où la SAS de Bouzina s'est regroupée, le mokhazni Brahim Sadouni rend son uniforme et son arme aux Français pour rejoindre son village natal, le 18 mai 1962. La veille, lors d'un méchoui, un colonel responsable du secteur proclamait : « Le FLN s'est engagé à respecter dignement ceux qui quitteront l'uniforme et vivront tranquillement chez eux ; (...) la France vous offre sa garantie totale en s'engageant à ce qu'aucun harki ne souffre de représailles... Nos deux pays se doivent d'effacer cette guerre[39]. »

Pourtant les massacres avaient déjà commencé.

Les massacres de 1962

« Eh bien vous souffrirez », aurait répondu de Gaulle au député Laradji lorsque celui-ci l'interpella sur le devenir des partisans algériens de l'Algérie française[40]. Les accords signés à Évian le 19 mars 1962 n'abordaient pas la question des personnes de statut civil de droit local, catégorie dont relève la quasi-totalité des supplétifs. L'accord de cessez-le-feu, le seul signé par les deux parties, les engageait bien à « interdire tout recours aux actes de violence

37. D'ANDOQUE N., *op. cit.*, p. 160-161.
38. *Ibid.*, p. 161.
39. *Cf.* FLEURY G., *Le Combat des harkis, op. cit.*, p. 211. Saïd Boualam relève lui aussi de tels propos : « On a tenu à ces hommes des propos incroyables : (...) vous retournerez dans vos douars. Si vous optez pour la France, les accords d'Évian que le gouvernement français a signés obligent les autorités algériennes à vous rapatrier en France ! ... » (*cf.* BOUALAM S., *Mon pays la France, op. cit.*, p. 233).
40. Cité *in* BOUALAM S., *Mon pays, la France, op. cit.*, p. 239.

collective et individuelle », mais il resta lettre morte ; de même que les déclarations gouvernementales relatives à l'Algérie, censées devenir la loi de l'Algérie indépendante après leur ratification par le référendum d'autodétermination. Elles stipulaient que « nul ne pourra faire l'objet de mesures de police ou de justice, de sanctions disciplinaires ou de discrimination quelconque en raison :

« — d'opinions émises à l'occasion d'événements survenus en Algérie avant le jour du scrutin d'autodétermination ;

« — d'actes commis à l'occasion des mêmes événements avant le jour de la proclamation du cessez-le-feu. »

De plus, « aucun Algérien ne pourra être contraint de quitter le territoire algérien ni empêché d'en sortir ».

Corps mutilés et ébouillantés, enterrés ou brûlés vifs, éventrations et dépeçages à la tenaille, énucléations, lapidations, émasculations, membres arrachés ou découpés en lanières et salés... un invraisemblable raffinement dans l'horreur semble bien avoir marqué le massacre des anciens supplétifs dans les semaines et les mois qui suivirent l'indépendance.

Deux écrivains algériens, Rachid Mimouni et Rabah Belamri, ont évoqué l'attitude de ces combattants de la dernière heure, phénomène commun à toute situation politique similaire, qu'en Algérie on appelle les Marsiens. « Ceux qui furent les plus lâches se montrèrent les plus excités », remarque Tombeza, « ils avaient à faire oublier un passé (...). Ceux dont j'avais eu à noter la servilité se mirent à me défier, d'un regard qui semblait me promettre de savantes représailles[41] ». Hassan, personnage d'un roman de Belamri, note, lui aussi, que « ceux qui cherchaient des destructions fortes à valeur de sang et ceux qui désiraient inscrire à leur actif, fût-ce *a posteriori*, un acte révolutionnaire s'organisèrent pour donner la chasse aux collaborateurs[42] ».

On peut aussi, comme le fait Mohand Hamoumou, évoquer les travaux de Michel Foucault sur la fonction du supplice : « Le supplice est destiné à rendre infâme celui qui en est la victime et à attester le triomphe de celui qui l'impose. Plus le doute est permis sur l'infamie de l'accusé, plus le supplice doit être démesuré pour persuader l'assistance de la culpabilité de la victime et du même coup la légitimité de ceux qui l'ordonnent ou l'exécutent. En exhibant l'infamie et la traîtrise de ceux que l'on supplicie, qui devaient être considérés comme "traîtres" puisqu'on les suppliciait, toute une population de militants ou de combattants de la

---

41. MIMOUNI R., *Tombeza, op. cit.*, p. 157.
42. BELAMRI R., *Le Regard blessé, op. cit.*, p. 119.

dernière heure pouvait apparaître, en comparaison, comme des héros patriotiques[43]. »

Ce chapitre ne suffira pas à combler les lacunes d'une histoire en général peu loquace sur cette question, tant du côté algérien qu'en France ou même à l'étranger. Yves Courrière l'évoque marginalement, Alistair Horne lui consacre trois pages, Droz et Lever, deux. Seul Guy Pervillé s'est attaché à publier plusieurs articles documentés dans la revue *L'Histoire*[44].

Pourtant, depuis 1962, les témoignages se sont accumulés et le lecteur désireux d'informations plus détaillées peut consulter les ouvrages de Boualam, Kaberseli, Hamoumou ou Gaget[45]. Plutôt que de reproduire ici l'impressionnant catalogue de massacres et d'atrocités dénoncés dans ces ouvrages, j'ai préféré évoquer plus longuement deux témoignages. Le premier est tiré du récit autobiographique et romancé de Belamri[46]. Le second a pour auteur un fonctionnaire français, M. Robert, qui en 1962, occupait le poste de sous-préfet d'Akbou en Kabylie[47]. Ces deux témoignages présentent l'avantage de décrire très concrètement comment se soldèrent en silence les règlements de comptes consécutifs à sept ans et demi de guerre coloniale ; loin de la lutte fratricide pour le pouvoir qui, durant l'été 1962, occupait le devant de la scène politique et opposait alors des bataillons entiers de la nouvelle armée algérienne.

---

43. HAMOUMOU M., « Les harkis, un trou de mémoire franco-algérien », *Esprit*, mai 1990, p. 32 ; FOUCAULT M., *Surveiller et punir*, Gallimard, 1975.

44. COURRIÈRE Y., *Les Feux du désespoir, op. cit.* ; DROZ B., LEVER E., *Histoire de la guerre d'Algérie*, Seuil, 1982 ; HORNE A., *Histoire de la guerre d'Algérie*, Albin Michel, 1980 ; PERVILLÉ G., « Combien de morts pendant la guerre d'Algérie ? », *L'Histoire*, n° 53, février 1983, p. 89-92 ; « Débat autour de l'article de Guy Pervillé », *L'Histoire*, n° 56, mai 1983, p. 98-101 ; « La guerre d'Algérie sans mythes ni tabous », *L'Histoire*, n° 93, octobre 1986, p. 14-26 ; « Guerre d'Algérie : l'abandon des harkis », *L'Histoire*, n° 140, janvier 1991, p. 120-123.

45. BOUALAM S., *Les Harkis au service de la France, op. cit.*, p. 233-262 (la 25e heure) ; GAGET R., *Commando Georges, op. cit.*, p. 185-229 (Les conséquences d'un renoncement) ; HAMOUMOU M., *Les Français-Musulmans rapatriés. Archéologie d'un silence, op. cit.*, p. 362-384 (Les massacres de musulmans pro-français après l'indépendance ou 100 000 morts dans l'ombre de l'histoire) ; KABERSELI A., *Le Chagrin sans la pitié, op. cit.*

46. BELAMRI R., *Le Regard blessé, op. cit.*

47. Le rapport du sous-préfet d'Akbou fut remis en 1963 à Alexandre Parodi, qui présidait le Comité national pour les musulmans français. Il a été déjà publié, en partie ou en totalité, dans des versions comportant parfois de sensibles différences (*cf.* HEINIS A., *L'Insertion des Français-Musulmans. Étude faite sur les populations regroupées dans le midi de la France dans les centres d'ex-harkis, op. cit.*, p. 22-31 ; HAMOUMOU M., *Les Français-Musulmans rapatriés. Archéologie d'un silence, op. cit.*, p. 370-376 ; HAMOUMOU M., « Les harkis, un trou de mémoire franco-algérien », *loc. cit.* ; KABERSELI A., *Le Chagrin sans la pitié, op. cit.*).

Le regard blessé de Rabah Belamri

Hassan, héros du récit de Belamri, est âgé de 15 ans en 1962 (l'auteur est né en 1946). Il vit une double histoire : d'un côté les progrès implacables de la cécité suite à un décollement de rétine (Belamri devint aveugle en 1962), de l'autre la chronique des jours d'indépendance vus du village de Bougaâ (Sétif). Hassan/Rabah présente, dans leur tragique banalité, les exécutions des anciens supplétifs de l'armée française :

« Les harkis avaient eu des comportements très variés. Ceux qui avaient été loin dans la collaboration n'avaient pas hésité à suivre l'armée française, laissant souvent derrière eux les familles désemparées. Moussa, paralysé depuis des années par une balle FLN, avait quitté le village, disait-on, caché dans une malle en osier — l'armée française ne l'avait pas attendu. Les malins ne s'étaient pas donné tant de peine. Ils s'étaient contentés de changer de ville. N'ayant personne sur leur nouveau lieu de résidence pour leur rappeler leur passé, ils s'étaient coulés dans les structures du jeune État, allant même jusqu'à occuper des postes de responsabilité. Ceux qui ne s'estimaient pas trop compromis, pour avoir versé avec régularité l'impôt révolutionnaire, fourni des munitions aux maquisards, fermé les yeux sur des suspects, ou tout simplement parce qu'ils n'avaient jamais fait de mal à personne, étaient restés au village, essayant de passer inaperçus, de se faire oublier, évitant autant que possible de se montrer en public de peur d'être pris à partie par des gens qui ne savaient d'eux que leurs engagements aux côtés des Français. Leurs proches, inquiets, faisaient le guet, tandis que les voisins, compatissants ou féroces, s'apitoyaient sur leur sort ou se gaussaient de leur prudence.

« — On ne va pas quand même les tuer et laisser leurs enfants orphelins. Ils n'ont pas fait de mal. Les criminels sont partis avec la France.

« — Ha ! Ha ! hier, ils paradaient dans leurs uniformes français, et voyez-les aujourd'hui. On dirait des femmes. Enfermés à longueur de journée dans la maison. Il ne leur manque que le foulard et la robe.

« D'autres, pour échapper à l'enfer de l'incertitude, s'étaient livrés d'eux-mêmes aux autorités militaires, disant qu'ils n'avaient jamais fait de mal et qu'ils risquaient, en demeurant chez eux, d'être enlevés et tués. Leurs gardiens, reprenant à leur compte, dans la jubilation les mœurs des bourreaux d'hier, les traitaient avec brutalité et cynisme. Ils courbaient l'échine, acceptaient toutes les corvées, pensant qu'en prison au moins ils étaient à l'abri[48]. »

« La chasse aux collaborateurs commença à la fin du mois d'août. Les enlèvements furent perpétrés de nuit par de jeunes hommes, militants de la dernière heure qui s'estimaient en droit de rendre la justice, de venger les morts, de purifier la terre. On exécutait au revolver, au couteau, à la hache, dans des grottes secrètes, des ravins perdus. Les parents des victimes, sans recours, sans parole, serraient leur douleur au creux de leur poitrine et écoutaient la rumeur. Et tout finissait par se savoir, les événements se reconstituant à mi-voix dans leur atrocité, avec des noms de personnes, des itinéraires, des haltes, des détails qui ne laissaient place à nulle espérance[49]. »

Règlements de comptes dans l'arrondissement d'Akbou

L'arrondissement d'Akbou, l'un des 72 d'Algérie, est situé dans le département de Sétif et groupe environ 100 000 personnes réparties en 200 villages. Dans le bilan qu'il dresse pour la période allant de mars à novembre 1962, le sous-préfet Robert distingue quatre étapes :

1) *Du 19 mars au 27 juillet*. L'ALN voit ses effectifs passer de 50 à 1 000 puis 2 000 personnes entre le 19 mars et le 1er juin « par apports de l'extérieur et surtout par recrutements importants de "résistants de mars" ». Durant cette période, l'ALN, dit Robert, « fut d'une correction parfaite, rassurant les harkis et élus qu'clle convoquait, leur disant que le passé était totalement oublié, qu'ils étaient tous frères, que la France dont ils étaient les premières victimes était seule responsable de leur action et que les promesses d'amnistie et les accords d'Évian seraient scrupuleusement respectés (...) ». « Il était cependant précisé que quitter l'Algérie serait une trahison qui ne pourrait être admise. Des démarches à la fois rassurantes et pressantes étaient faites par l'ALN auprès de ceux qui avaient l'intention de partir en France. »

« Les actes correspondaient de la façon la plus parfaite aux paroles, les harkis les plus compromis cohabitaient dans les villages avec les membres de l'ALN qui parfois les invitaient à boire le thé en leur compagnie. Nos élus étaient souvent désignés par

48. Belamri R., *Le Regard blessé, op. cit.*, p. 151.
49. *Ibid.*, p. 152. Soulignons que des enlèvements et des exécutions sont signalés dès mars 1962.

l'ALN pour faire la liaison entre elle et l'administration française et étaient placés au rang d'honneur lors de ces réunions. Il n'y eut pas une seule fausse note et même pas de sévices légers. Pendant quelques semaines, tous crurent au miracle et au respect des accords d'Évian. »

« Ce fut essentiellement à cause de cela que seules soixante-dix personnes partirent en France avant le 1er juillet. Alors que sans les promesses formelles d'amnistie des accords d'Évian, et le respect de celles-ci par l'ALN, plus de la moitié de ceux qui sont aujourd'hui morts se seraient mis à l'abri en France avec leurs familles. »

Dans le même temps, le « Comité FLN d'arrondissement », mi-civil, mi-militaire, et dont le président, un médecin aujourd'hui député FLN, avait d'excellentes relations personnelles avec le sous-préfet, assurait de la façon la plus catégorique que « seules quelques dizaines de harkis, mais certainement pas plus, risquaient des ennuis pour les exactions graves qu'ils avaient commises », et que « pas un seul élu, conseiller général ou maire, ne risquait quelque chose puisqu'aucun n'avait jamais pris part à la répression ». « On ajoutait que l'on avait même de l'estime pour l'activité et la probité de tel ou tel dont la population ne s'était jamais plainte et qui étaient nommément désignés. Ceux-ci sont morts, par la suite, dans les conditions les plus atroces. »

2) *Du 27 juillet au 15 septembre.* La répression s'abat soudainement « sans aucune cause locale particulière », indique le rapport du sous-préfet. « Une cinquantaine d'ex-supplétifs ou de civils furent tués par l'ALN dans les villages les plus éloignés. Mais surtout, 750 personnes environ furent arrêtées et groupées dans trois "centres d'interrogatoires" ayant chacun juridiction sur un tiers d'arrondissement, dont deux étaient situés sur son territoire et le troisième à 150 km de là, dans une ferme d'Aïn Soltan près de Bordj Bou-Arreridj (350 détenus).

« Dans ces centres où l'on entendait loin à la ronde les hurlements des torturés, près de la moitié des détenus furent exécutés à raison de cinq à dix chaque jour. L'emplacement des charniers situés à proximité des centres est connu. L'autre moitié fut relâchée de fin août au 15 septembre, date à laquelle les centres furent supprimés.

« Ces centres contenaient environ deux tiers d'ex-supplétifs et un tiers de civils (des maires, des conseillers généraux, des conseillers municipaux, des chefs de village désignés généralement contre leur gré par l'armée, des anciens combattants, et de plus ceux qui avaient été dénoncés, à tort ou à raison, librement ou sous la torture, comme ayant travaillé pour la France). Durant cette première purge, un conseiller général, dont le président du comité FLN m'avait dit à plusieurs reprises avant mon départ qu'il avait toujours l'estime de la population, mais qui avait par conviction toujours pris position pour la France, a été arrêté le 1er août, après avoir assuré les fonctions de maire jusqu'à cette date à la demande de l'ALN, et fut enterré vivant le 7 août, la tête dépassant et recouverte de miel en compagnie de plusieurs autres détenus, dans le camp d'Aïn Soltan près de Bordj Bou-Arreridj devant ses 350 codétenus. Son agonie, le visage mangé par les abeilles et les mouches, dura cinq heures. (...)

« A noter que durant cette période, la population n'a participé aux supplices que de quelques dizaines de harkis — promenés habillés en femmes, nez, oreilles et lèvres coupés, émasculés, enterrés vivant dans la chaux ou même dans le ciment, ou brûlés vifs à l'essence. Cependant, les supplices dans cette région n'atteignirent pas la cruauté de ceux d'un arrondissement voisin à quelque quinze kilomètres de là : harkis morts, crucifiés sur des portes, nus sous le fouet en traînant des charrues, ou la musculature arrachée avec des tenailles. De même dans cet arrondissement ne furent pas signalés de massacres par l'ALN de femmes et d'enfants de harkis, ce qui fut fréquent dans des arrondissements voisins où des femmes furent aussi tuées pour le seul fait d'avoir reçu des soins dans des infirmeries militaires. »

3) *Du 15 septembre au 15 octobre.* « Le 15 septembre, le calme revenait et ne devait pas se démentir jusqu'au 15 octobre et même les prisonniers libérés n'étaient pas inquiétés. L'on pouvait estimer que la période de répression qui avait correspondu avec les séquelles de la vacance du pouvoir se terminait. Ceux qui avaient été épargnés pensaient être sauvés. »

4) *Du 15 octobre à décembre.* « La répression reprenait le 15 octobre à froid et sur la seule initiative de l'ALN-ANP (l'ANP avait fait son entrée dans l'arrondissement le 15 octobre). L'on doit en effet noter que pas plus que la population, ni le FLN proprement dit, ni le pouvoir civil local n'ont participé en rien à cette nouvelle période de répression et qu'ils peuvent donc légitimement, non pas nier ou prétendre ignorer, mais désavouer et affirmer ne pas y avoir pris part. L'on ne peut cependant penser qu'ils en aient été contristés.

« Les 15, 16 et 17 octobre, une cinquantaine d'ex-harkis étaient massacrés par l'ALN. Les enfants comptaient les cadavres en allant en classe. Dans une commune, la population se réunissait le 21 octobre près d'un centre social pour protester contre les massacres de l'ALN (presque chaque famille musulmane avait dans son sein et des harkis et des rebelles).

« D'autre part, de fin octobre à début décembre allait reprendre une nouvelle vague d'arrestations de ceux qui avaient déjà été détenus, puis libérés vers le 15 septembre. Enfin, il n'était plus question de centre d'interrogatoires, l'ALN exécutait sommairement, seules les personnalités avaient encore l'honneur de supplices et de tortures. (...)

« Dans chaque commune (groupant en moyenne 13 villages et 7 000 à 8 000 habitants), 30 à 50 personnes furent abattues — harkis ou mokhaznis, chefs de village ou conseillers municipaux et jusqu'à des septuagénaires, présidents de petites sections locales d'anciens combattants. Dans certaines communes, la totalité des harkis a été tuée, dans d'autres une vingtaine seulement. De spectaculaires et atroces suicides à la hache ou à la mort aux rats eurent lieu au moment des arrestations.

« Dans les petits villages, les exécutions avaient lieu sur place ou cent mètres à l'écart, à n'importe quelle heure du jour. Dans les chefs-lieux de communes, dès la tombée de la nuit, l'ALN venait chercher en Jeep tel ou tel qui était exécuté un kilomètre plus loin. Du 1er au 3 novembre, à l'occasion de l'anniversaire de l'insurrection, on estimait à soixante-dix environ le nombre de tués dans l'ensemble de l'arrondissement.

« Enfin, eurent lieu des massacres généraux dans des villages qui avaient été les premiers à se rallier à la France en 1957. Ainsi arrivaient fin novembre à Marseille, convoyés par l'armée, cinquante rescapés, femmes et enfants, d'un village d'un arrondissement voisin où tous les hommes avaient été tués. Dans l'arrondissement dont il s'agit ici, l'on m'a simplement indiqué que dans un village profrançais tous les hommes étaient soit morts, soit prisonniers.

« A noter que toutes les victimes de la deuxième vague de répression avaient résidé depuis le 1er juillet dans leur village sans être nullement inquiétées. Il n'était donc plus question de vengeance à chaud, ni même de liquider ceux qui s'étaient particulièrement engagés pour la France, ce qui avait été fait largement lors de la première vague de répression, mais de tuer ceux qui, ou bien n'avaient jamais caché leurs sentiments profrançais ou bien simplement avaient accepté, sans que la population trouve rien à redire, de participer au système administratif de l'époque, sans avoir jamais eu part ni à la répression ni à des prises de position politiques caractérisées. Beaucoup avaient même été inquiétés ou suspectés par l'armée, souvent à juste titre.

« Cependant, si au cours de la première vague de répression du mois d'août aucun des menacés n'avait pu s'échapper, sans aucun doute parce que la population suivait encore aveuglément les ordres du FLN, plus de 200 personnes sont parvenues en France de fin octobre à fin novembre, échappant de justesse à la mort. Elles ont souvent déclaré qu'elles avaient été prévenues de leur arrestation par la population quelques heures avant celle-ci, et souvent nourries, cachées pendant trois à dix jours puis munies de viatiques pour pouvoir passer en France. L'excès de la répression avait provoqué, une fois de plus dans cette guerre d'Algérie, le dégoût d'une population qui a le sens de la justice. »

Détournements de cadavres ?

L'évaluation du nombre des supplétifs exécutés après le cessez-le-feu donna lieu à d'âpres polémiques et à ce que Guy Pervillé désigna comme de mutuelles accusations de détournements de cadavres[50]. Des polémiques aussi vives que celles qui entourent aujourd'hui encore le nombre des morts de la guerre d'Algérie. C'est ainsi que la découverte, au début des années quatre-vingt, d'un charnier de 1 200 cadavres sur l'emplacement d'un camp utilisé par l'armée française à Kenchela suscita une controverse qui n'est toujours pas close quant à la nature des auteurs et des victimes de ce massacre. S'agit-il de 1 200 victimes de sept ans de répression française, comme l'affirme *El Moudjahid* et à sa suite Lionel Duroy dans une retentissante série d'articles publiés par *Libération* en 1983[51] ? S'agit-il des cadavres des supplétifs de certains makhzens opérationnels des Aurès, et notamment de ceux d'Edgar-Quinet et de Kenchela qui ont disparu avec leur famille en 1962 ? S'agit-il enfin de victimes relevant des deux camps ?

C'est en novembre 1962 que des informations sur l'abandon et le massacre des ex-supplétifs commencent à se répandre en France. *Le Monde* publie alors deux articles qui font un certain bruit. Le premier, signé de Pierre Vidal-Naquet, paraît avec quelques coupures les 11 et 12 novembre 1962. Fondé, selon l'auteur, sur des renseignements communiqués par Henri Alleg et par le colonel Schoen, ancien chef de service des liaisons nord-africaines, le texte de Vidal-Naquet attire l'attention sur le fait que depuis le cessez-le-feu, dans le bled surtout, des harkis ont été torturés, massacrés,

50. PERVILLÉ G., « Combien de morts pendant la guerre d'Algérie ? », *L'Histoire, loc. cit.*
51. *Libération*, 3 au 7 juin 1983.

dans des conditions souvent atroces « par les soldats de l'ALN, par des villageois trop longtemps terrorisés (...) et aussi et peut-être surtout, par ces éternels résistants du lendemain de la victoire, ceux qu'on appelle en Algérie les *marsiens*[52] ».

Le second article est publié le lendemain 13 novembre 1962 et son auteur Jean Lacouture, envoyé spécial du *Monde* à Alger, y risque une évaluation : « Si l'on tente de citer des chiffres, on croit pouvoir avancer que sur une centaine de milliers de musulmans algériens ayant fait partie entre 1954 et 1962 de l'une ou l'autre des 800 harkas qui furent levées, 5 000 environ ont gagné la France accmpagnés de leur famille, ce qui fait un ensemble de 30 000 personnes environ. Plus de 10 000 harkis auraient été, entre le 19 mars et 1er novembre, exécutés ou assassinés. Les autres ont subi des sorts divers, soit qu'ils se soient fondus dans la masse, soit qu'ils aient changé de région, soit qu'ils aient été requis de force pour des travaux pénibles. »

Ces chiffres sont très vite contestés. Dès le 18 octobre 1962, lors d'une réunion organisée chez lui par Olivier d'Ormesson, une association groupant d'anciens officiers SAS rendait public un document de vingt-cinq pages dressant un bilan tragique du « dégagement » et évaluant à 60 000 le nombre des exécutions[53]. Camille Brière, qui reprend ce chiffre à son compte, le réserve aux seules semaines qui suivent l'indépendance et annonce un total de 100 000 exécutions[54]. A partir des évaluations du contrôleur Saint-Salvy[55], Anne Heinis évalue à un million le nombre des Algériens compromis en comptant 260 000 chefs de famille directement compromis et en y ajoutant ascendants, conjoints et descendants. Elle propose la fourchette de 30 000 à 150 000 exécutions[56].

Le chiffre de 150 000 est également avancé dans un document établi le 27 mai 1975 par le Bureau d'aide aux Musulmans-Français[57]. Il est tenu depuis comme l'estimation la plus fiable par

52. VIDAL-NAQUET P., *Face à la raison d'État, op. cit.*, p. 27-28, 216-217.

53. *Le livre blanc de la honte et de la passion des harkis*, La nation française, 1963 (cité par BOUALAM S., *Les Harkis au service de la France, op. cit.*, p. 245) ; BRIÈRE C., *Qui sont les harkis ?, op. cit.*, p. 15 ; D'ANDOQUE N., *1955-1962 : guerre et paix en Algérie, op. cit.*, p. 191.

54. BRIÈRE C., *ibid.*, p. 15.

55. Citées par TRIPIER P., *Autopsie de la guerre d'Algérie, op. cit.*, p. 549-558 ; et BOUALAM S., *L'Algérie sans la France, op. cit.*

56. HEINIS A., *L'Insertion des Français-Musulmans. Étude faite sur les populations regroupées dans le midi de la France dans les centres d'ex-harkis, op. cit.*, p. 9.

57. Cité par KABERSELI A., *Le Chagrin sans la pitié, op. cit.*, p. 214. Ce document fait état des données suivantes :

des auteurs tels que le général Jacquin, Henri Le Mire, Nicolas d'Andoque, Ahmed Kaberseli ou Mohand Hamoumou[58]. Ce dernier fonde sa propre évaluation sur les estimations du sous-préfet d'Akbou[59], et sur celle du colonel Schoen, dénombrant 1 000 à 1 500 morts en moyenne par arrondissement pour les 72 arrondissements d'Algérie. Compte tenu de ce que dans les arrondissements kabyles la répression fut plus meurtrière que dans les secteurs arabophones, Hamoumou estime que 100 000 est un minimum et que le chiffre de 100 000 à 150 000 tués paraît être « l'estimation qui se rapproche le plus de la vérité[60] ». Un autre mode de calcul fréquemment utilisé et consistant à faire la différence entre le nombre des Algériens armés par la France au titre des unités supplétives (environ 150 000) et le nombre de ceux qui ont pu s'y réfugier (environ 25 000, comme on le verra plus loin) aboutit à un résultat analogue. Mais ce mode de calcul présuppose que tous les anciens supplétifs restés en Algérie ont été liquidés, ce qui n'est pas le cas. Certains furent emprisonnés[61], d'autres parvinrent, on l'a dit, à échapper à la répression en changeant de région.

Plus généralement, comme le souligne Pervillé, bien qu'elles varient de 10 000 à 150 000, les estimations du nombre des victimes reposent sur la même méthode : « La généralisation aléatoire d'estimations partielles[62]. » Les terribles témoignages diffusés par les défenseurs de l'Algérie française sur le sort des anciens harkis ne suffisent pas, ajoute cet historien, à prouver que 150 000 d'entre eux auraient été massacrés par l'ALN après le cessez-le-feu[63] : « Le vrai nombre des victimes est inconnu mais l'horreur de leur mort ne lui est pas proportionnelle[64]. »

— effectif des supplétifs (harkis, mokhaznis) incorporés en Algérie : environ 200 000 ;

— supplétifs emprisonnés par le FLN après l'indépendance : environ 2 500 ;

— supplétifs disparus ou exécutés par le FLN : environ 150 000.

58. Jacquin H., « Le prix de la guerre », *Historia magazine*, n°s 371-372 ; Le Mire H., *Histoire militaire de la guerre d'Algérie*, Albin Michel, 1982, p. 385-386 ; D'Andoque N., *1955-1962 : guerre et paix en Algérie, op. cit.*, p. 191 ; Kaberseli A., *Le Chagrin sans la pitié, op. cit.* ; Hamoumou M., *Les Français-Musulmans rapatriés..., op. cit.*, p. 380-381.

59. Dans ce rapport dont on a pu lire plus haut quelques extraits, le sous-préfet Robert explique que « le chiffre moyen de 2 000 tués par arrondissement (mais pour la plupart en août) est très fréquemment cité ».

60. Hamoumou M., *op. cit.*, p. 380-381.

61. Et parmi ces prisonniers, beaucoup moururent victimes des conditions de détention, ou disparurent au front lors du conflit algéro-marocain, ou bien encore moururent dans les champs de mine installés aux frontières par l'armée française. On les employait au déminage des barrages.

62. Pervillé G., « La France a sacrifié ses soldats musulmans », *L'Histoire*, n° 140, janvier 1991, p. 123.

63. Pervillé G., « La guerre d'Algérie sans mythes ni tabous », *op. cit.*, p. 24.

64. Pervillé G., « La France a sacrifié ses soldats musulmans », *op. cit.*, p. 123.

Au total, on peut remarquer que trente ans après la fin de la guerre les incertitudes relatives au nombre de supplétifs exécutés sont du même ordre de grandeur que les incertitudes relatives au nombre total des victimes algériennes de la guerre. « Les Algériens parlent encore aujourd'hui de 1 500 000 morts. En France, il est courant de lire dans les journaux qu'"un million de morts a été le prix payé par les Algériens pour conquérir leur indépendance". Du côté officiel français, le bilan donné était de 150 000 ; de Gaulle, à plusieurs reprises, a retenu le chiffre de 200 000[65]. »

L'écart est donc, là encore, considérable. Dans leur *Histoire de la guerre d'Algérie*, Bernard Droz et Évelyne Lever suggèrent qu'il y eut 500 000 morts[66]. S'appuyant sur les travaux démographiques du géographe André Prenant[67], Guy Pervillé affirme que, selon toute vraisemblance, le nombre total des morts algériens se situe entre 300 000 et 400 000, chiffre incluant, à côté des victimes de l'armée française, les ex-supplétifs exécutés et plus généralement toutes les victimes algériennes de la guerre civile qui traversa la guerre d'indépendance. Pervillé ajoute : « Par rapport à une population algérienne de 9 à 10 millions, c'est une perte aussi lourde que les 1 350 000 morts français de la Première Guerre mondiale dans une France de 39 millions d'habitants. N'est-ce pas déjà beaucoup pour une "guérilla"[68] ? »

Parallèlement, Xavier Yacono, dans une étude systématique consacrée aux pertes algériennes de 1954 à 1961, optait pour une hypothèse basse de 300 000 tués environ[69].

Si l'on retient ce chiffre comme évaluation du nombre total des victimes algériennes de la guerre et si l'on retranche de ce total le nombre « officiel » de « rebelles tués par les forces de l'ordre » au 19 mars 1962[70], le nombre des victimes civiles « françaises-musulmanes » du FLN, minutieusement décomptées par les auto-

---

65. « Guerre d'Algérie, combien de morts ? », *L'Histoire*, n° 140, janvier 1991, p.107.

66. Droz B., Lever E., *Histoire de la guerre d'Algérie, op. cit.*

67. Prenant A., « Premières données sur le recensement de la population de l'Algérie. 1966 », *Bulletin de l'association des géographes français*, n°s 357-358, novembre 1967, p. 53-68.

68. Pervillé G., « Combien de morts pendant la guerre d'Algérie ? », *loc. cit.*, p. 90.

69. Yacono X., « Les pertes algériennes de 1954 à 1962 », *Revue de l'Occident musulman et de la Méditerranée*, n° 2, 1982.

70. Une première évaluation — 141 000 — fut ensuite réévaluée par Delouvrier, puis de Gaulle, et portée à 200 000 (*cf.* D'Andoque N., *1955-1962 : guerre et paix en Algérie, op. cit.*, p. 191 ; de Gaulle, conférence de presse des 23 octobre 1958 et 10 novembre 1959 ; Tournoux R., *Jamais dit*, Plon, 1971, p. 207-208 ; Tournoux R., *La Tragédie du général*, Plon, p. 362, 405).

rités jusqu'au cessez-le-feu[71], et les quelque 12 000 victimes de l'OAS dont la plupart sont arabes, il resterait 58 000 morts, que l'on ne peut imputer uniquement au massacre des harkis. Il faudrait en effet pouvoir encore défalquer le nombre — inconnu — des victimes des luttes pour le pouvoir qui éclatèrent après l'indépendance.

Partant de l'estimation globale de Xavier Yacono, mais à partir d'un calcul différent, le général Faivre aboutit à une évaluation très proche : « Si l'on retranche de ce total les morts du FLN estimés à 158 000, celles des Français-Musulmans tués (5 000 militaires et 29 700 civils) et les disparus des deux camps pendant la guerre, il reste 55 000 à 75 000 disparus supplémentaires, total probable des Français-Musulmans massacrés après le cessez-le-feu (19 mars 1962). Cette évaluation minimise donc l'estimation de 150 000 exécutions[72]... »

Paraphrasant les commentaires de Pervillé sur les travaux de Yacono, on pourrait en conclure que ces évaluations démentent « toutes les affirmations dictées par un parti pris idéologique, qu'il soit favorable à la révolution algérienne (plus d'un million de martyrs), ou hostile à celle-ci (150 000 harkis massacrés après le cessez-le-feu)[73] ». Elles suggèrent que « contrairement au mythe du soulèvement national unanime, une guerre civile entre Algériens accompagna la guerre franco-algérienne[74] » ... comme c'est le cas dans toutes les guerres de libération nationale.

---

71. 16 378 tués, 13 296 disparus, soit au total 29 674 personnes.
72. FAIVRE M., « Une histoire douloureuse et controversée », *loc. cit.*
73. PERVILLÉ G., *L'Histoire*, n° 56, *loc. cit.*, p. 101.
74. PERVILLÉ G., « Combien de morts pendant la guerre d'Algérie ? », *loc. cit.*, p. 92.

II

L'exil

7

Chemins d'exil

> En enrôlant les harkis, en en faisant un instrument de la politique de répression, le gouvernement et l'armée ont compromis, pour l'instant irrémédiablement, ces hommes aux yeux de leurs compatriotes. Responsable des tortures et des assassinats dont ils ont été coupables, il est aussi responsable des tortures et des assassinats dont ils sont victimes. Il n'a certes aucun droit de protester, car il a ordonné ou couvert la torture et amnistié les tortionnaires, mais il était, il est de son devoir le plus élémentaire de protéger les hommes qu'il a engagés. Or, il semble bien que ce n'est pas un hasard si les harkis sont si peu nombreux à s'être réfugiés en France : des ordres ont été donnés pour éviter un afflux massif que l'économie française est pourtant en état de supporter : en Algérie même, la protection des harkis semble laissée à l'initiative individuelle. Il y a là la continuation de la vieille attitude raciste et coloniale. Les résistants algériens ont sans doute le droit de mépriser les harkis, et de les tenir pour des traîtres : le gouvernement français ne l'a pas, et il est d'ailleurs trop évident que ces hommes, même ceux qui ont commis sur ordre des crimes, sont des victimes autant que des coupables, des victimes de l'ordre colonial.
>
> Pierre VIDAL-NAQUET*.

On se souvient que le succès des mesures incitant les supplétifs au retour à la vie civile et à leur maintien sur le territoire algérien s'était traduit par le licenciement d'un grand nombre d'entre eux. De ce fait ceux, qui, soit par anticipation, soit après que les mas-

* « La guerre révolutionnaire et la tragédie des harkis », *Le Monde*, 11 et 12 novembre 1962.

sacres ont commencé, veulent quitter le territoire algérien pour rejoindre la métropole doivent le faire en tant que civils. A ce titre, ils relèvent du secrétariat d'État aux rapatriés (et non plus du ministère de la Défense) et sont assujettis, comme on le verra plus loin, aux dispositions de la « loi Boulin ».

Un mémento des mesures prises en faveur du « personnel français de souche nord-africaine » est adressé aux préfectures d'Algérie le 28 avril 1962. La conclusion (titre V) de ce document non daté est intitulée « Disposition commune ». Elle rappelle que les FNSA de droit commun ou de statut local peuvent à tout moment, avant comme après l'autodétermination, demander à s'installer en métropole avec le bénéfice de la loi Boulin. Seulement, leur demande doit faire l'objet d'un dossier, et cette simple disposition constitue un obstacle majeur : « Analphabètes pour la plupart, privés du soutien de leurs officiers, libérés ou mutés, démissionnaires ou démissionnés, les supplétifs voyaient soudain leur appartenance pourtant naturelle et tant de fois réaffirmée à la mère patrie remise en cause et subordonnée à des démarches discriminatoires dont ils étaient bien incapables d'accomplir les premiers pas[1]. » Au-delà du ton paternaliste de l'officier SAS, le problème posé est bien réel et dès août 1961, Nicolas d'Andoque envisagea d'établir des certificats de travail destinés aux supplétifs de la SAS d'Aïn Chedra dont il avait été le responsable. Sans de tels papiers et sans une carte d'identité que la plupart d'entre eux ne possédaient pas, il semblait exclu que ces supplétifs puissent s'installer en France.

Très grossièrement, on peut considérer que le transport d'anciens supplétifs sur le territoire de la métropole s'opéra en deux phases assez nettement distinctes, de trois points de vue : les modes et filières de l'exil, l'attitude des autorités civiles et militaires à l'égard de ces départs, et enfin leur importance quantitative.

Les filières clandestines : la solidarité des officiers SAS

Dans une première phase qui s'étend du cessez-le-feu à la proclamation de l'indépendance (19 mars-1er juillet 1962), les emprisonnements, tortures et exécutions ont encore un caractère limité. Cependant, apparaissent déjà, çà et là, des rassemblements de fait de ceux qui se sentent menacés. Début juin, dans la seule igamie d'Alger, on compte 470 personnes en attente à Palestro, 35 à

1. D'Andoque N., *1955-1962, guerre et paix en Algérie, op. cit.*, p. 161.

Aomar, 200 à Pirette, 100 à Tizi-Ouzou, 100 à Tizi N'Tlela, 120 à Sidi Ali Bou Nab. Dans l'igamie de Constantine, 150 personnes se sont regroupées à Bouachée et 333 à Gharem. Le départ de ces regroupés sera essentiellement le résultat d'initiatives individuelles. Elles se heurteront à l'inertie puis à l'hostilité d'autorités civiles et militaires qui, malgré des déclarations d'intention, ne procèdent pour leur part à aucun transfert officiel. Si bien que les initiatives privées, que les autorités officielles n'ont pu réprimer, constituent de véritables filières clandestines mobilisant des réseaux relationnels en marge des réseaux officiels, et doubleront plus tard le dispositif administratif d'accueil lorsque celui-ci sera finalement mis en place.

Il faut souvent réunir secrètement les hommes, trouver des camions pour les transporter, obtenir des places sur des bateaux de la marine nationale, et souvent embarquer nuitamment et clandestinement ; éviter enfin les contrôles à l'arrivée à Marseille. Durant plusieurs mois, les radios du port phocéen exigeaient de savoir, avant tout débarquement, s'il y avait des supplétifs à bord[2].

L'un des réseaux les plus efficaces fut constitué par une équipe d'officiers SAS, démissionnaires ou non[3]. Il s'occupa pour l'essentiel du départ et de l'accueil des anciens mokhaznis. Ce fut aussi l'un des rares à se constituer rapidement en association loi de 1901, l'Association des anciens des affaires algériennes (AAAA), dont la création est annoncée au *Journal officiel*, le 18 mai 1962. Pour les membres de la jeune association, il s'agit de nouer des contacts avec les mokhaznis désireux de quitter l'Algérie, avec des représentants de l'armement susceptibles de les transporter avec leurs familles dans des cargos mixtes ; et enfin avec des hommes politiques et des hauts fonctionnaires à qui on demanderait d'appuyer ces initiatives. Aidée par la maréchale de Lattre, l'AAAA s'installa dans l'hôtel Rhin-et-Danube, où elle voisinait avec la Koumia, l'Association des anciens des affaires indigènes et des tabors marocains. Outre les mokhaznis, elle s'occupera des autres catégories de supplétifs jusqu'à ce que le Comité national pour les Musulmans-Français prenne le relais.

Nicolas d'Andoque a raconté ce que fut l'action de certains des fondateurs de l'AAAA :

— Yvon Durand, d'abord appelé dans un régiment de parachutistes comme officier de renseignement, devint officier SAS à

2. HEINIS A., *L'Insertion des Français-Musulmans...*, *op. cit.*
3. Parmi eux : Pierre André, Jean Bottard, François Reverchon, Nicolas d'Andoque, Jean-Pierre Sénat, Yvon Durand, Jean-Yves Alquier, Jacques Lethiec.

Thiers et, dans un second temps, non loin de Palestro. Il démissionna début 1962 et organisa, à titre privé, un début de regroupement dans les cantonnements abandonnés d'un GMPR dissous à la sortie de Palestro. Il y réunit plus de cinq cents personnes. Pour préparer l'installation en France de ces supplétifs, il prospecta d'abord la vallée de la Durance, puis séjourna à Ongles, village des Alpes-de-Haute-Provence, durant l'hiver 1962. Finalement, le choix se porta sur le village abandonné des Ybourgs — une seule personne y vivait encore —, au nord de Forcalquier. Yvon Durand, quant à lui, s'installe à Manosque et intègre le SFIM (Service d'accueil et de reclassement des Français d'Indochine et musulmans).

— Jean-Pierre Senat évacuait chaque semaine, à partir de mai 1962, des groupes de cinq ou six familles, alors qu'il était encore officier d'active responsable de la SAS du Ghrib, secteur de Miliana. Il les expédie vers Graulhet et le Tarn, où plus de cent familles seront réinstallées et employées dans la mégisserie.

— Durant la seconde quinzaine de mai 1962, Pierre André et Nicolas d'Andoque s'occupent du rapatriement de cinq familles des SAS de Tizi N'Tlela, Bou Nouh et Pirette, dans la vallée de Dra el-Mizan aux Ouadhias. Vingt-cinq personnes furent ainsi conduites à Sidi-Ferruch et embarquèrent trois à quatre jours plus tard sur le *Ville de Bordeaux*. Ils accostèrent à Marseille le 22 mai. Une partie d'entre eux prit le train pour arriver le soir même en gare de Redon, où leur ancien chef de SAS, le capitaine Guérin, devait leur trouver travail et logement. D'autres familles de la vallée de Dra el-Mizan, rassemblées d'abord au camp du Larzac, furent réinstallées dans un village de la Montagne noire, Pujol-de-Bosc, découvert par Jean Bottard en juin 1962.

— L'abbé Maillard de la Morandais reprit contact avec ceux des harkis du commando Meyer et des mokhaznis de la SAS de Bou-Alam (Gueryvillois), qui parvinrent jusqu'au camp du Larzac. Il aida à leur réinstallation en Lozère, dans la région de Villefort et du Bleymard.

Les anciens officiers SAS ne furent pas les seuls à animer ces filières clandestines de rapatriement. Ainsi André Wormser, aujourd'hui banquier et président du Comité national pour les Musulmans-Français, avait été rappelé en Algérie et affecté au secteur de Saïda à l'époque où Bigeard en avait le commandement. Après avoir participé à l'action psychologique du secteur, il fut amené à travailler avec le commando Georges et contribua en 1962 au reclassement d'une partie des survivants du commando. Le responsable de Georges, Youcef Ben Brahim, sa femme et ses quatre enfants furent rapatriés en avion grâce à l'aide du commandant Grégoire, ancien chef du PC aérien de Saïda, et installés d'abord à Apt (Vaucluse), dont le maire Santoni était cousin de Grégoire. André Wormser fit l'acquisition d'une ferme en Dordogne, qu'il mit à disposition des anciens du commando. Près de quatre-vingts d'entre eux y seront regroupés. Youcef Ben Brahim ouvrira un restaurant aux Eyzies ; il sera tué dans une querelle avec un autre ancien membre du commando.

On peut aussi citer l'exemple de cet ancien officier des GMS qui parvint à faire loger et employer ceux de ses hommes qu'il avait pu faire passer en France, par une entreprise du Nord, à la frontière belge. Dans cette région, Tourcoing et Roubaix constituèrent des pôles de forte attraction. L'accès à l'emploi y était facilité par l'action d'une association d'aide aux rapatriés fondée à l'initiative d'un industriel qui avait été officier en Indochine, et d'un conseiller municipal. L'association prenait aussi en charge l'achat de maisons anciennes qu'elle aménageait avec l'aide de la municipalité et du Pact. Prenant une dimension régionale, cette action avait permis à trois cents familles de s'installer à Tourcoing et Roubaix en 1963. On peut estimer aujourd'hui à un millier au moins le nombre des familles y résidant : l'effectif initial s'est progressivement gonflé de familles en provenance des camps et hameaux forestiers officiellement mis en place pour l'accueil et le reclassement des anciens supplétifs. Roubaix, qui depuis le début du siècle était une ville d'immigration, est devenue non seulement une ville algérienne (un Algérien sur cinq dans le Nord y vit), mais aussi un port d'attache pour les anciens supplétifs. Sur 15 000 d'entre eux vivant dans le Nord, les trois quarts (11 000) sont à Roubaix. Comme les migrants algériens, ces anciens supplétifs viennent souvent des environs de Bouira, en Petite Kabylie.

A Lyon, c'est grâce à une amicale d'officiers de réserve et à ses relations privilégiées avec une industrie en plein essor, grâce aussi à l'aide de l'administration locale et de la municipalité, qu'un nombre important de familles purent se fixer dans l'agglomération.

Mentionnons enfin l'action de l'Association des familles et amis des parachutistes coloniaux qui prit en charge le transfert d'un groupe relevant de la SAS de Sidi Ali Bou-Nab en Kabylie. Soit au total 337 personnes dont 60 mokhaznis, 26 vieillards, 42 femmes, 157 enfants et 52 « personnes suivant le chef de famille ».

Exceptionnellement, durant cette première phase, des unités de l'armée prendront sur elles le transfert de leurs harkis. Le cas le plus connu est celui de la demi-brigade de fusiliers marins (DBFM) qui, en mars 1962, obtint l'autorisation de rapatrier ses hommes sur les navires de guerre qui effectuent des rotations entre Mers el-Kebir et Toulon pour rapatrier les unités régulières de la marine nationale. Six cents personnes seront ainsi rassemblées à Nemours dans un premier temps, puis sur la base de guerre de Mers el-Kebir, et enfin embarquées sur le bâtiment de débarquement de chars *Trieux*. D'abord hébergées au Larzac, elles seront réinstallées en Ardèche, près de Largentière, où une mine de plomb argentifère devait être mise en exploitation. Sur un terrain acheté à cet effet, les anciens supplétifs de la DBFM construiront le hameau Neuilly-Nemours, qui passera par la suite sous la tutelle de l'administration.

La filière officielle : des restrictions rigoureuses

Face à ces initiatives privées, les autorités civiles et militaires réagissent dans un premier temps en refusant tout concours. Bientôt, elles opposent leur veto. Se met alors en place un dispositif remarquablement sélectif.

Le 23 mai 1962, le journal *Combat* rend publics deux documents dans lesquels Georges Buis, directeur du cabinet militaire du haut commissariat de la République en Algérie, et Louis Joxe, ministre d'État, condamnent explicitement ce que Louis Joxe qualifie de « rapatriements prématurés de supplétifs ».

Voici ces documents :

— « Le ministre d'État chargé des Affaires algériennes a appelé l'attention du haut commissaire sur certaines initiatives prises en Algérie pour organiser l'émigration et l'installation en métropole de familles musulmanes désireuses de quitter le territoire algérien.

« C'est ainsi que le 9 mai, vingt-sept familles d'ex-mokhaznis de la région de Benisaf ont quitté Oran pour s'établir dans la région de Dijon.

« Or, dans la conjoncture actuelle, on ne peut laisser à une autorité quelconque l'initiative de mesures de ce genre qui ne peuvent relever que de décisions prises à l'échelon du gouvernement. Le transfert en métropole des Français-Musulmans effectivement menacés dans leur vie ou dans leurs biens s'effectuera sous la forme d'une opération préparée et planifiée.

« J'ai, en conséquence, l'honneur de vous demander de bien vouloir prescrire à tous les cadres placés sous vos ordres de s'abstenir de toute initiative isolée destinée à provoquer l'installation des Français-Musulmans en métropole.

« Il vous appartient seulement d'instruire les demandes émanant des personnels demandant à se réfugier en métropole et de me transmettre vos propositions qui seront présentées au secrétariat d'État aux Rapatriés[4]. »

— « Les renseignements qui me parviennent sur les rapatriements prématurés des supplétifs indiquent l'existence de véritables réseaux tissés sur l'Algérie et la métropole dont la partie algérienne a souvent pour origine un chef SAS. Je vous renvoie au fur et à mesure la documentation que je reçois à ce sujet. Vous voudrez bien faire rechercher tant dans l'armée que l'administration les promoteurs et les complices de ces entreprises et faire prendre les sanctions appropriées. Les supplétifs débarqués en métropole en dehors du plan général de rapatriement seront, en principe, renvoyés en Algérie où ils devront rejoindre avant qu'il soit statué sur leur destination définitive le personnel déjà regroupé selon les directives du 7 et 11 avril. Je n'ignore pas que ce renvoi peut être interprété par les propagandistes de la sédition comme un refus d'assurer l'avenir de ceux qui nous sont demeurés fidèles, il conviendra donc d'éviter de donner la moindre publicité à cette mesure ; mais ce qu'il faut surtout obtenir, c'est que le gouvernement ne soit plus amené à prendre une telle décision[5]. »

Outre ces deux textes, l'éditorial de *Combat* mentionnait l'existence d'instructions adressées aux préfets et leur enjoignant de faire preuve du plus grand discernement dans l'évaluation des menaces qui pèseraient sur les supplétifs, ainsi que d'une note du général commandant en chef. Ce dernier demandait que l'on vérifie que les « musulmans rapatriés » étaient bien « moralement aptes » à s'implanter en métropole.

Aujourd'hui, pour justifier l'attitude adoptée alors par les pouvoirs publics et l'armée, Georges Buis invoque trois arguments :

1. *Les harkis ne semblaient pas en danger :* « On pouvait penser qu'en dehors de quelques-uns, véritablement engagés à nos côtés contre le FLN, les harkis, dans leur ensemble, ne couraient pas grand danger au moment de l'indépendance puisqu'ils avaient toujours eu, plus ou moins, un pied dans la rébellion. De belles

---

4. Note officielle datée du 12 mai 1962 (Rocher Noir) et adressée au colonel inspecteur général des affaires algériennes par le colonel Buis, directeur du cabinet militaire du haut commissariat de la République en Algérie.

5. Note adressée à Christian Fouchet, haut commissaire de la République en Algérie, par Louis Joxe, ministre d'État chargé des Affaires algériennes. Dans l'ouvrage *Autopsie de la guerre d'Algérie* (*op. cit.*, p. 558), Philippe Tripier cite un télégramme adressé le 16 mai 1962 par Louis Joxe à Christian Fouchet, où le premier rappelle « que toutes les initiatives individuelles tendant à l'installation en métropole des Français-Musulmans sont interdites ».

âmes s'indigneront. C'est pourtant — et évidemment — la vérité[6]. »

S'il est péremptoire, le premier argument de Buis n'en est pas moins en partie fondé. En avril 1962, l'armée avait effectué un recensement des musulmans menacés, familles comprises, qui donnait l'évaluation suivante :

— Alger : 2 500 harkis, 2 800 mokhaznis ;
— Oran : 1 300 harkis, 300 mokhaznis ;
— Constantine : 1 400 harkis, 1 000 mokhaznis ;
— Sahara : 100 harkis

soit 9 400 personnes.

Un communiqué du ministère des Armées publié le 5 juin 1962 n'évaluait plus qu'à 4 930 personnes le nombre des harkis menacés que le secrétariat d'État aux Rapatriés devrait accueillir en métropole. A la même époque, Robert Boulin, à partir du recensement effectué par l'armée en avril 1962, annonçait que 9 500 personnes étaient menacées, soit 4 000 supplétifs et leurs familles. Commentant cette dernière évaluation, Mohand Hamoumou estime que le chiffre de 4 000 concerne bien ceux qui se sentent alors effectivement menacés et manifestent leur désir de « suivre la France ». En fait, « du 19 mars à l'indépendance, peu se sentaient menacés : d'une part le FLN prêchait la fraternité, d'autre part, la majorité des supplétifs estimait n'avoir rien à se reprocher au sens de ne pas avoir combattu contre l'Algérie mais contre les méthodes terroristes du FLN. Ceux qui dès le 19 mars voulaient quitter l'Algérie étaient soit des supplétifs qui se savaient menacés en raison de leurs comportements (dénonciations, "bleu de chauffe" par exemple, ou brutalités envers la population, souvent par vengeance, mais pas excusables pour autant ni pardonnables par la population), soit ceux qui voulaient aller jusqu'au bout de leur engagement avec la France par honneur personnel ou par conviction idéologique, ou encore par fidélité et attachement à leur officier[7] ».

2. *Le rapatriement des harkis aurait entravé celui de ces ayants droit prioritaires qu'étaient les pieds-noirs :* « Ces initiatives étaient prises dans un contexte de désordre inimaginable. Il faut avoir vécu ces moments dramatiques où des milliers et des milliers de Français en instance de rapatriement attendaient dans les pires conditions un avion ou un bateau. Il ne fallait pas compliquer une tâche

6. Témoignage du général Buis, *L'Histoire*, n° 140, janvier 1991, p. 120.
7. Hamoumou M., « Les harkis, un trou de mémoire franco-algérien », *loc. cit.*, p. 38.

prioritaire s'agissant d'ayants droit. (...) Cette note visait à empêcher, autant que possible, l'embouteillage des ports et des aéroports, à ralentir des mouvements inattendus et illégaux des deux côtés, qui ajoutaient au trouble général[8]. »

3. *Un plan général de rapatriement des supplétifs était prévu :* « Pour ceux que nous estimions réellement en danger, le commandement a ouvert, avec l'accord du haut commissaire, des camps de réfugiés, dont un sur la grand-route du Rocher Noir (siège du haut commissariat, à 20 km d'Alger). Les plus menacés, parmi plusieurs milliers de harkis du Constantinois et des franges orientales de l'Algérois, sont passés par ce camp avant d'embarquer pour la France. N'oublions pas, non plus, que le bachaga Boualam a été rapatrié en Camargue avec tout son entourage, qui n'était pas mince. Il s'y est installé aux frais du gouvernement et du ministère des Armées. J'ai été, en cette matière précise, partie prenante.

« Que fallait-il faire d'autre ? L'armée a fait ce qu'elle a pu. Il n'était pas question pour elle de s'aventurer dans la nature pour récupérer des harkis qui n'avaient pas été rassemblés en même temps que les unités organisées. Dites-vous bien qu'elle n'était plus opérationnelle, sauf pour sa défense, et remplacée par une vague force territoriale. Elle était simplement stationnée sur le territoire algérien, dans des garnisons. Elle a tout de même rapatrié quelque 25 000 Français-Musulmans recueillis par elle. Les plus exposés, les plus compromis, qui sont venus demander asile dans ses garnisons[9]. »

Cet argument portant sur l'existence d'un « plan général de rapatriement », dont les dispositions rendent inutiles, voire néfastes, les opérations isolées, avait déjà été évoqué le 4 juillet 1962 par le colonel Buis dans une lettre adressée au général Parlange, alors retiré dans le village pyrénéen de Bosdarroz dont il devint le maire. Buis y affirmait alors que la liste nominative de ceux qui voulaient partir était dressée, « leur regroupement dans des camps (à partir du 10 mai) entrepris », « leur embarquement préparé » ; bref que « l'œuvre d'honneur et de justice que constituait le rapatriement des musulmans menacés a été largement conçue, minutieusement conduite et intégralement réalisée[10] ».

En réalité, lorsque Buis écrit ces lignes, il n'a été procédé à aucun transfert officiel. A la stupéfaction des autorités locales, dira

---

8. Témoignage du général Buis, *L'Histoire*, n° 140, *loc. cit.*, p. 121.
9. *Ibid.*, p. 122.
10. *Cf.* D'Andoque N., *1955-1962 : guerre et paix en Algérie, op. cit.* (« Lettre d'un colonel proche du haut commissaire à un ancien officier supérieur des affaires indigènes », 4 juillet 1962).

le sous-préfet d'Akbou, aucun plan général ne fut organisé pour mettre à l'abri les supplétifs les plus menacés ; les seules directives reçues furent des consignes restrictives.

Qui plus est, le 23 mai 1962, *Le Figaro* annonce que cinquante-cinq harkis et leurs familles, originaires de la région de Palestro, débarquant la veille en métropole, ont été refoulés. En outre, le fait s'est semble-t-il déjà produit et un certain nombre d'anciens supplétifs arrivés à Marseille ont été renvoyés en Algérie, sous prétexte que leurs papiers n'étaient pas en règle.

Avec l'été 1962 s'ouvre une nouvelle période. A mesure que s'étendent les massacres, l'armée commence à ouvrir ses cantonnements et à y installer des hébergements. Après retrait du dispositif français, les camps de transit installés à Zeralda, Bougie et Mers el-Kebir ne recueillent plus que les survivants des tueries de l'été 1962. La marine nationale est chargée du transport. En France, on installe aussi des camps de transit, le Larzac dans l'Aveyron et Bourg-Lastic dans le Puy-de-Dôme ouvrent leurs portes durant l'été 1962, suivis par Rivesaltes dans les Pyrénées-Orientales et Saint-Maurice-l'Ardoise-Lascours dans le Gard en octobre.

Pour échapper aux massacres, les supplétifs licenciés se précipitèrent en masse vers les cantonnements de l'armée française. Certains, déjà dénoncés, arrêtés et envoyés aux travaux forcés sur le front algéro-marocain, ou incarcérés, parviendront à s'évader pour rejoindre les camps de transit. D'autres, tel Saïd Beladjal, se trouvaient encore à la caserne au moment du référendum du 1er juillet 1962 : « La question posée était : "Voulez-vous que l'Algérie devienne un État indépendant, coopérant avec la France, dans les conditions définies par la déclaration du 19 mars 1962 ?" A la caserne, on nous a montré les bulletins de vote en nous disant de voter "oui" et de ramener le "non". Nos femmes ont voté de la même manière. Le 3 juillet, l'indépendance était proclamée. Les officiers nous ont rassemblés et nous ont dit qu'on avait quatre mois pour décider si on voulait partir ou rester. Puis nous avons été démobilisés et nous sommes rentrés au village.

« Beaucoup de harkis souhaitaient rester. Hafida, ma femme, ne voulait pas partir et laisser son père ici. Quand les représailles ont commencé, on a dû fuir. Mon frère et mon beau-frère ont failli être tués, alors on est allé se réfugier dans le camp qui abritait les soldats français. On y est restés trois mois, de septembre à novembre 1962. Les premiers jours ont été durs, il n'y avait rien à manger, vraiment rien. Et puis, les familles venaient à la porte du camp pour demander aux fuyards de rentrer au village. Certains d'entre nous n'ont pas supporté l'attente, ils ont quitté le camp et ont été exécutés par "ceux du 19 mars". J'aurais accepté les représailles de la part des djounoud, mais pas de la part de "ceux du 19 mars"[11]. »

Un certain nombre de témoignages soulignent qu'à cette époque nombre de soldats du contingent et d'officiers qui continuaient d'être envoyés en Algérie avec mission de recueillir les éléments évacuant les postes isolés du djebel, de les protéger jusqu'aux centres de regroupement, de démonter et de récupérer matériel et installations, furent aussi amenés à récupérer des harkis désireux de gagner la métropole : « Pour un sergent harki isolé en plein centre d'Aïn Beida avec sa famille, raconte Bruno d'Aboville, affecté en août 1962 dans un régiment blindé basé dans les environs de Constantine, plusieurs pelotons EBR furent nécessaires pour ceinturer la ville après une discrète marche d'approche. Et l'enlèvement du fidèle se déroula comme un raid de commando. Conduit sous bonne escorte jusqu'à Bône, il fut l'un des rares à échapper au sort tragique qui fut réservé à bon nombre de ses frères d'armes[12]. »

La période qui s'étend de juin à septembre 1962 est donc celle des arrivées massives — 12 000 personnes sont alors accueillies au Larzac et à Bourg-Lastic. Il y a encore 1 300 départs en septembre et en octobre. Jusqu'en 1965, les flux restent significatifs. Un document émanant du ministère des Rapatriés et daté du 9 juin 1964 évalue à 3 480 le nombre de « rapatriés musulmans » au cours du premier semestre de cette année-là. A partir d'avril 1965, avec le tarissement des arrivées massives, une nouvelle procédure de rapatriements est mise en place, dite des laissez-passer, par l'ambassade de France ou par la Croix-Rouge. Elle est ouverte, après l'indépendance, aux anciens supplétifs et aux anciens détenus ainsi qu'à leurs familles[13].

Si l'on s'en tient à la déclaration faite par le secrétaire d'État auprès du Premier ministre chargé des Affaires algériennes à l'Assemblée nationale le 22 avril 1963, il y aurait eu au total 14 000 supplétifs acheminés avec leur famille vers la métropole entre mars

11. Témoignage de Saïd Beladjal, recueilli à Villeneuve-sur-Lot en 1985.

12. D'ABOVILLE B., « Pour l'honneur de quoi ? », *in* PORTEU DE LA MORANDIÈRE, *Soldats du djebel, op. cit.*, p. 351.

13. Selon le colonel Schoen, il y eut 1 166 rapatriements bénéficiant de cette procédure. Le fichier du Château-Lascours donne, quant à lui, 1 135 rapatriements. La plupart des hommes sont d'ex-détenus, et selon Schoen « la durée moyenne de la détention est de cinq ans — de 1962 à 1967 —, la durée maximale dépassant sept ans — de l'été 1962 à l'automne 1969 ». Schoen considère qu'en 1962 il y avait 15 000 détenus dans les prisons algériennes et que 12 000 à 13 500 prisonniers sont donc restés en Algérie (SCHOEN, *Notes des 6 et 10 décembre 1972*).

et juillet 1962 et 7 000 autres par la suite. A quoi il faut ajouter les 1 200 prisonniers qui parvinrent — on l'a vu — à gagner la France entre 1965 et 1970. Ce qui donnerait un total d'environ 25 000 personnes. Chiffre qui, on le verra bientôt, sous-estime largement l'importance des rapatriements.

Même durant cette seconde période où l'armée fut amenée à prendre officiellement en charge le rapatriement, des directives sont édictées pour limiter strictement le droit d'asile et l'ampleur des départs.

Citons deux de ces documents :

— *Octobre 1962* (note attribuée au général Le Ray[14]) : « Gene, super, prescrit à compter du présent ordre : tout accueil d'Algériens demandant asile à nos forces devra être soumis à sa décision. En conséquence, tout hébergement accordé dans l'intervalle présentera un caractère révocable. Stop, l'attention des chefs de corps est attirée de façon pressante sur la nécessité de restreindre au strict minimum le nombre de cas à soumettre à la décision supérieure et qui les engagent personnellement ainsi que commandant de division. »

— *Novembre 1962* (note du général Brebisson[15]) : « Objet : Protection des ex-supplétifs et personnes ayant aidé les forces françaises.

« Référence : Ma note n° 1920 CSFAFA/EMI/MOR TS du 24 août 1962.

« 1. Dans ma note citée en référence, j'avais attiré votre attention sur les difficultés présentées par l'arrivée en France des ex-supplétifs et personnes ayant aidé les forces françaises et je vous demande d'inciter vos cadres à n'accorder asile que dans des cas exceptionnels. Malgré cette mise en garde, le nombre des musulmans hébergés dans nos camps d'Algérie s'accroît régulièrement. Il dépasse actuellement 6 000, malgré les 1 300 départs en France au cours des mois de septembre et d'octobre (...).

« 3. Le ministre m'a d'autre part fait savoir que les possibilités d'absorption de la métropole en hiver seraient, après ces premiers départs, largement saturées. Comme, de plus, il est à craindre que le gouvernement algérien, dont l'autorité du pouvoir central se confirme, prenne rapidement ombrage de nos centres largement ouverts à ses opposants, il est nécessaire que le courant de musulmans menacés qui alimente régulièrement nos camps, à raison de vingt par jour, soit interrompu.

14. Cité *in* KABERSELI A., *Le Chagrin sans la pitié, op. cit.*, p. 121.
15. Document publié par Jean LACOUTURE, *Le Monde*, 13 novembre 1962.

« 4. En effet, la situation économique en Algérie risque d'inciter les musulmans à venir chercher dans nos centres, puis ensuite en métropole, l'alimentation et les ressources financières qui leur font particulièrement défaut. De plus, la situation politique algérienne est suffisamment fluide pour que tout supplétif puisse s'estimer plus ou moins menacé et envisage facilement un exode vers le France.

« 5. Vous voudrez bien en conséquence :

« — faire vérifier que les personnels actuellement présents dans les camps correspondent bien aux catégories prévues pour recevoir notre aide (voir à ce sujet télégramme 1 881 du 16 août et note de service 2 152 du 2 octobre) ;

« — suspendre dès maintenant toute nouvelle admission dans les camps. Les cas reconnus exceptionnels par les commandants de division me seront soumis pour décision ; en attendant celle-ci, l'accueil devra conserver un caractère provisoire. Les éléments d'appréciation me seront transmis par messages postalisés. »

L'affaire Gardes, les harkis et l'OAS

Comment expliquer que le départ en France des supplétifs licenciés ait pu à ce point être entravé ? A entendre les déclarations des membres du gouvernement, à lire la presse de l'époque, la raison en est fort simple : le gouvernement craignait que l'OAS y puise des forces pour poursuivre son action en métropole. Les supplétifs, autrefois suspects de connivence potentielle avec l'ALN, sont désormais soupçonnés de complicité avec l'OAS.

Interrogé le 28 juin 1962 à l'Assemblée nationale à propos des directives secrètes adressées aux officiers par le général Le Ray (gendre de François Mauriac), Louis Joxe répond que « les officiers qui veulent ramener leurs hommes font preuve d'un condamnable instinct de propriétaire, exercé sur des personnes dont ils violent la liberté de choix afin de constituer en France des regroupements subversifs[16] ». Éric Roussel, dans la biographie qu'il consacra à Georges Pompidou, évoque la même suspicion et relève que le rapatriement en France des anciens harkis fut discrètement

16. Cité *in* HEINIS A., *L'Insertion des Français-Musulmans rapatriés, op. cit.*, p. 20. Il faut également rappeler que, dès 1961, Roger Frey, ministre de l'Intérieur, Alexandre Sanguinetti, son adjoint, et l'ensemble des responsables du maintien de l'ordre refusent de relever et de rapatrier en métropole des policiers pieds-noirs, de peur de « pourrir » la France (*cf.* COURRIÈRE Y., *Les Feux du désespoir, op. cit.*, p. 459-460).

entravé par peur de prolonger la guerre civile en facilitant le repli en métropole de recrues potentielles de l'OAS[17].

Les mêmes craintes se trouvent aussi exprimées sous la plume de journalistes tels que Serge Bromberger dans un éditorial du *Figaro* le 22 mai 1962, ou Jean Planchais dans *Le Monde* du 23 mai 1962. « Dans un certain nombre de cas précis », dit Bromberger, il est évident que l'on tend « à faire entrer en métropole des éléments déracinés ayant la pratique des armes, et destinés à servir de moyens d'action à l'OAS ». Jean Planchais, dans son article intitulé « De l'entraide à l'utilisation des harkis en métropole », commence par reconnaître que « des vengeances avaient été exercées », puis minimise le problème : « En définitive, à l'heure actuelle, plusieurs centaines et non plusieurs milliers comme il a été dit parfois, de harkis ont demandé à être envoyés en métropole » ; et enfin Planchais suggère que l'on fait venir en métropole « des groupes de supplétifs pour les mettre au service de l'OAS ».

S'ils ne peuvent prétendre à justifier la politique hyper-restrictive mise en œuvre, de tels propos ne peuvent pour autant être qualifiés « d'insinuations insoutenables », comme le fait Nicolas d'Andoque[18]. Il n'est guère contestable que certains supplétifs ont été contactés par l'OAS qui chercha à les faire basculer dans son camp avant qu'ils ne soient désarmés. Ainsi Lulu Bayle, le neveu du maire de Saïda — et qui dirigeait l'OAS dans cette ville —, avait été chargé d'essayer de gagner à l'OAS Georges Grillot, dont il était proche, et l'ensemble du commando Georges. Si Georges Grillot, indécis, mais non hostile, évita de se « mouiller », suivant en cela les conseils prodigués par le préfet Mokdad, le commissaire des RG Dols et André Wormser, en revanche Youcef Ben Brahim empocha 10 millions de francs provenant de l'OAS[19]. Il s'efforça sans succès, avec l'aide de son secrétaire et garde du corps Daho, de rallier le commando à l'OAS.

Plus révélatrice encore est la tentative d'implantation, fin mars 1962, d'un maquis OAS dans l'Ouarsenis. En général très prolixe dès qu'il s'agit de mettre en valeur son action, Saïd Boualam est infiniment plus discret sur cet épisode qui toucha pourtant son douar de très près.

---

17. Cité *in* PERVILLÉ G., « L'abandon des harkis », *loc. cit.*, p. 33-34.
18. D'ANDOQUE N., *1955-1962, guerre et paix en Algérie, op. cit.*, p. 171.
19. Chiffre donné par René BAIL, « Les harkis du commando Georges », *Historia*, n° 486, hors série, juin 1987, p. 158. Selon Gaget, la somme s'élevait à 50 millions (*cf. Commando Georges, op. cit.*, p. 180).

Le 23 février 1962, Raoul Salan publie l'instruction n° 29, qui constitue, selon Courrière, le texte le plus important de l'histoire de l'OAS[20]. Tout en conseillant de « cesser toute opération faisant le jeu de la ségrégation », Salan y ordonnait de créer des zones insurrectionnelles dans les campagnes, à base d'unités militaires ralliées et de maquis, d'accroître à l'extrême le climat révolutionnaire dans les grands centres urbains, et enfin d'exploiter le pourrissement de l'adversaire par l'entrée en jeu de la population en marée humaine pour l'ultime phase. L'instruction n° 29 se concrétisa en ville par la manifestation qui déboucha sur la fusillade de la rue d'Isly, et dans le bled par des tentatives d'implantation de maquis dans l'Ouarsenis et probablement dans le Constantinois[21]. Il s'agissait de profiter de l'évacuation de l'armée française pour prendre pied en milieu rural avant que le FLN n'y consolide son influence. C'est le colonel Jean Gardes, ancien chef du service d'action psychologique, et par ailleurs ami personnel du bachaga Boualam, qui était chargé de préparer le « déplacement de front » vers l'Ouarsenis. Le plan de Gardes est le suivant : « Le bachaga lèvera 5 000 harkis à deux conditions : que l'OAS se montre capable de provoquer le passage à la dissidence de plusieurs unités constituées ; que le sang ne coule pas. Un cas de figure que Gardes juge possible. Il a l'accord du chef du deuxième bureau d'Orléansville (...) ; celui du commandant de tirailleurs Bazin, des chefs de trois compagnies mobiles. Il espère que des unités de légion basées à Sidi-Bel-Abbès se rallieront après coup. On pourra alors mettre l'armée au pied du mur. Il faudra bien qu'elle tire sur des compatriotes ou bien qu'elle laisse faire. Depuis la journée des barricades de janvier 1960, la stratégie est toujours la même, jusque dans son optimisme : Gardes compte sur la venue au maquis de 1 500 à 2 000 pieds-noirs[22]. »

Le soir du 26 mars 1962, soit une semaine après le cessez-le-feu et le jour même de la fusillade de la rue d'Isly, Gardes quitte Alger avec deux responsables OAS de secteur, les capitaines Branca et

20. COURRIÈRE Y., *Les Feux du désespoir, op. cit.*, p. 551-552.

21. Selon Alex Nicol, ces deux maquis devaient servir de refuge aux harkis « désemparés » (*cf.* NICOL A., *La Bataille de l'OAS*, Les Sept Couleurs, 1963, p. 158). Il existait un séparatisme latent parmi une partie des pieds-noirs qui avaient fini par considérer que l'avenir était à l'avènement d'une république algérienne indépendante, seule capable de régler, en vase clos, la question des « indigènes ». C'était la tendance « sudiste ». A plusieurs reprises, les chefs de file des mouvements du 13 mai s'étaient entendu dire par tel ou tel président d'association d'anciens combattants : « Plutôt couper les liens avec la France que d'accepter ceci ou cela. » Aussi n'est-il pas étonnant qu'au sein de l'OAS se soit fait jour l'idée que, quelle que soit l'évolution ultérieure, tous les supplétifs étaient ralliables.

22. KAUFFER R., *L'OAS*, Fayard, 1986, p. 274.

Montagnon. Une centaine de militants, Français d'Algérie ou légionnaires, seront au rendez-vous de l'Ouarsenis. Transportés clandestinement en chemin de fer grâce à des complicités parmi les cheminots et leur direction, ils sont dirigés par Montagnon. Gardes, quant à lui, fait le trajet en DS accompagné de deux des techniciens radio de Susini, et de Mohamed Boualam, le fils aîné du bachaga. Après un bref succès, la prise de la cote 505, l'opération échoue lamentablement : « Voici les hommes de l'OAS, dont nombre de pieds-noirs qui n'ont jamais connu le djebel, contraints de "crapahuter" à la manière des combattants du FLN, poursuivis par l'armée. Ils doivent leur salut à l'aide des harkis de Boualam qui les renseignent et les hébergent dans leurs douars. Jusqu'au jour où, cédant aux pressions des autorités qui menacent d'abandonner purement et simplement les siens le jour où l'armée française partira, Saïd Boualam cessera de leur donner son appui. Grâce à son réseau d'acheminement habituel, Gardes peut s'échapper par Orléansville, puis Affreville. Les militants OAS, harcelés par l'armée française, surveillés par le FLN, ne sont plus que des prisonniers en sursis. C'est au fond d'un oued que Pierre Montagnon se fait coincer par des soldats français ; (...) le 10 avril 1962, le commandant Bazin, ignorant le renversement total de situation, s'enfonce dans l'Ouarsenis avec une trentaine d'hommes de son état-major tactique. Trente tirailleurs sur un bataillon de 600 hommes ! Ils sont accrochés sévèrement en cours de route par le FLN. Un violent combat s'engage qui fit six morts du côté français[23]. » L'opération Ouarsenis est terminée, 7 officiers et 86 hommes de l'OAS sont faits prisonniers par l'armée et déférés à la police.

L'attitude du bachaga Boualam dans cette affaire était, semble-t-il, prévisible. Dans les soixante-deux pages du carnet du colonel Broizat, on pouvait lire ceci : « Longue entrevue avec de jeunes dirigeants de l'OAS dont deux musulmans, l'affaire de l'Ouarsenis leur paraît assez bien lancée. L'un des jeunes musulmans porte cependant une appréciation dure sur le bachaga Boualam qui ne serait plus homme à prendre des risques et préférerait s'installer tranquillement en métropole[24]. » Et c'est ce qu'il fit. Entouré de ses fidèles, il ne sera pas le dernier à mettre, comme dit Courrière, « la largeur de la Méditerranée entre lui et le FLN, gagnant inéluctablement ». Il sera même le premier à placer ses hommes à

23. Kauffer R., *L'OAS, op. cit.*, p. 275-276.
24. « Carnets du colonel Broizat », *in OAS parle*, Julliard, Archive, p. 262.

l'abri dans le midi de la France : « Pour lui la guerre est terminée[25]. »

« Après l'aventure Gardes dans l'Ouarsenis, raconte Saïd Boualam, tous mes harkis, tous mes hommes avaient été désarmés, l'armée française se retirait peu à peu, laissant ses postes à l'ALN, les cuisines étaient encore toutes chaudes. Le FLN était à mes portes (...). Sur les 15 000 personnes de mon douar, j'ai pu en faire ramener, en me démenant, un millier environ. Les autres sont là-bas ou ne sont plus[26]. »

Embarqué dans un avion militaire avec sa femme et sa fille à Orléansville et débarqué à la base d'Istres, le bachaga Boualam s'installera le 18 mai 1962 au cœur de la plaine de la Crau, sur une propriété qu'avait dénichée son fils cadet (on n'est jamais trop prévoyant), le Mas Fondu : quarante hectares de rizières et de prairies près du Mas Thibert... « J'en administrais 33 000 », se souvient-il.

Quant au général Buis, ce rapatriement lui sert — on l'a vu — à prouver que ce sont bien le haut commissariat et l'armée qui ont conduit à bien, autant que faire se peut, « la difficile tâche de regroupement, de sauvegarde, d'embarquement » des harkis. Ils ont « porté la charge de l'opération qui a permis au bachaga Boualam de se retirer en France avec toute sa clientèle, dans des conditions qui ont permis à cette communauté, là au moins, de reprendre sans solution de continuité une vie paysanne aussi proche que possible de celle qu'elle quittait[27] ». On ne saurait mieux dire...

Combien y eut-il d'anciens supplétifs rapatriés ?

La réponse à cette question est malaisée. Il peut sembler à première vue que les données les plus fiables sont fournies par le recensement général de la population de 1968. On dénombra à cette occasion 134 724 « Français-Musulmans », dont 87 816 sont nés en Algérie — 56 000 hommes et 31 816 femmes — et 46 908

25. COURRIÈRE Y., *Les Feux du désespoir, op. cit.*, p. 587.

26. BOUALAM S., *Mon pays, la France, op. cit.*, p. 30-34. Selon le capitaine Pierre Granier, qui commanda la SAS de Lamartine de 1958 à la fin de 1960, c'est le 2 août 1962 que les mokhaznis de Lamartine furent convoqués à l'ancien PC du bachaga Boualam. Ceux qui s'y rendirent furent mis à mort ; « Sur les quelque mille hommes qui composaient la harka du bachaga Boualam, plus de la moitié ont été mis à mort dans le douar des Beni Boudouanes (*cf.* BOUALAM S., *Les Harkis au service de la France, op. cit.*, p. 246-247).

27. BUIS G., *Les Fanfares perdues, op. cit.*, p. 241-242.

sont des enfants nés en France depuis 1962. Soit au total 24 320 familles[28].

Mais ces données posent deux problèmes. En premier lieu ces chiffres ne tiennent pas compte de la région Midi-Pyrénées, oubliée dans le dépouillement, où le nombre des Français-Musulmans est alors estimé à 5 500 personnes[29].

Le second problème est plus important : les données issues du recensement mélangent deux catégories de population dont la situation sociale en Algérie, l'histoire, les motifs d'allégeance à la puissance coloniale, et la destinée sur le territoire métropolitain diffèrent en profondeur.

Tous les exilés ne sont pas identiques. Depuis la Monarchie de Juillet qui voit affluer les exilés polonais, espagnols, portugais ou italiens, jusqu'à l'arrivée, au tournant des années soixante-dix, d'un grand nombre de ressortissants du Sud-Est asiatique, chaque révolution manquée — ou réussie —, chaque dictature, chaque génocide ont contraint des milliers d'hommes à demander asile en France. Et parmi ceux-ci se trouvaient pêle-mêle et en proportions variables paysans, ouvriers, militaires ou simples militants, mais aussi les états-majors militaires ou politiques, des intellectuels, des notables. Aux premiers, aux plus déshérités était réservé l'internement dans les camps. Les autres, qui pouvaient bénéficier de contacts, de réseaux de solidarité ou d'appuis de toutes sortes à l'étranger, eurent le plus souvent la possibilité d'éviter les camps ou de n'y faire qu'un très bref séjour. Dans les camps qui accueillirent les réfugiés espagnols après la chute de la Catalogne, ou de façon différente parmi les réfugiés vietnamiens du milieu des années soixante-dix, l'immense majorité des internés, la fraction la plus stable, celle qui restera durablement enfermée est aussi la plus défavorisée : ouvriers, paysans et soldats.

En 1962, il en alla de même des réfugiés algériens : ceux qui restèrent dans les camps, ceux qui furent mis sous tutelle étaient les simples supplétifs, d'origine paysanne le plus souvent. Considérés comme des indigènes — au sens colonial du terme —, ils furent jugés inaptes au reclassement individuel. Une juridiction d'exception les exclura du bénéfice des dispositions adoptées en faveur des rapatriés européens et de l'élite « française-musulmane » et

---

28. Recensement général de la population française, 1968, sondage au 1er avril, réf. DG4/Q-CMF 172/V.

29. *Cf.* l'enquête sur les Français-Musulmans menée par Jean Servier en 1972 à la demande du Comité national pour les Français-Musulmans.

notamment de l'importante réservation prioritaire de 30 % des logements HLM en faveur des rapatriés.

Quant à la petite élite appartenant à des milieux diversement privilégiés — élus municipaux, conseillers généraux, députés et sénateurs, fonctionnaires, caïds, aghas et bachagas, militaires de carrière et membres des professions libérales —, ses membres furent considérés comme citoyens aptes au droit commun et à un reclassement individuel dans la société française : retraite anticipée pour les parlementaires, reclassement dans le corps d'origine pour les fonctionnaires, etc.[30]. Échappant aux filières de relégation, elle se fondit en général dans la masse des rapatriés et s'inséra comme eux, avec plus ou moins de bonheur. Ce qui vaut pour les pieds-noirs vaut donc sans doute pour eux : 57 % des nouveaux arrivants trouvent immédiatement à se loger, 28 % se logent chez des amis, 8 % à l'hôtel et 7 % en cité d'accueil ; un an plus tard, 47 % des hommes ont trouvé un emploi[31].

Le critère de la nationalité qui permet la ségrégation et la relégation des anciens supplétifs est celui qui doit permettre aussi de les dénombrer au sein de l'ensemble des Algériens réfugiés. En effet, en abordant le sol français, les notables conservaient de plein droit la nationalité française, dans la mesure où la plupart relevaient du statut civil de droit commun. Les uns avaient reçu la nationalité française par décret en 1870, comme ce fut le cas pour la famille Boualam. D'autres l'avaient reçue par l'ordonnance du 7 mars 1944, qui francisait environ 60 000 personnes ; à quoi il faut ajouter environ 10 000 nationalités accordées pour faits de guerre avant 1962.

En revanche, les simples supplétifs qui relevaient du statut civil de droit local perdaient la nationalité française le jour de l'indépendance de l'Algérie, et ceux qui voulurent la récupérer durent faire une demande particulière, prévue par les accords d'Évian.

Une ordonnance du 21 juillet 1962, complétée par un décret du

30. Cette élite qui n'a pas été transférée en totalité sur le territoire métropolitain représentait environ 30 000 personnes en Algérie selon Mohammed HARBI (*La guerre commence en Algérie, op. cit.*, p. 85-92). Maurice FAIVRE avance un chiffre plus élevé : 50 000 notables et anciens combattants (dont 48 députés, 790 délégués spéciaux : maires désignés et leurs conseillers), plus 10 000 fonctionnaires en poste (« Une histoire douloureuse et controversée », *Hommes et Migrations, loc. cit.*, p. 16). Enfin, selon Pierre BOYER, l'Algérie ne comptait en 1954 que 8 499 grands propriétaires possédant 200 hectares en moyenne, il n'y avait en 1951 que 78 avocats, 75 médecins, 36 pharmaciens, une vingtaine d'ingénieurs, 2 conseillers à la cour, 4 ou 5 magistrats et une centaine de professeurs et d'officiers (*Évolution de l'Algérie médiane*, Maisonneuve, 1960).

31. BAIL R., « La valise. Le retour des pieds-noirs », *Historama*, n° 41, juillet 1987, p. 92.

27 novembre 1962[32] fit obligation à ces rapatriés de « déclarer vouloir se faire reconnaître la nationalité française », déclaration soumise à engistrement devant le juge d'instance. Tous ceux qui firent cette déclaration et qui la virent acceptée furent réputés n'avoir jamais perdu la nationalité française. 58 932 déclarations furent enregistrées entre 1962 et 1968[33]. Les jeunes de moins de dix-huit ans étant portés sur la déclaration du chef de famille, il faut ajouter au chiffre précédent 25 118 enfants de moins de 18 ans, soit donc au total 84 050 personnes.

Expression juridique des contradictions de classe au sein de la société algérienne, le critère de la nationalité peut donc être retenu, et le nombre de 84 050 personnes considéré comme une approximation satisfaisante du nombre des supplétifs entrés en métropole avec leur famille. A condition toutefois de tenir compte du fait que, d'une part, tous les déclarants ne furent probablement pas des supplétifs, et que, d'autre part, tous les supplétifs ne purent pas ou ne voulurent pas faire la déclaration recognitive de nationalité française.

1) Il est possible que parmi les membres de l'élite, parmi les notables et les fonctionnaires, certains n'aient été francisés ni en 1870, ni en 1944, ni entre 1958 et 1962. En outre, il y eut parmi les déclarants de jeunes Algériens appelés et incorporés avant le 19 mars 1962 dans l'armée française, sous peine de sanctions pour insoumission ou désertion. Certains d'entre eux, cantonnés en France ou en Allemagne et libérés par petits paquets, ne rentrèrent pas en Algérie. Selon Maurice Faivre[34], 1 800 sont restés, ce qui, avec les familles, représentait 13 800 personnes.

2) Tous les exilés n'ont pas voulu faire la déclaration : « J'ai pas pris la nationalité française, même maintenant, je ne l'ai pas. Quand on nous a sorti cette histoire de nationalité française, je me suis dit : "Qu'est-ce qu'ils veulent ? Que je dise : je renonce à

32. Décret n° 62-1475 du 27 novembre 1962 relatif à la procédure de reconnaissance de la nationalité française prévue à l'article 2 de l'ordonnance n° 62-825 du 21 juillet 1962.

33. Les statistiques de déclaration de nationalité entre 1962 et 1968 furent établies par la sous-direction des naturalisations du ministère du Travail - bureau n° 3. Elles confirment approximativement les résultats du recensement de 1968. On obtient en effet un total de 130 958 personnes en ajoutant au nombre des déclarations de reconnaissance entre 1962 et 1968 (58 932) le nombre des enfants nés en France de 1962 à 1968 (46 908) et le nombre d'enfants de moins de 18 ans en 1968, nés en Algérie (25 118). Une statistique ultérieure émanant de la même administration fait état de 59 684 déclarations enregistrées de 1962 à 1970 (*cf.* note du 21 mai 1971 du bureau n° 3 de la sous-direction des naturalisations au ministère du Travail).

34. FAIVRE M., « Une histoire douloureuse et controversée », *loc. cit.*, p. 17.

l'Algérie, à lui appartenir ?" Mais si demain on peut repartir, moi je repars. Alors j'ai pas changé mes papiers, tous mes papiers sont algériens, passeport, carte d'identité, tous, je les renouvelle au consulat à Lille. J'attends le jour où je pourrai retourner en Algérie... Avant je croyais que je repartirais très vite, maintenant, je ne sais pas quand ce sera possible, mais j'attends, j'espère que cela se fera avant ma mort...[35] »

3) Parmi ceux qui firent la déclaration, tous ne parvinrent pas à respecter les délais requis. La loi n° 66-945 du 20 décembre 1966 stipule dans son article 1 que les personnes de statut civil de droit local, originaires d'Algérie, qui n'ont pas souscrit avant le 21 mars 1967 la déclaration prévue par l'article 152 du code de la nationalité (cet article abrogé portait sur la déclaration recognitive) seront réputés avoir perdu la nationalité française le 1er janvier 1963. Dès lors, les Algériens perdant la nationalité française de par la loi du 20 décembre 1966 ne peuvent plus s'y faire réintégrer que par décret, une procédure soumise aux conditions et aux règles de la naturalisation. Il y aura 1 209 réintégrations d'Algériens dans la nationalité française entre 1967 et 1970[36]. Le délai 1962-1967 peut paraître suffisant, mais il faut savoir qu'à l'origine l'option n'était ouverte que jusqu'au 1er janvier 1963. En outre, les textes d'application du décret du 27 novembre 1962 tardèrent à paraître. Si bien que, selon André Wormser, « l'angoisse et l'affolement dus à la rigueur de cette règle furent extrêmes ; sans aide dans le dédale des démarches administratives, ils se heurtent à l'indifférence et la mauvaise volonté générale. Les tribunaux n'étaient pas au courant, se montraient tatillons, réclamaient certains papiers d'identité, inventaient des procédures propres. Il y eut des reports successifs de la date de clôture. En mars 1967, la forclusion fut décrétée *sauf* pour les personnes retenues prisonnières en Algérie et arrivant après cette date[37] ».

Ces reports successifs ne parviendront pas à résoudre totalement le problème. Une réunion interministérielle du 13 décembre 1962 avait défini les conditions d'application de la procédure dans des termes qui faisaient du droit à la reconnaissance de la nationalité française une épreuve. Les anciens supplétifs durent continuer à

---

35. A., 36 ans. Témoignage recueilli par Saliha ABDELLATIF, *Enquête sur la condition familiale des Français-Musulmans en Picardie, op. cit.*, p. 97.

36. A partir de 1973, toute procédure spéciale fut définitivement supprimée par la loi 73-42 du 7 novembre 1973. La procédure de « réintégration par décret » concerna environ 10 000 personnes entre 1968 et 1984.

37. WORMSER A., « Les Français-Musulmans en 1984 », *Le Genre humain*, n° 11, automne/hiver 1984-1985, p. 139.

fournir, à l'appui de leur souscription de déclaration, des pièces qu'il leur était impossible de réunir, compte tenu des circonstances dans lesquelles ils ont le plus souvent quitté l'Algérie. C'est pourquoi il fut décidé de confier au personnel du « Service des Français d'Indochine et musulmans » (SFIM), chargé de la tutelle des anciens supplétifs réfugiés, la mission de produire des « déclarations de notoriété », tenant lieu de pièces d'identité à ceux qui n'en avaient pas. Un nouvel obstacle était ainsi créé. Les exclus de la filière officielle, ceux qui ont transité par ce qu'on a appelé les filières clandestines, risquent désormais d'être des exclus de la nationalité.

4) Toutes les déclarations souscrites dans les temps ne furent pas acceptées : 59 684 enregistrements pour 69 303 souscriptions entre 1962 et 1970 ; il y eut donc 9 619 refus[38]. Les « déclarations de notoriété » devaient « évaluer le "dévouement exceptionnel" des candidats par le passé, mais aussi leur "fidélité" présente, leur bonne conduite morale et sociale que sanctionne un "certificat de moralité, de loyauté et d'assimilation". Procédure discrétionnaire qui exclut tout automatisme[39] ».

Après le dépôt des pièces à l'appui des déclarations d'option, le juge d'instance délivre un récépissé aux intéressés et adresse le dossier au ministère de la Santé publique et de la Population, qui l'étudie et se prononce sur la suite qu'il convient de lui donner, après enquête de police et sur la base de renseignements fournis par le SFIM. La réponse du ministère doit parvenir en principe dans les six mois qui suivent, mais certaines dispositions prises pour la circonstance prévoient la possibilité d'un « ajournement », représentant parfois plusieurs années. C'est ainsi que des ajournements ou des refus furent motivés par le fait que les « déclarants ont fait l'objet de remarques défavorables » ou par « leurs fréquents changements de domicile parfois non signalés[40] ».

5) Les enfants orphelins et sans tuteur légal, ramenés d'Algérie par des amis ou des membres de la famille, restent algériens jusqu'à l'âge de dix-huit ans. Personne ne peut opter pour eux et ils n'ont pas le droit de le faire avant d'avoir atteint l'âge requis. Ils n'ont aucun papier, ni français, ni algérien, pas de carte d'identité.

---

38. Cette estimation a été avancée par le colonel Schoen (*cf.* HEINIS A., *L'Insertion des Français-Musulmans...*, *op. cit.*, p. 44).

39. ABI SAMRA M., FINAS F.J., *Regroupement et dispersion. Relégation, réseaux et territoires des Français-Musulmans*, *op. cit.*, p. 37.

40. Comité national pour les Français-Musulmans, *Problèmes pratiques relatifs aux déclarations de nationalité*, 15 mai 1969.

Le problème des sans statut, n'ayant ni nationalité française, ni algérienne, figurera en bonne place parmi les revendications des anciens supplétifs, lors de la révolte de 1975. Une des principales mesures adoptées en Conseil des ministres, à la suite de ces événements, fut « la régularisation dans les plus brefs délais de la situation des personnes entrées en métropole antérieurement à 1970[41] ». La « Commission interministérielle permanente pour les Français-Musulmans rapatriés » admet alors que « les conditions juridiques sévères qui ont entouré les déclarations d'option des Français de statut civil de droit local ont été la source de difficultés non encore surmontées par de nombreux postulants à la réintégration dans la nationalité française ».

Des difficultés qui n'étaient toujours pas résolues douze ans plus tard puisque, le 22 janvier 1987, Nasser Djiabbour, fils de harki âgé de vingt-six ans, purgeant une peine d'un an de prison pour « violence avec armes lors d'un affrontement entre bandes rivales », se voyait notifier un arrêté d'expulsion. Le 27 janvier 1987, il était transféré de la maison d'arrêt de Rouen à l'aéroport de Roissy pour y être dirigé sur Alger[42].

Compte tenu du fait que le nombre des déclarations de nationalité française n'inclut pas tous les supplétifs réinstallés en France, et encore moins la totalité des Algériens exilés, chercheurs, témoins et hommes politiques proposèrent des évaluations souvent fantaisistes.

Pour Anne Heinis, ils furent au total 90 000, se répartissant pour moitié en notables et pour moitié en supplétifs[43]. Selon Marie-Madeleine Pouvreau, en 1964, ces derniers étaient 50 100, dont 9 000 célibataires ou assimilés, 9 300 chefs de famille (un sur sept ayant encore sa famille en Algérie), et 31 800 personnes à charge[44]. André Wormser donne le chiffre de 85 000[45], Nicolas d'Andoque celui de 40 000, en y incluant les élus et fonctionnaires installés en France[46]. Camille Brière propose une « fourchette » beaucoup plus réduite : 12 000 à 15 000[47].

---

41. Communiqué de la présidence de la République.

42. *Cf. Libération* du 28 janvier 1987. L'arrêté d'expulsion stipulait que Nasser Djiabbour « était en relation avec une personne actuellement recherchée et connue comme pouvant commettre des attentats et qu'il est lui-même susceptible de participer à des actes terroristes ».

43. Heinis A., *L'Insertion des Français-Musulmans, op. cit.*, p. 9.

44. Pouvreau M. M., *Les Problèmes médico-sociaux d'une population de musulmans rapatriés*, thèse de médecine, université Bordeaux, 1971, p. 6-7.

45. Wormser A., « Les Français-Musulmans en 1984 », *loc. cit.*, p. 140.

46. D'Andoque N., *1955-1962, guerre et paix en Algérie, op. cit.*, p. 191.

47. Brière C., *Qui sont les harkis ?, op. cit.*, p. 19.

L'incertitude est telle que le même auteur peut avancer des estimations différentes. Ainsi, dans deux articles publiés en 1984, Saliha Abdellatif affirme qu'il y eut 120 000 rapatriés dont 75 000 se rattachaient aux formations supplétives — soit 20 000 supplétifs et leurs familles[48]. Six ans plus tard, elle déclare que durant la période 1962-1970, le nombre total des « Français-Musulmans rapatriés » est de 150 000 (45 000 d'entre eux se rattachant aux milieux privilégiés). Dans la même publication enfin, elle avance à nouveau le chiffre de 120 000 rapatriés dont 78 000 (14 000 familles) se rattachent au corps des supplétifs[49].

Consacrant en octobre 1986 une conférence de presse à la présentation de son « plan programme gouvernemental pour les harkis et leurs familles », André Santini, alors secrétaire d'État aux Rapatriés, en dénombrait 60 000. Trois ans plus tard, le 26 avril 1989, les services de la Délégation nationale aux rapatriés dirigée par Maurice Benassayag publient un document faisant état de 100 000 « rapatriés[50] ».

Finalement, il semble bien qu'il faille considérer que le chiffre de 140 000 est la meilleure estimation du nombre global de réfugiés algériens. Il est obtenu en combinant les informations données par le recensement général de la population française en 1968 et par les statistiques de la sous-direction des naturalisation du ministère du Travail.

Quant au nombre des supplétifs réfugiés, le nombre de dépôts de dossiers d'indemnisation permet d'avancer une hypothèse basse dans la mesure où, dans leurs versions ultimes, ces indemnisations furent réservées aux anciens supplétifs. Il y eut environ 15 000 dépôts en 1987[51].

Il en ressort que les 140 000 réfugiés algériens se répartiraient comme suit : une quinzaine de milliers de familles de supplétifs

---

48. ABDELLATIF S., « Être Français-Musulmans en Picardie », *in La France au pluriel*, Pluriel/Débat, Crispa, L'Harmattan, 1984, p. 100 ; « Les FM ou le poids de l'histoire à travers la communauté picarde », *Les Temps modernes*, n°s 452-453-454, mars-avril-mai 1984, p. 1815.

49. ABDELLATIF S., « Les Français-Musulmans ou une entité préfabriquée », *Hommes et Migrations*, n° 1135, *loc. cit.*, p. 28 ; ABDELLATIF S., DOUDADI R., « L'Habitat », *ibid.*, p. 39.

50. Délégation nationale aux rapatriés, *L'Insertion sociale des RONA : réalité et perspectives*, 26 avril 1989.

51. En réponse à une question écrite posée le 23 octobre 1989 à l'Assemblée nationale par Jean-Pierre Sueur au ministre de l'Économie, des Finances et du Budget à propos de l'attribution d'une allocation forfaitaire de 60 000 F prévue au titre de l'article 9 de la loi 87-549 du 16 juillet 1987, il fut donné les informations suivantes : 16 616 demandes, 12 631 décisions d'attribution, 2 755 rejets, 1 230 dossiers soumis à un nouvel examen à partir de janvier 1989.

(environ 85 000 personnes) et une dizaine de milliers de familles de notables, fonctionnaires ou militaires de carrière (environ 55 000 personnes).

On est donc loin, comme le souligne Guy Pervillé, des 138 000 harkis ayant choisi de gagner la métropole avec leurs familles (soit environ 650 000 personnes) évoqués dans la présentation des lettres, notes et carnets du général de Gaulle consacrés aux années 1961 à 1963[52].

L'importance finalement relativement minime de cette population, l'histoire de son engagement aux côtés de ceux qui luttèrent pour maintenir l'Algérie française laissaient penser qu'en quelques décennies elle allait disparaître en tant que telle par assimilation au sein de la population française. On pouvait aussi supposer que, compte tenu d'une forte immigration maghrébine post-coloniale, les réfugiés algériens finiraient par s'y noyer. Il n'en fut rien. Cette population se développa en tant que telle sur le territoire métropolitain, coincée dans l'étau de dispositifs qui l'assujettirent tout en visant à lui interdire de constituer une communauté véritable, capable de penser son rapport à la France d'une part, aux migrants de l'autre.

---

52. Aussi fantaisiste soit-elle, cette évaluation semble bien faire partie intégrante de la vulgate gaulliste. Dans un programme en faveur de la « communauté française de confession islamique » présenté le 4 juin 1984, le RPR évalue alors « approximativement » cette population à deux millions de personnes qu'il répartit comme suit : 450 000 dans le Sud-Est, 400 000 en région Paris - Ile-de-France, 400 000 dans la région Rhône-Alpes, 300 000 dans le Sud-Ouest, 200 000 dans le Nord, 100 000 dans la région Centre, le reste étant disséminé, notamment en Alsace-Lorraine et en Normandie. Avancées également par quelques présidents d'associations, ces évaluations invraisemblables concernent une population qui, dans l'ensemble, ne dépasse probablement pas 500 000 personnes à la fin des années quatre-vingt.

8

Le contrôle « colonial » des supplétifs rapatriés

> L'essentiel est, en effet, de grouper ce peuple qui est partout et qui n'est nulle part, l'essentiel est de nous le rendre saisissable. Quand nous le tiendrons, nous pourrons alors faire bien des choses qui nous sont impossibles aujourd'hui et qui nous permettront peut-être de nous emparer de son esprit après nous être emparé de son corps.
>
> Capitaine Charles RICHARD*

Yacoub a commencé à écrire après qu'il a vu *Les Paravents* de Jean Genet, mis en scène par Patrice Chéreau au Théâtre des Amandiers, à Nanterre. Yacoub avait alors vingt-six ans. Sa pièce se déroule à bord d'un bateau qui navigue, comme il se doit, entre Alger et Marseille. Sur le pont, se tiennent l'amiral et les siens, tous Français. Dans les cales, s'entassent des harkis. Enfin, dans les soutes, travaillant aux machines, il y a des Arabes et des Noirs.

Le personnage central du livre, fils de harki, est amoureux de la fille de l'amiral. Mais chaque fois qu'il monte la voir sur le pont, il glisse et tombe dans les soutes où il est recueilli par la fille d'un immigré qui l'aime... « Amours impossibles, haine et meurtre, racisme et issues bloquées sont le pain quotidien sur cette "nef des fous" des années quatre-vingt[1]. »

---

* *Étude sur l'insurrection du Dahra, 1845-1846.*

1. EL YAZAMI D., « Un amour impossible », *in La beur génération*, Sans frontières, 1985, p. 121.

Le voyage pour seul horizon

Entre autres points de contact, la vie des anciens supplétifs de l'armée française réfugiés en métropole a ceci de commun avec l'expérience de l'immigration : elle commence inévitablement par un voyage qui marque, comme dit Gérard Noiriel, « une rupture à la fois matérielle et symbolique entre un *avant* et un *après*[2] ».

Comme tous les immigrants, comme tous les réfugiés, les harkis, mokhaznis et autres supplétifs ont conservé intact le souvenir de leur voyage. A cet égard, le souvenir de Saïd, simple harki au 23e régiment d'infanterie de marine entre 1957 et 1962 et manœuvre dans le bâtiment depuis, ne se distingue guère de celui de cet autre Saïd, bachaga transplanté en Camargue... si ce n'est par le mode de transport. Le premier versa ses larmes sur le pont d'un navire, le second prit l'avion, noblesse oblige[3]...

Le souvenir du moment initial est à ce point prégnant que le voyage peut constituer le seul horizon vers lequel le destin d'un supplétif est désormais susceptible de se projeter. Et c'est précisément le cas pour Saïd Beladjal, rencontré en 1985 à Villeneuve-sur-Lot.

Saïd est las. A cinquante-six ans, les déménagements, il connaît bien : plus de dix en vingt ans, avant d'arriver dans cette périphérie de Villeneuve-sur-Lot aux maisonnettes modestes, construites par leurs habitants depuis le début des années cinquante. Pourtant, il songe de nouveau à quitter le pays : « D'ici trois ans, je m'en vais, j'ai les nerfs. Tout le monde en fait des conneries..., les Français comme les Arabes. Mais dès qu'il y en a une de faite, c'est aux Arabes qu'on pense d'abord ! Nous on a été les premiers dans la merde. Quand les Allemands sont venus ici en 14-18, puis en 39-45, on vous a aidés à les chasser et si demain il y avait la guerre, vous seriez les premiers à faire monter mes fils au front. Je vais partir, aujourd'hui on vit tranquille mais il faut penser à demain. S'il y a la guerre, j'aurai quatre fils de moins. Alors je prends mes gars et je m'en vais, je quitte la France. Et en partant, je dirai : "Merci pour les promesses", et c'est tout... On a rendu service, très bien, merci, et c'est tout... La France a disparu, eh oui, mon vieux... qu'est-ce-que tu veux !... »

Partir, mais où ? « Au Canada », crie Jamila, la cadette. « En

---

2. NOIRIEL G., *Le Creuset français. Histoire de l'immigration XIXe-XXe siècle*, Seuil, 1988, p. 154.

3. *Cf.* Ma contribution à l'ouvrage de Fausto GIUDICE, *Têtes de Turc en France*, La Découverte, 1989, p. 144 ; BOUALAM S., *Mon pays, la France*, *op. cit.*, p. 219-220 ; DOUMENC P., *Les Comptoirs du Sud*, Seuil, 1989, p. 356.

Espagne », fait écho sa sœur Fatima. Les aînés se taisent, las d'un discours qui fait régulièrement retour depuis quelques mois dans la bouche du père.

Où partir ? Pour Saïd, la question n'a aucune espèce d'importance. « Tu es trop vieux, dit son épouse Hafida, trop vieux pour le travail et trop vieux pour la guerre. » Mais elle avoue avoir parfois songé elle aussi au départ, il y a quelques années, lors de la seconde incarcération de Philippe, leur aîné ; pour qu'à sa sortie de prison il ne renoue pas avec les « mauvaises fréquentations » qui, selon elle, étaient à l'origine des délits de son fils. Saïd sait bien qu'il est trop vieux. Ses tempes commencent à blanchir. « Les soucis... »

Et puis, il y a la maison, construite en 1979, pierre après pierre, tous les soirs, de sept à dix, une fois terminée la journée de travail. Juste le temps de prendre un café. Une grande maison pour que les enfants ne soient plus jamais malheureux, oublient le taudis de la « place des cars », les appartements surpeuplés de la cité Badèche ou de la route de Fumel. « On n'aimait pas beaucoup louer aux Arabes », et c'est Philippe qui avait déclaré un jour : « Mieux vaut une vieille maison qui soit à nous qu'une neuve qui ne nous appartienne pas. » Finalement elle sera neuve et leur appartiendra... un jour, quand les traites seront payées.

Partir, déménager une fois encore, fuir et renouer ainsi avec cette longue errance qui, depuis près de vingt ans, fut le mode d'existence d'une population disséminée petit à petit sur l'ensemble du territoire, de camp en camp, de cité de transit en cité de transit ? A quoi bon avoir fui les camps dont les noms jalonnent l'enfance et l'adolescence des siens, si c'est pour fuir de nouveau et retrouver, à l'automne de sa vie, le nomadisme au bout du chemin ?

Jusqu'en 1975, le thème de l'errance est — avec les thèmes connexes de l'allergie à l'effort et du goût pour l'oisiveté — un leitmotiv ressassé avec obstination dans les circulaires et courriers, rapports et bilans rédigés par ceux qui ont en charge l'administration de cette population. Il apparaît aussi dans les rapports annuels d'activité adressés par les associations membres du Comité national pour les Musulmans-Français et dans un nombre considérable de rapports policiers consacrés aux faits et gestes d'une population considérée comme suspecte. Il faut, dira en mai 1966 un inspecteur général du SFM, contrecarrer la « fantaisie et le désir maladif de changer d'emploi et de lieu de travail si chers à nos ex-harkis », qui trop souvent continuent à « vivre au rythme des caravanes[4] ». On retrouve le même point de vue chez le chargé de mission au cabinet du préfet des Bouches-du-Rhône : « Migrateur par nature, le travailleur français-musulman a besoin de changer d'air et d'emploi ; du sang nomade coule dans ses veines et l'atavisme l'empêche de se sédentariser. (...) Chargé de famille, lorsqu'il habite près de certains membres de sa tribu, il essaye de se stabiliser, mais dès qu'un différend éclate, il part sans préavis, entraînant femmes et enfants dans des difficultés bien souvent insurmontables[5]. »

« Le travailleur musulman est un nomade, il aime changer d'air et change souvent d'emploi. Il quitte souvent une situation bien rémunérée, un logement agréable, pour aller vivre en bidonville auprès d'une famille amie... Les logements sont propres, mais les femmes ne s'habituent pas à mettre des draps dans les lits[6]. » « Espérant toujours obtenir ailleurs une situation plus avantageuse, ils n'hésitent pas à quitter leur travail sans donner de préavis et sans se préoccuper d'obtenir les garanties indispensables auprès de leur nouvel employeur[7]. »

Dans ces conditions, du fait de « l'oisiveté, l'errance, l'ivrognerie et la grivèlerie » de cette population, il n'est pas étonnant que les « milieux européens » aient « une attitude défavorable vis-à-vis d'eux[8] ».

Bref, transporté en métropole, l'ex-supplétif a abandonné sur l'autre rive la triple utilité qui était la sienne : exprimer l'attachement de l'Algérie à la France, éviter aux fils des métropolitains de se faire tuer, prendre en charge le « sale boulot » qui risquait de compromettre gravement le moral des troupes. Ayant dépouillé ses oripeaux guerriers, il ne manifeste plus que la figure inquiétante du vagabond inadapté à « notre mode de vie et à notre civilisation[9] », et partant, dangereux à la fois pour l'ordre public et pour la moralité.

Pour préserver la société d'accueil du désordre et de la dégradation morale, il faut dans cette logique regrouper et isoler les sup-

---

4. Les documents utilisés dans ce chapitre sont tirés des archives du secrétariat d'État aux Rapatriés. Je me suis inspiré du remarquable dépouillement réalisé par Marwan ABI SAMRA et François-Jérôme FINAS, *Regroupement et dispersion, relégation, réseaux et territoires des Français-Musulmans, op. cit.*

5. Bilan d'activité du chargé de mission au cabinet du préfet des Bouches-du-Rhône, 1969.

6. Rapport annuel des associations membres du Comité national pour les musulmans français, 1969.

7. Lettre du préfet de Côte-d'Or au préfet Perony, chef du SFIM, juillet 1963.

8. Rapport de l'inspecteur SFM du Tarn, mars 1965.

9. *Ibid.*

plétifs. Pour les protéger d'eux-mêmes et de leur nature qui tend inévitablement à reprendre le dessus, il faut assurer une prise en charge totale de cette population captive, sur le plan économique, social et éducatif, au moyen d'un contrôle paramilitaire qui prolonge la façon dont elle avait été assujettie en Algérie.

Résultat : de 1962 aux années quatre-vingt, on laissera pourrir une situation qui deviendra progressivement de plus en plus explosive. On ne peut incriminer, jusqu'au milieu des années soixante-dix du moins, l'absence de moyens financiers. La France vivait alors ses « trente glorieuses » et les problèmes de l'emploi auraient pu être aisément résolus dans un contexte de forte croissance. C'est la volonté politique des gouvernements successifs qui est ici en cause.

Les pages qui suivent sont consacrées à la mise en place et aux effets de ce système administratif de gestion des anciens supplétifs de l'armée française. Dans un premier temps, on présentera les territoires — il faudrait plutôt dire les réserves —, camps, hameaux forestiers, et cités urbaines, sur lesquels on a tenté de reléguer cette population, le dispositif juridico-administratif régissant cette mise sous tutelle, et enfin, l'appareil qui a en charge l'encadrement, la surveillance et la gestion de ces réserves : le SFIM/SFM, ses « inspecteurs », « chefs de hameau » et « monitrices de promotion sociale ».

On verra dans un second temps comment certaines des communautés qui se sont constituées ou reconstituées malgré le quadrillage disciplinaire des réserves se sont révoltées en 1975. Révolte extrêmement ambiguë, qui servira pourtant de matrice à l'ensemble des mouvements sociaux qui agitent régulièrement cette population depuis lors. On verra enfin comment la rupture de 1975 amena les pouvoirs publics à réaménager l'ensemble du dispositif et à inscrire la résorption des réserves, où une bonne partie de la population avait fini par s'enraciner, comme principal objectif d'une politique de « déconcentration ». Cette redistribution autoritaire d'une population poussée à déserter la filière administrative dans laquelle on avait cherché à la fixer de 1962 à 1975 allait alimenter en partie les regroupements issus des filières de rapatriements clandestins du printemps et de l'été 1962.

Les « réserves » d'ex-supplétifs

Hannah Arendt, dans le premier livre qu'elle publia en 1951, *The Origins of Totalitarism*, s'interrogeait sur les effets de l'expansion de l'État-nation à la fin du XIXe siècle, puis de son déclin au tournant de la Première Guerre mondiale. Elle observe que dès lors, « toutes les discussions sur le problème des réfugiés ont tourné autour de la même question : comment pouvoir rendre le réfugié déportable encore une fois ? La Seconde Guerre mondiale et les camps de déportation n'étaient pas nécessaires pour montrer que le seul substitut concret à un pays natal inexistant était le camp d'internement. De fait, ce fut dès les années trente le seul "pays" que le monde eut à offrir aux sans-État[10] ».

En d'autres termes, les camps de regroupement, d'internement, de concentration et de travail ne sont pas le propre des seules sociétés totalitaires. Dans l'entre-deux-guerres et dans tous les pays, des camps de concentration sont projetés pour les mêmes groupes et des espaces de non-droit aménagés pour y enfermer des populations suspectes ou bien démunies matériellement ou politiquement : « Dans notre XXe siècle, le camp d'internement est institué comme une solution routinière aux problèmes de résidence des populations déplacées, et de tous ceux qui se sont trouvés exclus de la "trinité occidentale", État-peuple-nation ; il est devenu un élément de base de la civilisation politique moderne[11]. »

Des soixante-six éclairages récents sur les lieux de mémoire de la République et de la nation proposés par Pierre Nora[12], il en est au moins un dont l'absence est, si l'on ose dire, pour le moins criante : c'est le camp. Le mot même évoque à ce point l'Allemagne hitlérienne qu'on se plaît souvent à considérer que cela n'a rien à voir avec la mémoire collective de la France.

Qu'Ellis Island ait été transformé en musée de l'immigration n'étonnera pas ceux qui savent la place réservée à l'immigration dans les ouvrages historiques américains et la volonté d'y présenter le processus de l'immigration comme un problème *intérieur* à la société américaine et à son passé, comme une donnée constitutive de la nation. Ici où les migrations sont encore considérées comme des questions externes n'entretenant qu'un rapport marginal avec la construction de la France, il ne reste de tant de camps d'accueil, de transit, d'internement où les nouveaux venus furent hébergés, que quelques cimetières : Toul en Meurthe-et-Moselle, par où transitèrent des centaines de milliers d'immigrants d'Europe centrale, Polonais en majorité, fut fermé dans les années trente et détruit ; tel sera aussi le sort de Gurs, dans le Sud-Ouest, où, à

10. ARENDT H., *L'Impérialisme*, Fayard, 1982, p. 262.
11. ABI SAMRA M., FINAS F.-J., *Regroupement et dispersion...*, *op. cit.*, p. 224.
12. NORA P., *Les Lieux de la mémoire*, Gallimard, 1986.

partir de 1939 furent parqués les réfugiés espagnols, puis les Juifs étrangers « indésirables »[13] ; et enfin de Bias (Lot-et-Garonne), dont les derniers baraquements sont mis à bas un par un ces dernières années. Mauvaise conscience de la « France, terre d'accueil », commente Gérard Noiriel[14].

Bias, Rivesaltes, le Larzac, Saint-Maurice-l'Ardoise. A quelques détails près, tous les camps dans lesquels furent regroupés les harkis se ressemblent, et s'ils relèvent bien de la généalogie des camps d'internement des réfugiés, ils s'inscrivent également dans une autre généalogie, comme en témoigne leur ressemblance avec ces villages où le quart de la population algérienne avait été déplacé en 1960 ; et aussi avec les premiers villages de colonisation établis après la conquête.

Que l'on considère l'Algérie de 1830, l'Algérie de 1954 à 1962, ou cette partie des Algériens qui durent s'exiler après l'indépendance pour s'établir en France, la réorganisation de l'espace habité et la mise en tutelle paternaliste des populations furent saisies comme un moyen décisif de faire table rase du passé, en imposant un mode d'existence radicalement différent, en même temps que d'imprimer sur le sol, à travers la constitution de réserves, la marque de la prise de possession, non seulement des corps, mais aussi des esprits[15].

L'Algérie a été le terrain d'expérience sur lequel l'esprit militaire projeta ses structures : « Monter un regroupement, c'est simple », disait un lieutenant qui commanda la SAS de Kenchela, « il faut commencer par ratisser, ensuite il suffit de piqueter, de tracer au

---

13. *Cf.* GRYNBERG A., *Les Camps de la honte. Les internés juifs en France, 1939-1945*, La Découverte, 1991.

14. Les responsables des associations qui se succédèrent au camp de Bias ont souvent demandé l'édification d'un centre culturel dans les locaux désaffectés de l'école du camp, lieu emblématique puisqu'il fut en partie incendié lors de la révolte de 1975. J'avais pour ma part suggéré qu'une place y soit consacrée à la mémoire des camps de harkis. Le moins qu'on puisse dire est que ces propositions sont très loin de recueillir l'assentiment des responsables nationaux et locaux qui depuis 1975 affirment leur volonté d'effacer toutes traces des lieux que, dans les faits, ils ont pourtant maintenus.

Le projet de mémorial annoncé en septembre 1983 par Raymond Courrière, confirmé en 1987 par André Santini puis en 1989 par Maurice Benassayag, est l'argument souvent développé pour contrer les propositions précédentes. Pourtant, l'installation à Marseille (Fort-Saint-Jean) d'une fondation consacrée à la conservation et au développement du patrimoine culturel des Français d'outre-mer, contribuant à « dépasser le complexe Algérie française pour commémorer l'action civilisatrice de la France d'outre-mer » (interview d'André Santini, *Libération* du 25 juin 1987), ce n'est pas tout à fait la même chose qu'un lieu consacré à la mémoire des camps de harkis !

15. *Cf.* BOURDIEU P., SAYAD A., *Le Déracinement*, *op. cit.*

cordeau, de répartir les emplacements et de fixer à chacun des délais pour la construction des gourbis. »

Le camp militaire est le modèle presque idéal d'un dispositif où la contrainte s'exerce par le jeu du regard. Le traditionnel plan carré a subi d'innombrables modifications sans que jamais ne s'efface l'objectif fondamental de cette architecture : rendre visibles ceux qui s'y trouvent. Le réseau des allées, la répartition des tentes ou des baraquements, le calcul des alignements, l'orientation des entrées dessinent la géométrie d'une visibilité générale et de regards qui se contrôlent mutuellement. On retrouvera longtemps ce modèle architectural du camp à l'œuvre dans l'urbanisme, la construction des cités ouvrières, des hôpitaux, des asiles, des prisons, des maisons d'éducation. Une architecture qui n'est plus seulement faite pour être vue (comme le palais) ou pour surveiller le territoire extérieur (comme les forteresses), mais qui vise à un contrôle intérieur systématique et détaillé. Cet espace surveillé en tous ses points, où les moindres mouvements sont contrôlés et enregistrés, agit sur ceux qu'il abrite et les modifie.

Habituellement liées aux modifications progressives du mode de vie et de la coutume, les transformations de l'habitat sont ici imposées de l'extérieur et par voie de contrainte. Et à travers elles, c'est à la fois un style de vie et une forme de domination qui sont imposés.

Avant les accords d'Évian, la politique de regroupement, réponse à la crise du système colonial, avait fait éclater au grand jour les contradictions qui l'habitaient. Par la suite, ce fut un peu de la guerre d'Algérie qui se poursuivit en France. Cette fois contre ces « hommes de mauvais choix » qu'étaient les harkis. A cet égard, la manière dont furent alors gérés les anciens supplétifs anticipe sur ce que seront les modes de gestion des communautés issues de l'immigration.

« Camps de transit » et « cités d'accueil »

Le ministère des Armées et l'administration des domaines disposaient d'anciens camps militaires désaffectés dont les bâtiments dataient de l'entre-deux-guerres, voire de la Première Guerre mondiale. Ils furent très sommairement remis en état et mis à la disposition du ministère des Rapatriés pour y héberger les ex-supplétifs et leurs familles.

Entre le 20 et le 26 juin 1962, 5 620 personnes sont accueillies dans le camp, dit « de transit », du Larzac. Le mois suivant, on compte 4 000 nouveaux arrivants, et 12 000 au total entre juin et septembre 1962 — période des arrivées massives. Situé à 1 000 m d'altitude sur le plus méridional des Grands Causses au sud-est de l'Aveyron, ce camp est divisé en deux parties séparées par un bosquet. Chacune d'elles comprend vingt-deux bâtiments, dont deux doubles, répartis en trois quartiers. Les bâtiments, conçus pour une douzaine de personnes, étaient déjà surpeuplés lorsque 3 000 assignés à résidence y séjournaient en 1960 (4 000 en 1961). On s'efforça d'y parquer quatre fois plus de supplétifs en ajoutant 800 tentes. La capacité d'accueil fut à ce point saturée qu'on dut ouvrir un second camp de transit à Bourg-Lastic, à 28 km au nord-est d'Ussel, dans le Puy-de-Dôme (Bourg-Lastic avait déjà servi, entre septembre 1939 et l'été 1940, pour y interner les étrangers « indésirables »).

Dans chacun de ces deux camps on pouvait voir, alignées côte à côte, plusieurs centaines de tentes de l'armée, contenant chacune de une à trois familles, soit six à quinze personnes sur 20 m². A Bourg-Lastic, les vivres étaient distribués aux familles qui préparaient leurs repas près des tentes, sur des feux de bois. Au Larzac, la nourriture était préparée d'avance pour l'ensemble de la collectivité.

Choisis hâtivement dans des zones inhabitables l'hiver, le Larzac et Bourg-Lastic devinrent rapidement de vastes champs de boue aux pistes détrempées. Il fallut trouver des formules de rechange. A partir d'octobre 1962, s'ouvrirent deux autres centres de transit : Rivesaltes dans les Pyrénées-Orientales, où on groupa 12 000 personnes, et Saint-Maurice-l'Ardoise-Lascours, où furent hébergées environ 6 000 personnes, dont une bonne partie sous tentes.

Vingt-trois ans auparavant, à deux pas de Rivesaltes, la Catalogne française avait déjà vu déferler des exilés. Plusieurs centaines de milliers d'Espagnols — une centaine de milliers de combattants de l'armée de Catalogne et 250 000 à 300 000 civils — avaient abordé la côte catalane. A partir de février 1939, 100 000 d'entre eux étaient parqués dans un espace de 65 hectares sur la plage d'Argelès-sur-Mer. On peut supposer que c'est à la suite de ce précédent historique que l'accueil des anciens supplétifs ne se fit pas aux abords immédiats de Port-Vendres, Argelès, Saint-Cyprien, La Mauresque et Le Boulou, où eurent pourtant lieu une partie des débarquements de 1962.

« Imaginez, raconte le bachaga Boualam, une immense plaine désertique où s'engouffrent les vents glacés qui dévalent en tourbillons cinglants des montagnes pyrénéennes. Lieux arides d'où la vie des hommes s'est enfuie pour ne laisser qu'une pauvre végétation qui le dispute aux roches et aux cailloux. Une route sinueuse et sans but que jamais un touriste n'emprunte traverse cet enfer où les hommes ont planté un décor à la mesure d'un monde sans âme qui nous rappelle que l'univers concentrationnaire n'est pas mort (...). Mille tentes de campagne où se retrouvaient à chaque crépuscule, serrées les unes contre les autres pour se préserver du froid, les plus anonymes victimes d'une tragédie dont il ne faut plus parler (...).

« A Rivesaltes, 25 000 harkis, des maires, des notables vivaient et dormaient sous des tentes déchiquetées par le vent avec ceux qu'ils ont pu sauver de leur famille, femmes, vieillards, enfants, 12 000 pauvres bougres entassés par dix, par douze, sous une tente, sans feu, sans lumière, 5 000 gosses jouant avec des cailloux[16]... »

Si en Catalogne les réfugiés espagnols et les Juifs étrangers précédèrent les Algériens, à Saint-Maurice-l'Ardoise comme au Larzac, les ex-supplétifs prirent la suite de milliers d'Algériens suspects d'appartenance au FLN et assignés à résidence au titre du décret du 7 octobre 1958 : les deux camps furent des « camps d'assignation » avant d'être rebaptisés « camps de transit ».

Le camp de Saint-Maurice-l'Ardoise dans le Gard est situé à l'ouest d'Orange, à 10 km de Bagnols-sur-Cèze et à 20 km d'Avignon. Il comprend en 1962 deux unités distinctes et distantes de 3 km : la cité de Saint-Maurice-l'Ardoise située sur la commune de Saint-Laurent-des-Arbres — Saint-Laurent-des-Arabes, dira-t-on bientôt —, et le château de Lascours, dépendant de la commune de Laudun. Mais le complexe de Saint-Maurice-l'Ardoise-Lascours sera toujours considéré comme un tout.

Construite sur un vallonnement léger, la cité de Saint-Maurice-l'Ardoise occupe une superficie d'une quinzaine d'hectares délimités par des barbelés. Une quarantaine de bâtiments en briques légères, auxquels ont été ajoutées des baraques en préfabriqué, sont répartis en cinq hameaux (baptisés « village » 1, 2, 3, 4, 5), espacés de quelques centaines de mètres l'un de l'autre. Les équipements sanitaires et les points d'eau sont regroupés à l'entrée du camp. C'est pendant la « drôle de guerre » que Raoul Dautry, alors ministre de l'Armement, avait fait construire ce camp. Y furent successivement hébergés des Espagnols de l'armée républicaine, le sixième groupement des chantiers de jeunesse jusqu'à leur dissolution, des prisonniers « français d'origine musulmane » durant l'Occupation, des prisonniers de guerre allemands à la Libération, des Russes et des Polonais de l'armée d'Anders, des

16. Boualam S., *Les Harkis au service de la France, op. cit.*, p. 267.

soldats malgaches, un escadron du 11e cuirassier, un détachement du 7e génie, les prisonniers politiques du FLN et du MNA, les internés de l'OAS.

En octobre 1962, la cité devient camp de transit. Prévue à l'origine pour 300 à 400 réfugiés, elle en voit débarquer 6 000. Trop nombreux pour être hébérgés à Saint-Maurice-l'Ardoise, ils sont partiellement dirigés vers le château de Lascours, qui a été équipé tant bien que mal pour accueillir 500 personnes. Édifié à la fin du XIVe et au début du XVe siècle par la famille des Guise, ce château avait vu ses derniers propriétaires expropriés le 28 octobre 1941 par l'État. Durant l'hiver 1962-1963, la plaine de Lascours se couvrit d'une multitude de tentes kaki. Un poste de gendarmerie permanent fut installé à Lascours, il est chargé du « contrôle et du tri de la population[17] ».

« Le camp était plein comme un œuf, raconte un ancien supplétif, on ne pouvait même pas circuler (...). Il fallait nous voir cet hiver sous les tentes comme des réfugiés de nulle part, sous la pluie, la neige et dans le froid... et les enfants qui pleuraient la nuit tellement ils avaient mal au ventre[18]. »

Anne Heinis, chargée de mission au cabinet de François Missoffe (nommé en janvier 1963 ministre des Rapatriés), visita le camp en février 1963. Elle raconte : « Dans les camps, un peuple qui semble immense grouille dans la boue glacée, entortillé de djellabahs épaisses, de couvertures drapées et de burnous ; les foulards multicolores des femmes, les pans de leurs innombrables robes superposées qui dépassent sous les manteaux donnés par le centre d'habillement ou des robes de chambre de nylon matelassé qu'elles ne quittent pas mettent la seule note vive dans cet univers verdâtre et gris de tentes militaires, de baraquements et de campagne hivernale. Des enfants très jeunes, apparemment insensibles au froid, courent partout. Très peu d'adolescents. A Saint-Maurice, on vient de doubler les toiles de tente d'une couche d'isolant pour les rendre plus étanches au froid. Au cœur de chacune, ronflote un petit poêle, tout rond comme un tonneau dressé, sur lequel chauffent inlassablement des gamelles militaires. La nourriture est fabriquée collectivement, puis distribuée deux fois par jour aux chefs de famille ; chacun ensuite prend ses repas comme il l'entend[19]. »

Cet hiver-là, une femme et ses deux enfants mourront de froid

17. HEINIS A., *L'Insertion des Français-Musulmans...*, *op. cit.*, p. 216.
18. Témoignage cité par ABI SAMRA M. et FINAS F.-J., *Regroupement et dispersion...*, *op. cit.*, p. 14.
19. HEINIS A., *op. cit.*, p. 34.

dans le camion qui les transporte du camp de Rivesaltes à celui de Saint-Maurice-l'Ardoise.

A partir de 1965, à mesure que s'opèrent triage et reclassement des supplétifs, les affectations des deux camps de Saint-Maurice-l'Ardoise sont définitivement fixées. La cité de Saint-Maurice devient la « cité d'accueil » réservée aux familles considérées comme « inaptes au travail » et héberge une population d'environ 800 personnes dans des conditions qu'on examinera plus loin.

Lascours devient « centre de transit et de reclassement » (CTR), chargé d'accueillir et d'héberger temporairement les anciens supplétifs libérés des prisons algériennes et leurs familles à leur arrivée d'Algérie, de leur établir des dossiers administratifs (ouverture de dossiers de rapatriés, déclarations d'option de nationalité française, etc.) et de procéder à des examens médicaux. Doté d'une capacité d'hébergement de 150 places en 1967, on y entassera 500 personnes réparties en trente-six logements familiaux et quatre chambrées ne disposant ni de douche ni de point d'eau. Les chefs de famille sont logés avec une centaine de célibataires, leurs femmes et leurs enfants occupant un dortoir. La distribution des familles témoigne d'une volonté manifeste de casser les groupes affinitaires.

Pour résoudre les problèmes de surpopulation et accroître la capacité d'accueil du centre[20], la salle d'eau et la pièce penderie ainsi que la salle de réunion sont transformées en dortoirs, ce qui permet de loger une centaine de femmes et d'enfants supplémentaires. Deux autres dortoirs sont aménagés, « un peu hâtivement semble-t-il », comme le suggère bien discrètement un inspecteur général du SFM, pour recevoir 60 à 75 hommes soit 20 à 25 par pièce, grâce à un « montage de lits superposés ». Trois tentes sont installées dans la cour et servent de réfectoire pour les hommes[21].

Un an plus tard, en avril 1968, il y a encore 432 hébergés au CTR de Lascours. Dans une lettre au préfet du Gard, une responsable de l'action sociale décrit les conditions de vie au CTR : « Sur le plan de l'équipement, seuls quelques aménagements de fortune ont été faits avec les moyens du bord. Les familles sont donc empilées les unes sur les autres, à quatre ou cinq dans une même pièce (...). Chaque famille possède une alvéole constituée par trois ou quatre lits accolés, dans le meilleur des cas séparés par un bat-flanc

20. Le fichier de Lascours enregistra 380 entrées entre le 1er juin 1965 et la fin de l'année 1966, 368 en 1967, 305 en 1968, 81 en 1969, et 1 en 1970 (*cf.* HEINIS A., *op. cit.*, p. 47).

21. *Cf.* Rapport de l'inspecteur général du SFM, octobre et décembre 1963.

en bois haut de 1,50 m (...). Une cuisine collective assure la fonction des repas des hébergés. Ces repas sont distribués deux fois par jour aux familles dans des sortes de bouteillons, sauf les samedis où les repas sont donnés en une seule fois pour aller jusqu'au lundi (...). Étant totalement prises en charge par le centre (habillement, nourriture, hébergement), les familles n'ont absolument aucun revenu indépendant, même pas l'argent pour acheter un paquet de cigarettes, ou une farine pour les enfants (...). Ces conditions de vie peuvent se prolonger plusieurs mois (en attendant le reclassement des familles). Les enfants s'ennuient, tournent en rond, n'ont aucune occupation, aucun moyen d'en avoir et ne sont pas scolarisés. Les hommes participent à l'entretien de la propreté du camp, c'est leur seul travail. Il faut reconnaître que compte tenu des conditions d'hébergement, la propreté obtenue est assez grande. A noter également qu'aucun fourneau ou moyen de chauffage des aliments n'a été prévu dans ces baraques. Comment les familles feront-elles pour nourrir les jeunes enfants dans la journée ? Comment les familles se nourriront-elles du samedi au lundi ? La question reste posée. »

Sans pour autant décharger de toute responsabilité ces techniciens de l'accueil, du triage et du reclassement que furent les administrateurs du dernier en date des camps de transit, il faut reconnaître que leur point de vue est conforme à la tâche et aux directives qui leur furent assignées dès septembre 1962 par le ministre des Rapatriés :

« Le camp doit répondre à un double but :

« 1) *hébergement temporaire* des familles en attendant leur dispersion vers une destination définitive ;

« 2) *triage* des nouveaux débarqués en instance d'acheminement vers d'autres lieux (...).

« L'expérience montre que le problème de cette dispersion était fonction de l'aménagement du centre de transit et de l'état psychologique qui en résulte. On devra donc se borner à faire des travaux qui assurent la vie communautaire (en chambrées), à l'exclusion de tout aménagement visant à la création de logements familiaux[22]. »

Le quadrillage disciplinaire ne se manifeste pas seulement sur le plan de l'habitation mais aussi dans la façon dont est régi le mode de vie. Les éléments principaux s'en retrouveront à quelques nuances près dans les deux cités d'accueil qui fonctionneront jusqu'en 1975 : Bias et Saint-Maurice-l'Ardoise.

---

22. Note du ministère des Rapatriés, septembre 1962.

Pour sortir du camp, les anciens supplétifs doivent montrer patte blanche aux sentinelles. Pas de sortie sans laissez-passer susceptible d'être demandé par la gendarmerie des localités voisines. De l'heure du réveil collectif à l'extinction des feux, par coupure de l'électricité, à 20 heures, la sonnerie du clairon rythme l'heure des corvées (nettoyage des baraques du camp) et celle des repas.

Ce centre de transit fermera ses portes le 1er juillet 1970, en raison de la fin des arrivées massives des familles et des anciens détenus en Algérie. En cas de besoin, il est prévu qu'un embryon de centre puisse fonctionner à la cité d'accueil de Saint-Maurice.

En plus du centre de transit et de reclassement, le château de Lascours abritera un petit centre scolaire, dénommé « centre postscolaire », destiné à accueillir les enfants des familles en transit, ainsi qu'un certain nombre de garçons de la cité d'accueil de Saint-Maurice, jugés incapables de suivre une scolarité normale du fait de leur âge, et de leur absence de scolarisation antérieure. On leur y propose, en principe, du rattrapage scolaire, ainsi qu'un peu d'initiation pratique aux différents travaux manuels, fer, bois, électricité.

La mise en place du système de relégation

A partir du camp de transit se constitue une arborescence du système de relégation. Une population d'ex-supplétifs considérée comme « au-dessous du niveau minimum nécessaire à l'adaptation à la vie française[23] » est triée, classée et dispersée sur plus d'une centaine de sites gérés par l'administration et placés sous le contrôle d'un personnel d'encadrement spécialisé : camps de travail dans la forêt, cités urbaines aux portes des villes et cités d'accueil pour « irrécupérables ».

Le projet de reclassement obéit à deux principes :

1) compte tenu de la nature de cette population, il faut éviter toute implantation en milieu urbain de familles dont on considère qu'elles y éprouveraient « d'insurmontables difficultés à se loger et à conserver leur emploi » ;

2) compte tenu de la nécessité supposée d'assurer un encadrement administratif et social systématique de cette population par un personnel spécialisé ayant, dit-on, « l'expérience de la population musulmane », il convient de prévenir tout reclassement indi-

23. Lettre du ministre des Armées au ministre des Rapatriés, 24 septembre 1962.

viduel et d'opérer un reclassement collectif qui rende réalisable la mise en œuvre de cette tutelle.

• *Hameaux forestiers*

En 1962, de graves sinistres ont ravagé la forêt méditerranéenne. Certes, il en a été souvent ainsi depuis plus d'un siècle. Mais l'étendue des sinistres de 1962 et la densité de la population de vacanciers qui fut un instant menacée par les flammes ont créé une vive émotion. Edgar Pisani, ministre de l'Agriculture, et Haas-Picard, préfet de Marseille, sont amenés à se pencher sur la question. La réorganisation du dispositif de protection de la forêt méditerranéenne est à l'ordre du jour. Les AAAA seront les premiers à saisir cette opportunité et contribuent à la mise en place par les ministères des Rapatriés, de l'Agriculture et des Finances, durant le second semestre de l'année 1962, d'un projet de reclassement collectif des réfugiés algériens sur des chantiers forestiers. Ils seront affectés par équipes d'environ vingt-cinq hommes à l'entretien et à la réalisation d'équipements de protection de la forêt (forêt d'État, forêt communale, et forêt privée) ainsi qu'à des tâches d'aménagement et de reboisement de la forêt domaniale. En cas de sinistre, ils sont mis à la disposition du service de protection civile pour lutter contre le feu.

Dès le 25 juillet 1962, les pourparlers avaient été engagés discrètement par Jacques Lethiec et Nicolas d'Andoque (pour l'AAAA), et Giannemini, membre du cabinet de Pisani. Les deux premiers seront chargés de rechercher les villages, et de trouver parmi les anciens du service — contractuels sans travail ou officiers sans affectation — les bases de l'encadrement nécessaire. Nicolas D'Andoque a raconté ces démarches : « Le ministère informe les préfectures. Le Secours catholique nous donne des lettres d'introduction auprès de ses délégués départementaux du Midi. L'Association des amis des villages abandonnés va nous fournir des éléments de recherche.

« Dans l'Aude, nous allons plaider notre dossier auprès des fonctionnaires d'autorité et des services techniques. Le préfet de l'Aude, M. Pelissier, qui a été directeur des services de l'Agriculture en Algérie, nous accorde son appui sans hésitation ni réticence. Quant à l'appui matériel, nous le trouverons auprès du génie rural. Son directeur, M. Fage Bonnerie, et ses adjoints se mobilisent pour cette cause. Ils prendront des risques, engageront des crédits non encore mis en place, modifieront les priorités et les urgences, se dévoueront largement.

« Mais même lorsque l'environnement administratif, comme

c'est le cas, est favorable, cela ne suffit pas, car face à l'impréparation du pouvoir, il faut faire flèche de tout bois. On a besoin d'appui, on a besoin d'argent. Le ministère lui-même nous demande de rechercher du ciment ? Nous l'obtiendrons d'un grand cimentier qui n'hésitera pas une seconde. Des véhicules ? Nous essayerons d'obtenir des prix de faveur auprès des constructeurs français. Du matériel de chantier ? Des entreprises de travaux publics iront chercher dans leur stock tout ce qui peut nous aider (...)[24]. »

Quarante-sept puis soixante-quinze hameaux de forestage[25] furent de la sorte construits. Ils étaient implantés pour la plupart au sud d'une ligne allant de Bordeaux à Grenoble et plus particulièrement dans les régions Languedoc-Roussillon et Provence-Côte d'Azur. On en installa également quelques-uns dans le Massif central, dans le Jura et dans les Vosges. Chacun d'entre eux groupait de vingt à cinquante familles.

Au total, l'Office national des forêts créa 2 189 emplois et édifia 2 043 logements[26]. Si les quelque 10 000 personnes — environ 2 000 familles — qui furent triées dans les camps de transit et réparties sur les chantiers de forestage virent leurs problèmes immédiats résolus, ce dispositif débouchait inévitablement sur la constitution d'isolats coupés de tout. On ne parvenait ainsi qu'à différer des problèmes de reclassement qui se poseraient de façon aiguë avec la fermeture progressive des chantiers et leur redéploiement au cours des années soixante-dix.

• *Cités urbaines*

Avec leur capacité d'accueil de 2 000 familles, les hameaux forestiers ne suffisaient pas à absorber la population reléguée dans les camps de transit.

Un programme spécial de construction en milieu urbain fut alors mis en œuvre. On édifia quarante-deux « cités urbaines » ayant une capacité d'accueil à peu près équivalente à celle des forestages : 2 000 familles, 10 000 personnes. Ces 2 000 logements Sonacotra[27] furent placés à la périphérie des villes.

---

24. D'Andoque N., *1955-1962, guerre et paix en Algérie, op. cit.*, p. 189.

25. Le chiffre le plus élevé (soixante-quinze) représente l'ensemble des créations de hameaux. Mais ils ne furent jamais tous en activité simultanément. On en compta une soixantaine tout au plus à l'apogée du système d'accueil et de reclassement. Le nombre alla en diminuant au cours des années, à la suite des fermetures consécutives à l'arrêt de certains chantiers forestiers, ou causées par l'état des bâtiments.

26. Faivre M., « Une histoire douloureuse et controversée », *loc. cit.*, p. 18.

27. Rappelons la signification du sigle : Société nationale de construction pour les travailleurs algériens.

Abi Samra et Finas ont indiqué en quoi ce type de réserve différait du précédent : « Si les familles qui s'y installent ont elles aussi été triées dans les camps d'accueil et sont encadrées, sur place, par un même personnel, l'infléchissement des termes initiaux du projet de reclassement, qui ne prévoyait aucune installation des familles dans les villes du fait de leur inaptitude présumée à la vie urbaine, va de pair avec une redéfinition des responsabilités de l'administration et des conditions d'exercice de sa tutelle dans un jeu partenarial plus complexe. Interviennent cette fois des entreprises privées ou des industries, qui pourvoient à l'emploi des chefs de famille, et des municipalités, qui négocient leur accord à l'implantation de familles rapatriées sur le territoire communal sous réserve, parfois, d'un accès aux programmes de logement Sonacotra pour les plus mal logés de la commune. Ainsi à Flers (Orne), où l'un des cinq bâtiments destinés aux rapatriés est occupé par les anciens habitants d'une cité d'urgence.

« Dans le souci d'empêcher tout reclassement "sauvage" des familles, le ministère demande aux services de main-d'œuvre de ne fournir un emploi qu'à ceux des Français-Musulmans qui leur seraient adressés par le SFIM et de communiquer aussi à ses antennes locales les offres susceptibles d'intéresser les rapatriés. D'autre part, des appels d'offres sont lancés auprès d'entreprises pouvant être intéressées par des contingents de main-d'œuvre en échange desquels l'administration se déclare prête à procéder à la construction, à proximité des lieux de travail, de cités ouvrières, ce dispositif garantissant aux entreprises la stabilité de ces effectifs[28]. »

• *Cités d'accueil*

Les effectifs de la population qui transita par les camps sont relativement bien connus : 21 000 personnes en 1962, 15 000 en 1963 et 5 340 en 1964-1965. Au terme des opérations d'accueil, de tri, de classement et de dispersion des familles dans les hameaux forestiers et les cités urbaines, en fonction de leur « degré d'aptitude à la vie urbaine et au travail en entreprise », apparaît une catégorie résiduelle : les « irrécupérables[29] ».

Les « irrécupérables » sont tous ceux qui n'ont pas leur place dans les hameaux ou les cités, faute de pouvoir s'adonner aux « travaux de force seuls accessibles aux analphabètes » qui furent le lot des familles réparties dans ces réserves. Ils seront installés

28. Abi Samra M., Finas F.-J., *Regroupement et dispersion...*, *op. cit.*, p. 32-33.

29. Les statistiques administratives utilisent aussi les termes d'« assistés » et plus fréquemment d'« incasables ».

dans deux « cités d'accueil » : Bias (Lot-et-Garonne) et Saint-Maurice-l'Ardoise (Gard).

« Les conditions d'admission dans ces cités sont en principe l'inaptitude au travail du chef de famille et son absence de ressources propres suffisantes. Les éléments les plus valides vont aux travaux saisonniers pour arrondir leur budget, car ils ne sont pas tous inaptes au travail ; ils sont inaptes à faire les seuls travaux que notre société industrielle puisse leur offrir, ceux de gros manœuvres, ce qui est très différent[30]. »

Dès 1963, le camp de Bias est réservé à l'hébergement d'une population de veuves, d'hommes de plus de cinquante ans, de malades et blessés de guerre : amputés des membres supérieurs ou inférieurs, blessés au thorax ou à l'abdomen par balles, anciens traumatisés crâniens, blessés par mines, grands brûlés, mais aussi victimes de troubles psychiatriques. Ils sont installés là avec leur famille, à côté d'autres familles de harkis « morts pour la France ». Le CARA — Centre d'accueil des réfugiés d'Algérie — de Bias étant un centre médico-social, ceux qui sont considérés comme guéris doivent théoriquement quitter les lieux. De même que les enfants des « hébergés » n'ont plus leur place au CARA lorsqu'ils atteignent la majorité.

En juin 1963, alors que 2 559 personnes sont encore parquées à Saint-Maurice-l'Ardoise, 7 300 à Rivesaltes et 804 à La Rye dans la Vienne, il y a déjà 1 211 personnes à Bias. Lorsqu'on décide en 1964 de fermer Rivesaltes, le centre de Bias est déjà saturé alors qu'il reste encore « environ 2 000 irrécupérables à Rivesaltes et à Saint-Maurice-l'Ardoise, qui sont souvent chargés de famille (...) et ne sauraient trouver nulle part des conditions de vie possibles[31] ». Aussi le 22 juillet 1964, le ministre des Rapatriés décide de faire du camp de Saint-Maurice-l'Ardoise un second centre d'hébergement destiné à recevoir les « rapatriés musulmans infirmes, invalides et les inaptes incapables de subvenir à leurs besoins ».

Selon Abi Samra et Finas, le camp de Saint-Maurice-l'Ardoise présentait en outre, et plus nettement que Bias, une vocation disciplinaire : « Y seront envoyés les mauvais sujets des hameaux forestiers pour faits de grève ou toute autre forme de contestation. Ils effectuent là des séjours d'une durée variable, avant d'être renvoyés vers d'autres hameaux forestiers, recyclés par réapprentissage de la soumission et de la précarité. Celle-ci, et l'existence de

30. HEINIS A., *L'insertion des Français-Musulmans...*, *op. cit.*, p. 39.
31. Rapport du chef du SFM au ministre des Rapatriés, 5 mars 1964.

centres médicaux spécifiques dans les camps le met particulièrement bien en évidence, participe d'une thérapeutique disciplinaire généralisée[32]. »

Les regroupements communautaires des rapatriés clandestins

Entre 1962 et 1969, 42 500 personnes environ transitèrent par les camps. Compte tenu de l'estimation avancée au terme du chapitre précédent : 15 000 familles de supplétifs, soit 85 000 personnes, réfugiées en France, on peut supposer que les effectifs de ceux qui empruntèrent les filières clandestines et échappèrent ainsi aux réserves du dispositif d'accueil officiel s'élèvent aussi à 42 500 personnes.

Selon les taxinomies administratives, ces dernières sont considérées comme des « isolés » par opposition aux « regroupés » assujettis à la tutelle administrative. Cette terminologie est en réalité pour le moins fallacieuse, dans la mesure où le mode privilégié d'installation de ces prétendus « isolés » sur le territoire métropolitain fut le regroupement de fait. On peut même considérer que c'est parmi les isolés que se manifesteront les modes de regroupement les plus communautaires. En effet, dans les réserves, une très forte pression administrative tendait à disperser les réseaux communautaires et à individualiser les problèmes.

En revanche, les implantations issues des filières clandestines se réalisèrent essentiellement par agrégation de familles originaires d'un même douar ou bien reconstitution de réseaux familiaux, dans des localités où un supplétif était parvenu à s'installer, souvent avec l'aide d'un ancien officier de harka, d'un responsable de SAS, ou parfois d'un maire.

A Vic-le-Comte, grosse bourgade auvergnate établie sur les collines du Val d'Allier, et dans le proche hameau de Parent, vivent au début des années quatre-vingt une centaine de personnes appartenant à des familles d'anciens supplétifs de l'armée française et de militaires de carrière. Tous sont originaires du même douar.

C'est un ancien soldat, Fouad Larem — seize ans d'armée française — qui est à l'origine de cette implantation : « Je suis venu le premier, en 1962, parce que j'ai voulu suivre un officier auquel j'étais très attaché. Originaire de Vic-le-Comte, il m'a trouvé une maison abandonnée en payant pour moi un trimestre d'avance. Aucun meuble. En fouillant dans les placards, j'ai trouvé une

32. Abi Samra M., Finas F.-J., *Regroupement et dispersion...*, *op. cit.*, p. 51.

vieille cafetière. J'ai acheté dans un bazar un réchaud à alcool et du café moulu. Ensuite je me suis assis par terre, j'ai mis à chauffer de l'eau dans une boîte de conserve vide, et je me suis fait du café. Et j'ai bu mon café, assis par terre, en pensant à ma femme et à mes enfants restés en Algérie. Le lieutenant m'a dit : "T'en fais pas, j'irai te les chercher. En attendant, rafistole un peu la baraque."

« Et il a fait comme il avait dit. Pendant qu'il retournait là-bas, aidé par le propriétaire de la maison et son fils, j'ai arrangé les portes, les fenêtres, la toiture. Ils ont accepté de me vendre de vieux meubles. Au bout de quelques semaines, le lieutenant est revenu avec ma femme, mes deux filles (le fils aîné avait voulu rester de l'autre côté, rien à faire pour le convaincre) et mon beau-père par-dessus le marché. Celui-là, personne ne l'attendait. On s'est tous installés tant bien que mal. Le lieutenant m'a trouvé du travail comme manœuvre à Issoire, à l'usine Cégédur. Avec sa garantie, ça a été facile. Mais pour moi, le boulot était terrible : ça me changeait de l'armée, où je servais avec le grade de sergent-chef !

« Pendant mes heures de liberté, avec le beau-père, je continuais de bricoler la maison. Le dedans, ça allait encore ; mais pour les murs et l'extérieur, je n'étais pas très adroit. Je me disais : "Ce qu'il te faudrait, c'est ton neveu Miloud, qui est maçon." Il avait servi dans une harka du côté de Bou-Khal. J'ai demandé à mon lieutenant : "Pourrais-tu avoir des nouvelles de mon neveu Miloud, qui a été ailleurs ?" Il m'a dit : "Je vais chercher. J'écrirai à Rivesaltes, à Bias, à Saint-Maurice-l'Ardoise." Et un mois plus tard, il me dit : "Ça y est ! J'ai retrouvé ton neveu : il est à Saint-Maurice"[33]. »

Miloud, qui se trouvait à Saint-Maurice-l'Ardoise depuis quatre mois, obtiendra du lieutenant le certificat d'embauche à Cégédur, et de son oncle le certificat d'hébergement, ce qui lui permet de quitter le camp. Il s'installe dans une maison abandonnée qu'il restaure, reprend son métier de maçon et fait venir d'Algérie la femme qu'il épousa juste avant son départ. De fil en aiguille, d'oncle à neveu, de cousin à cousin, de beau-père à gendre, toute une communauté s'est reconstituée à Vic-le-Comte.

Les motifs de l'installation de quelques centaines de Chaouïas Touabas originaires de quatre communes aurésiennes (Arris, Foum Toub, Medina, Thighanimine) dans un chef-lieu de canton du nord-est de l'Indre-et-Loire sont un peu différents. D'une part,

33. Témoignage de Fouad Larem recueilli par Jean ANGLADE, *La Vie quotidienne des immigrés de 1919 à nos jours*, *op. cit.*, 1984, p. 117-118.

Château-Renault avait été jumelé avec Arris et le maire qui avait réalisé l'opération était encore aux affaires en 1962-1963 ; d'autre part, une bonne partie des Touabas qui s'y installèrent avaient mis près de deux ans à revenir en France, déboursant souvent de très fortes sommes pour obtenir le certificat de non-collaboration avec la France qui devait leur permettre de quitter l'Algérie. Toujours est-il qu'en arrivant à Rivesaltes, ils avaient en poche le nom de Château-Renault. La ville était un centre de travail du cuir et une douzaine d'entreprises étaient susceptibles de procurer des emplois. L'accueil fut donc favorable. Cela étant, à travailler toute la journée les mains dans l'eau et au milieu des vapeurs dégagées par la fabrication des produits organiques, nombre d'Aurésiens contractèrent une maladie professionnelle en six mois. Aujourd'hui à Château-Renault, l'industrie de la chaussure n'est plus qu'un souvenir, le taux de chômage est important, frappant tout le canton et seule une firme allemande, Protex, emploie encore une dizaine d'anciens supplétifs.

En un an, la quasi-totalité des Aurésiens a quitté les villages de forestage, camps et cités d'accueil. Outre Château-Renault, les Touabas sont allés s'installer à Rouen (Seine-Maritime) où ils représentent les quatre cinquièmes des réfugiés algériens de l'agglomération, à Orléans (Loiret), Hautmont et Valenciennes (Nord), et dans une moindre mesure en Moselle et en Meurthe-et-Moselle. On compte enfin une dizaine de familles à Limoux (Aude) et quelques-unes dans l'Ariège. A Saint-Laurent-des-Arbres ne résident plus que quelques vieillards.

Quant à leurs rivaux Ouled Abdi, ils sont pour une part installés à Grand Couronne (banlieue rouennaise) et pour une autre à Dreux, où résident trente-cinq familles originaires d'Oued Labiod.

Dreux est cependant plutôt kabyle que chaouïa, puisque sur les cent quatre-vingts familles d'anciens supplétifs qui y résident — cent quarante en ville et une quarantaine dans ses environs —, quatre-vingts ménages sont originaires de Oued Berd dans le massif des Babors (Petite Kabylie).

Abi Samra et Finas ont montré comment Dreux se singularise par l'originalité de son processus de peuplement. « Défini initialement comme site institutionnel, un ensemble Sonacotra de cent quarante logements avait été construit en 1963 à Dreux, et devait accueillir autant de familles sélectionnées dans les camps. Mais l'organisation de l'accueil et du reclassement est, dès l'origine, parasitée par la présence d'une vingtaine de familles d'Oued Berd qui ont regagné la France par leurs propres moyens, en faisant jouer les réseaux de l'immigration. Avant la fin de la guerre d'Algérie, la harka dans laquelle les hommes étaient engagés avait été dissoute, quelques-uns d'entre eux, laissant derrière eux leurs familles, s'étaient embarqués à Alger pour rejoindre, en France, Choisy-le-Roi, et se faisaient embaucher chez Renault. Certains y avaient travaillé avant la guerre, et ils avaient là quelques membres de leurs familles. Leurs femmes et enfants les y retrouvaient peu de temps après, la petite communauté s'installant dans des baraques construites avec des moyens de fortune au bord de la Seine[34]. »

Début 1963, alors que le programme Sonacotra n'est pas terminé, l'administration leur proposa de s'installer à Dreux, dans une cité pavillonnaire. La raison en est simple : entre 1950 et 1970, près de vingt-cinq entreprises s'implantèrent dans la seule ville de Dreux et 6 000 emplois y furent créés. Parmi tant d'autres traits qui les distinguent des usines qui forment l'ancien tissu industriel, les usines nouvelles ont en commun d'être des établissements de main-d'œuvre, des usines de montage qui recrutent des ouvriers sans qualification. Les ressources locales étant insuffisantes, elles pallieront les difficultés de recrutement en s'assurant le concours d'une main-d'œuvre étrangère. La Radiotechnique fit appel à des Italiens, aux Hongrois du camp de Domfront, à des Espagnols, et bientôt ses recruteurs allèrent chercher des OS au Maroc. La plupart des autres entreprises suivirent son exemple. « Chacune aura ses sources privilégiées de recrutement : la Skaï, l'Afrique noire ; Nomel, le Portugal ; Comasec, une usine de vêtements de protection en caoutchouc, la Turquie[35]... » Soucieuse de maintenir le courant d'implantation industrielle, la municipalité contribua pour sa part à alimenter le réservoir local de main-d'œuvre en recourant aux anciens supplétifs. Les vingt ménages d'Oued Berd sont rapidement rejoints par d'autres ménages qui quittent les centres de transit avec l'aide d'un sous-officier qui avait encadré leur harka. Ils sont logés dans la cité Sonacotra du Murger Bardin, la cité des harkis, et embauchés dans les usines Renault de Flins et de Dreux. Aujourd'hui, trente ménages, dont dix familles de retraités, vivent encore au Murger Bardin, les autres sont installés dans les HLM des plateaux nord et sud. Certains sont devenus propriétaires d'un pavillon en ville ou dans ses environs.

Ailleurs, l'implantation se fit parfois autour du point de chute d'un ancien notable qui voyait se reconstituer ainsi ses réseaux clientélaires. C'est le cas de Mas Thibert. « Il s'agit, disent Abi

34. Abi Samra M., Finas F.-J., *Regroupement et dispersion..., op. cit.*, p. 157-158.

35. Gaspard F., *Une petite ville en France*, Gallimard, 1990, p. 63.

Samra et Finas, d'un petit territoire dont l'administration a fait une quasi-concession au bachaga Boualam (...) Mas Thibert est un peu la zone franche qu'essayeront de rejoindre, très rapidement, d'autres familles de la tribu qui ont été reclassées dans des hameaux forestiers. Si d'autres localités accueillaient aussi des familles de Beni-Boudouanes, Mas Thibert reste cependant le fief et le lieu de centralité de la "tribu"[36]. »

A Poix, dans la Somme, l'installation de près d'une centaine de familles kabyles des Iflissen réfugiées en France au lendemain même de l'annonce du cessez-le-feu fut l'œuvre d'une famille de notables de Tizgirt. Mohamed Abdellatif avait été sénateur de Tizi-Ouzou de 1959 à 1962, et les Abdellatif s'étaient réinstallés à Poix. Une sucrerie désaffectée et une propriété privée servirent de centre d'accueil aux supplétifs et à leur famille arrivant d'Algérie, si bien que dans son immense majorité, cette population n'a pas connu les camps de transit de la filière officielle, « et dans les cas fort rares où cela se produisit, le passage dans ces camps fut des plus brefs ; en règle générale, il n'excéda pas la semaine[37] ». A Poix, il n'y avait guère de possibilité d'emplois et de logements pour l'ensemble des nouveaux venus. Ils durent donc se disséminer, certains restant dans l'Oise, d'autres partant dans la région parisienne, dans le Nord, vers Nice, Marseille ou le Centre. Selon Saliha Abdellatif, la dispersion s'opéra de façon collective par groupes de familles[38]. En 1965-1966, il ne restait à Poix qu'une trentaine de familles, « appartenant à la première vague d'arrivants, qui avaient trouvé un emploi à proximité de Poix ou à Poix même », ainsi que certaines familles appartenant à la dernière vague et qui, « ne voulant pas connaître une seconde séparation, préférèrent supporter une condition matérielle plus que précaire, le temps qu'il se dégage pour eux soit un emploi, soit un logement dans la région amiénoise ou à Poix même et ses alentours[39] ».

A la fin des années soixante-dix, Saliha Abdellatif ne dénombrait plus que treize foyers d'anciens supplétifs installés dans la cité des « Clairs Logis » à Poix.

Vic-le-Comte, Château-Renault, Dreux, Mas Thibert, Poix, certains des exemples présentés montrent que les regroupements d'« isolés » sont situés pour une part dans des régions où l'activité économique et industrielle semble permettre un reclassement

36. Abi Samra M., Finas F.-J., *Regroupement et dispersion...*, *op. cit.*, p 159.
37. Abdellatif S., *Enquête sur la condition familiale des Français-Musulmans en Picardie...*, *op. cit.*, p. 63.
38. *Ibid.*, p. 72.
39. *Ibid.*, p. 72.

aisé. C'est *a fortiori* le cas des regroupements situés dans le Nord, en région parisienne ou aux périphéries lyonnaise et marseillaise. Dans ces régions, les similitudes sont fortes avec les regroupements issus de l'immigration. « Le sens commun », disent Abi Samra et Finas, y assimile cette population à la communauté immigrée, « et elle partage effectivement avec elle, en bien des cas, les mêmes conditions d'habitat, d'emploi... Les rapatriés s'y font discrets, se manifestent peu. Des grèves de la faim ne mobilisent que peu de monde, les jeunes, quand ils interviennent sur la scène publique, se rangent sous d'autres bannières, celles de l'immigration ; par ailleurs, l'absence de toute donnée statistique les concernant — ils sont français et recensés comme tels parmi les nationaux — contribue à invisibiliser ces "immigrés de l'intérieur", à confondre leur présence et leur histoire avec celles de l'immigration[40].»

Cela étant, on ne peut pousser trop loin l'analogie. Si « l'analyse des modes de peuplement de certains sites rend effectivement compte de ces destins croisés, (...) elle met aussi en évidence des situations où les articulations se font plus fines, où l'on voit la trajectoire des rapatriés se nouer à celles des immigrés, pour "rebondir" aussitôt, en décrivant des formes d'insertion différentes[41] ».

En effet, les supplétifs étaient dans la plupart des cas d'anciens paysans devenus soldats qui ne partageaient pas en arrivant en France l'expérience déjà ancienne de l'immigration algérienne[42]. Une présence solidement ancrée qui a pu faire considérer parfois que c'était en France que se trouvait le prolétariat algérien.

On peut donc soutenir le paradoxe suivant : les paysans algériens qui devinrent supplétifs de l'armée française étaient bien moins « francisés » sur le plan culturel que nombre de migrants algériens en France favorables à l'indépendance. Si bien que ces réfugiés furent confrontés à des problèmes plus aigus que la plupart des migrants : aux difficultés de logement dans les zones où la densité de population est élevée, s'ajoutèrent les difficultés d'adaptation au travail dans des industries principalement métallurgiques ou dans des mines — toujours dans des emplois de manœuvre — et enfin, les difficultés d'adhésion au mode de vie des grosses concentrations urbaines modernes.

En dehors des hameaux forestiers, les tentatives d'installation en secteur rural n'eurent pourtant guère de succès. Il s'agissait

---

40. Abi Samra M., Finas F.-J., *Regroupement et dispersion, op. cit.*, p. 155.
41. *Ibid.*, p. 155.
42. *Cf.* Sayad A., « Les trois âges de l'immigration algérienne », *Actes de la recherche en sciences sociales*, n° 15, septembre 1977.

d'emplois d'ouvriers agricoles dans de grosses exploitations souvent gérées par des agriculteurs pieds-noirs (Corse, vallée du Rhône, vallée de la Garonne). Parmi ceux qui avaient été propriétaires exploitants en Algérie, une petite minorité reprit des fermes à son compte, avec l'aide de prêts du ministère des Rapatriés. De façon générale, ils eurent encore plus de mal que les petits propriétaires français à faire survivre leurs exploitations. Ils étaient encore moins préparés qu'eux à affronter de difficiles problèmes de crédits et de gestion ; en outre, les fermes qu'ils reprirent avaient été abandonnées souvent depuis longtemps et ne donnèrent aucun bénéfice les premières années. Selon Anne Heinis, les expériences les plus marquantes eurent lieu dans la région Midi-Pyrénées. On peut l'expliquer par plusieurs facteurs : des terres disponibles à l'acquisition dans une région à dominante rurale et qui a traditionnellement centré ses échanges sur la Méditerranée, l'installation de quelques grands propriétaires fonciers algériens, attirant autour d'eux, par leur seule présence, leurs anciens administrés. Le commandant Attard, un ancien inspecteur des Eaux et Forêts de Constantine, affecté à la préfecture de Haute-Garonne, suivait ces implantations. Mais les exploitations du type de celles que montèrent aux alentours de Castelnaudary et de Villefranche-de-Lauraguais d'anciens harkis originaires de Cherchell et de Novi furent vouées à une médiocre polyculture. Elles périclitèrent et furent vendues par leurs propriétaires à l'extinction des prêts. L'argent des ventes fut consacré à l'achat de logements dans des villes moyennes en Haute-Garonne et en Ariège. Les parents avaient acquis la conviction que leurs enfants n'auraient pas pris leur succession dans l'agriculture.

L'attraction des « réserves »

Sensiblement égal à celui des « regroupés », le nombre des « isolés » le dépassa par la suite grâce aux apports des vagues successives de réfugiés algériens qui parvinrent à s'échapper des réserves.

Fin 1963, sur 36 000 personnes officiellement recensées dans les camps, 26 600 ont été recasées, dont 4 885 dans les hameaux forestiers. Il restait donc 9 400 Algériens dans les camps. Un an plus tard, au 31 décembre 1964, sur un total cumulé de 41 342 admissions dans les camps depuis leur ouverture, il y a 40 582 reclassements, dont 9 815 dans les chantiers forestiers, 4 883 dans l'agriculture, 16 936 dans l'industrie et 6 484 dans l'« exercice de professions diverses » (parmi lesquelles des emplois subalternes de la fonction publique et des emplois municipaux : chauffeurs-livreurs, gardiens, etc.). Parmi les reclassés, on compte enfin 2 464 personnes « ayant rejoint le chef de famille ».

On a vu que la capacité d'accueil des hameaux forestiers et des cités urbaines était d'environ 20 000 places ; on peut donc considérer que 20 000 autres personnes ont disparu du dispositif officiel d'accueil et de reclassement dans les deux ou trois premières années de sa mise en place[43] et relèvent dès lors de la rubrique « isolés » vivant en « milieu ouvert » des taxinomies officielles. On y trouve probablement la totalité des reclassements dans l'agriculture et de ceux qui ont « rejoint le chef de famille ». Nombre de familles ont quitté les camps de transit, les hameaux forestiers ou les cités d'accueil pour rejoindre des parents. Immigrés ou réfugiés entrés en France grâce aux filières clandestines, ils sont en mesure d'héberger ceux qui quittent les réserves en attendant qu'ils puissent trouver un logement et un emploi. On y trouve sans doute aussi une bonne moitié de ceux qui ont été reclassés dans l'industrie et de ceux qui exercent des « professions diverses ».

En fait d'« isolés », ceux qui quittent les réserves vont grossir les regroupements déjà existant dans un certain nombre de métropoles industrielles et de villes petites et moyennes. Ce flux sud-nord distingue assez nettement le mode d'implantation de cette population de celui pratiqué par les pieds-noirs. L'existence de sites para-institutionnels qui s'établissent en 1962-1963 explique, selon Finas et Abi Samra, « la très forte polarisation des flux du Sud, où sont implantés les hameaux forestiers, vers le Nord dans les grands centres urbains industriels[44] » : « Opérant suivant les voies ouvertes par l'immigration, cette redistribution à partir des camps, hameaux forestiers, cités urbaines, aboutit, au terme d'itinéraires qui font converger les ménages vers les mêmes sites, à la relocalisation de réseaux de parenté et à la reconstitution de microsociétés regroupant des familles originaires d'un même village, et de même région d'Algérie qui, après s'être perdues de vue pendant les premières années de leur séjour en France, se retrouvent au même endroit. Certains rapatriés regagnent ainsi des localités dans lesquelles, dix à vingt années auparavant, ils avaient déjà travaillé, précédés ou suivis par des membres de leurs familles et de leurs villages, qui, eux, étaient restés en France et qu'ils recontactent dès leur arrivée, dans la perspective de quitter le territoire de leur migration[45]. »

---

43. FAIVRE M., « Une histoire douloureuse et controversée », *loc. cit.*, p.18.
44. ABI SAMRA M., FINAS F.-J., *Regroupement et dispersion...*, *op. cit.*, p. 161.
45. *Ibid.*, p. 161. Le recensement de 1968 donne une idée de la répartition régionale des 138 886 recensés : 22 % résident en région parisienne, 20 % sur le pour-

Pour être complet, il faut ajouter qu'un nombre significatif de ces nouveaux isolés, tout en échappant à la tutelle du dispositif officiel d'accueil et de reclassement, se maintinrent à proximité des hameaux de forestage, cités urbaines ou cités d'accueil. C'est le cas dans le Villeneuvois où, avant même la fermeture du camp, des familles s'étaient installées dans les localités entourant Bias.

Le cas de Saïd Beladjal[46] révèle ainsi que les zones de relégation ont pu servir de pôles d'attraction, à la périphérie desquels étaient installées des familles qui avaient échappé au dispositif officiel d'accueil et de reclassement. Il avait quitté Rivesaltes en 1963 : « C'est un pied-noir que nous avions connu en Algérie, mon frère et moi, qui nous a sortis de là. Il a signé pour nous et deux jours plus tard un camion nous emmenait à la gare. Nous sommes allés à Toulouse et ensuite sur le domaine du pied-noir. Notre logement était dégueulasse. Normalement, une assistante sociale aurait dû venir l'inspecter ; mais nous ne l'avons jamais vue. Et puis, si ça ne nous plaisait pas, on pouvait toujours revenir à Rivesaltes. On nous avait dit que nous avions droit à trois tentatives de sortie du camp. On y est resté huit mois, d'octobre 1963 à mai 1964. En juin, ayant appris par un parent qu'une maisonnette était à louer à Casseneuil, près de Villeneuve-sur-Lot, on déménagea de nouveau. »

Des déménagements, il y en aura beaucoup durant les quatorze années qui vont suivre et qui marqueront l'enfance puis l'adolescence de ses enfants. En moyenne, moins de deux ans au même endroit. Casseneuil tout d'abord, manœuvre dans une conserverie (1964-1965). Puis, Miramont-de-Guyenne, manœuvre dans une usine de bois (1965-1966) ; Buzet-sur-Baïse, manœuvre à la Compagnie des eaux (1966-1968) ; Sainte-Livrade, le chômage. Villeneuve, enfin, en 1969 : « On y est venu pour l'école, mais rien que dans cette ville, nous avons changé quatre fois de domicile, les gosses quatre fois d'école, et moi, trois fois d'emploi, dans le bâtiment cette fois, comme manœuvre. On avait pensé que dans une grande ville il y avait du travail. Mais ce n'est pas vrai, il n'y a rien pour les jeunes. »

Ainsi, au terme d'une singulière trajectoire, qui le vit s'échapper de Rivesaltes, Saïd Beladjal vint échouer aux portes du camp de Bias pour y voir ses enfants partager un sort analogue à celui

---

tour méditerranéen, 9 à 11 % dans chacune des régions Alsace-Lorraine, Nord-Picardie, Rhône-Alpes, Aquitaine, Midi-Pyrénées. Ailleurs, on note une implantation significative en Seine-Maritime (3 300), Doubs (1 440) Eure-et-Loir (1 300), Puy-de-Dôme (1 200) et Loiret (1 000) (*cf.* FAIVRE M., « Une histoire douloureuse et controversée », *loc. cit.*, p. 18).

46. Témoignage recueilli à Villeneuve-sur-Lot en 1985.

de ceux qui y restèrent enfermés durant quinze ans. Quand on est un ancien supplétif algérien, il ne suffit pas de fuir les camps pour échapper au destin des « hébergés ».

Le maintien de familles de supplétifs à proximité des réserves appelle deux remarques. On peut observer, en premier lieu, avec Finas et Abi Samra, que ces familles présentent « une diversité d'origine géographique et ethnique » et n'ont généralement pas ailleurs des parents ou des proches sur lesquels ils pourraient « s'appuyer pour partir[47] ». En second lieu, prendre en compte cette population amène à sérieusement pondérer les statistiques officielles relatives à la décroissance continue des effectifs « regroupés » avant 1975. Théoriquement, le ministère des Affaires sociales exerçait sa tutelle sur 17 535 regroupés en 1971, 15 914 en 1972[48] et 14 603 en 1974[49]. Au-delà de la classification officielle, une bonne partie des ménages est en fait restée sur place. Comme elle y restera après 1975 lorsqu'on engagera une politique de dispersion. Ces statistiques rendent simplement compte de la diminution du nombre des regroupements sous tutelle.

Le rôle du « comité Parodi »

La prise en charge des « isolés » regroupés en dehors du dispositif officiel d'accueil et de reclassement fut l'œuvre d'associations ou d'œuvres, locales et nationales (Cimade, Secours catholique), subventionnées à cet effet par l'intermédiaire du Comité national pour les musulmans français.

Dès l'indépendance, certains des animateurs de l'AAAA avaient projeté d'élargir leur action en constituant un Comité national de solidarité pour les Français-Musulmans dont les statuts furent déposés par Aymard Achille-Fould, représentant la DBFM, André Wormser et Nicolas d'Andoque, représentant les anciens SAS. L'initiative était soutenue par Mgr Rodhain, alors responsable du Secours catholique. En 1963, cette première association se transforme en Comité national pour les musulmans français, dont la présidence est confiée à Alexandre Parodi, vice-président en exercice du Conseil d'État.

---

47. Abi Samra M., Finas F.-J., *Regroupement et dispersion...*, *op. cit.*, p. 161.
48. Dont 6 120 soit 849 familles dans 36 hameaux forestiers, 8 194, soit 1 170 familles dans 17 cités urbaines dites « ensembles immobiliers », et 1 600 dans 2 cités d'accueil.
49. Dont 5 368 dans les hameaux forestiers, 7 783 dans les ensembles immobiliers et 1 452 dans les cités d'accueil.

Parmi les fondateurs officiels d'une association plus souvent nommée « comité Parodi », on compte André François-Poncet, alors président de la Croix-Rouge française, le général d'armée Olie, Bourbon-Busset, président du Secours catholique, le pasteur Boegner qui présidait la Cimade, et enfin François Bloch-Lainé, alors au Crédit Lyonnais. D'abord installé par Parodi rue Mogador, dans des locaux relevant du Conseil d'État, le comité déménagea après la mort de son président en 1978. André Wormser, qui succéda à Alexandre Parodi, logea alors le comité dans les locaux du musée Georges-Clemenceau, rue Franklin.

Début 1964, le Comité national pour les musulmans français est officiellement chargé d'une mission d'action éducative et de promotion sociale auprès des familles de réfugiés algériens reclassés isolément, dans les départements où leur nombre est important. Le comité exerça cette mission soit directement — notamment dans la région parisienne —, soit par l'intermédiaire d'associations spécialisées habilitées auxquelles il attribuait des crédits et dont il coordonnait l'action. Le financement provient d'abord du ministère de l'Intérieur, puis à compter du 1er janvier 1967, du ministère des Affaires sociales. André Wormser donna en 1989 une description assez synthétique des diverses interventions du comité Parodi : « Nous revendiquons notre passé avec fierté : au premier chef la lutte pour le report de semestre en semestre du décret de forclusion à l'option de nationalité et l'obtention du statut de rapatriés, les villages de forestage et les contrats avec l'Office national des forêts, l'encadrement social et le début des cours de formation professionnelle et de soutien scolaire dans les différents camps et villages de forestage, si précieux à l'époque et d'où, finalement, tout est parti. Les ateliers de Lodève, c'est nous ! Le centre de Mantes-la-Jolie, le centre de transit familial de Buchelay, c'est nous ! Le centre d'hébergement de Montfermeil, c'est nous ! Les écoles d'Ongles puis de Salérans puis de Chatenay-Saint-Hubert furent conçues et créées par le Comité national et notre regretté Ivon Durand ; nous encore ! Le Comité national prit l'initiative et passa commande de l'enquête Servier, seule référence sérieuse, et depuis 1972 l'échec scolaire et les efforts de rattrapage furent au centre de nos préoccupations[50]. »

Au titre de ses interventions directes, le comité Parodi subventionnait et gérait donc :

— un centre d'hébergement pour célibataires à Montfermeil.

50. WORMSER A., « Un si long chemin », *Le Rappel*, n° 37, septembre-octobre 1989.

— Un centre de transit à Buchelay (Yvelines), où une vingtaine de pavillons furent édifiés sur un terrain appartenant à la Croix-Rouge. Créé en 1967 et dirigé par un militaire, qui avait été en fonction au Maroc puis démissionnaire en 1962, le centre restera ouvert jusqu'en 1985. Il accueillait des familles issues des cités d'accueil qu'il avait pour objectif de rendre aptes à « retourner à la vie civile », selon les termes de l'ancien directeur. Certains des ménages qui transitèrent par Buchelay furent ensuite relogés aux environs, notamment sur la ZUP du Val Fourré à Mantes-la-Jolie. D'autres habitent encore aujourd'hui les pavillons reconstruits par la société HLM à qui fut vendu le centre de Buchelay.

— Deux centres éducatifs destinés à accueillir en internat à Ongles (Alpes-de-Haute-Provence) et à Salerans (Hautes-Alpes) des adolescents et préadolescents présentant de graves carences scolaires : « Le succès de l'expérience, dit André Wormser, déboucha sur la mise en place à Chatenay-Saint-Hubert (Nièvre), en 1971, d'un centre plus important, absorbant les précédents, avec pour objectif privilégié le rattrapage scolaire et la préformation professionnelle au profit de jeunes trop âgés lors du rapatriement et peu ou pas scolarisés en Algérie. Puis en 1972, l'action fut étendue, à titre d'expérience, à des enfants scolarisés normalement mis en situation d'échec, de façon éphèmère à Poix (Picardie) et surtout à Toulouse. Ainsi à Toulouse, un foyer de soutien scolaire et socio-éducatif vit le jour dans un quartier à forte concentration de familles françaises-musulmanes rapatriées. Aujourd'hui, deux foyers fonctionnent en permanence, accueillant cent quatre-vingts enfants d'âge scolaire du primaire au secondaire[51]. »

— Un foyer de jeunes filles à Nîmes qui ne dépassa pas le stade embryonnaire faute de moyens suffisants.

Le comité Parodi et ses associations relais sont, comme le dit Mohand Hamoumou, « des associations *pour* les Français-Musulmans rapatriés plus que des associations *de* Français-Musulmans rapatriés ». Les intitulés, poursuit-il, ne laissent guère de doute : « Comité de soutien aux harkis » à Tourcoing, « Comité d'accueil des Français-Musulmans » dans le Finistère, « Comité nantais d'aide aux familles de harkis », « Comité marnais pour les Français-Musulmans », etc.[52]

A Rouen, l'association relais du Comité national est l'AMFRA

---

51. *Cf.* De Wenden C., « L'école et la formation », *Hommes et Migrations*, n° 1135, *loc. cit.*, p. 51 ; Wormser A., « L'action du Comité national pour les musulmans français », *ibid.*, p. 55.

52. Hamoumou M., *Les Français-Musulmans rapatriés. Archéologie d'un silence, op. cit.*, p. 435.

(Aide aux musulmans français repliés d'Algérie). Elle fut fondée en 1962 par Basseron, qui dirigeait alors la Croix-Rouge, avec le soutien de cette organisation, du Secours catholique et d'anciens officiers SAS.

On ne connaît pas avec précision l'origine de l'installation d'anciens supplétifs à Rouen. Il semble que la Zimmerfer, une usine fabriquant des barbelés installée près d'Elbeuf, ait prospecté les centres de transit. Compte tenu de conditions de travail particulièrement pénibles suscitant un fort « turn over », Zimmerfer fut sans doute amenée à se pourvoir de façon régulière dans les réserves du dispositif officiel d'accueil et de reclassement. Le bouche-à-oreille et la volonté de reconstituer les réseaux familiaux et communautaires firent le reste[53]. Pour faire face à l'afflux massif des rapatriés, l'animateur de l'AMFRA recruta dès juillet 1962 une collaboratrice à plein temps, elle-même pied-noire rapatriée. Durant une dizaine d'années, les collaborateurs bénévoles de l'association, dont chacun s'était vu confier une famille ou un problème déterminé, se réunirent une fois par semaine. Pour les centaines d'anciens supplétifs qui étaient installés dans la région, l'AMFRA, c'était « la croix-rouge ». Et de fait, l'association logea longtemps au centre-ville dans les bureaux de la Croix-Rouge avant de s'installer en banlieue sur le plateau des Sapins, dans un bureau de la mairie annexe de Rouen-les-Sapins.

Cité des Sapins, sur les hauteurs de Rouen, les HLM s'alignent, se croisent, dominées par un énorme château d'eau. De nombreuses familles de supplétifs — 400 personnes environ — vivent là. Une construction de plusieurs centaines de mètres, avec vingt et une cages d'escalier, marque les limites de la cité. On l'appelle ici « la banane ». Au-delà, c'est la Grand-Mare, et Bihorel. Un autre monde. « Vous voyez, dit Ahmed, là-bas c'est pas comme aux Sapins. Personne ne traîne devant les HLM. Les jeunes ont un boulot. L'autre jour, sur la passerelle entre Bihorel et les Sapins, un graffiti annonçait la couleur : "Vous entrez en Afrique. Présentez vos passeports". » « Impossible d'échapper aux Sapins, poursuit Brahim. Si vous demandez un appartement ailleurs, à quelques centaines de mètres à Bihorel, à la Grand-Mare, c'est le refus. C'est ça les ghettos[54] ! »

---

53. Selon Xavier Camille Rapp, qui anime aujourd'hui l'AMFRA, il y aurait de 7 000 à 10 000 Algériens réfugiés dans la région. La majorité est concentrée sur l'agglomération rouennaise et à Elbeuf. Mais on en trouve aussi au Havre, à Yvetot, Dieppe ainsi que dans le département voisin de l'Eure : à Évreux, Bernay, Louvier et Vernon.

54. Témoignage recueilli par Claude-François Julien, *Le Nouvel Observateur*, 22-28 mars 1990.

Après s'être occupée de l'accueil, du logement et des problèmes d'emploi durant les premières années, l'AMFRA, de l'aveu même d'un de ses responsables, « ne fonctionne plus aujourd'hui que comme une administration », ou plutôt comme une structure de médiation avec les administrations. Cette évolution semble être le lot de toutes les associations relais du comité Parodi. Nous verrons plus loin ce qui distingua leur mode de gestion et de contrôle de la population qu'elles s'étaient donné pour mission d'assister, de la tutelle exercée sur les réserves. Nous verrons aussi à quel point, quelles que soient les filières de l'exil, les similitudes furent profondes et entretinrent la barrière coloniale sur le territoire de la métropole...

9

Un racisme à la fois écrasant et subtil

Une réglementation d'exception

Supposés inadaptés au « mode de vie français », parfois même à toute vie sociale, les anciens supplétifs de l'armée française et leur famille sont soumis dès leur arrivée en France à des dispositions juridico-administratives qui les distinguent des rapatriés relevant du droit commun.

Ces dispositions, dont les auteurs déclarent qu'elles résultent de la volonté d'adapter la réglementation à une catégorie particulière de rapatriés pour mieux les assimiler, illustrent à la perfection le poids des dispositifs d'exclusion qui sont cachés au cœur du discours assimilationniste.

Comme on le verra, tous ceux qui ne possèdent pas la nationalité française seront exclus légalement des mesures adoptées en faveur des rapatriés. On verra aussi qu'en seront exclus socialement certains de ceux qui peuvent se prévaloir de la nationalité française. Soit qu'ils ne possèdent pas les ressources ou qualités requises pour accéder au dispositif ; soit qu'ils sont assujettis à une tutelle spécifique.

Le premier texte essentiel est la loi n° 61-1439 du 26 décembre 1961 qui définit la qualité de rapatrié et régit « l'accueil et la réinstallation des Français d'outre-mer » (il ne convenait pas encore de mentionner l'Algérie). Selon cette loi, pouvaient bénéficier du concours de l'État « les Français ayant dû ou estimé devoir quitter, par suite d'événements politiques, un territoire où ils étaient établis et qui était antérieurement placé sous la souveraineté, le protectorat ou la tutelle de la France ». Ces rapatriés bénéficieraient d'un ensemble d'allocations et d'aides dites « de retour, de subsistance, de reclassement et sociales ».

Liant le statut de rapatriés et les avantages reconnus à ce statut aux seuls nationaux, la loi ne pouvait s'appliquer qu'aux Algériens qui avaient renoncé au statut civil de droit local avant leur entrée en métropole. Les simples supplétifs y échappaient donc pratiquement dans leur quasi-totalité

Du 10 mars 1962 au 21 mars 1963, 19 ordonnances, 34 arrêtés et 53 décrets viendront préciser les modalités d'aide à l'accueil et à la réinstallation des Français d'outre-mer. Dans un premier temps, certains de ces textes assouplissent et élargissent les conditions d'application de la loi. Mais au bout du compte, les derniers documents lient à nouveau le statut de rapatrié au critère de la nationalité.

Le 4 septembre 1962, un décret « portant réglementation pour l'application à certains étrangers de la loi du 26 décembre 1961 relative à l'accueil et à la réinsertion en France des Français d'outre-mer » avait permis l'extension de la condition de rapatrié à certaines catégories d'étrangers, « dont l'activité ou le dévouement justifie cette extension et qui s'établissent sur le territoire de la République française ». Pour bénéficier de tout ou partie des mesures prises pour l'accueil et l'aide au reclassement social et professionnel des Français rapatriés, ils devaient entrer dans l'une des cinq catégories suivantes :

— avoir accompli effectivement dans l'armée française le temps de service actif correspondant aux obligations de leur classe d'âge ;

— avoir servi pendant cinq années dans l'armée française ou avoir, en temps de guerre, contracté un engagement volontaire dans les armées françaises ou alliées ;

— avoir, en temps de guerre, servi dans l'armée française et s'être vus reconnaître la qualité de combattant conformément aux règles en vigueur ;

— avoir perdu un ascendant, un descendant ou un conjoint mort pour la France ;

— avoir fait la preuve de dévouement à l'égard de la France ou lui avoir rendu des services exceptionnels.

Diverses circulaires limitent ensuite progressivement les catégories dont les anciens supplétifs, en tant qu'étrangers, peuvent relever : anciens combattants, militaires, orphelins de père ou de mère, morts pour la France. Puis le bénéfice de certaines mesures destinées aux rapatriés est réservé aux seuls supplétifs rapatriés par l'armée, et encore ne s'agit-il bientôt plus que d'une simple présomption de qualité de rapatrié (circulaires des 29 janvier et 17 juin 1963).

Enfin, la déclaration d'option devient le critère unique[1] : « Les facilités accordées par l'ordonnance du 21 juillet 1962 pour le maintien des musulmans algériens dans la nationalité française conduisent logiquement à exclure du bénéfice du décret du 4 septembre 1962 ceux d'entre eux qui n'ont pas souscrit la déclaration d'option[2]. » Du point de vue des pouvoirs publics, le décret du 4 septembre 1962 risquait par sa trop grande souplesse de susciter « des anomalies » dans la mesure où « des musulmans entrant dans les quatre premières catégories de l'article III du décret du 4 septembre 1962 seraient systématiquement admis au bénéfice de certaines prestations, du fait même qu'ils n'opteraient pas pour la nationalité française ». Par conséquent, il est recommandé de n'inscrire dans l'avenir « aucun dossier, au titre du décret du 4 septembre1962, pour des musulmans rentrant d'Algérie ».

Marwan Abi Samra et François-Jérôme Finas ont montré[3] comment ce chantage à la nationalité française eut pour effet :

1) d'exclure la population qui aurait pu se réfugier par ses propres moyens ou à l'aide des filières clandestines ; ceux-là sont cantonnés dans un statut proche de celui de l'immigration ;

2) d'assurer la tutelle du personnel du SFIM sur les « bénéficiaires » du reclassement collectif, puisque ce personnel aura en charge la constitution et la présentation des dossiers de déclaration d'option.

En outre, un ensemble de mesures spécifiques vient parachever le caractère contraignant du dispositif d'hébergement et de reclassement collectif et conférer une existence juridique aux espaces de relégation des Algériens réfugiés par la filière officielle.

C'est le décret n° 62-938 du 8 août 1962 qui fonde juridiquement la mise en place des camps de transit, hameaux forestiers et autres cités d'accueil : « Lorsque les circonstances l'exigent, un hébergement collectif peut être organisé au profit de certaines catégories de Français rapatriés qui ne seraient pas en mesure d'assurer individuellement leur hébergement et leur reclassement professionnel à l'aide des prestations prévues par le décret du 10 mars 1962. » A la même date, un arrêté précise que ces centres d'hébergement collectif « peuvent être organisés et exploités, soit directement par

1. Circulaires n°s 63-03 du 2 janvier 1963, 63-100 du 17 juin 1963, 1679 du 23 avril 1964.

2. Circulaire du 29 mai 1964.

3. Abi Samra M., Finas F.-J., *Regroupement et dispersion...*, *op. cit.*, p. 41.

l'État, soit par des personnes physiques ou morales de droit privé avec lesquelles l'État conclut des conventions », et donne autorité au ministère des Rapatriés pour « déterminer, pour chaque centre, les catégories de rapatriés susceptibles d'y être admis, et arrêter le règlement intérieur du centre ».

Auparavant, une commission interministérielle réunie le 13 juillet 1962 au ministère des Rapatriés, en présence de représentants des ministères du Travail et de la Santé, avait convenu d'attribuer la tutelle légale de tous les « rapatriés musulmans » hébergés dans les camps au ministère des Rapatriés : « Personne morale assurant la charge permanente des familles, et ceci en application de l'article 1525 du code de la Sécurité sociale et du règlement d'administration publique du 10 décembre 1946. » A partir de là, et très rapidement, ces anciens supplétifs, arrivés totalement démunis en France, se verront définitivement privés de toute ressource susceptible de leur garantir un minimum d'autonomie par rapport à l'administration qui les prenait en charge.

La mise en œuvre de la loi du 26 décembre 1961 est exemplaire de la façon dont furent, par exemple, officiellement détournées les prestations sociales destinées à ces réfugiés algériens. Ce texte stipulait, entre autres, que tout rapatrié sans emploi pouvait bénéficier d'une allocation de subsistance dont le montant variait de 350 à 450 F par mois suivant la situation familiale. L'arrêté du 8 août 1962 relatif à l'hébergement collectif ne prévoyait qu'une simple réduction du un trentième de cette allocation lorsque le rapatrié était hébergé aux frais de l'État dans un centre assurant son alimentation. S'autorisant de son statut de « personne morale », le ministère des Rapatriés détourna l'intégralité de la prestation. « L'État français, déclare le chef du Service des Français d'Indochine et musulmans, prenant totalement en charge ces musulmans et leur famille (logement, nourriture, soins, etc.), il ne paraissait pas nécessaire ni opportun de leur verser les sommes relativement importantes que, dans leur imprévoyance bien connue, ils auraient risqué de gaspiller inutilement[4]. »

Les allocations familiales connurent le même sort puisque la CAF, sur ordre du ministère du Travail, dut verser l'intégralité de ces prestations sur un compte spécial au nom du Service social familial nord-africain (SSFNA), association reconnue d'utilité publique et désignée par le ministère des Rapatriés pour jouer un rôle comptable.

Ces prestations serviront à la fois à l'édification des lieux de relé-

4. Lettre du chef du SFIM à la Cour des comptes.

gation et au paiement du personnel qu'on y affecte. C'est ainsi que, fin 1963, lorsqu'on décide de recruter des monitrices de promotion sociale chargées d'assurer une « véritable tutelle sociale des musulmans regroupés dans le secteur forestier et dans le secteur industriel », il est convenu que leurs rémunérations seront assurées par des fonds alimentés par les prestations des familles des camps. Motif : « Le ministère des Finances ne voulait pas en assurer la rémunération », et « les moyens du ministère des Rapatriés ne permettaient pas leur prise en charge sur le budget de l'État[5] ». Les prestations sociales des familles des camps sont collectées par le SFIM, et allouées à une Association pour le développement des œuvres sociales d'outre-mer (ADOSOM) qui salarie les monitrices. De fait, jusqu'au début des années quatre-vingt, l'ADOSOM sera le principal support juridique pour la privatisation des crédits provenant du ministère des Affaires sociales ou du secrétariat d'État aux Rapatriés[6].

Du reste, comme aucun crédit spécifique n'était prévu pour la mise en place des hameaux forestiers, lors d'une réunion interministérielle rassemblant le 24 août 1962 des représentants des ministères des Finances, de l'Agriculture et des Rapatriés, il fut décidé de dégager les sommes nécessaires aux constructions en mobilisant les prestations autres que les allocations de subsistance prévues au titre de la loi du 26 décembre 1961 et du décret du 6 mars 1962. Il s'agissait en l'occurrence des subventions d'installation et de l'indemnité forfaitaire de déménagement.

L'édification des 2 000 logements construits dans les hameaux forestiers représentait une dépense globale de 23,5 millions de F soit 11 750 F par logement, y compris la viabilisation. Selon Abi Samra et Finas, cette dépense fut couverte par les prestations sociales à concurrence de 8 750 F par logement[7]. En outre, on recrute dans les camps, à titre gratuit, la main-d'œuvre nécessaire à la construction des hameaux.

Là encore, un décret donnait un support légal à ces détourne-

5. Lettre du chef du SFIM au directeur de la DPM-ministère du Travail, 19 janvier 1968.

6. En 1984, cet organisme employait encore 183 salariés, anciens fonctionnaires et auxiliaires coloniaux ou anciens militaires pour la plupart. Si bien que le gouvernement d'union de la gauche estima devoir doubler cette association de deux autres structures que le nouveau secrétaire d'État aux Rapatriés puisse contrôler plus facilement : l'ALASEC fut créée en janvier 1982, et l'ONASEC en juillet 1984. L'ALASEC sera dissoute fin 1985 et l'ONASEC au printemps 1987 après qu'un rapport de l'IGA mettant en cause son fonctionnement eut suscité un mini-scandale politique (*cf. infra*, chapitre 12).

7. Abi Samra M., Finas F.-J., *Regroupement et dispersion...*, *op. cit.*, p. 35.

ments : « Les rapatriés ne peuvent percevoir la subvention d'installation lorsqu'ils sont reclassés et logés par une collectivité publique ou un organisme privé agréé à cet effet par le secrétariat d'État aux Rapatriés[8]. »

On pourrait supposer que de telles méthodes de gestion relèvent des premières années de l'installation en France et qu'avec le temps elles disparurent. Il n'en fut rien, comme en témoignent les accusations portées en 1985 par l'Association des jeunes Français-Musulmans de Bias (AJFMA) et la Ligue des droits de l'homme contre la SA d'HLM de Villeneuve-sur-Lot et le maire de Bias. Selon la LDH, la prise de possession par des familles du camp des pavillons construits à l'emplacement des anciennes baraques se caractérisa par de nombreuses irrégularités : « Locataires entrés dans les lieux sans être informés du montant du loyer et des charges, absence de contrat de location, perception directe par la SA de l'allocation de logement[9]. » Selon l'AJFMA, les supplétifs âgés, « directement pris en charge, rapportent à la commune de Bias, par le biais du budget de la DDASS, 180 F par jour et par personne, soit 189 000 F par mois... Étant donné l'importance de la somme, il paraît inconcevable que ces personnes continuent à vivre dans des conditions aussi lamentables[10] ».

En 1967, un capitaine commandant la compagnie de gendarmerie d'Uzès (Gard) s'était amèrement plaint auprès du SFIM du comportement des « cas sociaux » hébergés à Saint-Maurice-l'Ardoise. « Ivrognerie, prostitution quand il s'agit de femmes seules, voire meurtre » proviendraient, disait-il, « de l'inadaptation de nos gens aux lois françaises et beaucoup de ce que nos lois ne sont pas toujours faites pour cette population[11]. » Ce capitaine se trompait. Les lois avaient été, on vient de le voir, très précisément ajustées à cette population.

De « fins connaisseurs de la mentalité musulmane »

Il faut remonter à 1955 pour trouver trace en France d'une instance gouvernementale chargée des rapatriés. Il s'agit alors des rapatriés d'Indochine. C'est par un décret daté du 18 mai 1955 qu'était créée une commission interministérielle chargée de « coor-

8. Décret n° 62-978 du 18 août 1962 modifiant l'article 43 du décret du 10 mars 1962.
9. *Sud-Ouest*, 9 octobre 1985.
10. *Sud-Ouest*, 1er juillet 1985.
11. Inspecteur général du SFIM, 11 mai 1967.

donner les opérations de rapatriement et de nouvel établissement des Français d'Indochine ». En février 1956, un secrétariat d'État aux Affaires étrangères est chargé des affaires marocaines et tunisiennes. Jusqu'en 1961, les problèmes des rapatriés sont tantôt entre les mains d'un commissariat général, tantôt entre celles d'un centre de documentation, passant du ministère des Affaires étrangères à celui de l'Intérieur.

En 1961, avec Robert Boulin, apparaît le premier secrétariat d'État en tant que tel, rattaché au ministère de l'Intérieur. En 1962, Alain Peyrefitte est nommé ministre délégué, chargé des rapatriés auprès du Premier ministre. Fin 1962, le poste est occupé par François Missoffe, qui devient ministre à part entière. C'est donc lui qui a, entre autres, charge d'accueillir les anciens supplétifs, en collaboration avec les autorités militaires qui ont assuré le rapatriement des familles et les encadrent dans les camps. Il est aussi chargé de leur reclassement. En créant ce ministère, Charles de Gaulle avait donné des instructions précises : il était hors de question d'en faire un « deuxième ministère des Anciens combattants » et d'en pérenniser l'existence. Ce ministère devait disparaître au plus vite ; il sera dissous en 1964. Les ministères de l'Intérieur (1964-1966), des Affaires sociales (1966-1967), et du Travail (1967-1976) récupéreront successivement la gestion des questions relatives aux rapatriés. La formule sera à peu près maintenue jusqu'en septembre 1976. A cette date est reconstitué un secrétariat d'État aux Rapatriés, confié à Jacques Dominati. Ce secrétariat d'État se maintient jusqu'en 1988 sous les responsabilités successives de Raymond Courrière (1981-1986), André Santini (1986-1987) et Camille Cabana (1987-1988). Autonome, le secrétariat d'État relève directement du Premier ministre sur le plan de l'autorité morale.

En 1964, le ministre délégué puis le ministre des Rapatriés avaient hérité du Service des Français d'Indochine (SFI) qui, au ministère de l'Intérieur, avait assuré l'accueil et le reclassement des réfugiés d'Indochine. Le SFI était alors devenu SFIM, Service des Français d'Indochine et musulmans ; puis SFM, Service des Français musulmans, avec la suppression du bureau d'Indochine. En 1964, le SFM repassa sous le contrôle de l'Intérieur. Il y reste jusqu'en 1966. Le préfet Perony, ancien préfet d'Oran, nommé à la direction du service, met en place un appareil administratif fonctionnant à trois niveaux.

1) *L'échelon central*, au ministère de l'Intérieur, est placé sous les ordres directs du préfet, chef de service. Il est responsable de la conception, de la réalisation et de l'animation du programme

d'action, de l'emploi des crédits et de la gestion du personnel mis à sa disposition. Il a seul pouvoir de décision et peut en déléguer une partie à certains de ses collaborateurs pour des missions déterminées.

2) *L'inspection*. Cet échelon est composé d'inspecteurs chargés de coordonner les actions relatives à la création et à la gestion des hameaux de forestage sur un ou plusieurs départements. La partie technique est prise en charge par divers services techniques compétents. A partir de 1965 entrent en fonctions des inspectrices chargées de l'action sociale et du contrôle technique des monitrices.

Les inspecteurs du SFIM sont des militaires détachés des cadres de l'armée ou d'anciens militaires ayant le statut de fonctionnaires du SFIM. Ils travaillent en liaison avec les préfectures des départements où sont installés hameaux forestiers, cités urbaines et cités d'accueil. Ils sont responsables devant le chef du SFIM, et les chefs des différents services qui lui succéderont.

3) *Les chefs de hameau et les monitrices*. Généralement anciens militaires ou policiers, les chefs de hameau vivent sur place et sont chargés d'encadrer administrativement les familles et de faire respecter le règlement intérieur des hameaux. Nombre d'entre eux ont bénéficié de mesures de reclassement et sont directement rattachés au SFIM comme titulaires ou vacataires. Les monitrices de promotion sociale résident elles aussi dans les camps, cités ou hameaux. Elles sont, on l'a vu, salariées par l'ADOSOM.

La mise en place du personnel du SFIM/SFM à partir de 1963-1964 n'est pas sans rappeler celle d'un campement militaire. Le compte rendu d'une réunion tenue le 25 avril 1963 à la sous-préfecture d'Aix-en-Provence est à cet égard éloquent : « Les harkis se retrouveront et vivront ensemble sur la cité du Logis d'Anne. Il faut donc installer avant leur arrivée un service d'encadrement qui comprendra un officier aux affaires musulmanes, plus deux ou trois adjoints de personnel social et du personnel d'aide médicale. L'implantation des premières familles de harkis aura lieu dans le début juillet, 30 familles seulement en septembre, trente familles supplémentaires en novembre, le complément. Cet échelonnement s'effectuera en fonction de l'emploi. Il reste bien entendu que tout le personnel servant à l'encadrement sera logé sur place à la cité. Il est prévu aussi que les premières familles de harkis qui seront envoyées à la cité auront été triées au départ comme étant capables d'assurer un emploi. La cité, malgré tout, sera considérée un peu comme un camp et en ce qui concerne toutes les charges sociales, celles-ci appartiendront entièrement à l'État[12]. »

---

12. Le document est présenté dans son intégralité par ABI SAMRA M. et FINAS F.-J., *Regroupement et dispersion...*, *op. cit.*, p. 91-93.

Et il ne peut guère qu'en être ainsi dans la mesure où ce personnel présente selon Abi Samra et Finas des caractéristiques qui le distinguent assez nettement du personnel courant de l'action sociale : « Que ce soient les inspecteurs du SFIM, les chefs de hameau ou les monitrices, tous présentent ce trait commun d'avoir vécu ou travaillé en Algérie avant 1962. Militaires, ex-militaires ou pieds-noirs, tous ont, selon cette antienne de la littérature administrative du SFIM, une "connaissance approfondie de la mentalité musulmane", acquise souvent dans des fonctions d'encadrement. On ne saurait trop souligner, à cet égard, tout ce que ces qualifications doivent à la guerre d'Algérie, aux SAS[13]. »

C'est ainsi qu'Anne Heinis, qui fut de 1964 à 1975 inspectrice chargée de l'action sociale pour le Languedoc et le Roussillon, s'était auparavant installée en Algérie en septembre 1960 pour s'y occuper d'un « petit atelier de tapis monté par un jeune officier de marine de réserve, dans un centre de regroupement situé à une soixantaine de kilomètres d'Oran ». Elle y resta jusqu'en avril 1962. « L'atelier s'était agrandi et occupait environ trente-cinq ouvrières, dont certaines devenaient assez habiles », déclare la future inspectrice[14].

Anne Heinis fut alors pressentie pour intégrer le service de l'artisanat du gouvernement général au printemps 1962. La marche de l'histoire en décida autrement... De retour en France, elle entrait, dès janvier 1963, au cabinet de François Missoffe, qui venait d'être nommé ministre des Rapatriés.

C'est ce type de compétence qui fut souvent mis en avant dans les critères de recrutement du personnel du SFIM/SFM. D'où sans doute la cohérence des discours tenus par tous ceux qui furent en prise directe avec les anciens supplétifs. Unanimisme qui englobe aussi les animateurs des filières clandestines, comme on le verra plus loin.

Lorsqu'en 1966 le ministère des Affaires sociales succède à l'Intérieur comme ministère de tutelle, le service passe sous le contrôle de la sous-direction des programmes sociaux en faveur des migrants. En 1967, il est transféré au ministère du Travail et n'y représente plus qu'un bureau d'une sous-direction de la Direction de la population et des migrations. Le préfet Perony passa alors la main au directeur de la DPM, lequel, dans son discours inaugural, fit savoir que le SFM était appelé à disparaître rapidement car le gouvernement entendait que le problème des harkis soit rapi-

---

13. Abi Samra M. et Finas F.-J., *Regroupement et dispersion..., op. cit.*, p. 43-44.

14. Heinis A., *L'Insertion des Français-Musulmans..., op. cit.*, p. 1.

dement réglé[15]. Dans les faits, malgré les transferts de tutelle et les déclarations d'intention, le personnel d'encadrement local — niveau 2 et 3 — restera en place jusqu'en 1975, date de la première réorganisation d'ensemble du dispositif d'accueil et de reclassement des anciens supplétifs. Au-delà, il se maintiendra encore une dizaine d'années, à quelques modifications d'intitulés près : les monitrices de promotion sociale devinrent des assistantes socio-administratives au début des années quatre-vingt. Il faudra finalement attendre la mise en place de l'ONASEC en 1984 pour constater le renouvellement significatif d'un personnel, souvent vacataire, qui n'avait plus l'heur de plaire au nouveau secrétaire d'État aux Rapatriés.

Nous verrons comment l'entretien d'un appareil spécifique aura, entre autres conséquences, celle de focaliser presque inévitablement les mouvements sociaux agitant les Algériens réfugiés, en un face-à-face entre une population cantonnée dans un total isolement et l'État.

« De grands gosses qu'il faut complètement prendre en charge et éduquer »

La question du transport et de l'installation en France d'anciens supplétifs avait opposé les autorités administratives et militaires aux officiers d'active ou de réserve qui étaient à l'origine des filières clandestines. Il convient maintenant de souligner que cette divergence politique et pratique quant à la manière dont se clôtura la guerre d'Algérie n'était pas sous-tendue par une divergence idéologique fondamentale sur les « affaires indigènes ». Si bien qu'en matière d'accueil et de reclassement de ces réfugiés sur le territoire métropolitain, fonctionnaires du ministère des Rapatriés, du SFIM/SFM, ou anciens des affaires indigènes initiateurs des filières clandestines, partaient de prémisses identiques.

Bernard Tricot, bras droit de Christian Fouchet, haut commissaire à Alger de mars à juillet 1962 (et l'un des responsables des entraves qui ralentirent le départ des supplétifs vers la France), ne tient pas un discours très différent de celui du préfet Perony (chef du SFIM/SFM) ou de celui de Nicolas d'Andoque (l'un des fondateurs de l'AAAA). Lors du débat qui suivit la projection du documentaire de Peter Batty sur la guerre d'Algérie à la télévision

15. HEINIS A., *L'Insertion des Français-Musulmans, op. cit.*, p. 88.

française au début de l'automne 1990, Bernard Tricot affirmait : « Il est tout à fait faux de dire que rien n'a été fait. D'abord un nombre important de harkis ont pu rentrer en France, et ceci n'a pas été dû simplement à une initiative d'officiers qui ont agi individuellement. Le gouvernement français a demandé à l'armée de recenser les harkis qui voulaient rentrer. Et autant que possible, on les a fait rentrer. C'était difficile, on les a accueillis, on a essayé de leur donner du travail, mais de quoi s'agissait-il ? Il s'agissait la plupart du temps de paysans algériens, d'une culture très sommaire, souvent ne parlant pas le français et qui arrivent en France dans un pays en plein développement économique et avec un décalage culturel et économique total. Ce qu'on a essayé de moins mauvais de faire, c'est de les faire travailler à des travaux forestiers (...). On ne pouvait pas les installer chez l'habitant. Il fallait bien les installer quelque part, il n'y avait rien. Il fallait former les enfants et la première chose qui ait été faite, c'est de créer des écoles (...). C'étaient des personnes qui dans l'ensemble étaient très difficilement assimilables dans la France telle qu'elle était car ils n'avaient pas les aptitudes professionnelles, même les capacités de communication avec la population française qui permettaient de leur donner ou de leur procurer une situation qui aurait été satisfaisante. C'était un problème extraordinairement difficile et tous les gouvernements ont eu le plus grand mal à le résoudre. »

A côté du thème discrètement évoqué de la possibilité d'assimiler les enfants par le biais de la scolarisation, l'inassimilabilité des parents, pour cause de distance culturelle trop importante, est au centre du discours de Tricot.

Trop vieux pour qu'on puisse songer à les scolariser, les parents n'en sont pas moins eux-mêmes considérés comme de grands enfants qu'il est nécessaire d'assujettir à un projet éducatif ou plutôt rééducatif. Tel est l'argument qu'expose le préfet Perony dans la lettre qu'il adresse le 22 février 1964 au maire de Montpellier. Ce texte, qui pourrait prendre place dans le sottisier de la condescendance administrative, offre un résumé saisissant des présupposés qui guident, depuis bientôt trente ans et en dépit de pieuses déclarations d'intentions, la gestion de cette population : « Tous ces rapatriés musulmans sont de grands gosses qu'il faut complètement prendre en charge et éduquer, et je vous demande de le faire comprendre à l'ensemble de vos services, qui pourraient parfois être indisposés par leur instabilité et leur goût de la destruction. Mais puisque ces gens sont là et que nous ne pouvons pas les reloger, il faut momentanément les supporter et leur permettre de vivre avec une certaine dignité. C'est pourquoi je me permets d'insister très vivement auprès de vous pour que l'eau leur soit rendue avec au moins deux ou trois bonnes fontaines[16]. »

Les responsables des hameaux, anciens des affaires algériennes, les moniteurs et monitrices, les instituteurs volontaires auront la lourde tâche d'instruire peu à peu « aux coutumes françaises » — selon l'expression de Nicolas d'Andoque[17] — « une population de gens simples, frustes, pratiquement tous analphabètes, même dans leur propre langue, et dont le vocabulaire originel et le niveau d'expression restent très pauvres », comme dit Anne Heinis[18].

Compte tenu du « caractère fruste de ces familles originaires du djebel[19] », tous s'accordent pour considérer indispensable que ces fellahs restent fellahs. « Nous avons eu raison de nous insurger, affirme d'Andoque. Il fallait maintenant prouver que la révolte pouvait avoir des suites. Les milliers de pauvres gens passés en France devaient pouvoir y vivre. Après avoir évité le couteau, le peloton, il leur fallait trouver leur place dans une communauté fondée tout entière sur la sanction financière de l'action. Pour s'insérer normalement dans la société française, il était nécessaire d'y devenir rentable. Comment ces paysans pourraient-ils avec leurs familles s'accorder au pays industrialisé qu'ils découvraient brutalement ? Comment adoucir la transition, atténuer les effets du bouleversement ? Autant que possible, nous devions éviter de les couper de leurs habitudes. C'étaient des paysans. Ils devaient le demeurer (...). Où installer ces déracinés pour que la transplantation soit la plus douce ? Climats et paysages façonnent l'âme des hommes. La France méditerranéenne offrait la correspondance à ce qu'ils avaient toujours connu. Les horizons des Cévennes et de la Haute-Provence rappellent ceux de l'Ouarsenis et du Constantinois. On y trouve les mêmes villages perchés qu'en Kabylie, les mêmes chèvres y ravagent la même végétation. Les paysans conducteurs de moutons ne seraient pas trop étrangers aux Causses et à la montagne de Lure.

« Ces régions, poursuit d'Andoque, avaient retenu notre attention bien avant l'indépendance. Depuis la fin du XIXᵉ, des dizaines de villages avaient été abandonnés, en Provence, en Languedoc, dans le sud de l'Auvergne, dans ces régions que la géographie apparente de si près à l'autre rive de la mer (...). Installer

---

16. *Cf.* Abi Samra M., Finas F.-J., *Regroupement et dispersion..., op. cit.*, p. 20. La coupure d'eau semble être une tradition montpelliéraine puisqu'en 1989, la municipalité en usait encore à l'encontre des Gitans.
17. D'Andoque N., *1955-1962, guerre et paix en Algérie, op. cit.*, p. 189.
18. Heinis A., *L'Insertion des Français-Musulmans..., op. cit.*, p. 10.
19. Directeur général du ministère de l'Intérieur, juin 1966.

ces hommes dans ces hameaux perdus était en effet notre projet (...). Encore fallait-il leur trouver du travail, ce fut l'origine des hameaux de forestage[20]. »

Même dans le domaine de leur ancienne activité, les supplétifs sont considérés comme des primitifs qu'il convient d'éduquer. « Nous avions affaire à des paysans. En l'occurrence, c'était un vocable bien solennel. Au vrai, la plupart de ces pauvres gens, à l'exception sans doute des Kabyles, n'avaient pas d'autre savoir que celui de ruiner les terres où ils vivaient. Nous n'avions pas eu le temps d'enseigner aux hommes à se transformer eux-mêmes et les agriculteurs que nous pensions installer en France ne savaient pas plus en agriculture que nos ancêtres de l'an mille (...). Les paysans que nous recevions étaient aux antipodes du Gaulois qui avait façonné sa terre comme un jardin. En outre, produit d'un temps immobile, ils répétaient les gestes de leurs pères sans avoir jamais songé que d'autres gestes étaient possibles et meilleurs[21]. »

Le conservatisme ségrégationniste d'un Bernard Tricot et l'assimilationnisme paternaliste d'un Nicolas d'Andoque ne s'opposaient qu'en apparence. Pas plus en tout cas que ne s'opposaient entre 1954 et 1962 l'idéologie des militaires des unités opérationnelles (dominée par des considérations stratégiques et tactiques) et l'idéologie humanitaire qui s'incarnera dans l'officier SAS de l'imagerie officielle : à la fois bâtisseur, instituteur, maire et parfois même médecin.

De cette proximité idéologique qui refit surface à mesure que s'estompaient les oppositions politiques, résulta le compromis qui poussa les anciens des affaires indigènes à proposer l'installation des hameaux de forestage. Des équipes de l'AAAA participèrent à l'installation des premiers hameaux. « Yvon Durand en Provence, Pierre André dans l'Aude les accueillirent et les aidèrent à faire leurs premiers pas dans cet environnement étranger[22]. » Enfin, certains membres de l'association devinrent finalement fonctionnaires ou vacataires du SFIM/SFM et constituèrent une partie de l'encadrement spécialisé des hameaux.

Cela étant, une conception notablement différente régit la répartition des familles d'anciens supplétifs dans ces hameaux et distingue l'époque des premières implantations de celle de la prise en charge officielle par le SFIM/SFM. Si l'on en croit Nicolas d'Andoque, les bénévoles de l'AAAA eurent toujours le souci de

---

20. D'ANDOQUE N., *1955-1962, guerre et paix en Algérie, op. cit.*, p. 183 à 185.
21. *Ibid.*, p. 187-188.
22. *Ibid.*, p. 189.

ne pas briser les liens familiaux et communautaires : « La cellule familiale, au sens le plus large, était leur cadre traditionnel de vie. Nous devions le respecter. Les familles hagardes qui débarquaient à Marseille ou Port-Vendres, après avoir été amenées dans les bateaux d'Alger et d'Oran par des soldats fidèles, familles de vingt, parfois trente personnes, ne devaient en aucun cas être séparées[23]. » Cette orientation fut par exemple mise en œuvre à Largentière (Ardèche) pour les harkis de Nemours et à Pujol-de-Bosc (Aveyron) pour les familles de mokhaznis de la vallée de Draa el-Mizan (Pirette, Bou-Nouh, Tizi N'Tleta).

En revanche, les administrateurs des structures officielles semblent avoir eu pour souci majeur de disperser les personnes, les familles originaires du même village, de façon à éviter la reconstitution des douars. La scission autoritaire des communautés sous prétexte de favoriser l'intégration est une constante des politiques à l'égard des réfugiés. Gérard Noiriel fait état de nombreux dossiers conservés par les archives nationales et rassemblant les lettres de réfugiés portugais, espagnols, polonais, etc., implorant l'administration afin d'être rapprochés de leurs compatriotes ou de leur famille[24].

Dès l'accueil au CTR de Lascours, le personnel chargé de procéder à la distribution des familles dans les baraques et les tentes évite de répartir les anciens supplétifs par groupe d'affinités. On opère par dispersion des ménages apparentés, originaires du même village ou de la même région, et par dispersion ethnique. « Quand on est arrivé à Saint-Maurice, on nous a parqué dans une baraque, on y a passé la nuit. Il y avait trois ampoules, pas de WC, pas d'eau, il n'y avait rien. Le lendemain, ils nous ont dit : "La moitié reste ici, l'autre moitié au "château" (...)." On casse l'amitié ! S'il y a deux ou trois familles qui s'entendent bien, on essaie de les séparer : une à droite, une à gauche[25]... »

Par la suite, la répartition des supplétifs entre les divers lieux de relégation obéit aux mêmes principes de dispersion familiale et communautaire. Les autorités des camps de transit prennent le plus grand soin « de ne pas affecter dans un même hameau ou dans la même cité urbaine des ménages apparentés ou originaires d'un même village : les grandes familles sont ainsi tronçonnées, segmentées, leurs membres dispersés dans les différents sites » afin, selon Finas et Abi Samra, « d'éviter que ne se reconstituent ailleurs des

---

23. D'ANDOQUE N., *1955-1962, guerre et paix en Algérie*, *op. cit.*, p. 183.
24. NOIRIEL G., *Le Creuset français...*, *op. cit.*, p. 162.
25. Témoignage cité par ABI SAMRA M. et FINAS F.-J., *Regroupement et dispersion...*, *op. cit.*, p. 17.

îlots d'"irrédentisme", des solidarités enclavées préjudiciables à l'action du personnel d'encadrement[26]. » La hantise du fait communautaire est un invariant du discours administatif sur les harkis, qu'ils soient regroupés ou isolés. Le 26 avril 1989, dans le document préparatoire à une journée-débat organisée par la délégation aux rapatriés, on se demande encore, dans un langage typiquement technocratique, « comment extraire les sans-emplois passifs de leur cellule familiale ».

A côté de la volonté intégratrice souvent invoquée, la visée disciplinaire n'est pas absente, comme en témoignent ces propos tenus en 1964 par un inspecteur du SFM : « En ce qui concerne les ex-harkis, l'expérience prouve qu'il est préférable de ne pas mettre dans les hameaux des familles de même origine, l'implantation de membres trop nombreux d'une même famille amène inévitablement, en cas de difficultés, les membres de cette famille à faire bloc, et de ce fait, à opposer une résistance accrue en cas d'application de mesures de discipline. De plus, il faut être très prudent dans l'application de mesures que l'on veut appliquer ; le moindre incident est observé, commenté, la plus petite erreur ne manquerait pas de soulever des polémiques de ceux qui n'étaient pas partisans de l'implantation des ex-harkis. Il faut d'ailleurs constater que, dans la majorité des cas, ceux-ci sont conseillés et parfois encouragés dans leurs revendications, leurs attitudes[27]. »

Tous les observateurs ont noté à quel point cette division ethnique et humaine des collectivités contribuait à les fragiliser et favorisait leur destruction sociale : « Ce laminage des réseaux familiaux soustrait donc vieillards qui ont accompagné leurs enfants, veuves qui ont suivi la famille de leur mari, infirmes... d'un tissu communautaire. Il opère à l'encontre des régularités et des modes de régulation de la famille "traditionnelle" sur lesquels s'étaient appuyées, en Algérie, les autorités militaires pour recruter des collectivités que le désordre du rapatriement n'a pas toujours disloquées mais qui, dans les camps et à partir d'eux, font l'objet de diverses politiques de désintégration[28]. » « Les mesures prises, de fait, bloquèrent la pleine reproduction d'un système social traditionnel, mais elles ne s'accompagnaient pas des moyens nécessaires à une solution de rechange. Dès lors, la marginalité des Français-Musulmans se posait comme leur seule conclusion logi-

26. Abi Samra M. et Finas F.-J., *Regroupement et dispersion...*, *op. cit.*, p. 49.
27. Inspecteur du SFM, mai 1964.
28. Abi Samra M., Finas F.-J., *Regroupement et dispersion...*, *op. cit.*, p. 49.

que. Ce d'autant plus que l'exclusion humaine s'est accompagnée dans la plupart des cas d'une exclusion administrative[29]. »

Éduquer les « primitifs »

La volonté de dissocier les communautés, de dissoudre les réseaux familiaux est, à l'image de l'ensemble du dispositif de gestion de cette population, la manifestation concrète de la forme spécifique d'idéologie nationale qui régit dans notre pays le rapport à l'étranger. C'est bien en quoi on peut y voir une expression caricaturale et anticipatrice des dispositifs de contrôle et de précarisation qui seront appliqués quelques années plus tard à l'immigration maghrébine.

Derrière l'idée qu'il convient de ménager des stades transitoires, des espaces spécifiques, des sortes de purgatoires préparant l'accès progressif à la civilisation de populations implicitement présumées inférieures (en ce qu'elles seraient incapables de faire prévaloir le modèle individualiste, de valoriser l'entreprise « individuelle », l'individualisme social et politique), il y a un racisme à la fois écrasant et subtil. L'assimilation exigée pour que cette population s'intègre dans la société où elle vit désormais est présentée comme un progrès, une émancipation, une concession de droits. C'est finalement le retour de la vieille distinction des sociétés closes et ouvertes, immobiles ou entreprenantes, froides ou chaudes, grégaires ou individualistes. Les anciens supplétifs, comme tous les Maghrébins, sont accusés d'écraser l'individu sous le poids des appartenances collectives, et — au mieux — de ne pouvoir l'appréhender que comme fragment d'une totalité close : peuple, nation, classe ou quelconque identité collective qui lui dicterait ses comportements et lui soufflerait ses paroles[30].

L'ordonnance du 7 mars 1944 avait accordé la pleine citoyenneté française à un certain nombre de notables et de membres de l'élite algérienne. Elle l'avait promise au reste de la population musulmane qui avait été admise à voter dans un second collège. Jamais les assemblées algériennes qui débattirent du statut de l'Algérie de 1945 à 1947 n'osèrent admettre la masse des « Français-Musulmans » dans le premier collège qui représentait

29. ABDELLATIF S., « Les Français-Musulmans ou le poids de l'histoire à travers la communauté picarde », *Les Temps modernes*, n°s 452-453, mars-avril-mai 1984, p. 1821-1822.

30. BOUAMAMA S., CORDEIRO A., ROUX M., *La Citoyenneté dans tous ses états*, CIEMI/L'Harmattan, 1991.

les Français d'Algérie. Quant à l'administration, elle ne les laissa pas longtemps voter librement dans le second collège ; elle les considérait comme des mineurs qu'il fallait protéger, par une ferme tutelle, contre leur propre versatilité et contre les pressions des militants nationalistes. Vingt ans plus tard, tandis que les élites francisées s'installaient librement sur le territoire métropolitain, les anciens sujets coloniaux rapatriés étaient toujours considérés comme mineurs. Exclus en tant que collectifs, ils étaient répartis individuellement dans des lieux de relégation avec la promesse d'une inclusion future dans la société française, moyennant patience, dressage et perfectionnement. Lorsque, dix années plus tard, les ghettos ont produit ce qu'inévitablement ils devaient produire, la reconstitution de communautés et leur enracinement local, le thème de l'instinct grégaire, des appartenances collectives fut à nouveau prétexte à légitimer l'exclusion sous la forme, cette fois, d'une nouvelle dispersion autoritaire. A travers la variété des formes et des espaces sur lesquels il se développe — lieux de relégation ou de dispersion —, ce qui est au cœur de ce dispositif d'exclusion, c'est la continuité du projet éducatif qui était déjà celui du colonisateur. « Sans doute pourra-t-on trouver, dit Étienne Balibar, une lignée spécifiquement française des doctrines de l'aryanité, de l'anthropométrie et du génétisme biologique. Mais la véritable "idéologie française" n'est pas là : elle est dans l'idée d'une mission universelle d'éducation du genre humain par la culture du "pays des droits de l'homme"[31]. »

J'ai tenté de montrer ailleurs comment une telle idée était à la source de pratiques d'éducation, de rééducation et d'humanisation d'individus ou de groupes se trouvant « momentanément » exclus de la citoyenneté par nature, histoire ou accident, ainsi que des pratiques d'assimilation des populations dominées. J'ai montré aussi comment cette idée est à la source de l'opération consistant à différencier et à hiérarchiser les individus ou les groupes en fonction de leur résistance ou de leur capacité à « tirer bénéfice » de cette mission d'éducation, de cette assimilation. « En tant qu'il sous-tend, dans sa formulation même, un dispositif d'exclusion/inclusion, on voit difficilement comment le discours national français des droits de l'homme pourrait produire autre chose qu'un perpétuel partage entre ceux qui ont la capacité d'intégrer la communauté politique et ceux qui sont supposés ne pas l'avoir encore[32]. »

---

31. BALIBAR É., « La frontière intérieure », *Ligne*, n° 2, Séguier, 1988.
32. BOUAMAMA S., CORDERIO A., ROUX M., *La Citoyenneté dans tous ses états, op. cit.*

Un des exemples les plus frappants de la manière dont ce dispositif éducatif et assimilateur fut mis en œuvre à l'égard des anciens supplétifs de l'armée française est l'entreprise systématique de renomination qui leur fut imposée dès l'arrivée sur le sol français.

Le vol du nom

Le 20 juillet 1808, Napoléon Ier avait décidé par décret de fixer l'état civil des Juifs en les astreignant à prendre un nom de famille (dans les trois mois) qui ne vienne pas de l'Ancien Testament et ne soit pas un toponyme. Motif : « Faciliter la fusion des éléments juifs avec le reste de la population, en leur évitant de se singulariser par leur nom. »

Dans les faits il n'y eut que cinq cents changements de nom concernant des Juifs entre 1803 et 1900, et trois cents entre 1900 et 1942. De 1942 à 1944, tout changement de nom leur fut en revanche interdit, et une commission s'employa à réviser les décrets de changement de nom postérieurs à 1870, date de parution du décret Crémieux.

Au lendemain de la Seconde Guerre mondiale, les demandes de changement de nom se sont multipliées et ont systématiquement reçu un avis favorable. Deux mille changements de nom ont été accordés entre 1945 et 1957 (dont 64 % en 1950). Selon Nicole Lapierre, les intéressés justifient souvent la modification de leur nom en mettant en avant des motifs d'ordre pratique plutôt que le souvenir des persécutions et du génocide : noms juifs polonais imprononçables, noms juifs allemands rappelant des sonorités honnies. « Le désir des parents de projeter leurs enfants dans un futur sans antériorité, délesté des souffrances mais aussi des références anciennes, laisse parfois lesdits enfants interdits dans la trouée des filiations. Et cela, d'autant plus que l'effacement de la consonance israélite ne va généralement pas de pair, dans les familles, avec un effacement de tout rapport à l'identité juive, mais s'inscrit plutôt dans cette injonction paradoxale faite aux Juifs nés en France après la guerre : ni mémoire, ni oubli[33] ! »

Le cas des harkis présente nombre de similitudes avec ce qui vient d'être dit : pressions officielles à la francisation des noms et des prénoms, désirs des parents de fonder la légitimité de leur

33. LAPIERRE N., « Changer de nom », *Communications*, n° 49, *art. cit.*, p. 155-156.

présence en allant jusqu'à changer leur patronyme, malaise des enfants héritant d'un nouveau nom assorti d'une histoire lacunaire.

En France, la législation en matière de changement de nom remonte à la loi du 11 germinal an XI qui, tout en affirmant le principe de l'immutabilité du nom (un principe qui remonte au XVIe siècle : édit d'Amboise du 26 mars 1556), définit les conditions et modalités de dérogation. La procédure, précisée par un décret du 12 janvier 1859, n'a guère changé depuis. « Toute personne souhaitant modifier son patronyme doit, après avoir fait paraître à ses frais un avis au *Journal officiel* et dans deux journaux d'annonces légales, en faire la demande motivée au procureur de la République de son domicile, qui la transmet à la chancellerie. Le changement est accordé par décret sur avis du Conseil d'État et ne devient effectif que passé un délai d'un an, après publication de ce décret au *Journal officiel*, s'il n'a pas fait, entre-temps, l'objet d'une opposition[34]. »

Des textes particuliers sont venus compléter cette loi et faciliter la procédure de changement de nom pour certaines catégories de citoyens. Ainsi, l'ordonnance du 2 novembre 1945 puis, successivement, les lois du 3 avril 1950, du 3 juillet 1965 et du 25 octobre 1972 autorisent la francisation du prénom et du nom à l'occasion de la naturalisation ou de la déclaration de reconnaissance de la nationalité. Une autorisation qui tend à l'incitation : la question de la francisation est posée dans les formulaires à remplir par les candidats à la naturalisation et, selon certains d'entre eux, parfois réitérée par les fonctionnaires auxquels ils ont dû s'adresser dans leurs démarches.

En 1962, le ministère des Rapatriés engagea une étude de faisabilité concernant la francisation des noms de famille algériens. On y expose les façons de procéder selon les principes d'une traduction littérale — Labied, par exemple devient Leblanc — et il est en même temps conseillé d'éviter les noms à consonance juive[35].

Si l'on considère, avec Michel Tort, que le patronyme est la « forme socialement réglée où se soldent les choses de la filiation dans notre culture[36] », on imagine les conséquences symboliques de l'opération. Mais les généreux éducateurs et fins connaisseurs de la mentalité musulmane étaient à ce point convaincus d'avoir

34. LAPIERRE N., « Changer de nom », *art. cit.*, p. 151.
35. Le fait est mentionné par ABI SAMRA M. et FINAS F.-J., *Regroupement et dispersion..., op. cit.*, p. 2.
36. TORT M., *Le Nom du père incertain. La question de la transmission du nom*, Service de coordination de la recherche, ministère de la Justice, p. 83-84.

à faire le bonheur des hommes qu'ils n'hésitaient pas à endosser la fonction paternelle.

Si cette étude sur le changement de nom ne donna lieu à aucune disposition réglementaire, elle eut cependant des effets pratiques indéniables. Çà et là, assistantes sociales, chefs de hameau et monitrices de promotion sociale poussèrent à la francisation des noms au moment des déclarations de nationalité. Selon le ministère du Travail, il y eut ainsi 1 077 francisations de noms et prénoms accordées à des personnes originaires d'Algérie[37] ayant souscrit des déclarations de reconnaissance. En outre, et de façon beaucoup plus massive, les monitrices de promotion sociale donnèrent souvent des prénoms français aux nouveau-nés dans les camps et hameaux forestiers, conformément à une directive du ministère des Rapatriés qui, en 1962, conseillait à ses services de faire en sorte que les enfants soient vêtus à l'européenne et que les nouveau-nés portent des prénoms français. Tel sera le cas d'une bonne partie des enfants nés entre 1962 et 1970.

Lorsque Édouard Guenouri est né en 1965 à l'hôpital Saint-Cyr de Villeneuve-sur-Lot, Mokhtar, son père, ex-supplétif de l'armée française dans le Constantinois, et Saïda, sa mère, voulurent le prénommer El-Nouar : « Mais lorsque l'infirmière est venue pour la déclaration, elle s'est écriée : "El-Nouar ? On ne sait même pas comment ça s'écrit ! Appelez-le donc Édouard."

« Ce prénom m'a pesé pendant longtemps. J'aurais bien aimé mettre la main sur cette infirmière qui m'avait volé mon vrai prénom. Je me disais alors que lorsque je serai grand, lorsque j'aurai des tunes, j'essaierai de le racheter. Maintenant, l'idée m'en est passée. Ce n'est pas qu'Édouard me plaise, mais ce n'est pas un gros problème. Et puis, il faudrait que je passe devant le tribunal et que j'argumente. Je serais obligé de mentir en leur disant que

37. *Nombre de francisations de noms et prénoms* (accordées à des personnes originaires d'Algérie ayant souscit des déclarations de reconnaissance), note du 21 mai 1971, Bureau n° 3 de la sous-direction des naturalisations, ministère du Travail.

Année	*Nombre*
1965	5
1966	164
1967	407
1968	317
1969	95
1970	89
Total	1 077

je veux retourner en Algérie et que la-bàs ce prénom m'emmerde. »

La grande sœur d'Édouard s'appelait Anès, un de ses frères Farid. « En arrivant en France, Anès fut enregistrée Agnès, et Farid devint Henri. » Aux objections des parents, on répondit : « Vous êtes en France et si vous ne voulez pas que vos enfants soient victimes du racisme, il vous faut leur donner des prénoms français, il faut qu'ils soient français dès maintenant. » Par la suite, comme la mère ne savait pas faire les papiers, c'est Agnès qui déclara ses petits frères à l'état civil. On lui demanda systématiquement de donner des prénoms français en lui expliquant qu'elle pourrait toujours ajouter, par la suite, un second prénom arabe : « C'est ainsi qu'au dispensaire de Villeneuve-sur-Lot, mes frères Mohamed Liamine, Lahsen et Mansour sont devenus Émile, Marcel et François. »

« François ! Tu te rends compte ! Il y a même ici des familles algériennes à qui on a fait mettre au monde des petites France, des Francine, des Francette, des Françoise[38]. Quant à ceux qui ont marché dans l'histoire du double prénom, ils ont produit des Charles-Ali, Charles comme de Gaulle et Ali comme le gendre du Prophète. »

Pour les officiers français qui, à peine rentrés d'Algérie, fournissaient le premier encadrement des camps et hameaux, pour les monitrices de promotion sociale, il fallait franciser au plus vite les enfants afin d'en faire des éducateurs efficaces, le levier de l'intégration des familles de harkis à la mère patrie. La première scène de cette édifiante histoire se joua dès le débarquement sur le sol français, pour se rejouer des années durant dans les hôpitaux et bureaux d'état civil de la République.

Si Édouard Guenouri s'est résigné au prénom qu'il porte, en revanche Jean-Pierre Guérin, trente-sept ans, fils de harki, se bat depuis 1976 pour pouvoir officiellement retrouver le nom qu'il portait lorsqu'il naquit en 1953 à Saoughi, près de Médea en Algérie. Son père, soldat de l'armée française durant la guerre d'Indochine, puis supplétif en Algérie, se nommait Gueroumi et avait prénommé son fils Mohamed. Rapatrié en France avec ses parents, le jeune Mohamed Gueroumi est pris en charge par l'État

38. Nicole Lapierre remarque qu'on observe fréquemment, chez les enfants d'immigrés du Sud-Ouest asiatique, les prénoms France, Francine ou Françoise et que l'on trouvait également ces prénoms chez les enfants immigrés juifs d'Europe orientale, dans les années trente. Toutefois, ajoute-t-elle, c'était alors dans un contexte politique national particulier, où ces prénoms étaient plus généralement en vogue.

comme pupille de la nation. A Strasbourg, l'assistante sociale qui le suit, ainsi que son tuteur (responsable d'une association d'anciens combattants), proposent aux Gueroumi de franciser leur état civil et Mohamed devient Jean-Pierre Guérin. Le nouveau nom qui devait théoriquement l'aider à s'intégrer se révéla être un piège dès le jour où Jean-Pierre Guérin fut en âge de chercher du travail. « Quand j'envoyais ma lettre de candidature tout allait bien. On me convoquait pour un rendez-vous d'embauche. Une fois sur place on me refusait le poste sous n'importe quel prétexte[39]. » Si bien que, comme des milliers d'Alsaciens, Jean-Pierre Guérin doit traverser chaque jour le Rhin pour se rendre à Shuttenwald dans le Bad-Wurtenberg, où il travaille comme serrurier-soudeur aux établissements Uhl. Qui plus est, le contraste entre son physique et son nom éveille fréquemment la suspicion. « Jean-Pierre Guérin, ce n'est pas vous », lui déclare un jour un médecin et à la douane, la police tique régulièrement à la lecture de sa carte d'identité. « Je porte mon nom comme un masque qui ne correspond pas à ma véritable personnalité (...). On doit être ce que l'on est. Avec ce nom, je n'ai plus d'identité. »

Le 29 mars 1988, pour la quatrième fois en douze ans, l'administration lui notifie un refus d'autorisation de retrouver son nom. Me Smaïl Bendifallah, son avocat, qui fut longtemps consul d'Algérie à Strasbourg, a introduit une requête auprès du tribunal administratif de Paris pour au moins connaître les motifs de ce refus obstiné. En attendant, Jean-Pierre Guérin, marié en 1976 à Zorah, une Algérienne, a prénommé ses enfants Nordine, Saïd, Laïla, et Sabrina : « Comme ça eux auront déjà fait la moitié du chemin. »

Les enfants adoptés recherchent, dit-on, leurs origines et se mettent en quête de leurs parents naturels. Ici ce sont les enfants de parents adoptés, comme dit Nicole Lapierre, qui voudraient retrouver le nom que leur père a égaré[40]. Les légers repères qui généralement demeurent de l'ancien prénom (ou nom) au nouveau, par traduction (Labied-Leblanc), euphonie (Lahsen-Marcel), maintien d'une ou plusieurs syllabes (El-Nouar-Édouard), apocope (Guerjouma-Guerjoux) ou anagramme parviennent difficilement à combler la frustration née de la rupture du lien qui attache, au dire des psychologues, l'individu aux lettres de son nom[41].

---

39. Témoignage recueilli par Michel SOUSSE, « Une carte d'identité pour l'angoisse », *Libération*, 29 août 1988.

40. LAPIERRE N., « Changer de nom », *art. cit.*, p. 157.

41. NUTTIN J.N., « Affective Consequences of Mere Ownership : the Name-Letter Effect in Twelve European Languages », *European Journal of Social Psychology*, 1987.

Pourtant, la plupart des démarches entreprises, à l'instar de celles de Jean-Pierre Guérin, pour réparer la chaîne généalogique et rétablir officiellement, dans le réel, le patronyme perdu, se révèlent infructueuses : « L'État ne revient pas sur ses largesses assimilationnistes, laissant ces demandeurs dans les contradictions de leurs identités et la confusion de leurs repérages familiaux[42]. »

Au bout du compte, la francisation des prénoms, parfois avec l'assentiment des parents, commença à s'atténuer dès le milieu des années soixante. L'enquête effectuée courant 1972 dans les regroupements sous tutelle de l'État, sous la direction de Jean Servier, et qui donna lieu à un rapport présenté au Comité national pour les Musulmans-Français au printemps 1973, révèle que sur un échantillon de 1 478 prénoms, les prénoms français se trouvent le plus fréquemment dans les hameaux forestiers de 1962 à 1970 (47,8 %), puis à Saint-Maurice-l'Ardoise (31 %) et enfin dans les cités urbaines (21,5 %). Après la grande espérance assimilationniste et la francisation à tout crin des premières années, la désillusion s'installa rapidement dans les cités urbaines, où les courbes de francisation des prénoms s'effondrent à partir de 1965, puis dans les hameaux forestiers avec un décalage de dix-huit mois. Il n'y a plus guère qu'à Saint-Maurice-l'Ardoise où la courbe des prénoms français est encore en phase ascendante, témoignant de la force de la tutelle administrative en cité d'accueil[43].

L'assimilationnisme a la vie dure, et la francisation des prénoms n'a pas disparu des anciens hameaux de forestage. En août 1990, au milieu des pavillons du Logis d'Anne jouent les petites filles de la « troisième génération », qui se prénomment Vanessa, Johanna ou Sabrina : « Je sais que les prénoms ne vont pas changer la couleur, dit une mère. Mais peut-être ont-ils un peu plus de chance en s'appelant Laurent ou Christelle. »

Le rapt des fils

Le vol du nom ou plus souvent du prénom est l'indice d'un rapt plus général visant à contrarier l'influence jugée néfaste des parents par une surveillance et une éducation constantes de l'enfance. Il convenait de confiner le père à un rôle de nourricier et la mère à

42. Lapierre N., « Changer de nom », *art. cit.*, p. 159.

43. Wormser A., « En quête d'une patrie. Les Français-Musulmans et leur destin », *Les Temps modernes*, n°s 452-453-454, mars-avril-mai 1984, p. 1846-1847. Selon A. Wormser, c'est en 1965-1966 que culmine le mouvement de francisation des prénoms. Par la suite, le prénom traditionnel redevient la règle.

un rôle de procréatrice, dans la mesure où seuls les enfants étaient réputés assimilables par le biais de la scolarisation et au moyen d'un suivi permanent des monitrices de promotion sociale, chargées de remédier aux handicaps socioculturels des familles.

Il faut considérer le problème sur le principe de l'intégration, déclare-t-on lors de la réunion extraordinaire consacrée à l'installation à Joucques du hameau du Logis d'Anne, qui se tint le 25 avril 1963 à la sous-préfecture d'Aix-en-Provence : « Peuvent être intégrés les enfants et les jeunes gens en dessous de trente-cinq ans ; dépassé cet âge, il n'est plus possible d'intégrer à la vie publique n'importe quel étranger (...). L'incorporation des jeunes musulmans avec les métropolitains sera prévue à l'école, sur le même principe adopté en AFN. Pour ce faire, les services d'hygiène et de santé mis en place sur la cité pourvoieront à ce que les enfants musulmans soient dans un état de propreté et de santé aussi irréprochable que les enfants du village. Le nombre des enfants musulmans étant de l'ordre de 110 à 120, la commune de Joucques ne peut pas tous les absorber, donc ceux-ci sont répartis sur les trois communes avoisinantes. Une maternelle sera créée sur place au Logis d'Anne, la même maternelle sera créée à Joucques, conditions impératives. Pour les enfants retardés, et pour éviter de créer de la perturbation dans nos classes, il sera créé sur la cité une ou deux classes de rattrapage scolaire, ainsi qu'une classe d'initiation[44]. »

Faut-il souligner qu'en s'inscrivant dans la logique du dispositif de gestion de cette population, ce prétendu projet intégrateur produit des effets inverses ? Dans la quasi-totalité des cas, les enfants qu'on a prévu de « mêler le plus possible à la vie et aux mœurs des métropolitains de manière à devenir des Français » seront scolarisés dans des écoles spécialisées à l'intérieur des camps et hameaux forestiers, parce que les communes environnantes refusent de recevoir un trop grand nombre de petits Algériens.

Et lorsque, insistant une fois encore sur les vertus du rapt, les promoteurs de stages de formation pour adolescents cherchent à les éloigner un peu plus des familles pour les regrouper ailleurs — entre eux et à l'écart —, le discours assimilationniste aura de plus en plus de mal à masquer la réalité disciplinaire du dispositif. En 1966, lorsque le préfet de l'Isère préconise la création d'un « centre de réadaptation pour enfants en danger moral » qui pourrait recevoir les enfants d'anciens supplétifs, il déclare vouloir ainsi

44. Cité par ABI SAMRA M. et FINAS F.-J., *Regroupement et dispersion..., op. cit.*, p. 92-93.

faciliter l'intégration de jeunes dont « les mères sont sans autorité, préoccupées par des soucis familiaux alors que les pères sont retenus par leur travail ou par le café[45] ». C'est le type même d'initiatives ressenties par ceux qu'elles visent comme des mesures disciplinaires, bien mal camouflées sous des prétextes d'action sociale. « Pas question de manifester notre mécontentement », raconte Hocine Habèche de Bias : « Pour les adultes, le séjour en hôpital psychiatrique était brandi comme une menace, une punition. Quant aux adolescents, c'était le placement en foyer à la moindre incartade, quand ce n'était pas l'envoi à Moumours, à Montaud, à Gelos, trois établissements créés dans les Pyrénées par la générale Massu dans le but de faire rentrer dans le rang les fils de harkis qui se révélaient trop imperméables aux méthodes d'embrigadement qu'avaient supportées leurs pères... et ils étaient nombreux. »

« A des âges différents suivant le niveau scolaire atteint et leurs possibilités intellectuelles », de douze à quinze ans en général selon Marie-Madeleine Pouvreau[46], les jeunes garçons sont éloignés du camp de Bias pour être placés dans un des trois internats béarnais mentionnés plus haut. Le centre de Moumours, qui regroupe environ cent quatre-vingts adolescents en 1970, est exclusivement réservé à la formation des jeunes fils de harkis sur le plan de la scolarité secondaire. L'apprentissage d'un métier est assuré éventuellement à Oloron. Gelos peut être comparé à un foyer de jeunes travailleurs recevant des apprentis de toutes spécialités travaillant chez un patron. Quant à Montaud, il présente un caractère strictement disciplinaire et accueillit, en principe, des adolescents « à problèmes ». Formation professionnelle et rattrapage scolaire avaient lieu sur place et les hébergés eurent peu d'occasion de rentrer chez eux ou de recevoir des visites de leurs parents.

La dimension paramilitaire de ces institutions résulte de ce qu'elles représentent le prolongement en France du « Centre jeunesse » ouvert à Alger par Suzanne Massu. Présidente d'honneur de l'association Moisson nouvelle qui se donnait pour tâche l'enseignement professionnel de jeunes Arabes de seize ans, Suzanne Massu avait ouvert ce centre à la fin du mois de mars 1957 en plein centre de Bab el-Oued, dans l'immeuble de la rue Koechlin laissé vacant après l'interdiction du journal communiste *Alger Républicain*. L'encadrement en était assuré par une équipe composée du

45. Lettre du préfet de l'Isère au ministère des Rapatriés, octobre 1966.

46. POUVREAU M.-M., *Les Problèmes médico-sociaux d'une population de musulmans rapatriés*, thèse de médecine, univ. de Bordeaux-II, 1971, p. 59-60.

sergent Desaphy, de Suzanne Ambroise Thomas, de Suzanne Fouchet (visiteuse de prison), de Josette Navarou (épouse d'un commandant de l'état-major de la 10e DP), de Nicole Demachy — née Pellegri — (ancienne assistante sociale du groupement de Massu en Indochine), et enfin de Guy Sangline, médecin et lieutenant. Le centre de la rue Koechlin avait vocation d'accueillir, de nourrir, d'instruire et d'habiller quatre-vingts enfants abandonnés et enlevés — déjà le rapt — « dans les bains maures où les gosses couchent, pour cent francs, dans la promiscuité la plus anti-hygiénique et la plus dangereuse moralement », selon les propos du général Massu[47]. « D'abord affolés par ces enlèvements de nuit opérés de mains de paras en Jeep, les gosses se voient transportés dans un vaste local désaffecté (pour démolition prochaine) de la rue Bab el-Azoum. Là, un grand pot-au-feu, une douche, un lit et des vêtements leur sont offerts gratuitement. Ma femme appelait ça la "cage ouverte", car l'enfant pouvait partir le matin, revenir ou non, la nuit tombée. Il ne revenait pas tout de suite... Mais un soir ou l'autre, il se pointait avec un petit frère et un copain. Ceux qui le voulaient, qui comprenaient l'esprit de ce recrutement, pouvaient être internés rue Koechlin ou dans un autre des centres qui se montaient peu à peu à Bab el-Oued[48]. » Bachir Larbi, un des internés, devenu Michel Larbi, deviendra chef scout du Centre jeunesse replié dans le Béarn en 1961.

L'ardoise magique

Par une de ces ruses dont l'histoire est coutumière, les officiers SAS reconvertis dans l'encadrement des supplétifs réfugiés en France furent amenés à remettre leurs pas dans les ornières déjà parcourues et à rebaptiser ceux qu'ils avaient déjà dû baptiser une première fois à compter du milieu des années cinquante.

SNP... Ces trois lettres symboliseront longtemps la considération dans laquelle l'Algérie coloniale tenait ses indigènes. SNP signifie « sans nom patronymique », et ce qui, à première vue, ressemble à une devinette, résume en trois lettres, selon Yves Périot, « le drame qu'ont vécu pendant cent vingt-quatre années les musulmans d'Algérie[49] ».

Pendant cent vingt-quatre années, ils purent naître, vivre et

47. Massu J., *La Vraie Bataille d'Alger*, Plon, 1971, p. 193-195.
48. *Ibid.*, p. 195.
49. Périot Y., *Deuxième classe en Algérie, op. cit.*, p. 50.

mourir anonymement sans que personne ne se souciât de leur état civil, ne s'inquiétât de savoir s'ils en possédaient un. Mais ils n'étaient anonymes que du point de vue français, du point de vue d'un état civil pour lequel l'identité se mesure en poids, en taille, en numéro d'identification, en termes de photographie, d'empreintes digitales. En revanche, dans leurs douars, ils étaient connus et désignés par leurs noms. Le simple regard des autres suffisait à garantir leur identité. « Nul besoin de "papiers" quand c'est la parole donnée qui engage l'honneur du nom[50]. »

Ce n'est qu'avec l'irruption de la guerre de libération que s'imposa aux autorités coloniales la nécessité de remédier à l'absence d'état civil. « Pour que les officiers de renseignements des deuxièmes bureaux militaires pussent tenir à jour un fichier des fellaghas et des membres de l'organisation politico-administrative rebelle, il importait en effet que ceux-ci eussent un nom. Il importait que des vérifications d'identité pussent être opérées dans les villes et les centres de regroupement. C'est alors que la nécessité d'un recensement général de la population musulmane et d'une attribution systématique de cartes d'identité se fit jour. Ce travail fut dévolu aux sections administratives spécialisées[51]. »

« Ce fut là, dit Périot, une tâche colossale étant donné l'absence presque totale d'éléments administratifs permettant d'asseoir avec certitude l'identité des individus. C'est ainsi que naquirent les SNP. La tâche était d'autant plus ardue que beaucoup d'hommes possédaient le même prénom — Mohamed, M'Hamed, ou Hamed. Dans ces conditions, il ne restait plus qu'à établir leur filiation en remontant deux générations en arrière. C'est ainsi que les cartes d'identité portent — pour un homme par exemple — le nom suivant : "SNP Mohamed Ould Larbi Ould Ahmed", ce qui signifie "sans nom patronymique, prénom Mohamed, fils de Larbi, lui-même fils d'Ahmed". Pour les femmes c'était la même chose — *Ould* étant remplacé par *Bent*, fille de... [52] »

---

50. NOIRIEL G., *Le Creuset français, op. cit.*, p. 184.
51. PÉRIOT Y., *Deuxième classe en Algérie, op. cit.*, p. 50.
52. *Ibid.*, p. 96-97. La remise en cause du patronyme sous prétexte de constituer une identité juridique n'est spécifique ni de l'Algérie coloniale, ni de la situation coloniale en général. Diverses communautés issues de l'immigration eurent à en subir les effets. Au Portugal, par exemple, le patronyme transmissible est celui du père accolé en deuxième position à celui de la mère. Fréquemment, dans un souci de simplification, l'administration française ne conserve que le premier nom, ce qui revient en fait à supprimer le véritable patronyme, le nom du père. On touche là, selon Gérard Noiriel, aux effets de la machine bureaucratique qui, au fur et à mesure qu'elle devient plus complexe, a besoin de rationaliser, c'est-à-dire de simplifier l'identité écrite des individus. L'idéal étant un numéro pour tout le monde. (*Cf.* NOIRIEL G., *Le Creuset français, op. cit.*, p. 164-165.)

A partir de 1962, la volonté de superposer à ce premier baptême une nouvelle identité pour les anciens supplétifs réfugiés en France prolonge, et contredit aussi, l'établissement de l'état civil des indigènes durant les premières années de guerre. Ces renominations, par l'illusion dans laquelle elles s'entretiennent d'inscrire à tout prix une autre histoire que celle qui réellement se déroula, contribuent au gigantesque brouillage et à l'oubli qui couvrent aujourd'hui la colonisation et la décolonisation de l'Algérie, quels que soient par ailleurs les oripeaux humanitaires dont se parent ces baptêmes à répétition.

L'imposition arbitraire du SNP à la place du système patronymique traditionnel, ou l'imposition d'un nom ou d'un prénom français aux enfants de supplétifs réfugiés, relèvent de procédures de renomination et d'effets d'« ardoise magique[53] » qui affectèrent l'ensemble du vocabulaire colonial.

En témoigne la désignation officielle des Algériens comme « indigènes » puis FNSA, au moment où ils étaient quotidiennement taxés de « bicots », « ratons », « melons », « crouilles », « bougnoules », etc. En témoigne aussi la francisation des lieux, villes et villages algériens. En témoigne plus généralement la renomination des épisodes les plus emblématiques de la conquête, de la colonisation ou de la guerre d'indépendance. Là où il y eut débarquement et invasion en 1830, puis cessez-le-feu et réembarquement en 1962, on parla d'« événements », là où on édifiait des camps de concentration on parla de « villages de regroupement ». En témoigne enfin l'extension du procédé au nord de la Méditerranée : les camps de Bias et de Saint-Maurice l'Ardoise baptisés « cités d'accueil », la valse des étiquettes désignant les anciens supplétifs — Français-Musulmans, Français-Musulmans rapatriés, rapatriés d'origine nord-africaine, etc.

Marwan Abi Samra et François-Jérôme Finas ont vu dans la renomination systématique des anciens supplétifs la marque d'une population « irrémédiablement rétive à l'identification et qui ne se définit que par une série de négations et d'écarts », « une réalité monstrueuse qui échappe constamment à la désignation et qui se constitue de manière atypique[54] ». Il s'agit probablement moins d'une cause que de l'effet d'une entreprise proprement magique pour faire exister la réalité par la création de ce qui n'en est que

---

53. « Ils voulaient inscrire une autre histoire après la guerre ; c'est l'ardoise magique : on efface tout et on recommence. » (Témoignage recueilli par Nicole Lapierre, « Changer de nom », *art. cit.*, p. 157.)

54. Abi Samra M. et Finas F.-J., *Regroupement et dispersion..., op. cit.*, p. 5.

le signe ou le symbole. Si les harkis sont une réalité monstrueuse échappant constamment à la désignation, c'est parce que, dans leur réalité, ils sont aussi le produit d'une opération de brouillage par laquelle les pouvoirs publics s'efforcèrent de se persuader de la justesse de leurs vues et de la justice de leur cause. De même que les militaires utilisaient durant la guerre l'action psychologique et les techniques de propagande pour dissimuler à leurs propres yeux les contradictions qui habitaient leurs actions, les autorités civiles à partir de 1962 substituent l'action par les mots et sur les mots à l'action impossible sur les choses et sur les hommes.

On peut appliquer mot pour mot à la situation néo-coloniale de la France des années soixante ce que Bourdieu et Sayad disaient de l'action des officiers SAS dans l'Algérie de la fin des années cinquante[55] : lors même qu'il se nuance de libéralisme humanitaire, l'interventionnisme colonial ou néo-colonial enferme une contradiction insurmontable. Parce qu'ignorance et mépris sont les conditions mêmes de son action, il est incapable d'en mesurer les conséquences désastreuses, de prévoir et d'assumer les effets des perturbations qu'il a déclenchées. Confrontés sans relâche à l'évidence de l'inanité de leurs actions et à la vanité de leurs représentations de la réalité, les responsables civils ou militaires n'ont alors d'autre recours que de nommer et renommer, en substituant des appellations déréalisantes et prophylactiques à des réalités menaçant leur confort intellectuel. Aussi n'est-ce pas assez que d'observer, comme on l'a fait souvent, que l'action psychologique n'a jamais convaincu que ses instigateurs. En fait, c'était sa vraie et sa seule fonction. Lorsque le réel échappe totalement aux prises, il ne reste que le nominalisme magique, tentative désespérée pour substituer au réel les noms qui le désignent. Faute de pouvoir promouvoir une réelle politique d'intégration sociale et professionnelle des anciens supplétifs installés en France, faute de pouvoir les considérer comme des citoyens, on donnera à Larbi le prénom de François.

55. Bourdieu P., Sayad A., *Le Déracinement, op. cit.*

10

Une traversée des réserves

Pour qui descend en mai des terres froides du Massif central vers les sols plus chauds de l'Aquitaine, aux confins des Landes, entre Bordelais et Toulousain, la vallée du Lot et l'Agenais apparaissent comme des pays riches où se croisent les influences de l'Atlantique et de la Méditerranée. De Fumel à Aiguillon, sur 60 km, ce ne sont que champs maraîchers, vergers de toutes dimensions, champs de tabac, prairies verdoyantes. Ici, le prunier, dont le Villeneuvois est la terre d'élection, règne en maître, occupant 3 000 hectares. Le département fournit au marché français les deux tiers de ses prunes — surtout les « prunes à pruneau » — et 10 % à 20 % de ses pêches. Tous les légumes des marchés du Midi y sont présents.

Et pourtant... Ici, au bord du Lot, vivent encore, dans un alignement sinistre de baraquements entre maïs et tournesols, quelques centaines de ces Algériens qu'on désigne toujours sous le nom de harkis.

« Lot-et-Garonne, terre d'accueil », c'est le slogan affiché sur les panneaux routiers que purent voir tous ceux qui, de 1956 à 1963, entrèrent dans les « centres d'accueil » de Bias et de Sainte-Livrade. Sainte-Livrade, chef-lieu de canton, 6 016 habitants en 1980, 9 km à l'ouest de Villeneuve-sur-Lot. Bias, 2 622 habitants, 4 km au nord-ouest de Villeneuve sur Lot.

Sainte-Livrade : le « camp espagnol » et le « camp des Chinois »

Les harkis ne furent pas les premiers à venir échouer sur les berges du Lot. Ils y furent précédés en 1939 par des réfugiés espagnols, puis en 1956 par des « Français d'Indochine ».

L'article 3 du décret du 20 avril 1939 et du décret d'application du 13 janvier 1940, tous deux inspirés par Paul Reynaud, rendait obligatoire l'incorporation dans les compagnies de travailleurs étrangers (CTE), des étrangers « reconnus aptes et n'occupant pas d'emplois intéressant la défense nationale ». Ainsi « tous les hommes âgés entre vingt et quarante-huit ans seront obligatoirement engagés pour la durée de la guerre ». Les réfugiés espagnols — au nombre de 150 000 à 200 000 dans les camps en juillet 1939 — devinrent alors une bonne affaire dès le début du conflit en Europe. Mobilisables dans l'économie de guerre ou dans l'armée, leur situation reste discriminatoire. Ces compagnies de « prestataires » en uniforme, comme dit Émile Temine[1], iront jusque sur le front pour y creuser des tranchées ou y construire des fortifications. Mais ce ne sont pas des soldats, même s'ils sont encadrés par des officiers français et soumis à la discipline militaire. Après la défaite, la démobilisation ne transforme pas leur sort. Les CTE sont reprises en main par le gouvernement de Vichy, et on y puisera pour répondre aux demandes de travailleurs formulées par les services allemands de main-d'œuvre, qu'il s'agisse d'enrôlement pour le compte de l'organisation Todt, ou d'envoi en Allemagne d'ouvriers destinés à l'industrie de guerre dans le cadre de ce qu'on appellera plus tard le Service du travail obligatoire.

A Sainte-Livrade, c'est à la construction d'une poudrerie que sont affectés les réfugiés espagnols. « Après la déclaration de la guerre on avait exproprié tout un secteur de la commune pour la construction d'une poudrerie nationale. Jusqu'en mai 1940 des travaux ont été réalisés sur ces terrains[2]. » Les travaux furent bloqués avec la défaite, mais les baraquements édifiés pour loger ceux qu'on appelait à l'époque les « affectés spéciaux » restèrent en place. Sous Vichy, on y installa des aviateurs puis les chantiers de jeunesse, et enfin des prisonniers.

En 1956, les bâtiments étaient libres et furent utilisés pour accueillir les « Français d'Indochine » : anciens militaires de l'armée française d'origine vietnamienne, femmes ou veuves vietnamiennes, indo-vietnamiennes, chinoises, laotiennes ou cambodgiennes de colons, fonctionnaires ou militaires français, ou bien encore femmes ou veuves d'Eurasiens et d'Indiens, citoyens français des comptoirs. Lors des premières arrivées en avril 1956, ils

---

1. Temine E., « Le devenir de la migration de 1939 », *Plages d'exil, les camps de réfugiés espagnols en France, 1939*, BDIC/Hispanica XX, 1989, p. 209.

2. Témoignage de Charles de Cacqueray, maire de Sainte-Livrade, vice-président du conseil général et du conseil régional, recueilli par Sylvie Andreux, *Le Pays d'ici*, France-Culture, 5 décembre 1990.

sont 1 160 dont 740 enfants. En vingt ans, près de 3 000 personnes séjourneront au CAFI (Centre d'accueil des Français d'Indochine) de Sainte-Livrade.

Entre 1956 et 1961, toutes les familles d'exilés dont le chef pouvait assurer la subsistance quittèrent les divers centres d'accueil qui les avaient reçus. A partir de 1961, les vieillards qui n'avaient pas la nationalité française, et qui avaient suivi leurs enfants en France, les invalides, les veuves ayant charge de nombreux enfants, et tous ceux et celles qui pour des raisons diverses n'avaient pu se reclasser professionnellement et séjournaient encore dans les centres de transit, furent regroupés à Sainte-Livrade. Dès 1962, le CAFI était officiellement destiné à toutes les familles indochinoises considérées comme incapables de s'intégrer.

Le camp se trouve à deux kilomètres du bourg, ses vingt-deux bâtiments furent prêtés par la troisième région aérienne au ministère des Affaires sociales, à l'exception de quatre bâtiments alloués à la municipalité de Sainte-Livrade, qui les utilise pour y loger ses administrés les plus démunis. Cette partie du camp est toujours appelée « camp espagnol » depuis qu'elle servit à loger les « affectés spéciaux » de 1939. Entouré de vergers et de champs de haricots, le « camp des Chinois », comme on dit ici, abritait encore, vingt ans après Dien Bien Phu, plus de cinq cents personnes. En 1987, il n'y en avait plus que 162, dont un homme pour cinq femmes, avec une moyenne d'âge de soixante-cinq ans (ils n'étaient plus que cinquante en 1990).

La municipalité est aujourd'hui propriétaire des lieux. L'État accorde un budget annuel et prend en charge la rémunération des six employés qui assurent l'encadrement et l'entretien du CAFI. Les hébergés sont donc sous la tutelle de l'administration française, représentée sur place par Guy Durney, directeur du camp et ancien d'Indochine comme il se doit... « Vous savez, quand on a partagé le bol de riz avec eux, on se comprend tout de suite[3] », se plaît-il à raconter. Il perçoit les secours et les distribue aux hébergés. Logée, chauffée, éclairée gratuitement, percevant des allocations familiales (six enfants par famille durant les années soixante-dix en moyenne), des allocations d'invalidité, de vieillesse, de subsistance... cette population inactive vivait, fin 1973, avec 250 à 300 F par mois et par personne.

La région, à vocation agricole, offrant peu de débouchés, seul le travail saisonnier dans les champs ou dans les conserveries per-

3. Témoignage recueilli par J.-M. Mariou, « Viet-nam-sur-Lot, derniers souvenirs », *Libération*, 13 mars 1988.

met d'arrondir le budget. Ces travaux saisonniers locaux étaient avant tout destinés aux femmes. « Cette population, à un certain moment, était une main-d'œuvre très recherchée pour le ramassage des fruits et des légumes. Ces dames avec de nombreux enfants pouvaient aller encore travailler au ramassage des fruits (...). Très vaillantes, très correctes, elles étaient très recherchées[4]. » Outre les travaux saisonniers, un atelier de chaussures installé dans l'enceinte du camp procurait quelques emplois : « Cet atelier a fonctionné durant dix ans, de 1966 à 1976. Il occupait quatre-vingts personnes dont quarante-cinq Français d'Indochine. Nous avions pu mettre à la disposition de l'industriel, gratuitement, le bâtiment adéquat, moyennant quoi nous pouvions faire travailler la population de Sainte-Livrade — *fifty-fifty* — et je pense que ça a été un des exemples de l'intégration[5]. »

Tutelle, absence de débouchés locaux sur le plan de l'emploi : les seules expériences de vie qui sont offertes aux jeunes sont marquées par des modèles de dépendance. Le passé, comme la situation présente valorisent un régime d'assistanat transmis de père en fils, ou plutôt de mère en fils.

Bias : un camp « très militaire »

Les « Français d'Indochine » inaugurèrent à la fois le lieu et le régime que les « Français-Musulmans » allaient connaître sept ans plus tard. Mêmes cyprès, mêmes alignements de baraques séparées par des rues tirées au cordeau, dérisoirement baptisées, dans cette enceinte grillagée, de noms de fleurs : à Bias, le djebel a fait place au labyrinthe de l'architecture militaire.

A l'organisation traditionnelle de l'habitat ancien, centré sur une cour délimitée et protégée par une barrière d'acacias, a succédé le regroupement de logements standardisés dépouillés de toute protection et donnant directement sur des rues. Ces dernières, qui autrefois encore établissaient un lien entre voisins, repoussent les femmes à l'intérieur. La rigueur des interdictions bloquant tout aménagement témoigne de la force avec laquelle sont imposés, par l'organisation de l'habitat, un style de vie ainsi qu'une forme de domination.

« Dans une enceinte d'environ quinze hectares entièrement clôturés de hauts grillages, sont édifiés vingt et un bâtiments préfa-

4. Témoignage de Charles de Cacqueray recueilli par S. Andreux.
5. Témoignage de Guy Durney recueilli par S. Andreux.

briqués de plain-pied, dont seize servant à l'hébergement sont divisés transversalement par de légères cloisons en petites unités d'habitation de deux à cinq pièces. Chaque logement est doté d'un poste d'eau courante froide dans la pièce servant de cuisine, et dispose de courant électrique le soir jusqu'à 22 heures. Les installations sanitaires sont communes et situées à l'extérieur des habitations. Les cinq autres bâtiments sont destinés aux services administratifs et sociaux, à l'école, au dispensaire et au logement d'une fraction du personnel astreinte à résider sur place (...). Les constructions sont groupées en deux zones distinctes libérant une grande surface servant d'aire de sport et de jeux et de zone verte. Un programme de plantation commence à donner une apparence agréable à cet ensemble très militaire d'aspect, situé en pleine zone rurale à un demi-kilomètre du village de Bias[6]. »

Ces baraques en fibrociment recouvertes de tôle ondulée ou d'éverite avaient successivement accueilli un centre de prisonniers allemands en 1918, une réserve de munitions, un silo à blé où furent stockés 30 000 quintaux, un camp de réfugiés politiques espagnols, une école de comptables de l'armée de l'air durant l'Occupation, un camp de regroupement pour étrangers — Tunisiens surtout — soupçonnés d'espionnage au profit de l'Italie, un camp d'internement pour résistants arrêtés par Vichy. En 1945, des collaborateurs prirent leur place, puis Bias devint une annexe du CAFI de Sainte-Livrade. Enfin, ce fut au tour des anciens harkis de séjourner à Bias, rebaptisé pour l'occasion CARA (Centre d'accueil des rapatriés d'Algérie). Logement et subsistance leur étaient asssurés. Pour le reste, vingt-huit ans plus tard, le provisoire dure encore.

Combien furent-ils, ces « hébergés non recasables », à peupler ce lieu à titre absolument gratuit ? Près de 1 100 en 1963, au moment du plus grand afflux. Durant les dix années qui précédèrent 1973, date à laquelle s'amorce une décroissance des effectifs, ces derniers oscilleront de 800 à 1 100 personnes. En mai 1968, les mouvements d'entrée et de sortie ont représenté un total de 2 130 hébergés sur 911 présents. Ce printemps-là, une quarantaine de familles d'anciens supplétifs élargis des camps d'internement de la jeune République algérienne après cinq années de détention (soit 176 personnes, toutes kabyles à trois exceptions près) sont arrivées au camp. Sur 911 hébergés, on compte 240 conjoints, 147 célibataires ou assimilés (chefs de famille vivant seul en France) dont

6. Pouvreau M.-M., *Les Problèmes médico-sociaux d'une population de musulmans rapatriés*, *op. cit.*, p. 9-10.

92 hommes et 55 femmes, et 524 enfants de moins de seize ans. Le CARA est un camp jeune, dont la pyramide des âges est l'inverse de celle du CAFI. On compte 50 % d'Arabes, 40 % de Kabyles et 5 % de Chaouïas. A quoi il faut ajouter deux familles dont les chefs, d'origine marocaine, ayant servi dans l'armée française, ont souscrit une demande d'option pour la nationalité française, dans les mêmes conditions que les autres hébergés.

En février 1973, après dix ans d'existence, le camp compte encore 103 familles, soit 690 personnes, dont 112 ont moins de quatre ans, et 432 ont moins de vingt ans. A la même époque, Saint-Maurice-l'Ardoise héberge près de 750 personnes, dont 500 ont moins de vingt ans. En 1980, quatre ans après la fermeture officielle du CARA, il y a encore 297 hébergés à Bias, dont 145 jeunes et enfants, cinquante couples mariés, 102 célibataires des deux sexes et vingt veuves avec enfants.

Ces célibataires, dont on a déjà plusieurs fois mentionné l'existence, sont par excellence une des catégories résiduelles produites par les opérations de tri effectuées dans les camps de transit en fonction du degré d'assimilabilité et d'aptitude au travail. Les hommes seuls, notamment (véritables célibataires ou hommes mariés ayant laissé leurs familles en Algérie faute d'avoir pu les faire transporter en France), furent un temps affectés à la construction des hameaux forestiers ou expédiés par contingents à des entreprises demandeuses de main-d'œuvre qui venaient parfois les sélectionner dans les camps. Souvent dépourvus de tout appui familial, l'éviction assez rapide d'une partie d'entre eux de la filière d'accueil et de reclassement collectif inaugura pour certains ce que Abi Samra et Finas appellent une « "carrière institutionnelle" qui les conduira des asiles de nuit aux prisons, de l'Armée du salut aux hôpitaux psychiatriques[7] ». Les autres échoueront à Bias, où ils occuperont une place à part dans l'organisation du centre et vivront dans un bâtiment séparé, regroupés par chambres de deux, avec installations sanitaires et cuisines communes.

« On ne peut pas quitter ce camp »

La peinture des volets et des portes n'en finit pas de s'écailler, la mousse encombre les toitures, obstrue les gouttières. Plus que jamais, ce dimanche de juin 1985, le camp de Bias présente au visiteur un visage de moribond.

7. Abi Samra M., Finas F.-J., *Regroupement et dispersion, op. cit.*, p. 48.

Quelques vieux sont accroupis à l'ombre d'un peuplier, quelques adolescents circulent à vélo, sans but, le long des allées. Des dizaines de chiens rôdent autour des baraques, sommeillent à l'ombre des appentis, aboient et galopent parmi les herbes folles qui envahissent l'ancien terrain de football.

Boulevard des Jonquilles, le baraquement est blanchi à la chaux. Trouant les vestiges de ce qui fut une pelouse, deux rangées de topinambours encadrent le passage cimenté qui relie la rue au seuil du logement qu'occupe Hocine Abèche, trente ans. Un mulot, réveillé par le bruit de nos pas, le traverse à toute allure pour plonger et disparaître dans l'herbe à l'abri d'un acacia.

« *Chouf* le mulot ! crie Hocine... je ne vous fais pas rentrer chez moi, c'est le bordel. » Il est 19 heures. Dans les jardins, des hommes retournent la terre, bêchent, creusent. A leurs pieds, ici et là, en bordure des allées, à demi basculées dans le fossé, des carcasses de machines à laver : « Tu connais la formule, là où il y a des Arabes il y a du pétrole, alors ils creusent ! »

Hocine éclate de rire puis redevient sérieux : « C'est à cause de l'eau. Avant, elle était gratuite, maintenant on doit la payer. Dans un premier temps, on est allé se servir au ruisseau, mais l'eau n'y était pas vraiment potable. Un jour, l'un d'entre nous a creusé ; il a atteint la nappe phréatique. Depuis, tout le monde s'y est mis. Ils s'imaginent que les moteurs des machines à laver suffiront pour pomper. »

La chaleur est encore écrasante et nous décidons finalement d'entrer chez Hocine. Le couloir est imprégné d'une lourde odeur de tabac froid ; sur une table, un pain, des bières éventées, un melon d'eau entamé. Combien de fois Hocine n'a-t-il pas tenté d'abandonner cette baraque, de quitter Bias pour aller chercher du travail en ville ? Agen d'abord, puis Lyon, où il a de la famille. Paris enfin. Chaque fois ce fut l'échec et le retour au camp.

Cette sorte de fatalité qui semble presque inévitablement fixer les enfants de Bias sur le camp et les y ramener lorsqu'ils s'en évadent, tous m'en ont fait part, ou presque. C'est sans doute Ahmed qui exprime le mieux ce sentiment. Lorsqu'il dit que le camp est « un véritable aimant » : « On se fait tous bouffer là-dedans, on peut pas faire autrement. » Né en 1957, Ahmed a d'abord vécu dans le hameau forestier de Meruez en Lozère, de 1963 à 1966, avant que sa famille vienne échouer au CARA. « Les petits Français, je n'en ai plus revu depuis que j'ai quitté ce hameau ; je n'ai connu que les enfants des agents administratifs du camp de Bias jusqu'à ce que je sorte de l'école qui se trouvait à l'intérieur même du camp. » Lorsque son père meurt en 1973, Ahmed a seize ans et il tente une première fois de quitter Bias pour aller chercher du travail à Paris. L'expérience sera brève. Ahmed rentre à Bias lorsque son frère aîné qui était resté sur place pour s'occuper de la mère et des frères et sœurs plus jeunes, décide, sur un coup de tête, de s'engager dans l'armée et de partir outre-mer. Titulaire d'un CAP d'électromécanicien, Ahmed cherche alors un emploi correspondant à sa qualification. Il accepte un emploi de manœuvre dans une conserverie sur promesse de l'ANPE qu'au bout d'une semaine il serait nommé sur un autre poste en remplacement d'un ouvrier qualifié partant en congés. « La semaine passe. Toujours rien. Je croise le chef du personnel qui avoue m'avoir totalement oublié et me propose de passer le voir en fin de semaine suivante. Passé ce nouveau délai, je me rends à son bureau et l'entends distinctement répondre à la secrétaire qui m'annonce : "Dites-lui que je ne suis pas là." J'étais jeune et j'avais le sang chaud. Alors j'ai tout cassé. Police, accrochage avec la police, tribunal, prison... Quinze jours fermes et un mois avec sursis... Je m'en suis tiré à bon compte mais j'ai commencé à gamberger. »

Ahmed tente alors pour la seconde fois de quitter Bias en suivant la voie tracée par son frère. « Je décide à mon tour de m'engager dans l'armée française et de partir outre-mer pour être le plus loin possible. » A Djibouti, il retrouve le racisme qu'il pensait avoir abandonné sur les berges du Lot. « Bien sûr j'étais dans un pays où il n'y avait que des Noirs, mais quand on traite un Noir de bougnoule, des fois on ressent comme une gêne... Il y a quelque chose qui ne va pas. Alors j'ai eu des problèmes avec des officiers et j'ai carrément déserté, heureusement ça coïncidait avec les présidentielles, si bien que j'ai été amnistié... » « On ne peut pas quitter ce camp », conclut-il. « Nous n'avons jamais laissé nos parents de côté ; or les emmener signifierait pour eux un second déracinement. Moi je dis que le camp de Bias c'est quelque chose qui va toujours nous garder, qui est en train de nous ronger, c'est un cancer. Ils auront beau le raser, ce sera pas le remède. »

Hocine est moins résigné, il repartira : « Les jeunes de vingt à trente ans n'ont rien à faire au camp, et pourtant, il y a bien ici de quoi former deux équipes de foot. Si ça ne tenait qu'à moi, je foutrais ces jeunes dehors. Pour les vieux, c'est foutu, ils sont ignorants, ils n'ont rien compris. Ils ont vécu ici, ils mourront ici, quoi qu'ils disent, quoi qu'ils pensent. D'ailleurs, certains ont déjà construit leur caveau dans le cimetière de Bias. Regarde le vieux Meziane, il a plus de soixante-quinze ans et voilà dix-sept ans qu'il traîne à petits pas dans le camp. Il aime raconter qu'il est arrivé là avec vingt francs en poche et que s'il en avait eu les moyens, il aurait repris le train "même pour aller dormir sous les ponts". Tous les cinq ans, il fait refaire son passeport français dans l'espoir de revoir un jour sa Kabylie. Mais c'est au cimetière de Bias que l'attend sa tombe et c'est ici qu'il mourra. Pour les jeunes en revanche, rien n'est perdu. » Hocine ne supporte pas qu'une partie d'entre eux, à l'approche de la trentaine, vive encore aux crochets de leur mère, quémandant argent de poche et cigarettes. « Ils ne savent même pas ce qu'est l'ANPE ! » Il s'insurge : « Leur mère ne sera pas toujours là », et prend l'exemple de la mère d'Akila : « Elle est veuve et nourrit encore sept de ses enfants — de 10 à 28 ans — avec moins de 3 000 F par mois, une allocation et la pension de reconversion militaire de son mari. Comme dit sa fille, "elle ne peut pas mettre ses enfants à la porte", seulement la pension disparaîtra avec elle. Que deviendront-ils alors ? » Hocine, quant à lui, refuse obstinément d'être à la charge de sa tante, aussi a-t-il quitté le pavillon qu'elle occupe et traversé l'allée pour venir s'installer dans un baraquement, en célibataire.

Et ses parents ? Il retrouve pour les évoquer les mêmes mots, les mêmes gestes que les anciens, dont pourtant plus de vingt ans le séparent. Lui aussi sait demeurer assis des heures à ressasser, à parler du père fusillé à Alger, de la mère « prisonnière à Blida », puis portée disparue. Il raconte son adolescence au camp : « J'avais été recueilli par ma tante. Malgré ses huit gosses, elle travaillait dans les champs. Mon oncle était invalide, il touchait une pension. Comme la plupart des harkis du camp, grands blessés ou malades atteints de troubles psychiques, il restait toute la journée au camp, inactif. De toute façon, rares sont les hommes et les femmes qui auraient pu trouver du travail dans la région. L'implantation du centre dans une région de sous-emploi endémique n'entraîne qu'une activité saisonnière tributaire des ressources agricoles locales. Quelques-uns sont employés aux conserveries des villes voisines, Casseneuil ou Sainte-Livrade, ou bien chez les cultivateurs, parfois des pieds-noirs. »

En 1969, sur 814 hébergés, on comptait 270 personnes dans la tranche d'âge des vingt et un à soixante ans, donc théoriquement active. Or, environ 120 personnes travaillaient. Encore faut-il ajouter qu'on comptait seulement 54 emplois permanents pour 66 emplois saisonniers et que les premiers, procurant des salaires avoisinant au mieux le SMIG ou le SMAG, ne laissaient pas entrevoir un départ possible du centre.

Au total, dit Hocine, « peu de femmes travaillent régulièrement, les emplois saisonniers dominent. Il en va de même pour les gosses : à partir de dix-onze ans, on commençait dès le mois de juillet à chercher du boulot dans la campagne : ramassage des prunes, des tomates, des fraises. Le camp servait de réservoir de main-d'œuvre saisonnière pour les agriculteurs de la région et pour l'industrie agro-alimentaire. Quand Mammouth s'est installé sur la commune, le maire de Bias nous a promis d'y réserver des emplois pour "ceux du camp". Résultat : une seule embauche. Tout le monde ici vit donc de pensions, d'allocations de toutes sortes, familiales en premier lieu. Pourtant, Dubois, le maire, continue à être élu avec les voix des harkis. La veille du scrutin, il se contente d'apporter deux ou trois moutons pour un méchoui. » Selon Hocine, il n'est pas étonnant que l'on considère les vieux comme du bétail électoral. « Autrefois, c'était madame D., femme du sous-directeur et secrétaire du directeur du camp, qui plaçait le "bon" bulletin dans l'enveloppe quand les vieux les recevaient par la poste. Aujourd'hui, Le Pen viendrait ici pour leur réaffirmer qu'ils sont français, ça leur suffirait et ils voteraient pour lui ! »

Affaires indigènes

Sur le plan de la gestion administrative et budgétaire, le CARA dépendait du ministère des Affaires sociales (Direction des populations et des migrations, sous-direction des programmes sociaux en faveur des migrants). La Direction de l'action sanitaire et sociale du Lot-et-Garonne assurait partiellement le relais de l'autorité administrative supérieure. Mais les contacts directs entre ministère et direction du centre étaient fréquents. Bouchet, le directeur, un ancien des SAS, était assisté d'une quinzaine de fonctionnaires et de quelques collaborateurs arabes particulièrement zélés. L'un d'entre eux, Ahmed Ben Laïchi est toujours l'homme le plus craint et le plus haï de Bias. Homme à tout faire, portier, concierge, facteur — mais aussi lecteur du courrier distribué à la criée tous les matins aux environs de 11 heures en présence des hommes du camp —, Ben Laïchi voit tout. Il sait tout. D'autant plus qu'il est aussi le standardiste. Les PTT ont refusé d'installer une cabine sur le camp, « par peur des déprédations ». Pour téléphoner à un des résidents du CARA, il faut appeler la mairie, qui transmet la communication à Ben Laïchi. C'est lui enfin qui « tient » l'isoloir durant les élections. Avec le boucher du camp et celui qu'à Bias on a surnommé « le privilégié », Tayeb Allounes, qui « fait le taxi » et milite au RPR, Ahmed Ben Laïchi compose un singulier trio au sujet duquel les langues ne se délieront probablement qu'après la mort des protagonistes. Harkis chargés de surveiller d'autres harkis, ils ne furent pourtant que le rouage « indigène » du dispositif d'encadrement de la population de Bias.

Hocine évoque ce que fut la vie quotidienne sur le camp avant 1975. L'électricité et l'eau étaient gratuites, mais rationnées : « Je me souviens avoir fait mes devoirs à la lueur des bougies. Le couvre-feu était à 22 heures. Le gardien coupait alors l'électricité. Sauf bien entendu dans les bâtiments des Européens. Le vieux disjoncteur est encore là, qui achève de rouiller sur un pylone. *Walou*, pour les frigos, *walou* pour la télé. De toute façon, ceux qui en avaient une n'avaient pas le droit de poser l'antenne sur le toit. Il n'y avait pas d'eau chaude dans les baraques, les toilettes étaient à l'extérieur, quant aux douches — douze pour le camp entier —, leur utilisation était réglementée militairement. Les hommes se lavaient le samedi, les femmes le dimanche, les enfants le jeudi. »

Se penchant par la fenêtre, Hocine me désigne un mât dressé au bout d'une allée. « Tous les matins, un harki sonnait le clairon et les anciens assistaient au lever du drapeau ; tous les soirs ils devaient le descendre, le plier, le ranger. »

Les contacts extérieurs étaient réglementés, le portail verrouillé à 19 heures. « Nous devions signaler les absences, quand on allait au marché, ou bien quand les gosses partaient en colonie de vacances. Les visiteurs devaient laisser une pièce d'identité au bureau. »

Comme l'infrastructure scolaire du village était, paraît-il, insuffisante pour prendre en charge les enfants du camp, trois classes maternelles et dix primaires furent installées dans l'enceinte du CARA. Leur aménagement commença avant même que l'installation des logements soit achevée. Quatre cents élèves y étaient scolarisés. Les enseignants étaient nommés par les services académiques. Les plus stables, dont le directeur, avaient déjà enseigné en Algérie. « On était entre Arabes, dit Hocine, nous avions presque deux ou trois ans de retard. Même ceux d'entre nous qui avaient pu acquérir une formation professionnelle suffisante étaient perdus dès qu'on les envoyait travailler à Paris, Lyon ou Marseille. La vie dans ce ghetto ne nous a pas préparés à affronter l'existence dans une grande ville. Voilà pourquoi la majorité d'entre nous est revenue vivre à Bias, auprès des parents. »

L'école du CARA suscite toutefois des souvenirs contrastés, et lorsque Boussad en visite les vestiges, il évoque le passé avec une pointe de nostalgie dans la voix : « Ici, dans cette salle, devant la porte, c'était ma place. Toujours en dernier. J'en ai un très bon souvenir parce qu'en regardant sur ma droite, par la fenêtre, je voyais une très belle pelouse, où monsieur David — notre instituteur — installait des pièges. Un peu de mie de pain au centre, une baguette, une cage et le tour était joué : lorsque l'oiseau bousculait la baguette pour accéder au pain, la cage basculait et l'emprisonnait. Alors que les autres suivaient le cours, moi je surveillais le piège. Dès qu'un oiseau s'approchait, je donnais l'alerte. Alors tout le monde guettait et si l'oiseau était pris au piège nous y allions tous ensemble. Pour moi c'était ça la classe. C'est un bon souvenir même si ça ne m'a pas avancé dans les études. »

Les soins médicaux étaient dispensés par une équipe dirigée par un médecin : un appelé dans un premier temps, puis, à partir de 1967, un médecin à temps complet sous contrat avec la DDASS du Lot-et-Garonne ; l'équipe était composée de deux anciennes infirmières de la marine nationale qui assuraient, par roulement, un tour de garde la nuit et les jours fériés, d'une aide-soignante et d'un interprète, parlant l'arabe et le kabyle. Il s'occupait en outre du ménage. Le personnel était domicilié dans des logements jouxtant le dispensaire, légèrement à l'écart dans l'enceinte du CARA. « On venait ici pour tout, raconte Boussad, et c'est de là qu'on envoyait aussi nos vieux à l'asile psychiatrique. Tous ceux qui ne baissaient pas la tête et à qui on ne mettait pas une gifle impunément présentaient un danger pour le directeur. Beaucoup ont cherché, à un moment ou à un autre, à lui "serrer la cravate". Alors il appelait le médecin qui faisait une piqûre et le gars se retrouvait en hôpital psychiatrique. »

Les témoignages d'abus abondent et le ressentiment paraît sans limites. « Ici tout se payait, explique Hocine. Mme D. n'avait pas besoin de faire ses courses : quand on y allait pour un papier, on lui donnait un gigot en échange ! Les gens ne savaient pas lire les mandats que l'administration recevait en leur nom. Ils ont toujours eu le sentiment qu'on les volait et que sur les 300 F qu'ils touchaient par exemple de la CAF ou de la caisse de retraite, on ne leur remettait que 200 F.

« Lorsque nous, les jeunes, avons commencé à suivre des cours d'instruction civique en 1969-1970, nous avons compris que les allocations familiales étaient un droit. On a alors commencé à expliquer à nos parents qu'ils n'avaient pas à débourser un centime pour toucher ces allocations et que les agents administratifs étaient dans l'illégalité. Nos parents en furent effrayés. "Tu te rends compte de ce que tu dis !" Ils avaient la crainte de l'uniforme, de ces Français qui les avaient toujours commandés. Nous leur répondions : "Mais si ! Regardez ! Voilà la preuve, c'est marqué dans les livres français, dans le droit français !" »

Même si les allocations familiales sont, de loin, le poste budgétaire le plus important parmi les ressources disparates qui assurent la survie quotidienne des familles du CARA, leur détournement n'épuise pas la liste des reproches adressés à ceux qui administrèrent le camp.

Il y eut l'indemnité de réinstallation dont Marie-Madeleine Pouvreau déclare « pudiquement » que, dans certains cas et « d'une manière quelque peu autoritaire mais souvent indispensable », elle fut « transformée en dotation de biens d'équipement ménager de première nécessité : literie, matériel de cuisine et meubles[8] ».

Il y eut aussi les secours aux hébergés, ces allocations de subsistance destinées à ceux qui — hormis les allocations familiales — ne bénéficiaient d'aucune autre ressource. En 1967, elles représentent au total 132 000 F, répartis à raison de 200 F mensuels par famille et 175 F par célibataire. « Elle est à tout moment révocable et la décision d'attribution revient à la direction du centre. Un refus de travailler lorsque se présente une occasion d'embauche, par exemple, entraîne la radiation des listes d'attribution des secours pour le mois suivant[9]. »

A tout ce qui précède semble enfin être venu s'ajouter le détournement d'héritage. C'est Boussad qui affirme que « de 1962 à 1975, quand une personne mourait chez elle, le directeur du camp arrivait toujours le premier, fermait les portes et fouillait. Nous n'avions pas de coffre-fort et les gens ignoraient qu'ils pouvaient déposer des biens dans les coffres d'une banque. Or, certains avaient en leur possession des pièces et bijoux en or, et puis il y avait leurs maigres économies. Tout cela n'a jamais été remis. Les maisons étaient fouillées du sol au plafond. »

A Bias, la nuit est tombée et il est temps de quitter le camp. « On a été parqués, conclut Hocine, on a fait de nous des inadaptés, de perpétuels assistés, vivant sous tutelle administrative. Pauvreté, inactivité, quasi-analphabétisme. Nous crevions à petit feu. »

Tous les ingrédients susceptibles de faire naître une révolte se trouvaient ainsi réunis. Elle éclata, on le verra plus loin, en 1975. Elle fait aujourd'hui partie, elle aussi, de la mémoire du camp.

---

8. Pouvreau M-M., *Les Problèmes médico-sociaux...*, *op. cit.*, p. 49.

9. *Ibid.*, p. 50. Notons que les ressources — hors allocations familiales — ne peuvent dépasser le plafond mensuel de 400 F par famille. Un dépassement permanent et définitif entraînerait l'éviction du centre.

« Saint-Laurent-des-Arabes »

« Les baraques de fibrociment lézardé, couvertes de tôle ondulée, secouées par le mistral, abritent en moyenne six personnes par pièce de 12 m². Douches et WC collectifs et rares, dispersés à travers le camp. Une infirmerie, un atelier, une salle de réunion, une salle de classe coranique dans laquelle un homme instruit enseigne aux enfants, après l'école française, la religion musulmane et l'écriture arabe. Les vieux sont vêtus de guenilles, d'anciennes capotes kaki, de djellabas élimées. Les femmes portent les robes et les foulards multicolores de leur pays, les cheveux teint au henné (...), les adultes aiment se réunir pour boire du café, pour jouer aux cartes et aux dominos. Ils jouent aux cartes et aux dominos depuis treize ans. Ou bien, accroupis à l'abri du vent, au pied des baraques, ils fument, ressassent leurs souvenirs, ruminent leurs rancœurs. Ils n'ont plus même envie de sortir de ces lieux maudits. Par une sorte de vertige du malheur, ils s'enfoncent dans leur situation ignominieuse, abandonnés des autres et d'eux-mêmes, jouissant amèrement d'une ingratitude qu'ils ne sont pas sûrs, au fond, de n'avoir pas méritée. Plusieurs me font tâter leurs cicatrices, les éclats de grenade qu'ils ont gardés dans le corps, leurs côtes cassées par les tortures du FLN[10]. »

Si le village de Saint-Laurent-des-Arbres, sur le territoire duquel est située la cité d'accueil de Saint-Maurice-l'Ardoise a été surnommé « Saint-Laurent-des-Arabes », c'est que dès 1974 le nombre des Algériens y paraissait devoir bientôt rejoindre celui des Français de la commune. Ce qui, du point de vue du maire et de bon nombre de ses administrés, affecterait singulièrement l'équilibre municipal comme en témoignent les déclarations que fit le premier à un journaliste du *Figaro* : « Avec 2 500 administrés dont un tiers de musulmans, bientôt j'aurai une municipalité musulmane. Et puis ces gens sont des oisifs... Cela n'arrange pas les finances locales[11]. »

Comme celle de Bias, la cité de Saint-Maurice-l'Ardoise ne reçoit que des familles dont le chef est un invalide incapable d'exercer une activité normale. Outre ceux dont « l'inaptitude au travail » est reconnue par un « service médical compétent », ne peuvent y être admis que les indigents ou les « quasi-indigents », c'est-à-dire

10. ANGLADE J., *La Vie quotidienne des immigrés en France de 1919 à nos jours*, *op. cit.*, p. 112-113.

11. *Le Figaro*, 30 mai 1975.

les familles dont les ressources sont si minimes qu'en aucun cas elles ne leur permettraient de vivre en payant leur loyer.

Considérés par leur maire comme des oisifs, les résidents du camp sont en outre considérés par l'administration comme des « déchets » justifiant une « action sociale vigoureuse ». C'est en tout cas le point de vue du ministre de l'Intérieur de 1966 : « Le centre de Saint-Maurice-l'Ardoise regroupe environ un millier de personnes qui constituent tous des cas sociaux et font de ce centre un véritable rassemblement "des déchets et des déshérités" de la population musulmane rapatriée d'Algérie. Les chefs de famille sont en effet :

« — soit des malades chroniques (tuberculeux plus ou moins stabilisés, malades mentaux dont l'état ne justifie pas une hospitalisation permanente) ;

« — soit des rapatriés âgés ou insuffisamment robustes pour occuper les emplois de force seuls accessibles aux analphabètes ;

« — soit des personnes ayant subi divers traumatismes durant la guerre ou conservant des séquelles qui n'ouvrent pas droit à pension (à noter que les retraités militaires ou pensionnés qui constituent un groupe plus favorisé sous le rapport des ressources et souvent plus évolué, se trouvent presque tous au centre de Bias) ;

« — soit des femmes seules chargées de famille, soit veuves, soit abandonnées, soit momentanément séparées de leurs époux qui sont hospitalisés ou prisonniers en Algérie, ou condamnés de droit commun en métropole.

« Dans la quasi-totalité des cas, les chefs de famille sont incapables d'être reclassés dans un circuit économique normal et sont livrés à l'oisiveté et à ses succédanés (jeu, boissons, etc.) dans la mesure où une action sociale vigoureuse ne leur procure pas des activités lucratives, des loisirs dirigés. A ajouter à cela que le déracinement et la misère physiologique ont fait perdre le plus souvent à ces populations ses structures traditionnelles morales et religieuses.

« Les chefs de famille ne disposent pour toutes ressources en dehors des allocations familiales, que du secours mensuel de caractère exceptionnel que nous leur avons fait attribuer et qui se monte à deux cents francs par mois. C'est-à-dire qu'ils ne disposent que du strict minimum indispensable pour vivre. Cela explique d'ailleurs en partie que les plus ingénieux d'entre eux s'efforcent d'améliorer leurs ressources par tous les moyens, même les moins licites (trafics divers, prostitution, etc.)[12]. »

---

12. Lettre du ministre de l'Intérieur au ministre des Affaires sociales, 11 janvier 1966.

Entouré de vigne entre Rhône et collines du Vivarais, le camp est encore plus à l'écart que ne l'est le CARA. Les premiers villages se trouvent à trois ou quatre kilomètres et il n'existe aucun moyen de transport public à moins de cinq kilomètres.

Le personnel du camp compte une vingtaine d'employés : encadrement de la cité, employés de bureau, secrétaires, mécaniciens, chauffeurs, hommes ou femmes de charge. En douze ans, on verra s'y succéder six directeurs. Selon Anne Heinis, « la situation du personnel est précaire, aucun fonctionnaire, très peu de contractuels, la plupart est vacataire » ; si bien, que « à L'Ardoise tout est exception, aucun renseignement n'est jamais tout à fait sûr, aucune assurance n'est jamais totalement acquise, chacun se gardant volontiers en réserve une petite part de ses informations, manière indirecte d'exercer un pouvoir, pour des gens qui, par ailleurs, en ont bien peu, et qui, dominant mal leurs fonctions, se sentent toujours un peu menacés. leur seul vrai pouvoir — ou du moins ressenti comme tel — est celui de freiner, comme dans toutes les administrations. Un dossier non traité en temps voulu... et telle famille avec laquelle on est en conflit percevra ses droits avec retard[13]. »

Outre le service médical composé comme à Bias d'un médecin et de deux infirmières, on trouve à Saint-Maurice-l'Ardoise un service d'action sociale dirigé dans un premier temps par une femme qui termina sa carrière en Algérie comme capitaine du personnel féminin de la marine. Elle fut remplacée par une monitrice du SFIM/SFM provenant du secteur urbain puis, à partir d'octobre 1971, par une assistante sociale.

Le groupe scolaire de la cité, composé d'une dizaine de classes, accueillait selon les époques de 270 enfants (en 1974-1975) à 390 (en 1969-1970). A partir de la sixième, les enfants sont scolarisés à l'extérieur de la cité, et en 1974, 142 la quittent chaque jour. Les bâtiments de l'école ont été construits durant la guerre par les Allemands à une extrémité du terrain de la cité. On les appelle souvent la « croix gammée » car ils en affectent la forme. Les instituteurs — presque tous logés sur place comme l'ensemble du personnel — habitent un groupe de maisons situées à l'entrée de la cité et dénommées « Les Grangettes ».

« Les hébergés sont logés, éclairés, partiellement chauffés et ont comme ressources un "secours" familial mensuel équivalent à 30 % du montant de l'allocation d'aide sociale aux infirmes, ou le complément à ce montant s'ils perçoivent une pension inférieure

13. Heinis A., *L'Insertion des Français-Musulmans, op. cit.*, p. 198-199.

à cette somme. Ce secours est en quelque sorte "territorial", car il ne peut être attribué qu'aux hébergés de la cité. S'ils en sortent, ils le perdent. Ils bénéficient, par ailleurs, des allocations familiales, allocations maternité ou prénatales, salaire unique, allocations mensuelles de la population, allocations rapatriés, aides aux infirmes dans la mesure où leur situation y ouvre droit[14]. »

Trois sortes de travaux d'appoint sont possibles :

— travaux saisonniers chez des agriculteurs et vignerons du voisinage, rémunérés en 1974 à un taux de 6,50 à 7 F de l'heure ;

— participation à des travaux d'entretien. « Le directeur nous employait à cultiver son jardin », raconte Moktar. « Nous étions pour lui de petits domestiques gratuits. » Comme à Bias, des « responsabilités » sont confiées à quelques « privilégiés » : chef de village, « garde-champêtre » non assermenté, surveillant, etc. moyennant une petite indemnité ;

— participation à un atelier d'aide par le travail créé fin 1970. Comme à Bias, le but de cet atelier, régi par une législation particulière sur le travail des handicapés, est de faire travailler les hommes de la cité dans des conditions adaptées à leur état. Diverses expériences eurent lieu de 1971 à 1973 : piquage et montage des chaussures, cartonnerie (habillage et montage des boîtes, écrins, coffrets divers en papier, tissu ou plastique) et industrie du plastique (soudure, collage, montage de fermetures de sacs en plastique). Cet atelier n'intéressa finalement qu'une très petite fraction des personnes auxquelles il était normalement destiné. A peine une dizaine d'hommes consentirent à le fréquenter, si bien que le directeur du camp et le chef d'atelier furent amenés à l'ouvrir aux jeunes filles de la cité.

Selon Anne Heinis, le quart des chefs de famille seulement se livre à une activité sporadique. C'est en outre dans la tranche des quarante-soixante ans qu'on trouve le moins d'actifs. Or c'est précisément la tranche d'âge de ceux qui ont le plus d'enfants : 267 enfants, contre 226 chez les plus de soixante ans et 132 chez les moins de quarante ans.

Jusqu'à la fermeture du centre, l'effectif global de la cité assez stable oscillait autour de 800 personnes réparties en 140 à 150 familles. En 1972, sur 127 adultes, on compte — selon la typologie de la commision départementale d'orientation des infirmes — 86 inaptes dont 18 diminués définitifs de catégorie A, 19 de catégorie B, 22 malades mentaux, 10 à la fois grands éthyliques et

---

14. ANGLADE J., *La Vie quotidienne des familles immigrées, op. cit.*, p.114.

malades mentaux, 5 grands éthyliques. En 1974, sur 132 familles, on en relevait seulement 14 dont père et mère étaient exempts tous les deux de maladie chronique. Lorsque leur état nécessite une hospitalisation, les malades mentaux sont soignés à l'hôpital psychiatrique du Mas Careiron à Uzès, petite ville située à 20 km de Saint-Maurice-l'Ardoise. Mais lorsqu'ils séjournent au camp, aucun service de post-cure n'a été prévu par le département ou le ministère de tutelle.

Au début des années soixante-dix, les jeunes de moins de vingt et un ans représentaient environ les deux tiers de la population du camp. Un cinquième des enfants vivait dans des familles où la mère était seule et un autre cinquième dans des familles où le père était plus ou moins malade mental. C'est cette jeunesse qui devait servir de levier à l'explosion de 1975.

Les supplétifs de l'ONF

Capelude, dans le massif des Maures, est l'un des premiers hameaux forestiers du Var. Son édification remonte à novembre 1962. Un groupe d'anciens harkis réalisa les travaux d'aménagement sous la direction d'un sous-officier : ouverture des fossés, débroussaillage, entretien des pistes, etc. Onze familles restées dans les centres de transit gagnèrent le hameau début 1963. La précocité de l'implantation et la volonté des familles expliquent que les procédures de dissociation des réseaux ethniques et familiaux n'aient pas été alors mises en œuvre. Les familles résidant à Capelude sont toutes originaires des environs de Tizi-Ouzou (Camp du Maréchal, Mizrana, Sidi Ali Bou Nab), en Grande Kabylie.

Le hameau fut installé sur l'emplacement d'un village abandonné où deux à trois familles seulement avaient conservé une maison de vacances. Très isolé, il se trouve à 14 km de Collobrière, son village de rattachement. Le conseil municipal n'avait pas souhaité le voir implanté plus près. A l'origine, les familles ne devaient pas séjourner à Capelude plus de deux ans. Si bien que leur installation s'était effectuée dans la plus grande précarité. Elles y resteront huit ans avant d'être, le 9 septembre 1970, transférées à La Capelle, 12 km plus bas, à 2,8 km du village et à 200 mètres de la départementale Pierrefeu-Collobrière. Des familles arabes étant venues se joindre aux Kabyles, vingt-deux familles vivent à La Capelle au début des années soixante-dix, soit 152 personnes (dont 102 enfants et jeunes gens). Un raccourci permet aux enfants de gagner l'école du village au terme de 1,8 km de chemin forestier.

Il n'est pas un seul des quelque 75 hameaux forestiers installés entre 1962 et 1974 qui ne fasse exception — à l'instar de Capelude/La Capelle — à la règle de l'isolement géographique. Une règle qui régissait déjà en Algérie la localisation de l'habitat « indigène ».

Sauf tolérance du personnel d'encadrement, aucune implantation commerciale dans ces hameaux ne permet aux familles de s'approvisionner sur place ; si bien qu'elles doivent recourir aux commerçants ambulants qui, compte tenu de la longueur des trajets à effectuer, gonflent sensiblement leurs tarifs. L'isolement a d'autres conséquences : les distances à parcourir pour rejoindre l'école, l'éloignement des services d'assistance médicale.

De telles situations ne répondent pas seulement à des exigences techniques : proximité des chantiers situés en zone forestière où la densité des habitants est réduite. Abi Samra et Finas ont montré comment l'isolement de ces hameaux est la « formule magique » qui permet de concilier les intérêts et les préoccupations des services concernés et des communes d'implantation[15] :

— le ministère des Rapatriés, préoccupé par la gestion d'une population, se félicite d'un reclassement bénéfique et affirme : « On peut donc considérer, en toute objectivité, que la forme de reclassement collectif arrêtée en commun par le ministère des Rapatriés et le ministère de l'Agriculture (...) constituera pour un bon nombre de rapatriés musulmans un véritable "filtre" qui leur permettra, dans un stade transitoire, et grâce à l'encadrement (...) de s'adapter progressivement (...) ; les jeunes, de leur côté, seront suivis de façon plus méthodique cependant que les vieillards et les adultes trouveront dans les hameaux une fin de vie paisible et décente[16]. »

— Pour le ministère de l'Agriculture, il s'agit — on le verra — d'une véritable opportunité, puisqu'il peut réaliser au moindre coût un projet qui n'avait jamais pu être mis en œuvre faute de main-d'œuvre et de crédits, sauf dans des périodes exceptionnelles. (Le service des Eaux et Forêts avait en effet monté dans le passé des chantiers forestiers avec les chantiers de jeunesse, puis avec des groupes de prisonniers de guerre.)

— Pour le ministère des Finances, c'est un bon moyen de faire l'économie d'une installation coûteuse.

---

15. Abi Samra M., Finas F.-J., *Regroupement et dispersion..., op. cit.*, p. 31-32.

16. Le chef du SFM à la Cour des comptes, 16 juin 1964 (cité par Abi Samra M., Finas F.-J., *op. cit.*, p. 113).

— Quant aux municipalités qui manifestent d'entrée une réticence non dissimulée à l'implantation de ces Algériens sur leur territoire communal, l'éloignement des hameaux et leur encadrement paramilitaire les rassurent. En outre, à l'assurance de n'avoir pas à subir les charges imputables à l'arrivée d'une population parfois plus importante que celle du chef-lieu s'ajoute la promesse qu'elle sera employée à des travaux d'aménagement dans les territoires communaux. Enfin, nombre de hameaux sont définis comme temporaires et les baux de location signés entre l'État et les communes stipulent, au terme d'échéances de trois, six ou neuf ans, que les municipalités pourront, sans bourse délier, récupérer les terrains viabilisés aux frais de l'administration. « Silencieusement, de grands projets de reconversion touristique s'élaborent, déçus quand on s'apercevra des efforts nécessaires à la remise aux normes des bâtiments, à moins que ceux-ci relèvent d'une mesure de démolition parachevant un rapide processus de dégradation[17]. »

Par souci d'économie, les hameaux forestiers seront en effet édifiés, selon un plan standard, dans des conditions très sommaires. La qualité médiocre des matériaux de construction, la précarité, l'insalubrité et l'exiguïté des logements, les défauts de viabilisation sont le lot de la quasi-totalité de ces regroupements théoriquement conçus pour s'effacer rapidement de la carte.

De 1962 à 1964, des familles qui comptent quatre ou cinq personnes en moyenne et ne cesseront de s'agrandir sont logées dans 20 m² pour deux pièces (Casamozza-Corse), 36 m² pour trois pièces (Ongles, Jausiers, Saint-André-les-Alpes dans les Alpes-de-Haute-Provence) ou 37 m² (Saint-Maximin, Var) alors que le minimum légal est de 9 m² par personne[18]. A Meyruès (Lozère), Truscas (Hérault) et Mirande (Gers), le chauffage est insuffisant et l'humidité pénètre partout. Avec leur défaut d'isolation, les logements sont — comme disent Abi Samra et Finas — travaillés de l'intérieur, par en dessous comme par en dessus par une pourriture insistante qui les ronge à un rythme accéléré. « Le chauffage, quand il parvient (mais à un prix exorbitant) à réchauffer les habitants, génère une sorte de brouillard, une vapeur "tropicale-humide" : micro-climat du micro-monde forestier ; le hameau est le cocon morbide du Français-Musulman[19]. »

A partir de 1966, les autorités semblent prendre en compte la nécessité de procéder à un desserrement des hameaux. Mais les fer-

---

17. Abi Samra M., Finas F.-J., *Regroupement et dispersion...*, *op. cit.*, p. 53.
18. *Ibid.*, p. 56.
19. *Ibid.*, p. 57.

metures opérées à partir de cette date sont moins liées à des déclarations préfectorales d'insalubrité qu'à un redéploiement du dispositif forestier en fonction des besoins de l'ONF. Il faut attendre 1973 pour que soit annoncé un programme de relogement dans de nouveaux bâtiments. Il ne sera réalisé que très partiellement ; la révolte de 1975 qui avait mis à l'ordre du jour la résorption définitive de ces lieux de relégation se soldera le plus souvent par leur maintien en l'état[20].

Les supplétifs de l'armée française n'étaient pas considérés comme de vrais soldats, ceux d'entre eux qui furent reclassés dans les hameaux ne furent pas considérés comme de vrais salariés. Les chefs de famille sont « employés au titre de l'action sociale » à des « travaux d'utilité publique » et à ce titre ne relèvent pas de la législation du travail. A peine leur concède-t-on parfois la possibilité de devenir des « soldats du feu » en les intégrant à l'organisation de la DFCI (Défense des forêts contre les incendies).

Les conditions de leur utilisation sont réglementées par deux conventions relatives à « l'emploi d'anciens harkis sur les chantiers de forestage » signées en 1966 et en 1969 par le ministère de l'Agriculture représentant l'État et par l'Office national des forêts (ONF). Une convention d'application annuelle définit le volume des effectifs, la résidence des ouvriers forestiers et la nature des travaux à effectuer. Outre le travail forestier proprement dit, ils peuvent être utilisés à des travaux exceptionnels d'entretien, soit que les conditions météorologiques ne permettent pas le travail en forêt, soit que l'état des bâtiments impose des réparations urgentes. Ils peuvent enfin être mobilisés, sur simple décision préfectorale, à des tâches dites d'intérêt général.

L'ONF, établissement public chargé de surveiller la forêt soumise au régime forestier (forêts de l'État et des communes), n'a dans cette affaire qu'un simple rôle de gestion comptable. Les ministères de l'Agriculture et de l'Intérieur prennent en charge les rémunérations des ouvriers et du personnel encadrant les chantiers, leur gestion administrative, le paiement des matériaux et fournitures, l'acquisition ou la location de matériel, etc.

La rémunération journalière est la règle car elle est « de nature à encourager le travail » et « l'amélioration du rendement ». En outre, elle serait, paraît-il, « plus en rapport avec la mentalité des intéressés[21] ». En 1963 les tarifs journaliers s'échelonnaient de 14 à 20 F, variant selon les départements et le niveau de

20. *Ibid.*, p. 56.
21. Lettre du préfet de l'Aveyron au SFM, 29 septembre 1962.

qualification[22]. Il n'y a ni bulletin de salaire, ni congés payés. En cas d'intempéries, si les journées commencées sont dues en totalité, en revanche les journées chômées ne donnent droit qu'à un demi-salaire. Il faut attendre 1976 pour qu'intervienne une mensualisation. La retraite, calculée sur le salaire indiciaire, hors primes et déplacements, laissera, après vingt ou vingt-cinq années de travail, un revenu à peine supérieur au RMI.

Équiper et débroussailler la forêt méditerranéenne en vue de la protéger contre l'incendie est une vieille histoire, et c'est dans le Var qu'elle est, semble-t-il, la plus ancienne[23]. Or la protection des forêts coûte cher. Théoriquement, la charge en revient aux collectivités locales, y compris pour les forêts domaniales. Quant à l'équipement des terrains, il incombe normalement aux propriétaires et à leurs syndicats. En réalité, l'État fut souvent amené à se substituer à des collectivités locales défaillantes. De ce fait, l'usage d'anciens supplétifs sous-payés, et « la souplesse » — comme dit Alexandre Seigre — avec laquelle ils « ont été employés tantôt aux travaux neufs et tantôt aux entretiens », constituent une excellente affaire.

L'opération est d'autant plus intéressante qu'à côté des chantiers forestiers et des travaux d'entretien des hameaux, les anciens harkis constituent une réserve de main-d'œuvre mobilisable par les préfets. C'est ainsi que ceux de Casamozza furent prêtés aux entrepreneurs d'Ajaccio pour y être employés comme dockers, pratique qui tendit même à se substituer aux travaux forestiers[24].

Ailleurs, l'utilisation temporaire de cette main-d'œuvre ne fut pas acceptée par les pouvoirs publics, par crainte que les anciens harkis, prenant conscience de l'écart entre leur rémunération et les salaires de ceux avec qui ils seraient amenés à travailler, n'utilisent alors leurs prérogatives de citoyens pour fuir les hameaux forestiers. Ainsi le prêt de main-d'œuvre aux exploitants agricoles de la Côte-d'Or est-il refusé en 1964 : « Les différences qui apparaîtront, soit entre les salaires pratiqués sur nos chantiers et dans l'agriculture, soit entre les salaires des anciens harkis et ceux de leurs coéquipiers français de souche, seront d'interminables et d'insolubles sujets de réclamations et de discussions[25]. »

Si les ex-supplétifs de l'armée française ne sont pas des salariés ordinaires, ils ne sont pas non plus des résidents ordinaires. Les

22. Abi Samra M., Finas F.-J., *Regroupement et dispersion...*, *op. cit.*, p. 63.
23. Seigre A., *La Forêt méditerranéenne française*, Édisud, 1987, p.111.
24. Abi Samra M., Finas F.-J., *Regroupement et dispersion...*, *op. cit.*, p. 62.
25. Rapport de l'ingénieur des Eaux et Forêts au directeur général, 20 mai 1964.

règlements intérieurs des hameaux montrent que le régime disciplinaire qui y est en vigueur ne diffère pas sensiblement de celui des cités d'accueil (cf. encadré) ; à une exception près cependant : l'étroite subordination de l'obtention d'un logement à l'occupation d'un emploi. « L'attribution de ce logement est subordonnée à l'occupation d'un emploi offert par l'ONF sur les chantiers placés sous sa direction », lit-on dans un règlement intérieur de mars 1969. S'il renonce à son travail, ou même à défaut « d'assurer régulièrement et normalement son service sur les chantiers forestiers », un chef de famille se verra dans l'obligation de « vider immédiatement et intégralement les locaux », stipule un autre règlement de décembre 1963.

Aucun recours n'est envisageable, les hébergés n'étant pas locataires. Jusqu'en 1967, ils sont logés à titre gratuit et la redevance qu'ils acquittent à partir de cette date ne sera jamais assimilée à un loyer. « La redevance exigée pour l'occupation des appartements (...) ne saurait être invoquée pour l'application de la réglementation concernant les loyers et le maintien dans les lieux » (règlement de mars 1969).

Deux conséquences résultent de ce statut particulier : « Tout enfant ayant atteint sa majorité ou ayant contracté mariage ne peut, en principe, être autorisé à continuer à résider dans le hameau » (règlement de mars 1969) ; ne peuvent y être hébergées que les « seules personnes prévues par les listes d'affectation (des dérogations peuvent être accordées pour une période de quinze jours aux membres de la famille) » (règlement de décembre 1963).

Par ailleurs, l'application de ces règlements n'est jamais systématique. Elle est laissée à l'appréciation des chefs de hameau. Mutations disciplinaires dans d'autres hameaux ou renvoi en cité d'accueil des chefs de famille accusés d'insubordination envers le personnel se font « à la tête du client ». Marwan Abi Samra et François-Jérôme Finas ont décrit quelques-unes des manifestations de cet arbitraire : contrôle du courrier, clientélisme et bakchiches, détournement du mobilier et des vêtements destinés aux ex-harkis[26].

La toute-puissance du personnel d'encadrement est encore renforcée par l'isolement du hameau, qui empêche presque totalement d'échapper au contrôle. Comme l'avoue en 1964 un inspecteur du SFIM, « de par sa position géographique et la présence d'un chef de hameau sérieux, il est presque impossible d'avoir accès au hameau sans être vu ». Cette surveillance continuelle fait précisé-

26. Abi Samra M., Finas F.-J., *Regroupement et dispersion..., op. cit.*, p. 77-79.

RÈGLEMENT DU HAMEAU FORESTIER*

Les habitants des hameaux forestiers ont largement bénéficié de la sollicitude du gouvernement.

Ils bénéficient non seulement des ressources que procure un travail régulier et assuré mais encore d'un logement gratuit que beaucoup de mal-logés souhaiteraient posséder.

Par ailleurs, un personnel qualifié leur distribue les soins nécessaires, facilite leurs démarches et leur apporte un appui constant.

Ces avantages ont pour contrepartie un certain nombre d'obligations et d'interdictions dont voici les principales :

OBLIGATIONS

— De se soumettre aux règles d'hygiène prescrites par l'autorité médicale.
— De tenir les logements et leurs dépendances dans un état de propreté parfait.
— D'assurer régulièrement et normalement son service sur les chantiers forestiers.
— De se conformer aux instructions des responsables du hameau.
— De n'héberger que les seules personnes prévues par les listes d'affectation (des dérogations peuvent être accordées pour une période de 15 jours aux membres de la famille).
— D'effectuer pendant les périodes d'intempéries tous les travaux nécessaires à l'aménagement du camp.
— De vider immédiatement et intégralement les locaux quand le chef de famille renonce à travailler sur le chantier.

INTERDICTIONS

— De gêner ses voisins par l'usage d'appareils bruyants.
— De causer habituellement du scandale (ivresse ou violence).
— De jouer aux jeux d'argent.

L'inobservation d'une des règles énoncées ci-dessus entraînera l'éviction immédiate du contrevenant. Le logement rendu disponible sera mis à la disposition d'un autre rapatrié et de sa famille.

* Édité par le SFIM/SFM en date du 17 décembre 1963.

ment partie des attributions de ce personnel. Le point de vue du responsable du hameau de Truscas est à cet égard parfaitement clair : « Si la condition de citoyens français métropolitains acquise par les ex-harkis leur donne le droit d'aller librement où ils le désirent, il est quand même préférable en certains cas de pouvoir les surveiller et les conseiller[27]... »

Les comportements au travail et au sein même des foyers, la façon dont sont élevés les enfants, l'état sanitaire, les contacts et déplacements, la « moralité » et les « intentions » supposées sont prétextes à de minutieuses observations. « Un bulletin est réservé à chaque individu dès son arrivée dans le camp, où le personnel d'encadrement inscrit les détails de ce que l'on sait de lui, de ce qu'il fait et du traitement dont il a été l'objet. Ce ne sont pas seulement des faits et des comportements qui sont enregistrés, mais aussi des attitudes, des intentions et des soupçons justifiant une surveillance plus ou moins particulière et suivie. Ce compte rendu moral accompagne et surdétermine la mobilisation du harki à travers le système d'accueil et de reclassement, et sera constamment enrichi par de nouveaux renseignements et observations[28]. »

Au total, des observateurs aussi différents que Heinis ou Finas et Abi Samra soulignent à quel point il était difficile d'échapper à une telle réclusion. « Les conditions de travail et de logement dans les hameaux forestiers ne leur permettent pas de rechercher ailleurs les moyens d'assurer leur survie, sans encourir le risque de se voir expulser par l'encadrement. La clandestinité est, pour celui qui désire partir, une condition de réussite de son projet ; s'en ouvrir au chef de hameau ou à l'inspecteur, c'est faire preuve d'un "mauvais état d'esprit" qui sera sanctionné avec d'autant plus d'efficacité que, si la démarche entreprise devait ne pas aboutir, elle se retournerait contre son auteur en justifiant sa mutation dans un autre hameau ou son expulsion. De nombreux ouvriers ayant ainsi demandé à avoir quelques jours de congés pour rechercher emploi et logement, ont été pour cette raison sanctionnés. Et quand bien même l'ouvrier réussirait à trouver un emploi, il doit être aussi en mesure de procurer immédiatement un logement à sa famille désormais interdite de séjour au hameau (...). La rétention de documents administratifs concernant les familles — qui sont entre les mains de l'encadrement afin de faciliter son travail — constitue un autre moyen de prévenir ces départs intempestifs, et non des moindres quand, parmi ces papiers, figurent ceux qui attestent la nationalité française des rapatriés[29]. »

---

27. Lettre du chef du hameau de Truscas au contrôleur des contributions indirectes, 1964.
28. Abi Samra M., Finas F.-J., *Regroupement et dispersion..., op. cit.*, p. 45.
29. *Ibid.*, p. 82-83.

« Bougnoule's City »

Construits pour pallier la saturation des capacités d'absorption du forestage, les ensembles urbains représentent une forme intermédiaire entre le dispositif officiel (cités d'accueil/hameaux forestiers) et les regroupements d'« isolés » issus des filières clandestines. Certaines des cités urbaines empruntent plutôt au premier dispositif, d'autres au second. Entre les deux, toutes les nuances peuvent être observées.

La tutelle administrative y est moins pesante que dans les camps ou les hameaux. Une seule monitrice, exceptionnellement deux, dans les premières années et seulement lorsque le nombre des familles est très important (cent ou plus), s'occupe des familles qui doivent être prises en charge par le service social du secteur. D'un autre point de vue, la situation matérielle des familles résidant dans ces ensembles est, selon Anne Heinis, moins satisfaisante que dans les hameaux, au moins pour les villes du Midi où les salaires sont bas. Le coût de la vie est plus élevé qu'à la campagne et il n'y a pas la possibilité de faire jouer l'appoint des jardins. Enfin, si les forestiers n'ont pas le statut de locataires et paient une simple redevance, les anciens supplétifs hébergés dans les ensembles immobiliers doivent acquitter un loyer HLM[30].

Un peu en retrait de la route, en bordure d'un terrain vague invisible aux yeux des passants non avertis, la cité Sonacotra de Semoy dans le Loiret est située à 2 km à l'écart du bourg et à 6 km d'Orléans. La cité compte cent logements dont quarante-neuf étaient en 1973 occupés par les familles d'anciens harkis, soit 338 personnes sur un total de 493 résidents. Arabes et Français sont regroupés dans des bâtiments différents. La Sonacotra a en charge la gestion administrative de la cité, l'entretien des parties communes, la réfection extérieure des logements et le recouvrement des loyers. Le responsable de cet ensemble était en 1973 un ancien gendarme ayant servi dix-huit ans en Algérie. Il disposait, à l'entrée de la cité, d'un logement de type F4 et était secondé par un agent d'entretien.

A Semoy, il n'y a pas de monitrice SFIM/SFM. Le service social est assuré par une assistante sociale de la DDASS, elle-même rapatriée, parlant arabe et ayant exercé durant dix ans en Algérie. Affectée à la cité à temps plein, du 1er janvier au 31 décembre 1964, elle y exerça ensuite à temps partiel à partir de 1965[31].

30. Heinis A., *L'Insertion des Français-Musulmans...*, *op. cit.*, p. 52.

31. Voir Brière J.-L., *Quelques aspects de la vie des Français-Musulmans de Semoy (Loiret)*, École nationale de la santé publique, Section des sciences techniques et sociales, 1973, neuvième promotion.

A Amiens dans la Somme, le tableau est quelque peu différent et la surveillance plus serrée. Au départ, le regroupement d'anciens supplétifs tire son origine de la dissolution d'un régiment de spahis (cela fut également le cas à Strasbourg). Cette population — femmes et enfants compris — fut d'abord affectée à la caserne de la citadelle située au nord-ouest de la ville. Ensuite, les familles furent installées dans la cité de Strasbourg au sud-ouest d'Amiens (dans des préfabriqués) et dans la cité Saint-Jean à Longueau, à 6 km au sud-est d'Amiens (dans des baraquements en bois dépourvus de sanitaires et d'eau chaude).

En 1964, tous furent regroupés au nord-est de la ville dans le quartier dit du « Pigeonnier » où la cité de la Briquetterie venait d'être achevée dans le cadre du programme mis en œuvre par le ministère des Rapatriés. « Il s'agissait d'habitations individuelles en préfabriqué à usage limité dans le temps (conçues pour une fonctionnalité maximale de dix ans) dont les "maîtres d'œuvre" étaient la Sonacotra et sa filiale la Logirep. Elle comportait soixante-dix logements de type F2-F3-F4-F5 abritant soixante-dix familles, soit 287 personnes[32]. » A proximité, route d'Allonville, un bâtiment de type HLM accueille quarante autres familles.

La mauvaise qualité du bâti, la médiocrité des matériaux utilisés pour la construction des logements confèrent à la cité un aspect misérable. Quant aux habitations, elles devinrent rapidement insalubres. Les maisons ne disposant que d'une source de chaleur, il faut pousser le chauffage au maximum pour atteindre une température correcte dans l'ensemble du logement. Saliha Abdellatif a calculé qu'en 1978, les dépenses de chauffage s'élevaient en moyenne à 500-600 F par foyer et par mois, soit près du tiers du salaire d'un smicard[33]. Si bien que « l'appartement en HLM est un mode d'habitat extrêmement valorisé par la grande majorité des Français-Musulmans de la Briquetterie. "La cité, tu veux que je te dise ce que je pense de la cité ?" dira un habitant de la Briquetterie à Saliha Abdellatif, "une réserve d'Indiens, voilà ce qu'est la cité, une réserve d'Indiens, c'est tout"[34]. » Et pour certains Amiénois : « Bougnoule's City »...

La population regroupée à la Briquetterie est sous la responsabilité d'un ancien sous-officier algérien de l'armée française. Sa fille faisait office d'assistante sociale. Tous deux, nommés par le

32. YAHIAOUI R., « La cité de la Briquetterie », *Hommes et Migrations*, n° 1135, p. 46.

33. ABDELLATIF S., *Enquête sur la condition familiale des Français-Musulmans en Picardie*, *op. cit.*, p. 156.

34. *Ibid.*, p. 153.

ministère de l'Intérieur, possédaient leurs locaux respectifs dans l'enceinte de la cité, qui, à l'image de Bias, possédait ainsi ses gardes-chiourmes autochtones. Saliha Abdellatif a dressé un tableau peu flatteur de ce type d'encadrement : « En dépit de son origine, la présence de ce responsable n'était pas perçue comme bienveillante et efficace par la population en question. Non seulement il ne bénéficiait d'aucune crédibilité à ses yeux, mais, de plus, cette dernière était persuadée que sa présence n'avait d'autre objectif que d'assurer son contrôle politique et policier, opinion qu'il s'appliquait à consolider en se vantant d'être en relation de travail (?) avec les Renseignements généraux, et de disposer ainsi d'appuis politiques qui le rendaient intouchable en lui assurant l'impunité.

« Toute démarche sociale ou administrative entreprise par un membre de la cité devait ''passer nécessairement'' par lui. Lui seul transmettait les dossiers aux services intéressés. En fait, durant des années, ce fut lui qui les constitua, car la population de la Briquetterie, analphabète, n'était pas à même de le faire[35]. »

En outre, « qu'un membre de la Briquetterie à Amiens s'avisât d'être autonome et d'entreprendre par lui-même ses démarches administratives, le personnel du service intéressé le renvoyait immanquablement au responsable administratif nommé. Ce dernier ne manquait pas alors de faire payer la tentative d'indépendance, non seulement par des remarques déplaisantes mais aussi en faisant traîner le dossier à régler. Autant dire que plus un Français-Musulman était docile, plus il avait de chance de voir ses affaires réglées. La docilité étant la dépendance acceptée, l'obéissance aux directives du responsable nommé, mais aussi et surtout le silence sur l'insatisfaction, les revendications[36]. »

Les deux ensembles immobiliers de Jouques dans les Bouches-du-Rhône représentent un cas assez marginal dans la mesure où ils encerclent le hameau forestier du Logis-d'Anne. En 1987, il y avait quatre-vingt-cinq familles dans les cités et ving-cinq dans le hameau. Le premier des deux ensembles est composé de cinq bâtiments alignés le long de la Nationale 96. Chacun de ces bâtiments comporte deux niveaux. Il y a deux logements par niveau, soit vingt logements au total. Construit en 1948 pour héberger les ouvriers travaillant à la construction d'un barrage hydro-électrique

35. ABDELLATIF S., *Enquête sur la condition familiale des Français-Musulmans en Picardie, op. cit.*, p. 158.

36. ABDELLATIF S., « Les Français-Musulmans ou le poids de l'histoire à travers la communauté picarde », *Les Temps modernes, art. cit.*, p. 1822.

sur la Durance, on l'appela longtemps « la cité EDF ». Puis ce nom laissa place à d'autres après l'édification, à l'est du Logis-d'Anne, d'un lotissement destiné aux employés de l'EDF. On le rebaptisa « les bureaux » (car les services médico-sociaux et le personnel d'encadrement s'y étaient installés dès 1963) ou le « Bas », en référence à sa position géographique par rapport au hameau et à l'autre ensemble immobilier. Quant au nouveau lotissement EDF, il reçut le sobriquet de « Berlin-Ouest » après que ses habitants eurent cru bon de le protéger par un mur[37].

Le second ensemble immobilier, nommé « le Haut » ou bien « le hameau du plateau », surplombe « les bureaux » et est séparé du forestage par un vallon. Les bâtiments anciens qui le composaient furent partiellement remplacés en 1975-1976 par douze préfabriqués, soit 31 logements en tout ; à quoi s'ajoutent trois autres logements non reconstruits en 1976. Vingt-six familles y résidaient encore en 1989. Bien qu'ils soient plus récents, ces bâtiments ont, selon Finas et Abi Samra, la réputation d'être encore plus inhabitables : « On ne parle ainsi de la "cité neuve" qu'avec ironie[38]. » Les travaux avaient commencé en 1975, après les événements de l'été, et les logements neufs avaient été construits en placoplâtre avec des murs de 10 cm d'épaisseur, d'une qualité encore inférieure à ceux des bâtiments installés au forestage en 1963.

37. Voir Abi Samra M., Finas F.-J., *Regroupement et dispersion...*, *op. cit.*, p. 118.

38. *Ibid.*, p. 119.

11

La révolte de 1975 : l'été des dupes

« L'année 1975 fut importante pour nous, raconte Hocine Abèche. Nous étions des dizaines de familles, avec une ribambelle de gamins. Ce printemps-là, à l'occasion d'une visite de M'hamed Laradji, président de la CFMRAA (Confédération des Français-Musulmans rapatriés d'Algérie et de leurs amis), nous, les jeunes du camp, nous sommes révoltés. En mai d'abord, puis de nouveau en juin, nous avons assailli les locaux des administrateurs du camp.

« Manifestations, occupations, incendies de bâtiments, l'action a culminé avec l'enlèvement de Djelloul Belfadel, responsable de l'Amicale des Algériens et membre du FLN. Nous avons fait déplacer cinq cents CRS, des half-tracks, un hélicoptère, un préfet et même le ministre de l'Intérieur. Longtemps les Lot-et-Garonnais se souviendront de notre émeute. »

Cette version de la révolte est celle que colportent aujourd'hui les trente-quarante ans. Quant aux plus jeunes, ils n'ont gardé en mémoire que quelques images éparses : le grondement de l'hélicoptère surveillant le camp, les perquisitions et la recherche de ces armes qui passaient des baraques aux appentis et des appentis aux baraques, à mesure que progressaient les CRS : « Ils faisaient du porte à porte. Nos parents, qui avaient eu la permission d'aller au ravitaillement, nous avaient demandé de n'ouvrir à personne. Nos vieux étaient contre la grève, ils ne comprenaient pas pourquoi des gens se révoltaient alors qu'on était si tranquilles sur ce camp... » « Ils ne savent pas ce qu'ils font », disaient à leur fille les parents d'Aïcha, nièce de Hocine. « On leur a dit de se réveiller, alors ils se réveillent ! Ce sont des moutons. »

Les gosses ont vécu ces événements comme un grand jeu, une

aventure rompant enfin la monotonie des mois d'été à Bias : « Les CRS avaient besoin d'aspirine, aguichés qu'ils étaient par toutes ces filles qui se pavanaient devant eux, vêtues de robes quasi transparentes. En fait, elles cherchaient à les attirer derrière les baraques où les attendaient pères et frères armés de gourdins. »

En vérité, la petite chronique du camp ne nous révèle pas grand-chose de ce que fut cet été 1975 : les réticences des vieux, l'enthousiasme des jeunes, les anecdotes des enfants... C'est ailleurs que l'on doit chercher le fin mot de l'histoire de cette émeute. Une histoire qu'ils ont eu l'impression de maîtriser de bout en bout, alors qu'une fois de plus, ils en étaient en partie les dupes.

Ailleurs... C'est-à-dire dans une conjoncture marquée par trois tendances :

— les modifications qui affectent la composition démographique (et notamment générationnelle) de cette population ;

— les modifications qui affectent sa gestion : les tentatives de redéploiement mises en œuvre à cette époque entrent en contradiction avec le début de stabilisation des harkis et de leurs familles dans les lieux où ils furent relégués ;

— les modifications du climat politique : la période est marquée, dans le domaine qui nous occupe ici, par l'essor d'un fort mouvement revendicatif pied-noir.

L'émergence de la deuxième génération

Dans sa thèse, Anne Heinis a estimé que la population des Algériens réfugiés en métropole après 1962 s'élevait, au 1er janvier 1975, à environ 200 000 ou 220 000 personnes en comptant les enfants nés en France après 1962[1]. Selon le même auteur, la moi-

1. HEINIS A., *L'Insertion des Français-Musulmans...*, *op. cit.*, p. 55. Ce chiffre, comme toutes les évaluations relatives à cette population, doit être reçu, comme dit Catherine de Wenden, « avec la plus grande prudence, en raison de la disparition de cette catégorie dans les recensements et la confusion aujourd'hui introduite avec les enfants d'Algériens nés en France après le 1er janvier 1963 (qui sont français de naissance), les enfants de parents marocains nés sur le sol français qui acquièrent à leur majorité la nationalité française s'ils ont cinq ans de séjour ininterrompu sur le sol français et les enfants issus de mariages mixtes » (*cf.* DE WENDEN C., « La vie associative des harkis », *Migrations-société*, vol. 1, nos 5-6, octobre-décembre 1989). Ainsi en 1986 certains démographes avançaient une évaluation nettement plus basse de 171 000 personnes dont 78 000 Français-Musulmans et 93 000 enfants nés en France (*cf.* TRIBALAT M., *Maghrébins en France : quelques facteurs d'intégration*, Colloque de Los Angeles, mai 1988). Enfin, à la fin des années quatre-vingt, l'INED évaluait cette population à 250 000 personnes, tandis que la délégation aux rapatriés avançait le chiffre de 420 000 personnes (voir FAIVRE M., « Une histoire douloureuse et controversée », *art. cit.*, p. 19.).

tié d'entre eux sont encore suivis par des réseaux d'aide spécifiques (dont 15 000 par les services du ministère du Travail), les autres relevant d'associations subventionnées à cet effet, comme le comité Parodi.

La caractéristique la plus remarquable de cette population en 1975 est son extrême jeunesse. Elle est composée aux deux tiers de jeunes de moins de vingt ans. Au moment du rapatriement, adolescents et jeunes gens étaient une très petite minorité. Pour quatre enfants de moins de dix ans, on trouvait en moyenne un seul enfant dont l'âge était compris entre dix et dix-neuf ans. Six ans après les premiers rapatriements, en 1968, le nombre des enfants nés en France (46 908) est déjà presque le double de celui des enfants de moins de dix-huit ans en 1968 nés en Algérie (25 118). Il y a déjà 35 000 jeunes dans la classe des six-seize ans contre 1 080 dans la classe des seize-vingt-cinq ans. C'est donc la montée d'une forte classe d'adolescents qui s'annonce. Cela donne, en 1975, 35 000 13-23 ans contre 1 080 23-32 ans. Tous ceux qui sont nés durant les premières années de la guerre et ont quitté l'Algérie vers l'âge de cinq-sept ans sont arrivés à la majorité. La poussée de cette jeunesse va poser des problèmes qui n'apparaissaient évidemment pas en 1968, tant sur le plan de la scolarité que sur celui de l'emploi.

S'appuyant, comme l'avait fait Anne Heinis, sur les données de l'enquête menée en 1972 par Jean Servier à la demande du comité Parodi, André Wormser souligne qu'à cette époque « dans l'enseignement primaire, la moitié des enfants avait un retard scolaire d'un ou deux ans dès le CP, qui croissait régulièrement jusqu'au CM2 atteignant jusqu'à trois ans et 83 % de l'effectif. Ensuite, 45 % se trouvaient en classe pratique ou de transition, voie sans issue, ne donnant aucune formation, même professionnelle : 27 % étaient versés dans l'enseignement pré-professionnel. Dans le secondaire, 75 % suivaient le cycle court — celui de l'échec —, 25 % étaient susceptibles de s'engager dans le cycle long menant à la terminale et au baccalauréat[2] ».

Massivement frappée par l'échec scolaire, cette génération va en outre être touchée de plein fouet par l'extension du chômage et de

2. WORMSER A., « En quête d'une patrie : les Français-Musulmans et leur destin », *art. cit.*, p. 1851-1852. En 1982, ajoute Wormser, « la situation ne s'est guère améliorée : 80 % ne vont pas au-delà du primaire, et à 16 ans ont tout au plus le CAP ou le BEP. 20 % seulement accèdent à l'enseignement secondaire, 0,8 % atteignent le baccalauréat, moins de 0,5 % (moins d'un enfant sur 200 et généralement une fille) franchit le seuil de l'enseignement supérieur » (*ibid.*, p. 1852).

la précarité, notamment dans les zones où furent installés camps et hameaux, zones rurales où le sous-emploi prend un caractère endémique. Ainsi dans la vallée du Lot, les agriculteurs pratiquant les cultures maraîchères de plein champ préfèrent recruter clandestinement des journaliers agricoles espagnols ou marocains qu'utiliser d'anciens supplétifs. La raison en est simple : un ouvrier agricole régulièrement recruté et payé au SMIG coûte en 1974 à son employeur 1 200 F de plus par trimestre qu'un clandestin. Si bien qu'un véritable système de traite s'est mis en place. On estime qu'il y a alors dans le département au moins 20 000 clandestins pour 8 600 contrats officiellement déclarés. A Saint-Maurice-l'Ardoise, la situation est la même : « Les propriétaires préfèrent recourir aux Espagnols sans contrat, juste pour le temps nécessaire[3]. »

Tout cela est d'autant plus mal vécu par les jeunes que les effets de la relégation se font sentir avec acuité dans tous les domaines de la vie quotidienne, notamment celui des loisirs. Le désir des adolescents de sortir des camps et des hameaux pour aller se divertir dans les villages alentours donna lieu, au milieu des années soixante-dix, à une vague d'affrontements interethniques qui accentuèrent encore les réticences d'éventuels employeurs.

« On est vraiment des gens à part. Partout, dans les cafés, ils nous prennent pour des sauvages, une réserve d'Indiens. Ils nous mettent de côté. Les gens dans la rue s'écartent comme si on avait la peste... Quand on arrive dans une entreprise : "Vous êtes du Logis-d'Anne ? On n'embauche pas." Dans les administrations, ils se débrouillent pour nous faire attendre, pour nous engueuler. (...) Nous sommes des Français de mauvaise souche[4]. »

Abi Samra et Finas racontent que deux des résidents du Logis-d'Anne préférèrent décliner une autre adresse pour avoir une chance de trouver du travail. « L'un des deux, découvert, a dû quitter l'usine où il avait réussi à se faire embaucher. Même chose pour une jeune fille, à qui un emploi a été refusé : on n'emploie pas les gens du Logis-d'Anne. Une entreprise agricole préfère aller recruter ses ouvriers saisonniers en Espagne plutôt que d'accepter les demandes d'emploi de ces "gens-là". Les collègues des dix ouvriers qui travaillent au CEA de Cadarache "n'en reviennent pas" que ceux-ci habitent à la cité du Logis-d'Anne[5]. »

---

3. Anglade J., *La Vie quotidienne des immigrés en France de 1919 à nos jours*, *op. cit.*, p. 109.
4. Témoignage cité par Abi Samra M. et Finas F.-J., *Regroupement et dispersion...*, *op. cit.*, p. 150.
5. *Ibid.*, p. 150.

Redéploiement des forestages

Divers indices indiquent qu'au début des années soixante-dix se prépare un redéploiement des supplétifs assignés dans les hameaux forestiers, de façon à mieux ajuster leur répartition aux exigences de l'ONF. C'est aussi l'époque des premiers projets d'abandon de la tutelle de la DPM sur les cités d'accueil.

Durant l'été 1970, des incendies de forêt d'une gravité particulière ont fait plusieurs victimes. Dans un rapport daté du 9 octobre, un fonctionnaire de la DPM estime que la situation est mûre pour opérer un redéploiement. Le « moment psychologique » est venu, annonce-t-il, pour transférer les familles des hameaux forestiers qu'on souhaite supprimer — Puycelci et Arfons, par exemple — vers les chantiers de forestage des zones méditerranéennes menacées par le feu. De ce fait, dans la région Provence - Côte-d'Azur, il convient de faire place nette et de récupérer tous les logements vacants « en hâtant l'expulsion de ceux qui les occupent indûment, n'étant pas, ou plus, employés par l'ONF ». Anticipant l'opposition inévitable de quelques réfractaires, le fonctionnaire se fend alors de quelques arguments de poids : « Cet ancien supplétif, payé pour un travail, doit l'accomplir. Et doit pouvoir être déplacé avec les siens là où l'intérêt du service l'exige. Il a certes tous les droits reconnus à tous les citoyens français — cela, d'ailleurs, il le sait... Mais il a également les mêmes devoirs. Et s'il veut continuer à être payé, il doit donner satisfaction. Bien des ouvriers européens ont dû se résoudre à aller travailler ailleurs que là où ils étaient implantés. Et souvent, sans la même aide pécuniaire et administrative dont bénéficient nos gens. Seulement, quand il s'agit d'anciens supplétifs l'on a souvent tendance à laisser faire, et à conserver, au nom de sa famille, des éléments inutiles. Et ceci effectivement n'est pas rentable. »

Le moment est donc venu, conclut notre fonctionnaire, de profiter d'une opinion publique sensibilisée par la gravité des incendies de forêt pour compenser « les diverses interventions, parfois parlementaires, parfois locales, parfois syndicales, qui ont tendance à s'élever dès qu'il est question de fermer un hameau, ou de muter un travailleur. Et cette occasion, si on n'en profite pas dans l'immédiat, ne se représentera plus[6] ».

Outre les hameaux forestiers du Tarn, les projets de redéploiement touchent aussi la Lozère. A Mende, où vivent trente-cinq

6. Rapport de R. Gylphe, 9 octobre 1970, cité par ABI SAMRA M. et FINAS, F.-J., *Regroupement et dispersion..., op. cit.*, p. 85-86.

familles de harkis (environ trois cents personnes) dans des logements Sonacotra, il a été décidé de transférer les anciens supplétifs dans le sud de la Corse, à Zonza : « On leur paiera leur déménagement, un mobilier neuf dans des logements gratuits. S'ils ne partent pas, ils perdront l'emploi, en principe purement temporaire, qu'ils ont dans le hameau forestier de Mende. Mais aussi la protection qui s'étend sur les harkis[7]. » Le projet se heurta à un forte résistance des résidents. En revanche d'autres transferts et fermetures réussirent, et en 1974 il ne restait plus officiellement que trente-six forestiers. Mario Benard, parlementaire en mission chargé des problèmes des rapatriés, propose alors que « des crédits spéciaux soient dégagés pour l'amélioration de l'habitat dans les hameaux forestiers, étant entendu que l'objectif est d'obtenir aussi rapidement que possible le relogement des familles et la disparition de ces hameaux[8] ».

Les cités d'accueil sont également visées. En octobre 1973, le préfet du Lot-et-Garonne visite Bias et Sainte-Livrade en compagnie des chefs de service de l'administration départementale, des élus locaux, et des responsables des deux camps. Un principe semble acquis : l'éradication des camps. « Le camp doit éclater et les cellules familiales doivent être dispersées », entend-on lors de la réunion de travail qui se tient au CARA. Pierre François, qui représente le ministère du Travail, propose de déconcentrer Bias en prenant pour modèle les hameaux de forestage ; ce qui « permettrait à certaines familles de se retrouver dans des mini-cités, (...) non loin d'agglomérations ». Le dispositif de substitution se trouverait ainsi « à égale distance entre la formule du camp et la réinsertion réelle ». Il est finalement rappelé que le camp a un caractère médico-social, que les gens en bonne santé ne sont pas censés y avoir accès si bien que les enfants des occupants actuels n'y ont plus leur place une fois atteinte leur majorité et que certains adultes doivent impérativement quitter les lieux une fois guéris.

De tels projets menacent les processus de regroupement en fonction du douar d'origine, et plus généralement de reconstitution des communautés, qui s'opérèrent durant les dix années précédentes dans les réserves, le plus souvent contre la volonté des autorités de tutelle. Camps et hameaux ne sont plus seulement des lieux de relégation. A ne considérer que ce seul aspect, on risquerait de se méprendre sur l'origine et la nature du mouvement social qui les

7. *Le Monde*, 16 juin 1971.
8. *L'Aurore*, 25 octobre 1974.

ébranla en 1975. Marwan Abi Samra et François-Jérôme Finas ont souligné l'ambivalence extrême de réserves qui sont toujours et simultanément « objets d'attraction et de répulsion ».

En 1972, après enquête au Logis-d'Anne, la Sonacotra reconnaît que « après dix ans de vie en ces lieux, les chefs de famille n'ont guère envie d'aller s'installer ailleurs... 43 des 47 locataires interrogés désiraient rester dans la cité[9] ». Trois ans plus tard, une nouvelle enquête aboutit au même diagnostic. Sur une quarantaine de locataires interrogés, 36 veulent toujours rester à la cité. « Éloignés, ces rapatriés n'ont pu s'intégrer et il semble trop tard pour réaliser cette intégration que, d'ailleurs, les villages environnants redoutaient depuis leur arrivée dans la région. Des tentatives de dissémination ont été faites, mais sans grand résultat. Des liens de famille se sont créés. L'indépendance, le climat, la peur de l'inconnu..., le fait d'être là depuis treize ans sont autant de raisons qui empêchent les départs malgré l'état déplorable des logements et leur exiguïté[10]. »

A Saint-Maurice-l'Ardoise, le constat établi par Anne Heinis est identique : « Un paradoxe plane sur cette cité : les habitants, quoi qu'on ait dit, s'y plaisent et ne veulent pas la quitter, ce qui donne à leurs revendications une grande ambiguïté[11]... » A Bias enfin, j'ai pu observer le même comportement : les jeunes adultes qui aiment à faire visiter le camp en contant l'obsédante litanie de l'enfermement laissent échapper en toute occasion la nostalgie d'un espace protégé où il faisait bon vivre entre soi. Du reste, ce n'est pas un hasard si les garçons, après de multiples tentatives de fuite, font presque inévitablement retour au camp[12].

Que réclament les habitants du Logis-d'Anne à la fin des années soixante ?

— la démolition des baraques du « haut » de la cité, que la Sonacotra elle-même considère comme insalubres et irréparables, et leur remplacement par des logements en dur ;

— la suppression de l'encadrement militaire et du caractère « privé » de la cité ;

---

9. Rapport Sonacotra, 1972, cité par Abi Samra M. et Finas F.-J., *Regroupement et dispersion..., op. cit.*, p. 103.

10. Rapport Sonacotra, 1975, *ibid.*, p. 104.

11. Heinis A., *L'Insertion des Français-Musulmans..., op. cit.*, p. 183.

12. Pour les filles, la situation est vécue de façon sensiblement différente. L'isolement géographique se double d'une réclusion familiale : à la maison, elles servent et sont dominées par les hommes. Comme l'obligation à laquelle elles sont tenues de seconder la mère dans l'éducation des frères et sœurs plus jeunes les dote par ailleurs d'une autonomie précoce, elles sont amenées très rapidement à valoriser positivement l'extérieur. D'autant plus que le racisme est, à leur égard, parfois moins virulent.

— la mise en place d'un service de transport plus fréquent entre la cité et les localités environnantes (Jouques et Peyrolles) ;

— l'amélioration du cadre de vie : ouverture de commerces, cabines téléphoniques, équipements divers... ;

— l'aménagement d'un cimetière au Logis-d'Anne.

Autant de revendications qui, selon Abi Samra et Finas, « engagent la collectivité en la mobilisant tout entière », attestent « la naissance d'une organisation communautaire à base territoriale intégrant l'ensemble des habitants de la cité », et visent « à transformer le Logis-d'Anne, cette "réserve d'Indiens", en un véritable cadre de vie[13] ».

Les requêtes et pétitions envoyées par la population aux autorités se terminent souvent ainsi : « Nous vous demandons de nous considérer comme Français à part entière et de considérer notre cité comme un village à part entière[14]. »

L'appropriation par leurs habitants des réserves dans lesquelles on les relégua les conduisit progressivement à refuser ouvertement certaines des manifestations les plus arbitraires de la tutelle administrative. Dès 1964, au Logis-d'Anne, les ménages du forestage observent une grève des redevances locatives. Invoquant la situation en vigueur dans d'autres hameaux où les familles n'acquittaient pas encore à l'époque de redevances, les grévistes informent la sous-préfecture d'Aix-en-Provence et la direction de l'ONF qu'ils ne mettront fin à leur action qu'après une revalorisation des salaires leur permettant de faire face à ces charges[15]. Le Logis-d'Anne est aussi le premier hameau des Bouches-du-Rhône où le syndicalisme forestier s'implanta à partir de 1966. En 1967, tous les ouvriers sont affiliés à un syndicat et le mouvement gagne ensuite de proche en proche tous les hameaux de la région, suscitant une vague de grèves en 1967-1968.

Le point culminant sera atteint en 1975 par l'irruption violente sur la scène publique des revendications de cette population — armement d'une partie des résidents des hameaux et cités d'accueil, occupation des réserves et prises d'otages.

L'alliance des pieds-noirs et des « Français-Musulmans »

Un autre facteur jouera un rôle important dans la genèse des révoltes de l'été 1975 : la mobilisation des pieds-noirs, et leur

13. Abi Samra M., Finas F.-J., *Regroupement et dispersion...*, *op. cit.*, p. 102.
14. *Ibid.*, p. 102-103.
15. *Ibid.*, p. 99.

alliance — intéressée — avec les « Français-Musulmans ». Il s'agit là d'un tournant majeur, qui fera sentir ses effets bien au-delà de 1975, et qu'il importe donc d'analyser sur longue période avant de revenir aux événements de cet « été chaud ».

En 1974, la phase gaullienne de la Vᵉ République vient de se terminer, avec le décès de Georges Pompidou, dans une atmosphère de fin de règne où le régime semble se décomposer dans les scandales et les querelles intestines. Dans un contexte marqué par l'érosion de l'hégémonie gaulliste sur la droite et l'accession de Valéry Giscard d'Estaing à la présidence de la République, quelques-uns des responsables des dizaines d'associations de pieds-noirs qui ont fleuri depuis 1962 sont conduits à penser que le moment est propice pour passer à l'offensive et faire valoir leurs intérêts.

Une question reste en effet en suspens depuis 1962 : celle de l'indemnisation. Un des premiers problèmes posés dès le principe de l'indépendance acquis avait été celui des terres abandonnées par les colons et qui pour la plupart avaient été occupées. Ces terres « vacantes » ou saisies aux colons représentaient trois millions d'hectares, le tiers de la surface cultivable. Objets en 1963 de décrets qui organisaient en théorie leur exploitation, elles furent prises en charge par des « comités d'autogestion » rassemblant théoriquement tous les fellahs vivant sur ces terres. Dans les faits, les directeurs d'exploitation furent nommés par Alger, si bien que le secteur « autogéré » fut essentiellement étatique. En dehors du secteur agricole, les mesures que Ben Bella prit dès 1963 à l'encontre des petits industriels et commerçants européens furent étendues par Boumediene aux sociétés minières (en 1966) et à quatre-vingts sociétés industrielles privées (en 1969). La nationalisation de ces entreprises confirmait la volonté, depuis longtemps évidente, de récupérer les biens encore détenus par l'ancien colonisateur.

Le patrimoine individuel français en Algérie devait ainsi presque entièrement disparaître. Il ne restait plus aux dépossédés qu'à réclamer une indemnisation au gouvernement français. Ils ne furent pas entendus sur ce point par de Gaulle, qui limita la participation de l'État à l'octroi de prêts de redémarrage. La loi du 26 décembre 1961, promulguée dans la perspective d'un exode massif de ceux qu'on nommait encore les « Français d'outremer », prévoyait dans son article 4 une « juste et équitable indemnisation » des biens, mais « suivant les circonstances ». Restrictive, elle ne servira qu'à régler les modalités d'accueil de réinstallation (au moyen de prêts), de logement, de couverture sociale et d'aide à la scolarisation. C'était en un mot des secours d'urgence, nullement une indemnisation. Le gouvernement avait choisi « la réinstallation et non l'indemnisation ». Il n'en fut plus question les années suivantes. Les biens abandonnés par les rapatriés avaient été évalués à 50 milliards de francs en 1962, soit plus de 150 milliards actuels, dont 40 % représentaient le patrimoine agricole, le reste se partageant entre l'immobilier, l'industrie, le commerce et l'artisanat. L'importance du préjudice explique la réticence permanente de l'administration des Finances à en envisager le remboursement. De Robert Boulin à Maurice Benassayag, tous ceux qui prirent en charge ce dossier durent livrer au ministère des Finances la même interminable guerre de tranchées.

Il faudra attendre le départ et la mort du général de Gaulle, puis la pression électorale exercée par les pieds-noirs, pour que l'État prenne en considération les demandes d'indemnisation. C'est Georges Pompidou qui, découvrant brusquement l'intérêt électoral d'une collectivité de 1 400 000 personnes, lança, au cours d'une réunion électorale à Nice, l'idée d'une loi d'indemnisation. Le 15 juillet 1970 est adoptée la première loi d'indemnisation des biens des rapatriés. Chaque disposition ultérieure (loi du 2 janvier 1978 et du 16 juillet 1987) ne sera désormais que dérogation ou rectification de ce texte demeuré jusqu'à présent fondateur. La loi de juillet 1970 accorde 9,3 milliards de francs. Les bénéficiaires reçurent en moyenne 58 000 F par dossier. Les insuffisances du texte parurent si évidentes que, sous la pression des associations de rapatriés, tous les partis politiques en demandèrent l'abrogation lors de la campagne pour les présidentielles de 1974.

On en était donc là en 1975. Les pieds-noirs avaient le sentiment de détenir une créance sur l'État français pour les biens perdus en Algérie, et il était tentant d'ajouter à la pression électorale sur le débiteur la pression sociale qui pourrait résulter de la mise en mouvement des harkis. Non seulement le reclassement de ces derniers avait été, on l'a vu, pour le moins aléatoire, mais encore ils restaient les laissés-pour-compte de la loi de juillet 1970 ; leur patrimoine indemnisable ayant été considéré à la fois comme négligeable et inévaluable.

Si on s'en tient à la lettre des textes législatifs, l'indemnisation devait en principe être versée sans distinction à tous les intéressés, qu'ils soient pieds-noirs ou supplétifs algériens. Mais dans ce domaine aussi opéra le dispositif discriminatoire qui séparait socialement ces anciens fellahs qu'étaient majoritairement les supplétifs, des colons, même les plus pauvres. En premier lieu, lorsque les ex-supplétifs ont rempli eux-mêmes leurs dossiers, dans 90 % des cas ces derniers furent jugés irrecevables au regard des normes de la bureaucratie française. Ils furent donc souvent refusés ou gardés sous le coude jusqu'à forclusion, sans aucun motif ni reçu. Dans certains cas, des renseignements furent réclamés aux autorités algériennes et leur réponse négative fut considérée comme une preuve de l'inanité des réclamations[16].

Pieds-noirs et fonctionnaires, tout le monde était en vérité parfaitement conscient que l'immense majorité des anciens supplétifs se trouvait dans l'incapacité totale et définitive de fournir des titres de propriété ou les documents nécessaires pour pouvoir prétendre à une indemnité. C'est ce que finira par reconnaître en 1987 le préfet Colonna, conseiller de Jacques Chirac, en admettant que l'application du droit commun est « impossible pour la plupart d'entre eux qui ne disposaient et ne disposent d'aucun document juridique au sujet de leurs biens perdus[17] ». Enfin, dans les cas rares où il y eut évaluation par l'administration, les barèmes ne furent pas calculés de la même manière d'un département à l'autre ; selon le lieu de résidence, des biens immobiliers absolument identiques reçurent ainsi des évaluations allant du simple au quintuple[18].

La question de l'indemnisation marquera fortement de son empreinte la révolte de l'été 1975. Elle conduira le mouvement à se développer selon une première ligne de force : investir l'espace public par quelques actions d'éclat, en alliance avec les pieds-noirs, pour exiger que l'État reconsidère sa position à l'égard des rapatriés, en particulier sur la question de l'indemnisation.

Dès mai 1975, M'hamed Laradji, qui joua un rôle décisif dans le mouvement, demande que les problèmes des supplétifs soient traités avec ceux de tous les rapatriés[19]. A l'instar de l'association qu'il préside (CFMRAA), la plupart des organisations qui naissent alors incluent dans leurs sigles une référence explicite aux « amis » pieds-noirs.

Cette alliance, systématiquement encouragée par les associations pieds-noirs, reste jusqu'à aujourd'hui privilégiée. « Rapatriés, harkis, même combat », proclame le 14 mars 1987 à Avignon Jean Augeai, qui préside la plus ancienne et le plus importante des associations de rapatriés (l'ANFANOMA, Association nationale des Français d'Afrique du Nord, d'outre-mer et de leurs amis, créée en 1961). Elle est tout bénéfice pour les anciens colons à qui elle permet de légitimer le mythe d'une Algérie française où Européens

---

16. RIVIÈRE P., Note à l'attention du président Wormser, 16 décembre 1988.
17. Colonna, Interview dans *France Horizon — Le cri du rapatrié*, n° 281, avril 1987.
18. RIVIÈRE P., *loc. cit.*
19. *Sud-Ouest*, 23 mai 1975.

et musulmans cohabitaient harmonieusement. Elle leur permet en outre de manifester la représentativité de leurs associations en agitant sans cesse le spectre d'une explosion harkie, tout en affirmant leur capacité de contrôler de tels mouvements grâce aux amitiés qu'ils entretiennent avec les associations d'anciens harkis et à la présence d'anciens supplétifs dans leurs propres rangs. C'est ainsi que le 8 octobre 1988 à Montpellier, en présence de Georges Frêche (maire de la ville et député socialiste de l'Hérault) et de Maurice Benassayag (délégué général du gouvernement chargé des rapatriés), les dirigeants du Recours — notamment Jacques Roseau — attirent l'attention des pouvoirs publics sur « la grave condition socio-économique de la communauté harkie et sur les risques d'explosion auxquels le gouvernement pourrait être à moyen terme confronté si un véritable plan de solidarité n'était pas élaboré pour corriger les nombreuses injustices actuelles[20] ». Corollaire : Kader Boualam, neveu du bachaga et vice-président du Recours où il « représente la communauté harkie », signa l'appel « solennel » de cette organisation invitant à « se mobiliser afin de soutenir activement les listes de Jacques Chirac à la mairie de Paris » en prévision des municipales de 1989[21]. Ajoutons qu'en fait de présence d'anciens supplétifs au sein des associations de rapatriés, c'est surtout la progéniture « bachagale » qui est à l'honneur puisqu'on retrouve Ali Boualam, fils du bachaga, à l'ANFANOMA — il y occupe le poste de délégué national chargé des rapatriés —, et Slimane Berry, « petit-fils et porte-parole du bachaga Ben Hamida, dernier haut dignitaire encore en vie », à l'aile « gauche » du mouvement associatif pied-noir où il s'occupe « plus particulièrement de la communauté musulmane » au sein du PNPA[22], lequel « souhaite et préconise un rapprochement avec l'Algérie[23] ».

Nouée au milieu des années soixante-dix, cette alliance dont les principaux bénéficiaires sont sans conteste les pieds-noirs contribue à la pérennisation au sein du mouvement associatif « français-musulman » d'une thématique — celle de la dette — et d'un mode d'action — le lobby électoral — directement inspirés du mouvement pied-noir.

20. *Le Monde*, 11 octobre 1988.

21. *La Lettre du Recours* (Rassemblement et coordination unitaire des rapatriés et spoliés), février-mars 1989.

22. Pieds-noirs pour l'Algérie/Mouvement pied-noir, deuxième génération, fondé en 1983.

23. *Méditerranée demain. Journal du PNPA*, novembre 1989 et septembre 1990.

« Honorer la dette contractée par le sang versé »

A partir de 1975, les mouvements issus de la population des réfugiés algériens tendent à faire de l'indemnisation la clef de voûte de leurs programmes revendicatifs. A l'instar des pieds-noirs, ils se présentent essentiellement comme des détenteurs d'une créance sur l'État. Outre qu'une telle revendication ne peut avoir, on l'a dit, qu'une efficacité pratique très limitée, elle présente l'inconvénient majeur de dévoyer les autres revendications spécifiques de cette population. C'est ainsi que la question du logement et du cadre de vie prévaudra sur celle de l'emploi, parce qu'il est plus facile de présenter l'accès à la propriété comme une compensation aux biens laissés en Algérie. L'aide à l'accession à la propriété est à la fois la preuve d'un enracinement réalisé et la manifestation tangible que la demande d'indemnisation est prise enfin en compte.

Le problème, c'est qu'une dette de ce type est à proprement parler inextinguible. Aussi le vœu de Jacques Chirac en 1987 — « Il faut honorer la dette contractée par le sang versé[24] » — ne saurait être qu'un vœu pieux amenant ceux qui se vivent comme des créanciers à exiger sans fin que l'État paye, paye encore, paye toujours, « une bonne fois pour toutes ». Comme une « dette de sang » n'a pas de prix, les révoltes qui éclatent depuis quinze ans dans la foulée et sur le modèle de l'été 1975 donnent forcément lieu à des opérations de surenchère. Ainsi, lorsqu'au printemps 1987 André Santini annonce la mise en chantier d'une nouvelle loi d'indemnisation (votée le 16 juillet 1987), l'AFMA de Toulon réclame 150 000 F par famille, soit 600 millions de F au total ; moins, annonce-t-elle, que ce que coûtent à la France les réfugiés surinamiens en Guyane ou la réfection du Louvre ; tandis que Boussad Azni, présenté comme le porte-parole du « mouvement national des grèves de la faim[25] », réclame 500 000 F.

L'impasse dans laquelle s'engage inévitablement tout mouvement revendicatif axé sur la thématique de la dette est clairement présentée par Abdelkader Jouad, supplétif installé à Bias, lorsqu'il pose en décembre 1990 cette question destinée à rester à jamais sans réponse : « L'escargot a une coquille, la tortue a une carapace, nous aussi nous avions un gourbi en Algérie, mais ce gourbi c'était à nous ; moi, le mien, je le considérais mieux que la tour Eiffel et je l'ai laissé. A combien va-t-on évaluer cet exil perpétuel,

24. *L'Express*, 19-25 juin 1987.
25. Intervention de Boussad Azni lors du colloque national consacré aux harkis, Paris, École de chimie, 30 mai 1987 (*cf. Le Clin d'œil*, n° 59, juin 1987).

les larmes qu'on a versées sur les ponts des bateaux en nous tournant vers cette terre où sont enterrés nos ancêtres, le berceau de notre enfance qu'on ne reverra plus ? A combien les évaluer[26] ? »

Pourtant, la course à l'indemnisation n'a cessé de s'affirmer tout au long des années quatre-vingt, alimentant le fantasme d'un lobby électoral « français-musulman », à l'image de celui des pieds-noirs.

Les municipales de 1977 sont la première échéance électorale importante conduisant le personnel politique à prendre au sérieux l'hypothèse de l'émergence d'un vote pied-noir. Le choix d'appuyer des candidats partisans de l'indemnisation et le « vote sanction » avaient fait la différence dans un certain nombre de grandes villes du Midi. La gauche avait récupéré des suffrages et une ville comme Montpellier basculait dans l'opposition. Dès lors, la pression électorale exercée par la consigne du « vote utile » donnée par le Recours, relayant comme un lobby l'action d'associations plus anciennes, obligera l'État à prendre en considération les revendications pieds-noires. Il n'est un secret pour personne que cette « sensibilité » rapatriée a été largement prise en compte par François Mitterrand en 1982 lors de l'adoption de la loi d'amnistie relative aux événements d'Algérie. De même, dans la perspective des présidentielles de 1988, Jacques Chirac s'efforça de s'attacher durablement les pieds-noirs en effaçant le péché mortel de « gaullisme » qui le marquait, à l'aide d'un dispositif considérable mis en chantier en 1986-1987 et portant sur les retraites (20 mars 1986), l'effacement des dettes liées à la réinstallation (loi de finance du 30 décembre 1986), la libération des avoirs gelés en Tunisie, au Maroc et en Algérie, l'autorisation de vente de biens en Algérie, la réintégration dans les droits à la retraite, les ordres honorifiques, et le droit au port des décorations des anciens partisans de l'Algérie française amnistiés par les lois de 1974 et de 1986 (loi 87-503 du 8 juillet 1987), et enfin la loi d'indemnisation du 16 juillet 1987.

Compte tenu de l'imprécision des évaluations portant sur le nombre des Algériens réfugiés en France après 1962, il était tentant pour les responsables des associations qui disaient les représenter de prétendre que cette population constituait elle aussi un électorat non négligeable, dont il convenait de rappeler le poids à chaque échéance électorale.

Mais, on le verra, si les pieds-noirs parvinrent tant bien que mal à tirer leur épingle du jeu politique en « monnayant » systémati-

---

26. Témoignage d'Abdelkader Jouad, *Le pays d'ici, France-Culture*, 6 décembre 1990.

quement leurs suffrages avec opportunisme[27], les harkis continueront en revanche, barrière coloniale oblige, à être traités en parents pauvres. Qui plus est, la classe politique et les pouvoirs publics découvriront la parade permettant de dévoyer inévitablement ce type de mouvement social : le clientélisme.

Harkis contre immigrés

Un autre trait marquant la conjoncture des années soixante-dix se manifeste sur le terrain de l'immigration. La période 1974-1977 est celle de la gestion Dijoud. Même si le discours officiel ne fait encore que rarement état d'une volonté de diminution drastique de la population active immigrée présente en France, on commence à souligner la nécessité d'opérer une substitution de la main-d'œuvre étrangère par la main-d'œuvre nationale, *via* une « revalorisation du travail manuel ». A cette occasion, on pourra entendre le Premier ministre Jacques Chirac lancer une formule promise à un brillant avenir : « Il ne devrait pas y avoir de problème de chômage en France, puisqu'il y a un million de chômeurs et un million huit cent mille travailleurs immigrés. »

La mise en œuvre de la nouvelle politique de « maîtrise accrue des flux migratoires et d'activation des flux de sortie », comme on disait alors, passe à l'évidence par une renégociation de l'accord franco-algérien de 1968 qui fixe le contingentement des travailleurs immigrés algériens.

La situation suscite à la fois craintes et espoirs au sein du mouvement associatif « français-musulman ». Les Algériens réfugiés en France sont nombreux à craindre d'être, eux aussi, les victimes de la pénétration dans l'opinion publique de thèmes « anti-immigrés ». A l'inverse, la fermeture des frontières en 1974 leur a donné l'espoir d'un accès plus facile au marché du travail, grâce à l'éviction d'immigrés qu'on les a toujours poussé à considérer comme des rivaux, voire comme des ennemis. En effet, alors que le mode de gestion qui s'appliqua aux harkis au début des années soixante anticipe largement sur celui qui servit à régir et à contrôler l'immigration des années soixante et soixante-dix, les énoncés politiques, en revanche, ne cessent de souligner la francité des anciens

27. Il ne convient pas de surestimer le poids d'un tel lobby. Selon Georges Morin, 40 % des pieds-noirs s'abstenaient en 1984. Sur les 60 % restant, 20 % votaient pour le FN, le reste se partageant entre droite — avec une prime pour l'UDF — et gauche — avec une prime pour le PS (*cf. L'Événement du jeudi*, n° 139, 2-8 juillet 1987).

supplétifs, que celle-ci soit affirmée en positif par Pierre Messmer lorsqu'il était Premier ministre en 1975 (« Les Français-Musulmans ont la qualité de Français[28] »), ou en négatif par Jacques Chirac en 1985 (« La nature les a faits tels qu'on peut les confondre avec des étrangers[29] »).

Après la bataille de l'indemnisation, en alliance avec les pieds-noirs, la volonté de se dissocier de l'immigration maghrébine en France constitue la seconde ligne de force du mouvement de 1975. En témoignent, on le verra, certains des épisodes de ce mouvement : rejet de la tutelle de la direction des populations et des migrations du ministère du Travail sur les camps et les hameaux forestiers, prise en otage de travailleurs immigrés algériens et d'un responsable de l'Amicale des Algériens en Europe.

« Vous dites que nous sommes français et vous nous confondez avec les travailleurs algériens, ceux du FLN, nos ennemis d'hier qui aujourd'hui sont mieux traités que nous » ; ressassé des années durant, patiemment conforté, le sentiment d'être plus mal loti que l'immigré, « en dépit du sang versé », va alimenter un racisme de surenchère dirigé contre l'Algérien, le Tunisien, le Marocain. Une façon brutale et désespérée d'affirmer « qu'on est français, nous » et qu'il « ne faut pas confondre ». La tentation est forte de proclamer : « Vous vous trompez de cible, de bouc émissaire, les immigrés c'est pas nous, c'est eux là-bas. »

Plus que le racisme en tant que tel, c'est l'assimilation à l'étranger qui paraît insupportable. En quelques années, ce rejet conduira certaines des associations d'anciens supplétifs à se faire les chantres de la « préférence nationale ». Au milieu des années quatre-vingt, alors que le Front national commence à peine à en engranger les bénéfices électoraux, le thème de la « préférence nationale » est déjà largement banalisé dans les discours destinés aux réfugiés algériens ; qu'ils soient tenus par des représentants de la droite, tels que le président du conseil régional d'Ile-de-France, des notables associatifs tel Hachemi Bounini, le président du FNRFCI (Front national des rapatriés français de confession islamique), ou bien des représentants autoproclamés des « Français-Musulmans » au sein du FN, tels que Mourad Kaouah, le président de la fédération des Pyrénées-Orientales de ce parti.

Le premier déclarait en janvier 1986, lors d'un rassemblement organisé à la Mutualité par l'Union française des femmes musul-

28. MESSMER P., Circulaire du 26 juin 1975 adressée aux préfets.
29. Ce morceau d'anthologie est tiré d'un discours prononcé par Jacques Chirac à La Défense le 14 décembre 1985 (*cf. Le Clin d'œil*, n° 46, janvier 1986).

manes : « Les premières victimes d'une immigration excessive, ce sont justement les Français originaires du Maghreb ou des départements et territoires d'outre-mer, trop souvent confondus avec des étrangers, y compris dans des domaines aussi importants que le logement ou l'emploi. Il importe donc que soit nettement réaffirmée la distinction entre l'étranger et le citoyen, quelle que soit son origine : ils n'ont pas les mêmes besoins. Ils n'ont pas les mêmes droits en particulier les droits politiques[30]. »

Quant à Hachemi Bounini, il affirmait en 1983 : « Nous refusons l'amalgame avec les immigrés. (...) Le racisme dont les Français-Musulmans sont victimes est causé par l'immigration sauvage. Il y a deux sortes d'immigrés : d'honnêtes pères de famille travailleurs qui ont droit au respect de tous, et des marginaux qui vivent d'expédients. Nous en avons assez de ces parasites ! Les socialistes sont trop bons : nous demandons une politique de l'immigration ferme car la France ne doit pas devenir la poubelle de l'Europe[31]. »

Mourad Kaouah enfin qui, en 1985, intervenait en ces termes : « Il faut rendre la France aux Français, quelles que soient les origines et les couleurs, s'ils ont comme moi le cœur français depuis soixante-sept ans... Les étrangers prolifèrent... La gauche n'a que l'immigration à la bouche, comment voulez-vous que la France soit réduite à la multiculturalité[32] ? »

Même s'il peut sembler paradoxal que ces discours d'exclusion soient tenus par des Arabes à l'encontre d'autres Arabes, même si ceux qui les prononcent sont des notables, ces propos possèdent leur efficacité propre. Confrontés aux effets cumulatifs des frustrations engendrées par l'absence de toute promotion sociale, la déqualification et l'indifférenciation qui en découlent, par la promotion de l'individualisme dans un contexte où les possibilités de promotion individuelle sont de plus en plus hypothétiques, apparemment condamnés à rejoindre les communautés issues de l'immigration dans une même situation sociale disqualifiée, de nombreux Français n'ont trouvé qu'un critère de différenciation susceptible de restaurer une hiérarchie : la mise en avant de leur nationalité.

« Je suis français et cela au moins ne peut m'être enlevé », est une affirmation susceptible de fonctionner comme une sorte d'assurance tous risques face à la précarisation. Si l'extrême proxi-

30. *Le Rappel*, n° 21, janvier-février 1986.
31. Conseil national du FNRFCI, Le Creusot, février 1983 (*cf. Le Clin d'œil*, n° 18, mai-juin 1983).
32. Meeting de La Ciotat, 20 novembre 1985 (*Libération*, 30 novembre et 1er décembre 1985).

mité entre migrants et supplétifs frappés de marginalisation et d'exclusion incite théoriquement à la solidarité, elle pousse aussi dans les faits à une exacerbation des rivalités et à des tentatives apparemment paradoxales pour reconstituer une hiérarchie — en l'occurrence entre ceux qui ont la nationalité française et les autres — et réintroduire ainsi une différence positive.

D'où l'isolement social et politique d'une population crispée dans un face à face avec l'État, sans parvenir à se doter d'une identité et à se constituer en une communauté susceptible d'engendrer un mouvement social tant soit peu durable.

Dans ce qui précède, en traitant des questions de l'indemnisation et de l'immigration, on a largement débordé du cadre de la révolte de 1975 qu'on va maintenant présenter. Cette mise en perspective m'a semblé pourtant indispensable afin d'éviter deux interprétations unilatérales courantes de cette révolte et de celles qui ont suivi :

— une lecture qui ne conçoit le mouvement de 1975 que comme la manifestation d'une résistance des anciens supplétifs à l'oppression dont ils sont les victimes. C'est la thèse de Finas et Abi Samra, qui voient dans cette révolte « le point culminant d'un processus au cours duquel la population s'est progressivement approprié les espaces de son assignation », et « le signe d'une ''prise de conscience'' de toute une frange de la deuxième génération, marquée par les conditions de vie de leurs familles dans les camps paramilitarisés[33] » ;

— une lecture qui, à l'inverse, ne retient de cette révolte que les tentatives de mainmise des associations de pieds-noirs et les manœuvres opérées par les nostalgiques de l'Algérie française. C'est la thèse de Bernardi, Dissler, Dugrand et Panzani dans leurs *Dossiers noirs du racisme dans le midi de la France*[34].

Dix ans après l'exil, la naissance des associations

Selon Mohand Hamoumou, avant 1972, on ne recense guère d'associations *de* « Français-Musulmans rapatriés », mais plutôt des associations *pour* les « Français-Musulmans rapatriés » telles que l'ANFANOMA ou le comité Parodi.

Le 19 mars 1971, Laklouf Galhem, ancien député, s'immole par

33. Abi Samra M., Finas F.-J., *Regroupement et dispersion..., op. cit.*, p. 107.
34. Bernardi F.-N., Dissler J., Dugrand A., Panzani A., *Les Dossiers noirs du racisme dans le midi de la France*, Seuil, 1976.

le feu, boulevard Raspail. On note alors une certaine effervescence parmi les notables algériens réfugiés. La première association est officiellement déclarée le 1er août 1971 par Ahmed Kaberseli. Il s'agit du MADRAN (Mouvement d'assistance et de défense des rapatriés d'Afrique du Nord), qui n'eut guère de succès[35]. Un an plus tard, à l'occasion du débat télévisé consacré aux « rapatriés d'Algérie dix ans après » aux « Dossiers de l'écran », le public découvre l'existence du FNRCFI, dont Jean-Claude Khiari, le représentant, « posé, maniant bien la langue française, bon orateur, impressionne favorablement », raconte Hamoumou. Dès lors, le FNRFCI va « littéralement essaimer dans tout l'Hexagone, comptant jusqu'à quarante sections[36] ».

Cette association a été fondée par Ahmed Djebbour[37], ancien député d'Alger. Implantée au départ à Dreux, Rouen, Flins et dans la région parisienne, son influence est manifeste dès 1974 dans un certain nombre de hameaux forestiers. Lorsqu'en février 1974, quatre anciens supplétifs (dont deux originaires de Saint-Maurice-l'Ardoise) occupent la maison de la jeunesse de Nîmes pour y entamer une grève de la faim, c'est avec l'appui du FNRFCI, relayé localement par l'« Association d'entraide des musulmans français — section du Gard », créée en octobre 1972. Dans la nuit des 23-24 mars, des affiches du FNRFCI sont placardées sur le camp de Saint-Maurice-l'Ardoise. Le 24 mars, une manifestation qui doit, selon le directeur du camp, déboucher sur la mise à sac des locaux administratifs, la destruction du fichier central et des dossiers des hébergés, est contrecarrée par un imposant dispositif de surveillance de la cité et des routes qui y conduisent, dans un rayon de 20 km, mis en œuvre par les gendarmes d'Uzès[38].

Le FNRFCI, qui se proclame « apolitique » et s'inquiète de l'attirance qu'exercent les gauchistes sur les fils de harkis « psychologiquement rejetés par la France[39] » mobilisera à deux reprises

35. Ahmed Kaberseli est rédacteur en chef du *Clin d'œil*, bulletin d'information consacré à cette population. En février 1980, il créa une nouvelle association, le CNRC.

36. HAMOUMOU M., *Les Français-Musulmans rapatriés. Archéologie d'un silence, op. cit.*, p. 437.

37. Hamoumou donne 1972 comme date de fondation du FNRFCI, Kepel donne février 1973 (*cf.* KEPEL G., *Les Banlieues de l'islam*, Seuil, 1987, p. 324). Rappelons que c'est en menant campagne pour Ahmed Djebbour à l'occasion d'une législative partielle à Paris en 1957 que Jean-Marie Le Pen perdit l'œil gauche au cours d'une bagarre (voir ROLLAT A., PLENEL E., *L'Effet Le Pen*, La Découverte/*Le Monde*, 1984, p. 227). Trente ans plus tard, en mars 1986, Soraya Djebbour, sa fille, sera élue sur les listes régionales du FN en Ile-de-France (quatrième de liste).

38. HEINIS A., *L'Insertion des Français-Musulmans rapatriés..., op. cit.*, p. 294.

39. Conférence de presse de A. Djebbour, 4 octobre 1973 (*Le Monde*, 6 octobre 1973).

APPEL AUX FRANÇAIS*

Savez-vous que des Français de confession islamique vivent dans les camps de concentration de Saint-Maurice-l'Ardoise et de Bias ?

Savez-vous que bon nombre d'entre eux sont devenus apatrides, la nationalité française leur ayant été retirée ?

Savez-vous que des lois discriminatoires racistes leur sont appliquées ?

Si vous pensez que tous les citoyens sont égaux devant la loi,

Si vous êtes contre la discrimination et le racisme,

Si vous êtes des Français dans le sens le plus noble du mot :

Il est de votre devoir de nous aider pour que le Français de confession islamique retrouve sa dignité et son droit.

FRONT NATIONAL DES RAPATRIÉS FRANÇAIS DE CONFESSION ISLAMIQUE (64, RUE DE RICHELIEU, 75001 PARIS).

* Texte des affiches placardées à Saint-Maurice-l'Ardoise durant les nuits des 23 et 24 mars 1974 (format 60×40 cm, texte imprimé en rouge sur papier blanc).

(1974 et 1981) ses troupes pour soutenir la candidature de Valéry Giscard d'Estaing aux présidentielles. Ce dernier remercia Ahmed Djebbour en le nommant en 1975 conseiller d'ambassade au Liban. Considéré par le pouvoir giscardien comme principal interlocuteur, le FNRFCI connaîtra un certain déclin face à une association rivale, la CFMRAA, accusée par les pouvoirs publics de « menées insurrectionnelles »[40].

C'est le 2 avril 1973 que M'hamed Laradji donne sa première conférence de presse à Lille : un local minable, six journalistes, une vingtaine de personnes. Il annonce la création de la « Confédération des Français-Musulmans rapatriés d'Algérie et leurs amis »

40. C'est Jean-Claude Khiari qui succéda à Djebbour à la présidence du FNRFCI. Le FNRFCI a aujourd'hui son siège social à Lyon. Le président en est Hachemi Bounini, ancien officier de l'armée de l'air. L'influence de cette association semble faible, et elle se caractérise surtout par son clientélisme tous azimuts. Après avoir soutenu Dominati et bénéficié des largesses du régime giscardien, le FNRFCI soutient après 1981 Raymond Courrière avant de se tourner vers Santini et Chirac en 1985-1986. Début 1987, compte tenu de l'audience du Front national, le FNRFCI transforme le contenu de son sigle et devient ainsi la « *Fédération* nationale des rapatriés français de confession islamique ».

dont il assurera la présidence. Trois ans plus tard, le papier à en-tête de la CFMRAA, barré des trois couleurs du drapeau français, se prévaut du parrainage de trois présidents d'honneur :

— le bachaga Saïd Boualam, « commandeur de la Légion d'honneur, ancien vice-président de l'Assemblée nationale, ancien député d'Orléansville » ;

— Mourad Kaouah, « ancien député de la ville d'Alger », qu'on retrouvera quelques années plus tard en quatorzième position sur la liste des candidats au Parlement européen présentée par Le Pen le 13 mai 1984, jour anniversaire des premières barricades d'Alger en 1958 ;

— El Hadj Mohamed Laradji, oncle du président de la CFMRAA, « ancien caïd, ancien député de la ville de Blida », établi dans la région de Toulouse.

Entre ces deux dates, on enregistre la rapide maturation d'un mouvement qui culmine durant l'été 1975.

De janvier à mars 1974, la CFMRAA est à l'initiative d'une première vague de grèves de la faim. En août, M'hamed Laradji en entame une à Évreux, bientôt suivi par une dizaine d'anciens supplétifs à Évreux, Roubaix, Lille, Longwy, Marseille et Saint-Étienne. C'est en septembre et en octobre qu'éclate la plus importante de ces grèves. Partie d'Évreux, elle s'achève six semaines plus tard dans l'église de la Madeleine à Paris. Une marche silencieuse vers l'Étoile est organisée conjointement par la CFMRAA et l'ACUF (Association des anciens combattants de l'Union française) et les grévistes obtiennent que le chef de cabinet du président de la République se rende à la Madeleine pour y « confirmer l'intérêt personnel que le président porte aux Français-Musulmans ».

Mars 1975 : nouvelle grève de la faim, à Évian cette fois, avec conférence de presse le 19 mars, jour anniversaire du cessez-le-feu. Cette année-là, le départ d'Ahmed Djebbour pour le Liban permet à M'hamed Laradji d'affirmer son leadership et fournit à la CFMRAA, qui depuis deux ans disputait au FNRFCI le rôle de porte-parole des « Français-Musulmans », l'opportunité de s'imposer comme leur principal représentant.

Mais au-delà des querelles, des rivalités et de leur lutte pour l'hégémonie, le FNRFCI et la CFMRAA présentent bien des points communs.

— Les deux associations sont dirigées par des « musulmans », comme le souligne Mohand Hamoumou. Mais ce sont des notables issus de grandes familles, et non d'anciens supplétifs. Ahmed Djebbour était député d'Alger. Quant à M'hamed Laradji, transporteur à Évreux, il appartient à une famille de notables de Mered, près de Cherchell[41].

— Ces notables parviendront à créer un certain nombre de relais dans les camps et hameaux en attirant d'abord l'attention des jeunes qui tentaient au milieu des années soixante-dix de fuir ces lieux de relégation, où résidaient encore leurs familles, pour s'installer dans les centres urbains.

— Le FNRFCI et la CFMRAA, bien que n'étant jamais parvenus à réunir plus de quelques milliers d'adhérents entre 1973 et 1975, s'autoproclamèrent « représentatives » et capables de mobiliser nationalement la majorité des anciens supplétifs.

— Le clientélisme, les marchandages électoraux, la course aux subventions caractérisent leur fonctionnement et marqueront pour longtemps tout le mouvement associatif dit « français-musulman ». De ce type d'association, Catherine de Wenden note que « constituées par une élite de Français-Musulmans, anciens parlementaires et élus locaux de l'Algérie française souvent tournés vers le passé, ou par des notables traditionnels (...) qui ont reconstitué un réseau de clientèle sociale et politique », elles sont dans l'impossibilité d'entreprendre une démarche collective de promotion sociale et « se tournent vers l'État pour renouveler le chantage à l'assistance spécifique[42] ».

Forte de son influence, la CFMRAA va s'engager en 1975 dans de nouvelles formes d'action.

L'été 1975

• *Avril-mai 1975 : première vague d'occupation des camps*

Tout commence le 22 avril. Paul Feuilloley, préfet du Lot-et-Garonne, doit, comme chaque trimestre, présider une réunion consacrée aux problèmes posés par les camps de Bias et de Sainte-Livrade. Il trouve l'entrée du premier barrée par une banderole où l'on peut lire : « Bienvenue au camp de concentration ».

Quinze jours plus tard, le 7 mai 1975, M'hamed Laradji, qui a entrepris une tournée en province, arrive à Bias, vite rejoint par un petit groupe de militants de la CFMRAA originaires de Rouen. A leur tête un petit homme replet et barbu, « Monsieur Christo-

41. *Cf. infra*, chapitre 13, le portrait de Hadj Mohamed Laradji.
42. De Wenden C., « La vie associative des harkis », *Migrations société*, vol. 1, n°s 5-6, octobre-décembre 1989, p. 17.

phe », vice-président de la confédération. C'est le premier signe de la présence de ces « nostalgiques » qui vont, tout au long de l'affaire, apparaître au second plan. Ce curieux personnage, ancien officier, ancien militant OAS, avait dû s'exiler au Canada. A son retour, il était devenu responsable du foyer installé par le comité Parodi à Montfermeil. Christophe est un proche d'Eugène Ibagnez, responsable de l'USDIFRA (Union syndicale de défense des intérêts des Français rapatriés d'Algérie) qui, chaque année, rassemble dans son domaine de Tourves (Var) près de 10 000 rapatriés du Sud-Est. Raymond Forzy, président national des comités de défense des agriculteurs rapatriés, débarque lui aussi à Bias le lundi 12 mai.

Tout le mois sera ponctué de manifestations : accès barrés, standard bloqué, occupation des locaux administratifs, grèves scolaires, grève des employés de l'atelier d'ergothérapie et des employés algériens du camp.

L'agitation gagne rapidement Saint-Maurice-l'Ardoise, où Laradji et Christophe se sont rendus dans l'après-midi du lundi 19 mai. En fin de journée, accompagnés d'une cinquantaine de jeunes, ils envahissent le bureau du directeur, François Langlet. Ils préconisent l'occupation des locaux administratifs et revendiquent la fermeture des écoles communales sises à l'intérieur de la cité jusqu'à ce qu'une commission, à l'échelon du ministère de l'Intérieur, vienne à Saint-Maurice-l'Ardoise pour discuter de la suppression du camp. A partir du 22 mai, le camp est organisé en bastion gardé par des jeunes en armes postés à l'entrée et aux points hauts de la cité. Les bureaux sont saccagés, les archives détruites. L'occupation se prolongera jusqu'en juin.

A Bias, le mouvement s'est apaisé le 20 mai. Les CRS ont fait évacuer les locaux administratifs et occupent le camp durant une semaine ; quant au préfet, il a nommé une commission d'enquête sur la situation des habitants de Bias. Parallèlement, on apprend que le SFM est momentanément déchargé de toute tutelle au profit d'une « commission interministérielle permanente pour les rapatriés d'origine nord-africaine », présidée par le ministre de l'Intérieur Michel Poniatowski et avec pour vice-président Mahdi Belhaddad[43]. Créée le 13 mai 1975, elle tient sa première réunion

---

43. Kabyle, bien que né dans l'arrondissement aurésien de Batna, mutilé de guerre, officier de la Légion d'honneur, médaillé militaire, caïd des services civils, Mahdi Belhaddad avait été nommé en mars 1957 sous-préfet hors cadre. Chargé de mission au cabinet de Maurice Papon, préfet de Constantine à l'époque où Robert Lacoste était gouverneur général, Belhaddad était le seul sous-préfet arabe sur les trente-sept que comptait alors l'administration française. En 1958, il fut nommé à la sous-préfecture d'Aïn Beida (*cf.* COURRIÈRE Y., *L'Heure des colonels*, *op. cit.*, p. 303-306).

le 16 juin. Succédant à la commission dirigée par Mario Benard, elle n'est qu'un des premiers maillons de l'interminable série de commissions régulièrement chargées, jusqu'à aujourd'hui, d'examiner et de régler, « une bonne fois pour toutes », les problèmes des anciens harkis.

• *Juin-juillet 1975*

Le 18 juin, prise d'otages au Conseil d'État : le colonel Deluc (d'abord rattaché au cabinet de François Missoffe, il avait pris la suite du colonel Schoen au comité Parodi) et la secrétaire du Comité étaient séquestrés durant quelques heures au siège de l'association. L'action parvint à retenir l'attention des journalistes... et des services de la préfecture de police.

19 juin, 16 h 30 : quatre jeunes revêtus de cagoules, armés de fusils de chasse à crosses et canons sciés et de cartouches de dynamite envahissent la mairie de Saint-Laurent-des-Arbres. Ils prennent en otage deux secrétaires de la mairie et le directeur de la cité. Forcés de téléphoner aux radios et à divers journaux, les otages expliquent qu'ils ne seront libérés que sous réserve que les pouvoirs publics acceptent de donner satisfaction aux revendications des harkis. Les deux femmes sont libérées au bout d'une heure. Le directeur devra attendre jusqu'au lendemain.

3 juillet : *Le Midi libre* publie un communiqué de M'hamed Laradji incitant à la désertion les fils de harkis présents sous les drapeaux et à l'insoumission les futurs appelés.

Si les événements de 1975 connurent leur ampleur maximale dans les camps de Bias et de Saint-Maurice-l'Ardoise, l'agitation touche aussi les hameaux forestiers. C'est notamment le cas du Logis-d'Anne dont la centralité géographique facilite le contact avec les autres réserves. Ce même mois de juillet 1975, les locaux du service d'encadrement du hameau sont occupés par les résidents qui exigent le départ des militaires. On se souvient qu'en 1972, à la suite des démarches des familles entassées dans des logements vétustes et exigus, la Sonacotra avait promis de construire une cinquantaine de maisons individuelles. Renouvelée en 1974, la promesse n'était toujours pas tenue en 1975, alors que les travaux étaient prévus pour la fin du premier semestre 1974. Une réunion avait eu lieu à la mairie de Jouques le 14 avril 1975 en présence du préfet, du maire, et de divers autres représentants des pouvoirs publics. Une délégation de la population du hameau y exposa les revendications qui seront au cœur de l'explosion de juillet : conditions de logement (« Des logements dans un état déplorable, exigus, des familles de dix personnes vivant dans trois pièces »), difficultés de l'emploi (« Le racisme des employeurs vis-à-vis des Français-Musulmans »), absence d'équipements collectifs (« Il n'y a même pas la possibilité de téléphoner en cas d'urgence »). La délégation se plaint en outre du service administratif, réclamant déjà le départ des militaires et la suppression du caractère privé de la cité. Elle souligna enfin que les harkis sont « bien mal récompensés des services rendus à la France pendant la période de guerre ». Renouvelant la traditionnelle assurance de leur compréhension, les représentants des pouvoirs publics expliquèrent que le permis de construire avait été enfin obtenu le 5 novembre 1974 pour trente et un logements, promirent de s'employer à ce que les chefs d'entreprise de la région donnent « la priorité aux anciens harkis », et conseillèrent enfin aux chefs de famille de « changer de résidence pour se rendre dans la région de Lodève ou ailleurs, où il y a plus d'espoir pour l'emploi et aussi de meilleures conditions de logement[44] ». Cette volonté de redéploiement sapant toute tentative de réhabilitation, trois mois après la réunion rien n'avait été entrepris. Il fallut la révolte de juillet 1975 pour qu'en septembre les travaux s'engagent au Logis-d'Anne.

• *Août 1975*

Ada Kradaoui a quarante ans. Cet ancien harki s'est retiré à Albi, après une carrière plutôt tumultueuse. Au tout début de la guerre, il militait au MNA. A la différence de ceux de ses compagnons qui rallièrent le FLN, Kradaoui rallia l'armée française. Il y devint, semble-t-il, un auxiliaire technique précieux, ayant ses entrées à l'état-major et comptant le général Vanuxem, vieille figure de l'extrême droite, parmi ses amis. Après le cessez-le-feu, sa voie est tracée, il rejoint l'OAS...

Le 5 août 1975, Ada Kradaoui se présente au commissariat et porte plainte pour enlèvement et séquestration. Son fils, Borzani, est parti en vacances avec sa mère en Algérie. La mère est rentrée seule ; conformément à la réglementation douanière algérienne, l'enfant n'étant pas en possession d'une autorisation paternelle de séjour à l'extérieur des frontières françaises sera, en attendant cette autorisation, laissé à la garde de sa famille algérienne.

Le jour même, l'UDISFRA entreprend des démarches auprès des « pouvoirs publics », tandis que la CFMRAA appelle « tous les Français-Musulmans à se mobiliser pour répondre à la provocation dont ils font l'objet ».

---

44. ABI SAMRA M. et FINAS F.-J., *Regroupement et dispersion...*, *op. cit.*, p. 104-105.

Dans la nuit du mercredi 6 août, quatre ouvriers algériens de l'usine Keller-Lelleux de Bagnols-sur-Cèze sont enlevés dans un foyer (situé à deux kilomètres du camp de Saint-Maurice-l'Ardoise) et retenus prisonniers.

Exigence du commando, dont Laradji s'est fait le porte-parole : « Les otages seront relâchés lorsque le jeune Borzani sera rendu à ses parents, qui résident à Albi. » On retrouve très vite un langage familier au temps de la guerre d'Algérie : « Des représailles sont à prévoir, déclare un délégué régional de l'UDISFRA, il faut s'organiser, le FLN ne va pas laisser passer ça. » Quant à Me Bousquet, du barreau d'Albi, défenseur des harkis, il affirme : « Ils sont chauds comme des lapins. Si Ada Kradaoui et sa femme n'ont pas retrouvé leur fils dans un délai de quatre heures, ils entameront des actions qui risquent de surprendre. »

Le vendredi 8 août, l'enfant débarque d'un avion en provenance d'Oran, et à 19 h 40 les otages sont remis par le commando entre les mains de MM. Laradji et Ibagnez, puis libérés. Le calme semble revenir à Saint-Maurice-l'Ardoise, et M'hamed Laradji quitte le camp.

Trois jours plus tard, une voiture le dépose, en compagnie de Christophe, à Bias. Entourés d'un groupe de harkis masqués et armés de fusils de chasse, ils occupent le centre administratif du camp, du lundi au mardi matin. « Notre confédération est la seule à réunir musulmans et pieds-noirs, dit Laradji. Jamais le gouvernement n'a voulu discuter avec nous, le gouvernement veut la disparition des camps, nous aussi, mais nous voulons être associés à la mise en œuvre de cette disparition. Nous voulons participer au reclassement des familles hébergées dans les camps. »

Cerné par les forces de l'ordre dès 5 h du matin, le commando accepte de déposer les armes, à la seconde sommation, lorsque les CRS commencent à pénétrer sur le terrain de sport du camp, avant d'aller négocier à la préfecture.

La composition de la délégation parle d'elle-même : Laradji et Christophe (CFMRAA), Selsis et Ribes (Front national des rapatriés), Di Constanzo (délégué régional USDIFRA), Magnani (UCDAR), Gasmi (représentant les « pensionnaires » de Bias), Mayou et Seraiche (représentant les harkis de Haute-Savoie et du Var) ; quatre harkis, cinq pieds-noirs. « Je tiens à vous dire, déclare Christophe à la fin de la réunion, que nos maquis sont prêts à entrer en action. Ce n'est qu'un armistice... »

Il faudra attendre le 16 août pour que se joue le dernier acte. Ce samedi-là, Djelloul Belfadel, secrétaire de l'Amicale des Algériens en Europe pour la région stéphanoise, se rend d'Unieux où il réside, à Firminy, pour y faire des courses. On retrouve bientôt son véhicule abandonné sur un parking. Quant à Djelloul Belfadel, il se retrouve dans une des baraques du camp de Bias, face à M'hamed Laradji, dans le rôle de l'indispensable négociateur, et Christophe dans le rôle de l'inévitable baroudeur : « Si une tentative est faite pour reprendre l'otage par la force, il sera abattu. » Cette fois, le commando exige que « la France négocie avec l'Algérie le rapatriement des familles de harkis restées en Algérie et la liberté de circulation entre les deux pays pour tous les harkis ».

Le scénario est maintenant rodé. Le préfet arrive sur les lieux le 18 août. Des entretiens ont lieu, à huis clos, avec Laradji. Le camp est bouclé, survolé par un hélicoptère et, vers 17 h 30, c'est le dénouement : Djelloul Belfadel est libéré et les ravisseurs s'enfuient. Le 19 août, Michel Poniatowski, ministre de l'Intérieur, reçoit M'hamed Laradji, tandis que le Front national des rapatriés, dont le siège est à Lyon et qui, lors de sa fête annuelle à Loyette, dans l'Ain, regroupe entre 4 000 et 8 000 pieds-noirs, fait connaître « sa solidarité active avec les harkis ». Quant à René Caboz, il déclare à Thionville au nom du FNRFCI que, « pour un harki retenu en Algérie, quatre Algériens périront ».

Au total, si tout au long de cet épisode, la présence des nostalgiques de l'Algérie française se fit sentir tant physiquement qu'idéologiquement (à tel point, peut-on lire dans la presse, « que l'on se demandait parfois si c'étaient les harkis ou les pieds-noirs qui tenaient les commandes effectives[45] »), il ne faut pas oublier pour autant que la révolte prend aussi racine dans une inquiétude légitime suscitée par les rumeurs de fermeture du camp qui courent depuis quelques années. Que vont devenir les quatre-vingt-treize familles du camp ? Telle est une des nombreuses questions sans réponse qui agitent alors les « pensionnaires » de Bias.

---

45. *La Dépêche du Midi*, 13 août 1975.

12

Le nouveau discours de l'État : mobilité et dispersion

Après « l'été des dupes », l'heure est à la dilution du « problème harki ». La révolte de 1975 conduit à la dislocation du dispositif institutionnel mis en place en 1962 pour gérer le « reclassement » des anciens supplétifs présents sur le territoire métropolitain.

Le Conseil des ministres du 6 août 1975 définit une politique de déconcentration qui met fin à la fois au contrôle militaire et aux procédures d'assignation des anciens supplétifs dans les camps et dans les hameaux forestiers. On annonce que les cités d'accueil seront supprimées fin 1976.

Sur le plan du discours, le tournant semble être de taille, le stéréotype du harki, élaboré en 1962 et conforté treize années durant, subit une profonde altération. Il n'est plus désormais un nomade dont il faut contrer l'atavisme en l'immobilisant dans les camps et les hameaux. En 1975, il est devenu l'inverse : un être « crispé dans une coquille » dont il faut à tout prix l'extraire. Le discours sur « l'instabilité du harki qui le pousse à abandonner emploi et logement » — cette évidence la mieux partagée qui soit dans l'administration avant 1975 — cède la place à un discours sur « l'inertie et le grégarisme » des « Français-Musulmans »[1].

« Le système des camps favorise un instinct grégaire chez les transplantés qui empêche l'intégration », explique un ancien officier supérieur à un journaliste qui le questionne sur Bias. « Il faudrait dire une bonne fois si les Français-Musulmans sont comme tout le monde. Si oui, notre devoir est de les ''obliger'' à vivre comme tout le monde. Ce n'est pas uniquement une question

1. Abi Samra M., Finas F.-J., *Regroupement et dispersion...*, *op. cit.*, p. 109.

d'argent, c'est une question d'imagination[2]. » « Nous avons formé une sorte de colonie », ajoute le directeur de cabinet du préfet du Lot-et-Garonne. « Le mal est fait, il faut désormais éviter que les enfants perpétuent cette situation et qu'elle se fige dans le définitif[3]. » Camps et hameaux forestiers sont dorénavant décrits comme des « zones à forte concentration », des « milieux fermés » auxquels l'administration préfère les « milieux ouverts », plus favorables à l'intégration des anciens supplétifs et de leurs enfants, selon la nouvelle terminologie administrative dont Abi Samra et Finas ont montré à quel point elle empruntait au discours qui accompagna les opérations de résorption des bidonvilles[4].

Cette doctrine sera couramment réaffirmée au cours des années suivantes : mobilité et dispersion deviendront des antiennes ressassées par la droite, puis par la gauche lorsqu'elle lui succédera.

Il faut, lit-on dans le programme du RPR pour « la communauté française de confession islamique » présenté à la presse le 4 juin 1984, « éviter de constituer et éliminer progressivement les secteurs à fortes concentrations de Français-Musulmans afin de favoriser leur intégration par leur dissémination dans la population[5] ». « Nous entendons arriver au bout du traitement des zones à forte concentration », déclare en 1983 le secrétariat d'État aux Rapatriés[6]. C'est enfin Claude Évin, alors ministre de la Solidarité, de la Santé et de la Protection sociale, qui conclut le 26 avril 1989 une journée débat organisée par la Délégation aux rapatriés en affirmant : « Il est donc indispensable de garantir à nos compatriotes des conditions d'hébergement décentes, et d'autre part de favoriser la mobilité géographique, en particulier des plus jeunes, afin de rompre avec le phénomène de ghetto et de faciliter l'accès à la formation et à l'emploi. »

La réitération d'énoncés similaires à quelques années de distance est révélatrice. Si la figure « classique » du harki s'est altérée en 1975, en revanche les dispositifs sont restés stables, conformes à la logique qui dès 1962 présida à la gestion de cette population. Ils font voler en éclats les discours assimilateurs et l'identification aux pieds-noirs. D'où le rappel stérile mais constant de l'impératif de dispersion.

2. *Le Figaro*, 30 mai 1975.
3. *Ibid.*
4. Abi Samra M., Finas F.-J., *Regroupement et dispersion...*, *op. cit.*, p. 109.
5. « Programme du RPR en faveur de la communauté française de confession islamique'', 4 juin 1984.
6. Présentation par Georges Dapot de la circulaire sur le logement signée par Georgina Dufoix, ministre des Affaires sociales, et Raymond Courrière, secrétaire d'État aux Rapatriés, le 19 septembre 1985, *FMR-Le Journal*, n° 6, novembre 1985.

Nous allons maintenant tenter de pointer les manifestations d'une telle pérennité et d'en mesurer les effets. On verra comment les réserves se sont maintenues pour l'essentiel et comment, malgré la suppression du SFM, les anciens supplétifs et leurs familles furent maintenus sous une tutelle administrative spécifique, à caractère paramilitaire très marqué jusqu'au milieu des années quatre-vingt. On verra aussi comment la coexistence d'un discours centré sur la déconcentration et d'un dispositif caractérisé par la permanence d'espaces de relégation et d'une administration spécifique tend à entretenir et à accentuer la marginalisation et la précarisation de cette population sur le double plan du logement et de l'emploi. On verra enfin comment les altérations du dispositif, son assouplissement ont généré des effets pervers. L'affaiblissement de la tutelle de l'État et le transfert de ses prérogatives au profit des communes donnèrent libre cours au développement des mécanismes locaux de ségrégation, ce qui servit en retour à légitimer le maintien de dispositions spécifiques censées contrecarrer les effets de cette ségrégation. Par ailleurs, le désengagement de l'État ayant coïncidé avec l'essor du mouvement associatif, la constitution de réseaux clientélistes nationaux et locaux vint se substituer en partie au dispositif officiel dont le champ d'action s'était rétréci. Après, et parallèlement à la tutelle, la clientèle constituera le second mode de gouvernement de cette population.

Du camp de Bias au « Hameau d'Astor »

Juin 1985 : dix ans après il y a toujours un camp à Bias et les bulldozers n'y sont pas parvenus à entretenir la fiction d'une dissémination.

Le soir tombe lentement, la chaleur se fait moins écrasante, et les cris des gosses de Bias moins aigus. A l'évocation de l'après-1975, Hocine Abèche est amer : « On nous avait dit, après la libération de Belfadel, que le camp serait rasé, comme celui de Saint-Maurice-l'Ardoise, et que nous serions relogés dans des conditions décentes. En vérité, ce qu'ils ont baptisé fermeture, c'est un tour de passe-passe administratif : le CARA a été officiellement supprimé le 31 décembre 1976, l'État a supprimé tout crédit d'entretien, terrains et bâtiments ont été vendus par le ministère à la municipalité qui a rebaptisé le tout "Hameau d'Astor". Le camp de Bias n'a donc pas été supprimé, il a été municipalisé et il a changé de nom. Serge Dubois, le maire de Bias, a triomphé, lui qui disait toujours que ce camp, échappant à la tutelle de sa commune, constituait "un État dans l'État". Quant à nous, moutons on était, moutons on est resté. Nous avons été en partie dispersés. Le sous-préfet est venu s'installer à Bias pour examiner notre situation "famille par famille". L'alternative était simple : "Si vous ne partez dans les plus brefs délais, on va vous supprimer tous les avantages : l'eau, l'électricité et les logements gratuits, c'est terminé." Par contre, si on acceptait de dégager, on nous promettait : un million d'anciens francs (6 000 F pour les célibataires), trois ans de gratuité pour nos futurs logements et un emploi. »

La moitié des six cents occupants du camp a déménagé entre août 1975 et octobre 1976. Nombre d'entre eux vont rester dans le Lot-et-Garonne : Condat (à proximité de Fumel et de son usine : la PAM), Miramont-de-Guyenne (il y restait quelques emplois dans l'industrie de la chaussure), Casseneuil (avec ses conserveries). A Casseneuil, on dit des quarante-neuf familles d'anciens supplétifs installés dans une cité HLM qu'« elles ont été libérées du camp ». Mais personne n'est dupe : « A Casseneuil, quand tu demandes un logement et que tu t'appelles Omar ou Mohamed tu atterris obligatoirement ici, dans le "HLM des Arabes", à ne pas confondre avec ceux des Français ».

Il y eut peu de départs vers Villeneuve, déjà « saturée » par des déménagements antérieurs. Un groupe important se retrouve au sud du département, à Buzet-sur-Baïse, pour y vivre « en vertical », ce qu'ils avaient connu sur un plan horizontal à Bias : « Des HLM dégueulasses, vétustes et insalubres, abandonnées par les Européens, à l'écart du village de Vianne. » Il y eut quelques reclassements à l'extérieur : des pieds-noirs de Mourenx (Pyrénées-Atlantiques) vinrent chercher une dizaine de familles, dans le but de les installer à proximité du gisement de Lacq. Et enfin quelques reclassements individuels « en famille » ou chez des amis, à Montauban, dans les Pyrénées, etc.

Au bout du compte, il ne resta plus sur le camp que les plus vieux, les plus handicapés, les plus « inadaptés », ainsi que les enfants, très nombreux. Au total, près de trois cents personnes.

Des logements ayant été libérés, la commune revendit la moitié du terrain à la société de HLM de Villeneuve, qui s'engagea à y construire trente-trois pavillons. Un matin, des bulldozers pénétrèrent sur le camp et abattirent près de la moitié des baraques. Une entreprise devait venir récupérer le bois, elle n'en retrouva pas : les hivers sont rudes dans le Villeneuvois. Lors d'une réunion, tenue courant 1980, il semble qu'on ait promis aux futurs occupants des pavillons les avantages dont bénéficièrent ceux qui quittèrent Bias en 1976 : le million et la gratuité durant trois ans. Les travaux terminés en mai-juin 1983, les clefs furent remises en novembre.

On transféra dans les pavillons tous les harkis demeurés sur place et qui avaient des enfants. Pour les célibataires, les veuves et les vieux ménages, on verrait plus tard... L'office de HLM n'avait consulté personne et on construisit surtout des T6. On dit, sur le camp, que le maire pensait à l'avenir : ces pavillons pourraient toujours servir à loger des cadres moyens... lorsque les harkis seraient partis.

En attendant, ils occupèrent les nouveaux logements sans contrat de location, ignorant le montant du loyer et des charges, persuadés qu'ils seraient logés gratuitement, comme ils l'avaient toujours été. Lorsque les quittances tombèrent, les retards de paiement commencèrent à s'accumuler. Ils étaient nombreux à toucher d'importantes APL, ce qui réduisait le loyer global d'un T6 (2 400 F par mois) à une somme dérisoire (50 à 60 F). Mais il restait les charges souvent difficiles à payer : lorsque la réserve de bois récupéré sur les baraques démolies fut épuisée, ils coupèrent du bois autour du camp pour chauffer ces maisons, trop grandes et mal isolées. Durant l'hiver, la température y descendait souvent à 3° ou 4°. Il restait aussi quelques cas de veuves occupant un T6 avec deux ou trois enfants et sans APL. Bref, la dette s'accumula (de 8 000 à 11 000 F, suivant les cas) et vinrent les assignations à comparaître et les menaces d'expulsion qui donnèrent lieu, le 28 janvier 1985, à une grève de la faim de trois jeunes du camp : Mohamed Rafa, 30 ans ; Ali Slifi, 25 ans ; Aïssa Machi, 19 ans.

Et puis, à quelques mètres des pavillons neufs, baptisés « Cité Paloumet », s'élèvent toujours les baraquements du « camp d'Astor », sans sanitaires, sans volets, sans hygiène, de plus en plus délabrés. « Des logements parfaitement insalubres », dit le médecin affecté depuis 1970 au dispensaire du camp ; « les douches collectives sont restées en panne pendant un an ». « On ne va pas entretenir des locaux promis à la destruction », répond le maire, « de toute façon, si les logements sont infects, c'est parce que ces gens-là vivent comme ça, ils n'entretiennent pas. Pourtant les aides ménagères viennent donner un coup de main[7]. »

« Ces gens-là » sont une cinquantaine, moitiés célibataires, moitié couples de vieillards. Curieux célibataires dont on ne supportait déjà pas, avant 1975, la libre circulation dans le camp et à qui on avait assigné des trajets déterminés, pour les éloigner des

7. *Libération*, 11 février 1985.

femmes et des enfants. Seuls purent y échapper les harkis libérés en 1969 par le gouvernement algérien, du moins ceux d'entre eux qui avaient été émasculés. Cantonnés à l'écart, dans la même baraque, ils furent dispersés dans tout le camp après les départs de 1976, puis regroupés à nouveau lors de la construction des pavillons.

Ils sont vingt-cinq à loger dans une seule baraque, « le bâtiment des célibataires ». Électricité et petit bois sont offerts « gracieusement » par la mairie ; mais dans de telles conditions d'hébergement, l'utilisation de poêles présente d'incontestables dangers.

André Merlet est prêtre-ouvrier. Arrivé au camp en 1973 comme aide-ménager pour le groupe des célibataires, il a participé au montage d'un atelier d'ergothérapie qui fut ouvert aux « célibataires » le 20 mars 1975. « En fait de célibataires, dit-il, ils ont le plus souvent femmes et enfants, mais de l'autre côté de la Méditerranée. Des enfants qui viennent parfois les voir. A l'origine, nous avions pensé créer un atelier protégé. Ils auraient été payés au SMIG et nous n'aurions pas payé de charges. Mais comme il s'est avéré que la rentabilité aurait été insuffisante, on s'est tourné vers l'atelier d'ergothérapie. Prévu au début pour les seuls célibataires, ouvert ensuite aux pères de famille qui en faisaient la demande (à condition que l'effectif total ne dépasse pas vingt personnes), l'atelier accueille également depuis deux ans quelques-uns des pensionnaires du camp internés à l'hôpital psychiatrique de la Candélie, près d'Agen. »

Tous fabriquent des espadrilles et chacun des employés touche une aide municipale de 30 F par jour complétant le « pécule » (soit la valeur de cinq timbres). Quant à leurs autres sources de revenu, ils peuvent au mieux compter sur la retraite vieillesse à partir de soixante ans, l'aide aux infirmes (très peu en bénéficient, les démarches n'ayant souvent pas été faites) et la pension militaire (presque tous ont obtenu la carte de combattant depuis 1981).

André Merlet se souvient qu'en 1973, certains célibataires n'avaient que 200 F par mois pour vivre. Cela dit, à âge égal, il y avait sur le camp de fortes différences de revenu, certains, en nombre très réduit, percevant de 7 000 à 10 000 F par trimestre.

L'atelier remplit aussi une autre fonction en servant de refuge pour les jeunes qui s'y retrouvent fréquemment l'après-midi, avec tous les problèmes de cohabitation que cela pose. A. Merlet s'en montre préoccupé : « Il y a quatre ou cinq ans, les jeunes voulaient une salle de jeu, les vieux s'y sont opposés parce qu'ils étaient malades et que le bruit les aurait dérangés. Même attitude lorsque les jeunes ont voulu monter un bar. » Son opinion rejoint ici celle de Hocine Abèche : « C'est une absurdité totale d'avoir construit ces pavillons parce que ça a fixé sur le camp des familles qui auraient pu le quitter. Ou bien, les jeunes partent et leurs parents se retrouvent seuls dans des maisons trop grandes et qu'ils ne peuvent payer. Ou bien, après un séjour en ville, ils reviennent pour s'incruster définitivement. Un jeune géomètre était venu d'Algérie pour sauver son père, disait-il ; le sortir du camp... Finalement, c'est lui qui a été bouffé, absorbé, anéanti par le camp. Depuis trois ou quatre ans, il travaille à droite ou à gauche, de temps en temps, vivant d'expédients. »

En construisant la « Cité Paloumet », au lieu de ne laisser sur le camp que l'atelier, le dispensaire et une maison de repos pour les vieux dotés d'une cantine, d'une assistance sanitaire, pourvue en personnel d'entretien, on a suscité une situation où la cohabitation entre générations devenait à la fois inévitable et conflictuelle. Inévitable, parce que ces vieux qui ont déjà leur caveau dans le cimetière de Bias ne quitteront le camp que les pieds devant. Conflictuelle, à cause du tapage des jeunes chômeurs qui dorment le jour et vivent la nuit, à cause aussi de tous les chiens qu'élèvent les gens depuis 1975, depuis qu'ils ont peur des cambriolages.

« Il y en a qui refusent d'aller à l'hôpital de peur de voir leurs meubles disparaître. Tous ces célibataires sont armés et certains d'entre eux dorment même avec la lumière allumée et le fusil au pied du lit. Il y a deux ans, durant la nuit, un vieux a tué son meilleur ami. Il est étonnant que ce genre de drame n'ait pas été plus fréquent ; de toute façon, il y a de moins en moins de monde ici pour désarmer les conflits. »

Le vieux Youssef tourne autour du bâtiment des célibataires en pleurant. Youssef pleure tout le temps et nul n'en a jamais su la cause. Pleure-t-il les petites humiliations ? Ou bien la dépendance à l'égard des siens ? Pleure-t-il vingt-trois années de camp ? Ou plus simplement cette peur qui ne le quitte pas un seul instant dès qu'il est réveillé et ces drôles d'images du passé qui viennent hanter ses rêves lourds et opaques ?

Youssef ne parle plus depuis longtemps, il pleure. C'est ainsi.

Le maintien des réserves

En apparence, la « déconcentration » de Saint-Maurice-l'Ardoise fut plus radicale qu'à Bias puisque les bulldozers vinrent y raser le camp. La réalité est sensiblement différente.

Lorsqu'en Conseil des ministres, le gouvernement décida le

6 août 1975 que la cité d'accueil serait définitivement fermée le 31 décembre 1796, la population de Saint-Maurice-l'Ardoise s'élevait officiellement à 744 personnes (108 hommes, 140 femmes et 496 enfants et adolescents de moins de dix-huit ans), auxquels il faut ajouter une bonne quarantaine de jeunes gens et jeunes filles de plus de dix-huit ans « qui ne devraient plus normalement bénéficier d'un hébergement gratuit[8] ».

Les premiers départs ont lieu le 8 août 1975. L'école communale est fermée le 26 juin 1976 et l'infirmerie le 30 juin 1976. Les bâtiments libérés sont rasés au fur et à mesure du départ de leurs occupants. Une petite dizaine de familles résistent jusqu'au bout et sont évacuées sur intervention de la préfecture qui a fait couper l'eau. Les derniers résidents quittent le camp le 22 octobre, et un mois plus tard il ne reste plus trace de ce qu'avait été Saint-Maurice-l'Ardoise.

Cela étant, les trois quarts des familles se sont réinstallées dans le Gard, à commencer par Saint-Laurent-des-Arbres, mais aussi à Pont-Saint-Esprit, à Bagnols-sur-Cèze dans le quartier de la citadelle, à Alès, Saint-Florent-sur-Auzonnet, Dourbies, Laudun, Saint-Geniès-de-Comolas, Montfaucon, Roquemaure, Beaucaire, Vauvert et Nîmes. Certes, on en trouve également dans les départements limitrophes du Gard, de l'Ardèche, des Bouches-du-Rhône et du Vaucluse. Mais comme Saint-Maurice-l'Ardoise se trouve aux confins du Gard et de ces départements, ces familles ne vivent souvent qu'à quelques kilomètres de la cité d'accueil détruite.

La situation du Logis-d'Anne illustre également les limites de la politique de déconcentration mise en œuvre après 1975. Outre les travaux de rénovation de la « cité du haut » annoncés et différés durant quelques années, le programme de résorption prévoyait l'attribution à des familles de la cité de trente logements dans les ZAC de Jouques et de Peyrolles dont la création était projetée. L'édification de classes maternelles, primaires et d'une cantine à Jouques, le transfert des classes du Logis-d'Anne devaient inciter les familles à quitter la cité pour se rapprocher du lieu de scolarisation de leurs enfants. Il était en outre prévu d'interdire aux familles d'anciens supplétifs toute nouvelle attribution de logements au Logis-d'Anne, tout particulièrement aux jeunes mariés de la cité. Enfin, les familles étaient incitées au départ à la fois par un dispositif d'aide au relogement et par le personnel socio-éducatif qui, selon Abi Samra et Finas, « travaille inlassablement dans ce sens[9] ».

---

8. Heinis A., *L'Insertion des Français-Musulmans...*, *op. cit.*, p. 288.
9. Abi Samra M., Finas F.-J., *Regroupement et dispersion...*, *op. cit.*, p. 112.

Dans les faits, les futurs locataires de la « cité du haut » refuseront durant plusieurs semaines de s'y installer, pour protester contre la qualité déplorable du bâti. A Peyrolles, le projet de ZAC fit long feu et si, à Jouques, elle fut construite, les quinze familles qu'elle devait théoriquement accueillir en 1975 virent leur nombre réduit à dix en 1977. Finalement, la ZAC n'en accueillit aucune. « L'office de HLM, peu soucieux de prendre en charge des familles "lourdes", fait valoir certains quotas qui lui interdisent d'accepter des Français-Musulmans dans les environs de la cité et fait des propositions de relogement dans certaines zones très éloignées des lieux où travaillent les chefs de famille[10]. » Pour couronner le tout, le transfert des classes est également remis en question. La mairie de Jouques est plus que réticente à en assumer les charges financières et les conséquences sociales. Si bien que deux classes seulement sont transférées en 1983.

Bias, Saint-Maurice-l'Ardoise, le Logis-d'Anne : ces trois exemples démentent la thèse officielle, reconduite de 1975 à nos jours, suivant laquelle il n'existerait plus ni cité d'accueil ni hameau forestier. Ce qui a disparu, c'est un certain type de tutelle. En revanche les réserves se sont maintenues. Camps et hameaux ont disparu sur le papier, ils continuent d'exister géographiquement et socialement. Leurs habitants continuent d'y revendiquer qu'on prenne enfin en compte leur enracinement dans ces lieux.

Dans le seul département du Var, là où durant les années soixante-dix on dénombrait le plus grand nombre de hameaux forestiers, Anne de Lanversin relevait qu'en 1987, 20 % seulement des familles résidaient en dehors des hameaux forestiers[11].

Les obstacles sur lesquels vinrent rapidement buter les politiques de déconcentration et de dispersion tiennent d'abord au poids du fait communautaire ; à la volonté de préserver un enracinement acquis au prix de quinze années d'une vie commune de relégation. Mais ils tiennent également aux politiques locales ; les municipalités des communes d'accueil et leurs administrés sont en effet généralement hostiles à la déconcentration, sauf s'ils ont la certitude qu'elle éloigne définitivement les anciens supplétifs de ces communes.

Réticentes à l'installation des camps et hameaux entre 1962 et 1964, les communes « d'accueil » prirent ensuite ombrage de l'existence d'enclaves échappant à leur juridiction. Jusqu'en 1975, elles

---

10. Abi Samra M., Finas F.-J., *Regroupement et dispersion..., op. cit.*, p. 113.
11. De Lanversin A., *Étude d'une communauté de harkis à Saint-Maximin - La Sainte Baume*, mémoire IEP, Paris, 1987.

ne cessèrent d'en réclamer l'éradication au nom de l'intégration nécessaire des Français-Musulmans dans la commune.

Dès lors que l'État abandonne et leur transmet la tutelle des réserves, leur attitude se dédouble : elles entendent bien profiter des retombées financières du transfert tout en redoutant et en tentant d'échapper aux conséquences sociales locales de la déconcentration. A l'échelle communale, la différenciation invoquée nationalement entre migrants étrangers et « Français-Musulmans » n'a guère de poids en regard du racisme antimaghrébin d'une partie de l'électorat.

Pour nombre de communes, le transfert de tutelle a été une opération fructueuse sur le plan budgétaire. A Jouques, le relogement des familles du Logis-d'Anne constitua un excellent alibi pour la perception de subventions. Celles-ci permirent à la municipalité de mener une politique d'équipement dont bénéficièrent ses autres administrés, mais dont furent exclues, sous divers prétextes, les familles des anciens supplétifs. Il faudra ainsi attendre 1985 (vingt-trois ans après la fondation de la cité) pour que le ramassage des ordures au Logis-d'Anne soit pris en charge par la commune[12].

A Bias, la mairie récupéra les salariés rétribués par le ministère du Travail et affectés au camp. Employés municipaux à plein temps, ils cessèrent d'assurer les travaux d'entretien de l'ex-CARA. Par ailleurs, ayant obtenu d'importantes dotations afin de construire de petits pavillons à la place des baraquements, elle vendit comme on l'a vu une partie du terrain à la société HLM de Villeneuve, qui se chargea de l'opération.

Les communes d'accueil lot-et-garonnaises partagent une vive suspicion vis-à-vis de l'installation à demeure de migrants maghrébins ou de « Français-Musulmans », quelle que soit par ailleurs la couleur politique des élus municipaux.

Dès octobre 1973, Charles de Cacqueray, maire de Sainte-Livrade, avait fait part de ses inquiétudes au préfet : « Il ne faut pas que ces familles viennent s'installer n'importe où et se regroupent, formant une communauté toujours distincte et occasionnant de lourdes charges pour de petites communes. » Treize ans plus tard, à quelques kilomètres de là, de l'autre côté du Lot, Pierre Mandis, le maire socialiste de Casseneuil, fait adopter par son conseil municipal les mesures suivantes : « Non à davantage d'immigrés hors CEE, pour bien s'occuper de ceux qui sont déjà inclus dans la population casseneuilloise. Pas d'admission dans les

12. *Cf.* ABI SAMRA M., FINAS F.-J., *Regroupement et dispersion...*, *op. cit.*, p. 113-114.

écoles et dans les organismes communaux des enfants de familles nouvellement arrivées[13]. » Comme Pierre Bernard, maire de Montfermeil (Seine-Saint-Denis), le maire de Casseneuil outrepasse ses pouvoirs ; aucun maire n'a pour prérogative de trier les enfants des écoles de la commune en fonction de la nationalité, du nom ou de la couleur de la peau[14].

Pierre Mandis s'explique en ces termes : « Notre dernier recensement date du 10 janvier dernier : 2 577 habitants dont 372 d'origine maghrébine (soit 14,4 %) c'est-à-dire 209 Français-Musulmans, 140 Marocains, 23 Algériens. La plupart de ceux qui travaillent n'obtiennent que des emplois saisonniers dans l'arboriculture, taille, culture et cueillette à France-Prune. De deux à cinq mois par an.

« Il est certain que la France est redevable aux Français-Musulmans qui ont choisi notre pays. Elle a fait des promesses et les tient plus ou moins, quel que soit le régime politique.

« Notre commune, qui a consenti un effort particulier en hébergeant des familles travaillant ailleurs mais ne trouvant pas à s'y loger, n'a reçu aucune aide malgré des demandes réitérées. Giscard d'Estaing nous avait donné des assurances lors de son passage en Lot-et-Garonne, elles n'ont jamais été suivies d'effets.

« Il y a certes un léger mieux depuis 1981, grâce à la délégation régionale du ministère des Rapatriés. En 1984, nous avons reçu un enseignant, soldat du contingent, qui suit la scolarité des petits Maghrébins, et la délégation s'occupe de stages ainsi que de la recherche d'emplois. Mais trop de gens restent à la charge de la collectivité casseneuilloise.

« Au départ la population n'a pas rejeté les rapatriés d'Algérie, Européens ou Maghrébins. L'arrivée ultérieure des Marocains a entraîné un surplus excessif. Des circonstances échappant à la municipalité ont provoqué un phénomène de saturation : entassement dans les HLM, commerce des marchands de sommeil, etc.

« Aujourd'hui, plus personne ne distingue les Français-Musulmans des Marocains et des Algériens immigrés. Adolescents, ceux-ci sont très mal dans leur peau du fait de la crise économique, du non-emploi et de la résurgence d'un certain panislamisme. Ceux qui ont réussi leurs études sont toubibs, officiers, ingénieurs et fonctionnaires ; ils sont partis. Ne reste que la lie. D'où en 1982 et 1983, le développement inquiétant de la petite délinquance. Dans

13. *Sud-Ouest-Dimanche*, 30 mars-5 avril 1986.
14. Voir GIUDICE F., *Têtes de Turcs en France*, *op. cit.*, chapitre 2.

le bourg, pas une famille n'est épargnée par le vol ou les dégradations.

« Nous avons accentué notre action en recrutant un animateur à temps plein ; cela a porté ses fruits, il n'y a presque plus de délits. Nous continuons à œuvrer pour une meilleure répartition de la population maghrébine, à aider ces familles à évoluer, à intervenir dans le monde du travail. Surtout pour les femmes, car c'est très important. Néanmoins, nous refusons d'aller plus loin. En raison des promesses non tenues par d'autres, la population de Casseneuil paie pour le profit d'une minorité de propriétaires, pour la plupart domiciliés hors de la commune[15]. »

Il faudra encore attendre deux ans pour que, le 9 septembre 1988, le préfet du Lot-et-Garonne exige du maire de Casseneuil que la loi soit appliquée dans sa commune et que des enfants cessent d'être rejetés des écoles[16].

Dans ces conditions, il n'est pas surprenant qu'à côté de l'État les municipalités polarisent aussi le mécontentement des anciens supplétifs.

Les effets du *statu quo*

Si la politique de déconcentration ne vint à bout ni des camps, ni des hameaux, et encore moins des cités urbaines ou des regroupements spontanés issus des filières clandestines, en revanche, elle aggrava considérablement la situation des populations qui y vivaient. Elle entretint en effet une précarité permanente, tant sur le plan du logement que sur le plan de l'emploi. De 1962 à 1975, le caractère présumé temporaire des réserves avait justifié qu'on les laissât dans un relatif abandon ; à partir de 1975, la nécessité de favoriser l'installation en milieu ouvert légitima leur abandon total.

Dans nombre de hameaux forestiers, les réhabilitations de logements promises après 1981 se verront sans cesse différées sous le prétexte qu'elles risquaient d'inciter les familles de harkis à rester sur place. La comparaison des bâtiments très délabrés du CARA de Bias avec ceux du CAFI de Sainte-Livrade — identiques mais régulièrement entretenus — illustre l'extrême dégradation du bâti qu'amène une telle politique.

---

15. Interview de Pierre Mandis par Jean-François Mezergues, *Sud-Ouest-Dimanche*, 30 mars-5 avril, 1986.
16. *Libération*, 12 septembre 1988.

A Largentière, la fermeture de l'exploitation minière au début des années quatre-vingt, la vétusté des pavillons, et la sous-industrialisation de la région mirent les vingt-cinq familles vivant dans la cité Neuilly-Nemours en difficulté. Prévue en 1982, la rénovation de la cité, qui devait s'accompagner d'une accession à la propriété des pavillons souhaitée par les résidents, est jugée inopportune en 1984, compte tenu de la dégradation de l'emploi. Quelques familles se laissent convaincre de quitter le hameau en 1985. A mesure qu'elles partent, les modules préfabriqués qui les abritaient, vieux de plus de vingt ans, sont détruits « afin d'effacer pour toujours les traces de cette cité trop longtemps oubliée », comme on dit dans les publications du secrétariat d'État aux Rapatriés[17]. Résultat : en 1990, les petits-enfants des anciens supplétifs de la DBFM jouent parmi les décombres de quelques bâtiments.

La situation est identique à Jouques. En 1981, dès son entrée en fonctions, Raymond Courrière rendait visite aux habitants du Logis-d'Anne et leur annonçait la réhabilitation imminente du site. Les études de faisabilité entreprises alors furent annulées en 1985, lors d'une réunion qui se tint à la préfecture des Bouches-du-Rhône. On considérait qu'elles entravaient la poursuite des objectifs de déconcentration[18].

En matière d'emploi, les mesures prises au milieu des années soixante-quinze sont également lourdes de conséquences. Un arrêté promulgué le 8 décembre 1975 stipule que les chantiers de forestage sont en voie d'extinction. Seule concession : dans tout le secteur sous tutelle de l'ONF, un corps d'extinction est créé pour cinq cents forestiers. L'emploi leur est garanti jusqu'à la retraite... ; mais quel avenir pour leurs enfants dans ces zones forestières où règne un sous-emploi endémique ?

A partir de 1981, en rupture avec les politiques précédentes, l'emploi est devenu la priorité des priorités, si l'on en croit les pouvoirs publics : « L'emploi des jeunes est désormais la priorité absolue de la délégation[19]. » « L'accent n'est plus mis sur l'accès au logement, qui n'est en lui-même porteur d'aucune intégration (...). Désormais la priorité est mise sur l'emploi, parce qu'une intégration complète passe avant tout par une véritable insertion profes-

---

17. *FMR - Le Journal*, n° 6. novembre 1985.
18. Voir Abi Samra M., Finas F.-J., *Regroupement et dispersion*..., *op. cit.*, p. 115.
19. Secrétariat d'État aux Rapatriés, *Vaincre l'oubli*, 1985.

sionnelle, qui participe de manière décisive à l'insertion sociale, économique et culturelle[20]. »

Dans les Bouches-du-Rhône, le Var, les Alpes-Maritimes, où l'extinction du corps des ouvriers forestiers fait peser une menace sur l'avenir des anciens supplétifs et de leurs enfants, ces déclarations n'éveillent qu'amertume et scepticisme. Selon Suzanne Janetti, maire de Rians et épouse d'un député socialiste du Var : « C'est M. Courrière, l'ancien secrétaire d'État socialiste aux Rapatriés, qui nous a fait savoir qu'il fallait mieux ne pas laisser les harkis se transmettre de père en fils les emplois de l'ONF. Cela se passe bien pourtant chez les notaires ou les commerçants. Dans le cas des familles de harkis, ce serait, paraît-il, contraire à leur intégration dans la nation, comme si le chômage n'avait pas en cela un effet contraire bien plus grand encore[21] ! »

L'opinion du premier élu de ce petit village du Haut-Var (2 500 habitants, une quinzaine de familles d'anciens supplétifs) est partagée par Moulker Nour, qui représente à Rians l'Union nationale des travailleurs français-musulmans : « Il est inadmissible que l'ONF refuse aux fils de harkis retraités de succéder à leurs pères alors que ces emplois sont confiés à des Français d'origine européenne appelés d'autres zones[22]. »

André Santini, en succédant à Raymond Courrière, avait affirmé lui aussi vouloir saisir à bras le corps le problème de l'emploi. Le but du gouvernement, déclarait-il en avril 1987, est de « donner dans chaque famille de harki, un revenu fixe au père, et d'offrir immédiatement un emploi stable à un des fils, un stage de formation, un TUC ou une affectation au service national dans la police ou la gendarmerie aux autres ». « Les Français-Musulmans croiront alors à la reconnaissance de la France », ajoutait-il[23]. Au moment même où Santini annonçait ce programme, Hamouche Zerouki et une trentaine d'autres jeunes chômeurs du Logis-d'Anne entamaient une grève de la faim. Les stages, Hamouche connaît bien. Il les pratique depuis qu'il a quitté l'école en fin de troisième, à l'âge de dix-sept ans. Il a fini par obtenir un CAP de

---

20. Benassayag M., « Pour une intégration définitive dans la communauté nationale », *Hommes et Migrations*, n° 1135, *loc. cit.* Rappelons cependant que Jacques Dominati annonçait déjà aux chefs de BIAC réunis à Cannes le 29 septembre 1978 qu'ils auraient désormais pour nouvelle mission de se consacrer activement à la recherche d'emplois pour les jeunes « Français-Musulmans » (*cf. Le Monde*, 1-2-7 octobre 1978).

21. Propos recueillis par J.-P. Péroncel-Hugoz, *Le Monde*, 25 juin 1987.

22. *Ibid.*

23. Discours d'André Santini, Tourcoing, 15 avril 1987 (voir *Libération*, 27 avril 1987).

soudeur et a travaillé durant deux ans au CEA de Cadarache comme intérimaire. Mais lorsqu'un nouvel arrivant, « Français de souche », a été embauché à titre permanent, Hamouche a bien dû se poser la question : « Pourquoi lui et pas moi ? » En 1987, il est marié, il a vingt-six ans et toujours pas de « vrai travail » : « M. Santini nous a promis vingt-six emplois dans une unité nouvelle de sapeurs forestiers, mais nous ne voyons rien venir, si ce n'est des rumeurs affirmant que certains élus ne seraient pas d'accord[24]. » Dans la commune voisine de Peyrolles où un corps de sapeurs forestiers a été créé, aucun fils de harki n'a été embauché. Pis, on a donné ce travail à des jeunes du village qui avaient déjà des emplois. De même, ni la société qui gère l'autoroute du Val-de-Durance, ni l'usine installée non loin de Jouques — au Puy-Sainte-Réparade (cent emplois créés) — n'embauchèrent un seul d'entre eux. En entamant leur grève, les jeunes du Logis-d'Anne souhaitaient obtenir une réponse claire à une question simple : « Pourquoi n'y a-t-il jamais d'emploi pour nous dans le pays ? » « Nous voulons travailler, conclut Hamouche. Pour nous c'est une question de survie[25]. »

Quoi qu'en dise André Santini, en 1987, le petit monde politico-administratif qui a en charge cette population est bien loin de se soucier de l'emploi des enfants de harkis. A l'approche des présidentielles, la seule question qui soit à l'ordre du jour est la promulgation d'un nouveau texte d'indemnisation susceptible de capter les voix de l'électorat pied-noir, et secondairement « français-musulman ». La loi 87-549 du 16 juillet 1987 allait libérer un crédit de 30 milliards de francs, étalé à raison de deux milliards de francs courants par an sur quinze ans, à partir de 1989, échéancier que les sénateurs ramenèrent à treize ans, avec une enveloppe de 2,5 milliards annuels pour les sept premières années et une priorité immédiate accordée aux plus âgés. Les anciens supplétifs avaient — on s'en souvient — été laissés pour compte par la loi du 2 janvier 1978 qui avait libéré un crédit de 19 milliards (somme comparable, compte tenu de l'inflation, aux 30 milliards alloués en 1987). Ils n'avaient ensuite tiré que de minimes bénéfices de l'article 44 de la loi de finance du 30 décembre 1986 effaçant les dettes de réinstallation, capital et intérêts compris (ce qui représentait environ 1,5 milliard de francs). Logiquement ils furent aussi négligés par la loi de juillet 1987.

Dans son article 9, elle prévoyait le versement direct aux chefs

24. Propos recueillis par J.-P. Péroncel-Hugoz, *Le Monde*, 25 juin 1987.
25. *Libération*, 16 avril 1987.

de famille ayant appartenu à des formations supplétives, d'une allocation forfaitaire de 50 000 F, portée à 60 000 F par le Sénat (à raison de 25 000 F en 1989 et 1990 et 10 000 F en 1991)[26]. Déconnectée de la dépossession du patrimoine abandonné lors de l'exil, cette allocation ne constitue théoriquement que la compensation de « préjudices moraux ». Elle n'est en principe que le complément de l'indemnisation. L'argument, on le sait, relève d'une parfaite duplicité, la grande majorité des supplétifs étant dans l'incapacité de faire valoir leurs droits à l'indemnisation.

Outre la question des préjudices moraux, un second argument fut avancé pour légitimer l'allocation forfaitaire : la nécessité d'accorder aux « Français-Musulmans rapatriés » des « avantages » comparables à ceux dont bénéficiaient les migrants dans le cadre de l'aide au retour. Le 15 avril 1987, André Santini aborde ce thème en annonçant que « le gouvernement allait allouer aux rapatriés de confession islamique une somme forfaitaire correspondant à une "indemnité morale", d'un montant comparable à celui de l'aide au retour, et qui pourrait avoisiner 50 000 F par famille[27] ». Cette démarche suscita un tollé au sein du mouvement associatif « français-musulman ». Elle n'en parvint pas moins à focaliser sur la vieille lubie de l'indemnisation l'attention d'associations qui commençaient à se saisir des questions de l'emploi.

Le samedi 30 mai 1987, se tenait à Paris un colloque national consacré aux « rapatriés d'origine nord-africaine ». Jacques Chirac, qui le présidait, avait été accueilli le matin même dans la plus pure tradition coloniale : d'anciens supplétifs vêtus de burnous blancs lui avaient offert un pur-sang... La veille, sous le nom de « rassemblement pour la dignité », des jeunes avaient manifesté de l'Hôtel de Ville à l'arc de Triomphe, clôturant ainsi une marche sur Paris entamée par cinq d'entre eux le 1er mai à Avignon. La question de l'emploi dominait largement leurs revendications et quand ils réclamaient « leur intégration dans la communauté

---

26. Loi n° 87-549 du 16 juillet 1987 relative au règlement de l'indemnisation des rapatriés ; circulaire du 25 janvier 1988. Par la suite, il fut décidé d'accélérer le versement de l'allocation forfaitaire. Le dispositif retenu, matérialisé par l'article 31 de la loi de finance pour 1987, prévoit la prise en charge, au titre de 1987, de la troisième échéance dont le versement avait initialement été prévu en 1991. La première tranche de 10 000 F fut donc versée en 1988. Initialement, cette allocation forfaitaire était destinée aux membres des harkas, GAD, makhzen, GMPR, GMS, aux auxiliaires de gendarmerie, aux membres des SAS et des SAU. Par circulaire du 18 janvier 1989, le champ d'action de l'article 9 de la loi du 16 juillet 1987 sera étendu à de nouvelles catégories : agents de renseignements, anciens militaires des forces régulières ayant quitté l'armée avant d'avoir quinze années de service, etc.

27. *Le Monde*, 17 avril 1987.

française », ils visaient d'abord « le droit de travailler[28] ». Mais lorsqu'une cinquantaine d'entre eux perturbent le colloque national et forcent la main de Jacques Chirac pour qu'un de leurs représentants puisse s'exprimer avant que le Premier ministre ne prononce le discours de clôture, c'est un son de cloche très différent qu'ils font entendre. Boussad Azni, alors présenté comme porte-parole du « mouvement national des grèves de la faim »[29], coule son intervention dans le moule de la lutte pour une meilleure indemnisation : « En nous offrant 50 000 F comme aux travailleurs immigrés qui souhaitent rentrer dans leur pays, pour qui nous prend-on ? Nous ne sommes pas des immigrés de l'intérieur. C'est 500 000 F et non 50 000 F qu'il nous faut pour compenser le dommage matériel et moral que nous avons subi[30]. »

En paraphrasant Alain Rollat[31], on pourrait conclure que si le problème des anciens supplétifs représente aujourd'hui un véritable casse-tête, c'est parce que les gouvernements successifs ont laissé les choses aller jusqu'à un point de non-retour. Et si le pouvoir gaulliste porte une responsabilité écrasante dans l'état de quasi-abandon où ces nouveaux citoyens français furent laissés de 1962 jusqu'aux années soixante-dix, les gouvernements qui lui succédèrent ne manifestèrent pas une réelle volonté politique d'éviter que les camps de regroupement ne deviennent des ghettos, les marginalisés des exclus et un dispositif « spécifique », mis en place pour les besoins de la première urgence, un régime d'assistance permanente.

A cet égard, les témoignages concordants et répétitifs de l'archive officielle dressent un bilan accablant.

1982. Selon le texte *Sept mois de réflexion et d'action*, texte émanant du secrétariat d'État aux Rapatriés, « le nombre des Français-Musulmans et de leurs enfants peut être estimé à 300 000 dont 127 000 connaissent des difficultés matérielles très sérieuses, qui les conduisent à faire appel régulièrement aux délégations régionales. Plus de 40 % de cette population, soit 120 000 per-

---

28. De même, les huit jeunes Français-Musulmans qui, du 28 janvier au 16 mars 1988, menèrent une grève de la faim à Narbonne puis à Paris où ils occupèrent l'église de la Madeleine et la Maison des Rapatriés, demandèrent « que le taux de chômeurs chez les jeunes Français-Musulmans corresponde au taux de chômage chez les autres Narbonnais » (*cf.* *Le Rappel*, n° 31, février-mars 1988). On marchera beaucoup en 1987-1988 ; Brahim Sadouni, qui avait traversé la France de Dunkerque à Marseille en 1985, entreprenait le 23 mai 1987 sa « marche des oubliés ». Il projetait de rallier Monte Cassino le 20 juillet.

29. *Le Clin d'œil*, n° 59, juin 1987.

30. *Libération*, 1er juin 1987.

31. Voir ROLLAT A., « Les oubliés de l'histoire », *Vaincre l'oubli, op. cit.*

sonnes, ont moins de 16 ans, et 22 %, soit 66 000, entre 16 et 25 ans (moyenne nationale : 23 % et 14 %).

« Les familles de Français-Musulmans sont constituées d'un nombre d'enfants élevé : cinq en moyenne, et assez fréquemment plus de huit. La situation de l'emploi chez les jeunes est catastrophique. Les études faites dans les zones à forte concentration font apparaître que 65 % des jeunes de 18 à 25 ans sont actuellement sans emploi. Pourcentage qui passe à près de 80 % si l'on prend en compte les 16 à 18 ans (moyenne nationale : 13 % des jeunes de 18 à 25 ans).

« 28 000 personnes, représentant 3 560 familles vivent dans 65 zones géographiques (23 hameaux de forestage et 42 cités urbaines) parfois totalement isolées, le plus souvent constituées de logements inadaptés à la taille de la famille, dépourvus du confort le plus élémentaire, et représentant même, pour certains d'entre eux, des risques sérieux au niveau de la sécurité. A la fin de la scolarité obligatoire, 40 % des jeunes n'ont aucun diplôme et se trouvent dans une situation d'échec scolaire total ; 15 % seulement ont le BEPC et un diplôme équivalent ou supérieur. »

1985. Georges Dapot, directeur de l'ONASEC, présente les conclusions d'une étude portant sur 5 000 jeunes : près de 75 % d'entre eux entre 18 et 25 ans sont — en milieu urbain — sans emploi. En milieu rural le taux s'élève à 59 %, pour atteindre 87 % à Bias. « Près des neuf dixièmes ont un niveau inférieur au BEPC, 10 % sont au niveau de cet examen, à peine plus de 2 % sont bacheliers. Et pour la plupart, la fin des études, souvent passées au collège dans les sections d'éducation spécialisée, ne s'accompagne d'aucune qualification[32]. »

1986. Selon André Santini, « rapatriés en métropole, ces 60 000 Français ont été le plus souvent oubliés et défavorisés. Ils sont à présent 350 000, et souffrent de handicaps qui s'amenuisent mais demeurent : habitat insalubre, absence de formation, retard scolaire, chômage pour 80 % des jeunes. (...) Le taux d'échec scolaire est anormalement élevé parmi les jeunes harkis de la seconde génération : 75 % n'ont aucune qualification, le taux de chômage approche 80 %[33] ».

1987. « D'après une étude menée en 1987 auprès des services préfectoraux, 40 % de la population RONA (soit 25 000 familles,

32. Dapot G., « L'héritage de la fatalité », *in Vaincre l'oubli, op. cit.*

33. Santini A., « Plan programme gouvernemental pour les harkis et leur famille », conférence de presse, *Le Rappel*, n° 24, septembre-octobre 1986, p. 8.

150 000 personnes) se trouvent dans une situation d'extrême précarité se traduisant par :

« — un faible niveau de revenu, parfois garanti par les seules allocations familiales,

« — des formes d'habitat groupé et souvent isolé,

« — des taux de chômage et d'échec scolaire très supérieurs à ceux constatés, à catégories socio-professionnelles et à classes d'âges égales, dans le reste de la population[34]. »

1988. Dans le rapport qu'il transmet à la préfecture des Yvelines, Marc Vaesen, agent de coordination chargé de l'emploi, relève que durant la période qui s'étend du 1er mars 1988 au 1er février 1989, sur les 141 personnes auxquelles il eut affaire, une dizaine de demandeurs d'emploi sont totalement analphabètes. Une vingtaine ne possèdent que quelques notions de l'écriture du français. 70 % des demandeurs d'emploi ne possèdent aucun diplôme dont 57 % chez les filles et 83 % chez les garçons ; 18 % seulement sont titulaires d'un CAP, dont 29 % chez les filles et 10 % chez les garçons.

1989. Il ressort des données présentées par la Délégation aux rapatriés lors de la journée-débat qu'elle organisa le 26 avril 1989 que deux tiers des « RONA » ont moins de vingt-cinq ans et que 70 % à 80 % de ces jeunes de moins de vingt-cinq ans sont sans emploi. Quant aux adultes, un sur deux n'exerce pas d'activité professionnelle stable.

1990. « Plus de 100 000 personnes sont considérées dans un état de précarité : revenu très faible, habitat groupé, chômage de 6,5 % à 8 % pour les 16/25 ans, échec scolaire de 80 % ; 4 000 à 5 000 personnes se sont maintenues sur l'emplacement des cités de transit et des hameaux de forestage, certains ne souhaitent pas en sortir pour des raisons financières[35]. »

Le nouvel indigénat

Par cette expression, empruntée à Finas et Abi Samra[36], je vise l'ensemble des organismes qui prirent la succession du SFIM/SFM après 1975 et eurent pour mission de mettre en œuvre la politique de déconcentration présentée dans les pages qui précèdent.

34. Benassayag M., Intervention lors de la journée-débat du 26 avril 1989, organisée par la Délégation aux rapatriés (*cf. Le Rappel*, n° 36, mai-juin 1989).
35. Faivre M., « Une histoire douloureuse et controversée », *art. cit.*, p. 20.
36. Abi Samra M., Fias F.-J., *Regroupement et dispersion...*, *op. cit.*, p. 109.

Si la dissolution du SFM amena la suppression des formes les plus directes de tutelle sur les hameaux et les camps, en revanche la mise en place en 1975 et 1976 de dix-sept « bureaux d'informations, d'aides et de conseils pour les Français-Musulmans » (BIAC) dans les « zones à forte concentration » signifie que le système d'assistance et de contrôle spécifique n'est plus réservé aux seules familles installées dans les réserves. Sous prétexte de démultiplication des interventions, le régime est appliqué à l'ensemble de la population « française-musulmane ». Il est notamment étendu aux jeunes générations. Corollaire : dans les zones où s'étaient constitués les regroupements issus des filières clandestines d'exil, les BIAC contrôlés directement par le secrétariat d'État aux Rapatriés se substituent aux associations proches du comité Parodi. Celles-ci se voient progressivement privées de tout moyen d'action : subventions, détachement de personnel, etc.

Très vite, M'hamed Laradji dénonça « de telles administrations qui nuisent à la reconnaissannce incontestée de la citoyenneté aux Français-Musulmans, et à une intégration progressive[37] ». Il ne fut pas le seul à critiquer les BIAC. Selon Saliha Abdellatif, un tel régime « a contribué non seulement à la marginalisation économique des Français-Musulmans, en tendant à les rattacher au quart monde », mais en outre il a été un ferment « de destructuration psychologique et sociale en substituant la mentalité d'assisté à la volonté et au désir d'entreprendre ». Si bien que « l'aliénation, l'infantilisation et la peur de l'instance qui permet, favorise ou délivre l'assistance économique sont un des phénomènes les plus marquants du milieu français-musulman[38] ». Enfin, le 30 juin 1981, une note de l'Inspection générale de l'administration établit un bilan sans indulgence des BIAC et stigmatise l'orientation partisane qui présida à la gestion des fonds destinés aux familles des anciens harkis.

A partir du 25 août 1981, le gouvernement de Pierre Mauroy promulgue divers décrets supprimant les BIAC. Raymond Courière, le nouveau secrétaire d'État aux Rapatriés, entonne le couplet rituel, maintes fois ressassé par ses prédécesseurs, sur la nécessité impérieuse d'opérer une « réorganisation des services pour rompre les anciennes structures d'assistanat et orienter les Français-Musulmans vers les services de droit commun[39] ».

---

37. *Le Monde*, 7 octobre 1978.
38. ABDELLATIF S., « Les Français-Musulmans ou le poids de l'histoire à travers la communauté picarde », *art. cit.*, p. 1824.
39. Interview dans *Le Rappel*, n° 3, novembre 1982, p. 3.

Dans les faits, la gauche reprend vite à son compte les « mauvaises habitudes » de la droite. En guise de « retour au droit commun », une nouvelle administration de tutelle voit le jour. Bien entendu, elle vise à terme sa propre disparition... comme toutes celles qui la précédèrent...

Le 9 novembre 1981, dix-neuf délégués régionaux remplacent les dix-sept chefs de BIAC. Ils sont alors placés sous l'autorité des préfets de région. Six mois plus tard, le 14 mai 1982, ils sont rattachés à une Délégation nationale à l'action sociale éducative et culturelle (terme pudique pour désigner l'aide aux harkis) dont la direction est confiée à Georges Dapot, secrétaire de la Fédération audoise des œuvres laïques depuis 1970. Une telle décision plaçait à nouveau l'administration préfectorale à l'écart des relations entre pouvoirs publics et familles d'anciens supplétifs.

Ce n'est pas tout : Jacques Chaban-Delmas avait fait décentraliser à Bordeaux la Délégation nationale à l'accueil et au reclassement des rapatriés ; Yves Guéna avait installé à Périgueux le Service des archives centrales des rapatriés ; Jean-François Poncet avait fixé à Agen le Service central des rapatriés ; Raymond Courrière — ancien sénateur de l'Aude — installa, quant à lui, le quartier général de l'aide aux harkis... à Carcassonne. Il engagea ainsi l'administration dont on lui avait confié la responsabilité sur une pente qui devait la conduire au bord d'une de ces affaires politico-financières dont la droite semblait jusqu'alors avoir seule l'apanage.

Le 11 juillet 1984, la Délégation nationale était transformée en un Office national à l'action sociale éducative et culturelle (ONASEC), établissement public à caractère administratif doté de personnalité morale et d'autonomie financière. La direction de l'ONASEC est confiée à Georges Dapot, et Georges Morin en préside le conseil d'administration. Inauguré officiellement le 11 janvier 1985, cet établissement sera chargé de mettre en œuvre la politique déterminée par le secrétariat d'État aux Rapatriés en direction des « Français-Musulmans ». « Au total, l'office emploie 311 personnes dont 166 directement salariées par lui, il vise à donner aux FMR les moyens économiques correspondant à l'exercice de leur citoyenneté : emploi, éducation, logement, formation, expression culturelle[40]. »

Édification d'un immeuble, achat d'une trentaine de voitures, encadrement souvent issu d'un recrutement « local et familial à

40. Déclaration de Gérard Bapt, député, rapporteur spécial chargé des rapatriés, Assemblée nationale, 13 novembre 1984.

Carcassonne » payé à l'échelon le plus élevé de la fonction publique, frais de mission démesurés entacheront le fonctionnement de l'ONASEC à un point tel que le successeur de Raymond Courrière jugera opportun d'en ouvrir publiquement le procès. Nommé secrétaire d'État par Jacques Chirac le 20 mars 1986, André Santini suscita une enquête de l'IGA, dont le rapport fut publié en juin. Selon l'IGA, cet établissement public chargé d'aider à intégrer dans la communauté nationale des familles qui comptent parmi les plus démunies de ce pays était aux mains d'une « caste qui s'est octroyée des avantages de carrière substantiels[41] ». Il aurait consacré la moitié de son budget à ses propres frais de fonctionnement, et aurait tendu à se transformer en une officine de propagande électorale à l'approche des législatives[42].

Un décret (n° 87-127) du 1er mars 1987 supprima l'ONASEC. Les conventions en cours, approuvées par le conseil d'administration de l'établissement dissous, furent simplement reprises par l'État. Un chargé de mission est mis en place auprès de chaque préfecture. Assisté par des délégués départementaux et par les services préfectoraux, il est chargé d'instruire désormais les dossiers dans le cadre des mesures et procédures du droit commun. Des crédits d'intervention inscrits au chapitre 37-53 des services du Premier ministre sont confiés aux préfectures pour compléter ces procédures et ces mesures. Ils correspondent aux anciennes attributions de l'ONASEC en matière d'aide au logement, de formation professionnelle, d'œuvres sociales, etc. Une partie de ces fonds est attribuée aux élus locaux par le biais de conventions (CASEC) passées avec les communes ou les conseils généraux en vue d'actions précises.

---

41. *Libération*, 24 juin 1986.

42. *Ibid.* Ce qui prit à l'époque la forme d'un mini-scandale du type Carrefour du développement fit ensuite long feu. Un accord tacite semble bien avoir été conclu entre André Santini et Raymond Courrière pour étouffer l'affaire. On peut supposer que la gestion pour le moins suspecte des fonds publics par l'ONASEC prolongeait des pratiques en usage depuis de longues années au sein de l'ADOSOM. Ajoutons que l'inspecteur qui conduisit la mission d'investigation de l'IGA se trouve être curieusement un ancien vice-président de l'ADOSOM... En fait, depuis 1969, il n'est pas une décision concernant les anciens supplétifs et leurs familles qui n'ait porté l'empreinte de ce haut fonctionnaire et ancien officier. Il est probablement l'un de ceux qui connaît le mieux la question, mais son ancienneté dans l'administration ayant la tutelle des réserves n'a d'égale que sa discrétion. C'est lui qui, en 1973, accueillant à Bias le préfet du Lot-et-Garonne préconise le modèle des hameaux de forestage comme moyen de déconcentrer le CARA. Lorsque quatre ans plus tard Jacques Dominati crée, en décembre 1977, une mission interministérielle, il en est nommé chef-adjoint et on lui confie une mission de coordination visant à la résorption des hameaux de forestage. Il figurait encore en 1991 sur l'organigramme de la Délégation aux rapatriés.

Annoncée dès 1964, et constamment réaffirmée depuis, la dissolution du dispositif officiel d'accueil et de reclassement a donc mis près de vingt-cinq ans à se réaliser : en 1964, François Missoffe, ministre des Rapatriés, parlait de la suppression imminente de son ministère. En 1967, le directeur de la DPM soulignait la volonté gouvernementale de régler « dans les plus brefs délais » les problèmes des harkis. En conséquence, ajoutait-il, le service est appelé à disparaître rapidement. De même, Michel Poniatowski, alors qu'il était ministre de l'Intérieur, prétendait préparer pour septembre 1975 des mesures conduisant « à l'intégration complète des Français-Musulmans dans la communauté nationale[43] ». Lui faisant écho, Jacques Dominati proclamait peu après que sa mission « sera terminée dans six à huit mois[44] ».

Après sa nomination en septembre 1981, Raymond Courrière s'était empressé d'annoncer qu'il ne serait ministre des Rapatriés que pour un temps très court[45]. Cinq ans plus tard, André Santini entonnait le même refrain : « L'objectif de ce ministère est de disparaître rapidement une fois l'indemnisation réalisée[46]. » Quant à Maurice Benassayag, à quinze ans d'écart, il rééditait quasiment mot pour mot le discours entendu dans la bouche de Michel Poniatowski : « L'objectif fondamental de la politique en faveur des Rapatriés d'origine nord-africaine (RONA) est son intégration définitive dans la communauté nationale[47]. » Au-delà de ces vertueuses litanies qu'un dépouillement exhaustif de la presse quotidienne aurait probablement permis de répéter presque à l'infini, il n'en reste pas moins qu'à compter de la révolte de 1975, il a fallu encore douze ans et deux rapports de l'IGA pour que disparaissent le dispositif SFIM/SFM/BIAC/ONASEC, et le secrétariat d'État aux Rapatriés.

Encore faut-il constater que si le contrôle et la gestion de la population constituée par les anciens supplétifs et leurs familles relèvent désormais des grandes administrations de l'État, ce qu'on a appelé le « nouvel indigénat » a laissé des traces profondes et persistantes.

Observons tout d'abord que les fonctionnaires qui dans chaque préfecture s'occupent de ce dossier sont les mêmes qui s'occupent des problèmes attenant aux rapatriés en général. L'affirmation

43. *Le Monde*, 21 août 1975.
44. Réunion des chefs de BIAC, Cannes, 29 septembre 1978.
45. *Le Rappel*, n° 3, novembre 1982, p.3.
46. *Le Clin d'œil*, n° 29, mai 1986.
47. *Hommes et Migrations*, n° 1135, septembre 1990.

d'une communauté de situation avec les pieds-noirs reste au cœur des catégories administratives de l'État français.

Plus significatif encore est le recours systématique aux services du ministère de la Défense sous les formes les plus diverses. Des places sont ainsi réservées aux fils de harkis dans les centres militaires techniques de Saintes (école d'enseignement technique de l'armée de l'air), d'Issoire (armée de terre, école nationale technique des sous-officiers d'active), de Saint-Mandrier (marine, école de mécaniciens) et au centre militaire de formation professionnelle du 137e RI à Fontenay-le-Comte. « Le ministère de la Défense, qui n'a pas oublié que les anciens supplétifs sont d'anciens militaires, se révèle l'un des meilleurs soutiens de l'action du secrétariat d'État », peut-on lire dans une brochure éditée en 1985 par les services de Raymond Courrière[48] : « Il accueille depuis 1978 les jeunes au sein de ses écoles militaires et techniques, formant même des personnels spéciaux pour les encadrer, mettant ainsi à leur disposition toute une infrastructure qui leur permet, en deux ou trois années d'études, de se trouver sur le marché de travail avec des CAP, d'autant plus appréciés par les entreprises qu'ils ont été préparés dans ces écoles. »

Dans ces centres, en dehors d'un enseignement général et technique « dispensé par des professseurs civils et militaires conformément aux programmes de l'Éducation nationale », les élèves reçoivent « une formation sportive et militaire sensiblement analogue à celle des appelés du contingent et une formation morale devant leur permettre d'assimiler les exigences et les contraintes élémentaires de la vie militaire[49] ». A Saintes, où à partir de 1984 les fils de harkis sont incorporés au mois d'août, afin d'accomplir un mois de formation militaire avec des fusiliers commandos, le colonel commandant l'école considère qu'ainsi « ils se sentent valorisés ». Il se félicite de « l'émulation créée par ce passage avec les commandos » qui « leur a donné, plus que les autres années, envie de travailler et d'être traités comme les autres élèves[50] ».

De même, certains appelés sont employés soit comme « éducateurs du contingent » à des tâches de soutien scolaire dans les « zones à forte concentration » (à partir de septembre 1982) soit comme « agents de coordination chargés de l'emploi » (ACCE) dont la mission est d'aider les enfants de harkis au chômage, en

48. *Vaincre l'oubli, op. cit.*

49. Circulaire du 5 septembre 1989 relative au plan d'action en direction de la communauté rapatriée d'origine nord-africaine : intervention des pouvoirs publics dans les domaines de la formation et de l'accès à l'emploi.

50. *Vaincre l'oubli, op. cit.*

collaboration avec l'ANPE (à partir de juin 1983)[51]. Il semble donc aller de soi que l'on pérennise vis-à-vis des fils de harkis le rapport « privilégié » que leurs pères entretinrent avec la chose militaire de 1954 à 1962[52].

A peine s'étonne-t-on dans la presse locale, en juillet 1988, que la DGSE puisse, vingt-huit ans après les accords d'Évian, se rendre à Bias en juillet 1990 pour tenter d'y recruter quelques supplétifs musulmans : « Que venait donc faire la DGSE dans le Lot-et-Garonne ? (...) Si nos services de contre-espionnage étaient à Villeneuve-sur-Lot hier, c'était tout simplement pour recruter (...). Hier, de nombreux harkis du camp de Bias ont, en effet, été emmenés dans les locaux de la gendarmerie de Villeneuve-sur-Lot, pour y subir des tests par les services de contre-espionnage français. Les meilleurs seront vraisemblablement embauchés comme interprètes ou consultants auprès des services secrets[53]. »

« C'est en effet une vaste opération du gouvernement d'infiltrer les milieux islamistes en France mais aussi en Algérie, afin de contrer la montée de l'intégrisme, qui fut mise au jour. (...) Le Lot-et-Garonne et sa forte communauté harkie basée dans le Villeneuvois fut choisie pour fournir les troupes nécessaires à ce genre d'opération.

« La plupart des harkis — vieux et jeunes — contactés par la DGSE, et qui furent emmenés dans les locaux de la gendarmerie de Villeneuve-sur-Lot pour y subir des tests, sont des délinquants. On peut supposer que nos services secrets ont besoin d'hommes sachant parler correctement l'arabe, mais aussi n'ayant pas froid aux yeux.

« La communauté harkie est tout indiquée pour ce genre d'emploi car l'intégrisme n'a guère de prise sur elle[54]. »

Sans commentaire...

---

51. En 1988, il y avait 120 « éducateurs du contingent » et 30 ACCE (en 1989, ces derniers étaient 42) placés dans les préfectures les plus « lourdes ».

52. Mentionnons aussi pour mémoire la mise en place à Marseille, en 1988, de stages de mise à niveau en vue des concours de recrutement de gardiens de la paix et d'inspecteurs de police, ou bien encore la réservation de places pour que les appelés fils de harkis puissent faire leur service militaire dans la police nationale, afin d'améliorer leurs chances d'intégrer par la suite les effectifs de la police ou de la gendarmerie.

53. *Le Petit Bleu*, 18 juillet 1990.

54. *Le Petit Bleu*, 19 juillet 1990.

13

Les harkis, enjeu politique

L'arlésienne du « vote harki » et l'effritement du mouvement associatif

On peut reprocher bien des choses au comité Parodi, comme un paternalisme certain ou la perpétuation d'une idéologie héritée des SAS ; mais il faut lui reconnaître son intransigeance sur certains principes. Ainsi a-t-il toujours refusé de monnayer les subventions qu'il distribuait aux associations contre la promesse de soutenir tel homme politique ou tel parti à l'occasion d'échéances électorales locales ou nationales. Ce qui lui valut à partir de 1976 une hostilité de plus en plus marquée de la part des pouvoirs publics[1].

La montée en puissance, au milieu des années soixante-dix, d'un mouvement associatif dont certaines composantes semblaient particulièrement turbulentes faisait peser une menace. Cette population qu'on avait cru, comme dans certaines localités, pouvoir aller perpétuellement chercher en bus, le matin des élections, pour la laisser rentrer à pied une fois qu'elle avait placé le « bon » bulletin dans l'urne, n'allait-elle pas cesser d'être une chasse gardée de la droite ? L'affaiblissement relatif du dispositif d'encadrement restreignait les possibilités de contrôle. Si bien qu'en avril 1978 Jacques Dominati tenta de constituer et de manipuler un lobby associatif au moyen d'une Commission nationale pour les Français-Musulmans. Il confia la direction de cette « instance de

1. WORMSER A., « Un si long chemin », *Le Rappel*, n° 37, septembre-octobre 1989.

concertation » regroupant les associations à Roland Villeneuve, chargé de mission au secrétariat d'État. Officiellement, ce dernier n'était que le vice-président de la Commission. Dans la mesure où l'essentiel des subventions échappait désormais au comité Parodi et seraient directement allouées par le secrétariat d'État, on comprend comment la Commission put servir de cheval de bataille à l'encontre des associations les plus remuantes et d'un comité Parodi trop difficilement manœuvrable. Certaines associations furent alors déclarées dans le seul but de bénéficier des mannes gouvernementales. La plupart d'entre elles s'inspirèrent de la démarche du FNRFCI, empruntée aux mouvements pieds-noirs : rappeler, et souvent grossir, la taille de la population « française-musulmane » et corrélativement son poids électoral ; s'auto-proclamer « représentatives » et « nationales », et donc capables de mobiliser la majorité des anciens supplétifs installés en France.

Dès lors, le comité Parodi allait connaître un déclin inexorable, encore accentué par deux facteurs : sous l'influence du colonel Deluc (secrétaire général) et du Secours catholique, le comité Parodi demanda aux associations qui réclamaient des subventions qu'elles donnent des preuves de leurs activités ; en outre, Alexandre Parodi, fils d'un philosophe rationaliste, se montra plus que réservé lorsque certaines de ces associations commencèrent à manifester des préoccupations d'ordre religieux.

Pour autant, l'OPA lancée par Jacques Dominati fit long feu, comme toutes celles qui lui succédèrent. Cette population qui a le droit de vote depuis 1962, forte aujourd'hui de plus de 400 000 membres (dont un tiers en âge de voter), ne constitua jamais le laboratoire d'un vote arabe docile en France. Le journaliste Nicolas Beau pouvait affirmer à juste titre, en 1985, que « le vote harki est une "arlésienne" à laquelle on ne fait même plus semblant de croire[2] ». Abdelmouma Souida a effectué une série de sondages auprès de quatre cents Maghrébins à Roubaix, Tourcoing, Lille et Mons-en-Barœuil lors des élections présidentielles, législatives et municipales de 1986-1989. Il observe que « contrairement aux Français issus de l'immigration algérienne qui adhèrent et votent massivement à gauche (essentiellement pour le PS), les Français-Musulmans sont plus partagés, voire opposés à ce sujet : la première génération vote principalement à droite, voire à l'extrême droite, la seconde génération est plus nuancée et la troisième se

---

2. *Libération*, 30 novembre et 1er décembre 1985.

comporte tendanciellement de la même manière que ses homologues du même âge[3] ».

Personne ne croit plus aujourd'hui à la capacité d'une myriade d'associations « françaises-musulmanes » à capter un électorat, ni même à leur représentativité. Combinant le recensement opéré par Gilles Kepel et portant sur la période 1972-1985 avec son propre dénombrement pour la période 1971-1978, Mohand Hamoumou dénombre 175 associations créées en moins de quinze ans[4]. Chiffre qui, dit-il, est très certainement inférieur au nombre réel d'associations déclarées (de par l'impossibilité parfois de distinguer une association à la seule lecture de son intitulé ou de son objet dans le *Journal officiel*), et très certainement supérieur au nombre d'associations en activité. De nombreuses associations cessent toute activité sans procéder pour autant à leur dissolution officielle. Malgré une représentativité locale ou nationale autoproclamée, rares sont les associations qui ont « une existence réelle et une audience véritable[5] ». Leurs adhérents ne sont jamais plus de « quelques milliers, même durant la période euphorique (1973-1975)[6] ». Qui plus est, à partir du début des années quatre-vingt, les militants abandonnent ces associations parce qu'ils sont « déçus par les promesses non tenues et las d'être considérés comme "du bétail à élection", selon les termes d'un président[7] ». « Pourquoi les gens cotiseraient-ils chez nous, on obtient rien ? », commente Ahmed Kaberseli[8].

Pour autant, loin de décroître, le nombre de créations d'associations a continué de progresser régulièrement. « Dès qu'un harki sait lire et écrire, il crée une association », dira un président à Nicolas Beau[9]. L'existence d'un nombre toujours plus élevé d'associations avec un nombre de militants toujours plus réduit traduit, selon Mohand Hamoumou, « un échec réel du combat politique des Français-Musulmans rapatriés[10] ».

---

3. Souida A., « Les "RONA" dans la cité », *Hommes et Migrations*, n° 1135, p. 64. Voir également De Lanversin A., *Étude d'une communauté de harkis à Saint-Maximin-La Sainte Baume, op. cit.*

4. Hamoumou M., *Les Français-Musulmans rapatriés. Archéologie d'un silence, op. cit.*, p. 438. D'autres chiffres ont été avancés : 200 selon André Wormser (« En quête d'une patrie : les Français-Musulmans et leur destin », *art. cit.*, p. 1843), 300 selon Pierre François de la Délégation aux rapatriés, 400 selon Saliha Abdellatif (De Wenden C. « La vie associative des harkis », *Migrations-société*, vol. 1, nos 5-6).

5. Wormser A., *art. cit.*, p. 1843.

6. Hamoumou M., *Les Français-Musulmans rapatriés..., op. cit.*, p. 440

7. *Ibid.*, p. 441.

8. *Libération*, 30 novembre et 1er décembre 1985.

9. *Ibid.*

10. Hamoumou M., *Les Français-Musulmans rapatriés..., op. cit.*, p. 441. Selon Ahmed Kaberseli, aucune association ne compte plus de cinq cents adhérents (voir *Le Clin d'œil*, n° 66, mai-juin 1989).

Parmi les causes de cet émiettement, il ne semble pas qu'il faille retenir, comme le fait Hamoumou, l'absence de l'« élite » parfaitement assimilée des « Français-Musulmans rapatriés » au sein du mouvement associatif. Certes, une bonne part de cette « élite », que tout oppose socialement aux anciens supplétifs, ne s'implique en rien dans un mouvement dont elle n'a rien à attendre. Cela étant, on a vu que les associations nationales les plus anciennes étaient aux mains d'anciens parlementaires, de notables ou d'anciens officiers algériens de l'armée coloniale. Ce sont eux précisément qui les fourvoyèrent dans le clientélisme et le chantage à l'assistance spécifique.

Plus pertinentes à mon sens sont les observations d'Hamoumou sur « la persistance de comportements issus de la période coloniale[11] » et entretenus par les années de relégation. « On retrouve chez nombre de présidents une recherche avide de gratifications symboliques ou pécuniaires pour eux et pour leurs parents, qui rappelle les agissements des caïds en Algérie. Par ailleurs, la soumission des présidents aux pouvoirs publics, leur manque d'action et leur acceptation à jouer régulièrement "les bons Arabes" à l'occasion de la visite d'un ministre ou d'un secrétaire d'État sont dignes des "Mameluks" et des "Beni-oui-oui" de l'époque coloniale[12]. »

Lorsqu'en réaction à de tels agissements, les jeunes nés entre 1945 et 1960 entreprirent de créer d'autres associations, le mouvement associatif enfla sans que la situation évolue sensiblement. A Bias, l'Association des jeunes Français-Musulmans et leurs amis avait été créée à la suite d'une grève de la faim menée en janvier 1985 par trois jeunes du camp et déclarée officiellement le 13 février à la sous-préfecture de Villeneuve-sur-Lot. Dès juillet 1985, des rumeurs insistantes entouraient l'embauche de son principal porte-parole comme employé par la préfecture d'Agen. Le coup de grâce fut porté quelques mois plus tard lorsqu'une partie des résidents du CARA, parmi les plus âgés, adressèrent au préfet une pétition dans laquelle ils se déclaraient « très indignés » par les revendications de l'AJFMA, « qui ne représente que les deux irresponsables qui la président ». Deux ans plus tard, à peine achevée la grève de la faim qu'avaient entamée une douzaine de harkis et fils de harkis lot-et-garonnais, une association de Fumel éclatait sous l'effet du conflit interne suscité par l'attribution d'une subvention et de son utilisation.

11. HAMOUMOU M., *Les Français-Musulmans rapatriés...*, *op. cit.*, p. 441.
12. *Ibid.*, p. 444.

Les mêmes causes produisant en général les mêmes effets, on peut rester sceptique quant à l'avenir du « Mouvement harki » fondé en octobre 1990 à la suite des violentes manifestations d'Agen (4 octobre) et de la prise en otage à Perpignan du chef de cabinet du préfet des Pyrénées-Orientales (6 octobre). On pouvait prévoir qu'il serait lui aussi rapidement miné par les rivalités de personnes et d'intérêts, notamment les conflits concernant l'accès à l'aide publique. Nicolas Beau souligne à quel point les « responsables associatifs, souvent jeunes, tentent sans pudeur de monnayer une influence qu'ils n'ont plus : "Gauche ou droite, on s'en fout", tranche un président. "Est politique, affirme un autre, tout ce qui permet de bouffer"[13]. »

Au total, il ne subsiste plus en 1991 qu'une poignée de « grandes » associations (sept d'entre elles bénéficient de subventions au niveau national), à côté d'une multitude d'associations interrégionales, départementales ou locales « qui souvent vieillissent et se transforment plutôt en amicales, avec des capacités de proposition faibles[14] » ; certaines d'entre elles étant financées par les préfectures selon des critères dont le moins qu'on puisse dire est qu'ils manquent singulièrement de transparence...

Dans ces conditions, les enchères de la classe politique furent à la mesure du poids réel des associations : dérisoires. « Un ballon de football pour ce candidat socialiste aux cantonales à Montpellier ; un local de deux pièces dans la banlieue de Lyon offert par la mairie à cette association qui représenterait nationalement 120 000 chefs de famille[15]. »

Dérisoires furent aussi les strapontins octroyés sur certaines listes électorales. Lors des municipales de mars 1977 à Bias, ni la « liste républicaine d'entente municipale » du maire sortant Serge Dubois, ni la « liste d'union démocratique pour une gestion sociale et humaine de la commune » ne comportent de candidats arabes. « Le retour et le maintien de l'ordre à la cité d'accueil c'est encore le résultat d'"interventions ponctuelles" et parfois énergiques... » : telle est la seule allusion que consacrent alors les professions de foi du maire à un camp où réside une partie non négligeable de ses administrés.

Lors des municipales de 1983, une poignée de candidats se manifestent. Sur sept candidats entrés en lice dans l'agglomération

---

13. *Libération*, 30 novembre et 1er décembre 1985.
14. De Wenden C., « La vie associative des harkis », *art. cit.*, p. 18.
15. *Libération*, 30 novembre et 1er décembre 1985.

rouennaise, quatre sont présents sur des listes d'union de la gauche, deux sur des listes d'opposition et un sur une liste apolitique à forte majorité de gauche. A Saint-Laurent-des-Arbres en revanche il n'y a aucun candidat... Le nombre des conseillers municipaux élus n'atteint pas la dizaine. A Grand-Couronne (10 000 habitants), où vivent entre quatre-vingts et cent vingt familles d'anciens supplétifs, on compte un conseiller municipal PC et un PS. A Paris, Aldjia Aït Ouarhab est élue conseiller d'arrondissement.

Un an plus tard, cinq des quatorze listes en compétition pour les élections européennes de 1984 présentent des candidats maghrébins (soit 8 candidats sur 1 134). Les cinq « Français-Musulmans » du lot sont portés sur les listes de la droite (comme Hadj Mohamed Laradji, dix-septième de la liste « Pour les États-Unis d'Europe ») et surtout de l'extrême droite (comme Mourad Kaouah, quatorzième de la liste « Front d'opposition nationale pour l'Europe des patries », Ali Mazaheri, Moussa et Zohra Ouchene, respectivement cinquante-troisième, cinquante-huitième et cinquante-neuvième sur les listes du Parti ouvrier européen)[16]. Le PS a refusé une quarantième place à un fils de harki.

Une légère innovation distingue les cantonales qui suivent. Si le nombre de candidats est toujours infime (15 sur 1 954 dont un POE, deux indépendants, trois écologistes et trois FN) en revanche, on trouve six d'entre eux présentés dans six cantons du département du Nord par le seul « Parti des Français-Musulmans » (PFM). Éphémère tentative de stratégie néo-politique, le PFM est l'émanation d'une association dirigée par Benziani, un notable « français-musulman » de Roubaix. Ville ouvrière (55 % contre 34 % sur le plan national), Roubaix est également la ville regroupant la plus forte concentration de population d'origine maghrébine du département. Selon le recensement de 1982, 60 % des jeunes ayant moins de dix-neuf ans sont d'origine maghrébine, dont 50,7 % d'origine algérienne, Marocains et Tunisiens résidant plutôt à Lille. Roubaix est une ville de migrants algériens et d'anciens supplétifs. Les responsables du PFM avaient calculé qu'il y avait 500 électeurs potentiels dans chacun des cantons de Roubaix et de Tourcoing où ils présentèrent des candidats. Ils obtinrent au total 695 voix sur 109 512 suffrages exprimés, soit 0,63 %. Le meilleur score fut obtenu à Roubaix-Centre avec 264 voix[17].

16. *Le Clin d'œil*, n° 30, août 1984.

17. *Le Clin d'œil*, n° 36, février-mars 1985. Selon Abdelmouma Souida, l'opération fut rééditée en 1986 dans neuf cantons. Elle apporta au PFM 700 voix environ (2 %) dont 310 à Roubaix et 152 à Tourcoing. Voir SOUIDA A, « Les "RONA" dans la cité », *loc. cit.*, p. 61.

Une petite vingtaine de candidats « français-musulmans » se présentent aux législatives et aux régionales de 1986. Les promesses qui auraient été faites laissaient, semble-t-il, espérer un nombre plus important de candidats[18]. En revanche, ils sont répartis cette fois sur toutes les listes électorales : PS (deux candidats, dont Farid Bennouar, douzième sur la liste Hernu dans le Rhône), PC (deux candidats, dont Ahmed Khenniche sur la liste Fitermann aux régionales Rhône-Alpes), UDF (Hadj Mohamed Laradji, dixième sur la liste Baudis aux régionales en Haute-Garonne ; Aldjia Aït Ouarhab, seizième sur la liste Dominati, député sortant à Paris), RPR (Embarek Kari, dix-huitième sur la liste Devaquet aux régionales Ile-de-France), CNI (Bhahim Sadouni, troisième sur la liste CNI dans l'Isère), FN (Soraya Djebbour, quatrième sur la liste FN aux régionales Ile-de-France), POE (Bentounes, ex-député d'Alger, candidat dans le Nord ; Boussouf, tête de liste UPEF — Union pour l'espérance de la France — dans le Gard[19]).

Au terme du scrutin on put dénombrer trois élus régionaux : Hadj Mohamed Laradji en Haute-Garonne (UDF), Soraya Djebbour (FN) et Embareck Kari (RPR) en Ile-de-France (ce dernier après que l'ancien ministre Alain Devaquet eut démissionné le 27 juin 1988 en application de la loi interdisant le cumul des mandats). En guise de bilan, on peut observer avec Mohand Hamoumou qu'« à ce jour, la France ne compte aucun député, aucun sénateur, aucun conseiller général qui soit un Français-Musulman[20] ».

La tentative de France-Plus

Il faudra attendre les municipales de 1989 et l'élection d'un nombre relativement significatif de conseillers municipaux maghrébins (386 selon *Le Figaro*, 506 s'il faut en croire *Libération*[21]), dont une

18. Le journal *Le Rappel* avait organisé une table ronde sur le thème « Les Musulmans-Français, présent et avenir » le 15 novembre 1985 à Paris. Selon les rédacteurs du *Rappel*, le RPR aurait alors promis d'inclure deux candidats sur ses listes (il n'y en eut qu'un) et le PS d'en inclure cinq (il n'y en eut que deux) (voir *Le Rappel*, n° 20, novembre-décembre 1985 ; et *Le Clin d'œil*, n° 45, décembre 1985).

19. Bentounes obtint 3 600 voix, Boussouf 800.

20. HAMOUMOU M., *Les Français-Musulmans rapatriés. Archéologie d'un silence, op. cit.*, p. 32.

21. Sur 571 000 élus municipaux, c'est somme toute négligeable (0,06 % à 0,08 %). En outre, pas un seul de ces élus n'est devenu maire, alors qu'il y eut au moins un maire d'origine togolaise dans une commune de Bretagne. Finalement, le seul maire d'origine maghrébine est Tayeb Aïfa — dit Jean-Pierre Aïfa — premier élu de Bourail en Nouvelle-Calédonie, un fief anti-indépendantiste...

partie sont « français-musulmans », pour que se manifestent quelques indices ténus d'une percée électorale. Encore faut-il souligner qu'elle se fit sous la bannière et dans le sillage de la « question immigrée » et que ces élus furent presque tous présentés ou revendiqués *a posteriori* par l'association France-Plus. Si bien que ce mouvement peut être considéré comme l'unique émanation politique de cette population.

Une telle assertion, qui fera probablement frémir les animateurs de France-Plus (soucieux de promouvoir avant tout la constitution d'un lobby réunissant les Français d'origine maghrébine, sans distinguer l'origine de leur installation en France, dans une perspective assimilationniste), correspond pourtant à la base sociale de ce mouvement. Elle correspond aussi, on va le voir, à son histoire, ou plutôt à sa préhistoire.

Après avoir démantelé les instances consultatives d'obédience giscardienne mises en place par Jacques Dominati, la gauche, en arrivant aux affaires, les avait remplacées par une Commisssion nationale permanente consultative de quarante membres nommés par Pierre Mauroy. Elle regroupait des représentants de tous les rapatriés. Installée le 4 mai 1982, il en émergea bientôt une « sous-commission permanente consultative » chargée des « Français-Musulmans rapatriés ». A l'instar de l'ONASEC « décentralisé » à Carcassonne, la sous-commission fut « décentralisée » à Draguignan. Sous l'influence du responsable de l'Union nationale des travailleurs français-musulmans, ses travaux débouchèrent sur la publication d'un *Livre blanc*. Mais l'OPA du PS en direction du mouvement associatif « français-musulman » se heurta rapidement à l'offensive chiraquienne sur les pieds-noirs et les anciens supplétifs. La Convention nationale des Français-Musulmans (CONAFRAM), fondée en août 1981 et regroupant une partie des membres de la Commission nationale, fut la première à entrer dans l'orbite chiraquienne. Parmi les fondateurs de la Convention, on trouvait aussi bien de jeunes responsables associatifs, tels que Moussa Abdellatif à Amiens ou Louisa Mameri à Rouen que les présidents de la première vague du mouvement associatif : Roger Khiari, Hacheni Bounini, Mahjoub Bentebria ou Mohamed Ghiatou. A l'origine, *Le Rappel*, dirigé par Kamel Kabtane, dont le n° 1 paraît en septembre 1982, était l'organe de la CONAFRAM. En 1986, le ralliement à Chirac est public : « Il nous appartient cependant dès à présent d'être solidaires d'un homme, dont nous connaissons les liens qui l'unissent à notre communauté », déclare Hervé-Frédéric Mecheri dans l'éditorial du n° 23 du *Rappel*. Embarek Kari, chargé de mission au cabinet de Chirac à la mairie de Paris, est élu au comité central du RPR en mai 1987 et prend la direction de la CONAFRAM en février 1988. Lors des présidentielles de mai 1988, il appelle bien entendu à voter pour Chirac, « un ami véritable et un fidèle soutien de notre communauté, (...) le seul capable de réaliser rapidement nos espérances pour achever définitivement notre intégration si nous voulons y prendre une part active[22] ».

Du point de vue du secrétariat d'État aux Rapatriés, ce ralliement épuisait les potentialités de la Commission nationale permanente consultative. Il fallait donc chercher ailleurs — dans la jeunesse par exemple — des interlocuteurs plus coopératifs. Comme les associations déjà constituées semblaient finalement peu fiables, on pouvait toujours essayer d'en susciter de nouvelles, vieille habitude... Avec ses délégations et ses 311 employés travaillant dans les régions, l'ONASEC était un instrument de choix pour édifier un réseau national *ad hoc*. Dalilah Chevallier et Georges Morin (président du CA de l'ONASEC et directeur du cabinet de Louis Mermaz, le président de l'Assemblée nationale) s'attelèrent à ce travail de fourmis. La tâche était d'autant plus complexe que l'opération devait aussi s'inscrire dans les rivalités de courants au sein du PS. Il convenait à la fois de contrer l'offensive chiraquienne en s'adressant à la jeunesse « française-musulmane » dans le cadre de la préparation des législatives de 1986, et de laisser la porte grande ouverte à ceux que les médias nommaient alors les « beurs » afin de contrecarrer l'influence grandissante de SOS Racisme, trop liée aux fabiusiens du PS.

Les premières tentatives avortèrent, telle l'éphémère Association des jeunes Français-Musulmans à sensibilité socialiste (AJFMSS) constituée pour partie des tucistes recrutés par l'ONASEC dans une douzaine de localités. Puis un noyau plus stable fut constitué grâce à l'appui de l'équipe de Radio Beur. Après quelques réunions en province (Montpellier, Toulouse) financées par l'ONASEC durant l'été 1985, la nouvelle association fait sa première apparition publique le 27 septembre 1985. Baptisée France-Plus, elle annonce, lors de sa première conférence de presse, qu'elle présentera vingt-deux candidats aux législatives de 1986. Comme le disent Éric Favereaux et Nicolas Beau, « le deal est clair : que les beurs et les fils de harkis fassent la preuve de leur existence et nous, socialistes, leur garantissons quelques places sur nos listes pour les conseils régionaux. Un sondage est commandé conjointement par le secrétariat d'État aux Rapatriés et par le ministère de la Soli-

22. KARI E., « Voter... à bulletin portant », *Le Rappel*, n° 32, avril 1988.

darité sur le vote des jeunes Arabes, fils d'immigrés ou de harkis[23] ».

Le problème avec les associations portées sur les fonts baptismaux sous de tels auspices, c'est que ceux qui les suscitent et espèrent les manœuvrer risquent fort de se heurter à des concurrents offrant un meilleur « deal ». Ce qui devait arriver arriva... Après les législatives de 1986 et le retour d'une droite majoritaire, France-Plus prit ses distances avec le PS et engagea des négociations tous azimuts. Une telle démarche, qui depuis ne s'est plus démentie, témoigne à la fois de l'efficacité et des limites de ce mouvement. Elle est remarquablement résumée par cette formule de son président, Arezki Dahmani : « Notre communauté ne leur est pas acquise gratuitement[24]. » C'est précisément en cela que France-Plus, qui ne se proclame pourtant pas explicitement « française-musulmane », cristallise au plus haut point la tare qui marque le mouvement associatif engendré par cette population : le clientélisme.

Dernière en date des arlésiennes : l'organisation des « États généraux des musulmans français », qui se tinrent à Lyon les 25 et 26 mars 1990 avec la bénédiction de Maurice Benassayag, délégué aux rapatriés depuis le 28 juillet 1988. L'objectif avoué de l'opération est, une fois encore, d'unifier la mosaïque des associations en une sorte de conseil national dont on espère qu'il sera le pendant franco-maghrébin du CRIJF : « Nous voulons favoriser l'émergence d'une autorité du type du Conseil représentatif des institutions juives qui ait un poids moral comparable, qui soit impliqué dans la conduite de l'islam en France[25]. »

S'ils furent un succès sur le plan médiatique — on était encore dans une période marquée par « l'effet foulard » — et réunirent cinq cents à six cents personnes, ces états généraux accouchèrent d'une charte qui semble bien éloignée des problèmes des anciens supplétifs de l'armée française : « Les musulmans français demandent qu'à l'instar du général de Gaulle, il y a déjà trente ans, l'actuel gouvernement de la France favorise l'entrée en son sein de

23. *Libération*, 30 novembre 1985. Le 10 mars 1986, l'ONASEC accorda une subvention de 100 000 F à France-Plus.

24. *Le Rappel*, n° 35, janvier-février 1989.

25. Interview de Maurice Benassayag, *Sud-Ouest*, 30 novembre 1990. Derrière la curieuse confusion entre CRIF et consistoire dont témoignent les propos de Maurice Benassayag, certains bons observateurs de l'évolution de l'islam en France ont considéré qu'il s'agissait de quelques « pierres » jetées dans le « jardin » de Pierre Joxe. Durant tout l'hiver 1989, ce dernier s'était employé à mettre en effet sur pied un « consistoire » après que « l'effet foulard » lui eut opportunément rappelé qu'il était aussi ministre des Cultes.

franco-musulmans, procède, à compétences égales, à la promotion de quelques-uns dans la haute administration civile et militaire, dans les entreprises nationalisées et établissements publics, de certains autres dans des cabinets ministériels, au Conseil économique et social, dans les CES régionaux... Ces préalables à une réelle et véritable intégration dans la nation française devant s'accompagner d'une entrée progressive dans les assemblées locales et le Parlement de notre pays[26]. »

La poussée islamique

La seule tentative d'une ampleur véritable pour doter cette population d'une représentation à l'échelle nationale eut lieu sur le terrain de l'islam. Paradoxalement, le promoteur en fut un fonctionnaire du ministère algérien de l'Éducation officiellement affecté à l'Amicale des Algériens en Europe au titre d'inspecteur de l'éducation et de la formation : le cheikh Abbas, successeur de Si Hamza Boubakheur à la tête de la mosquée de Paris lorsque celui-ci se fut décidé, comme le dit Gilles Kepel, à « passer la main » à Alger en septembre 1982[27].

L'absence d'une mémoire collective relative à l'engagement et au rôle des supplétifs durant la guerre, le manque de consistance de l'identité harkie, les déficiences du mouvement associatif « français-musulman » expliquent que l'islam ait pu être le seul domaine où puissent se réconcilier les anciens supplétifs, avec les migrants d'une part, et avec l'Afrique d'autre part. C'est bien ce qui en fait aussi la force.

La réaffirmation islamique chez les anciens supplétifs, notamment les plus vieux, « se manifeste ultérieurement à l'abandon des novations (introduites en 1962-1963), au profit d'un retour aux traditions dans le cadre familial, effectué à dater de 1965-1967. La tradition se révélant inefficace tant pour garder les jeunes dans la voie désirée que pour protéger la famille du déséquilibre, le FM se tourne vers l'islam[28] ». Le phénomène s'est développé parallèlement au regain d'intérêt pour l'islam dans l'ensemble de la population maghrébine de France. Gilles Kepel en donne pour exemple l'islamisation de l'intitulé d'un certain nombre d'associations de

26. Charte morale adoptée aux *États généraux des musulmans français*, Lyon, 25-26 mars 1990 (*cf. Le Clin d'œil*, n° 69, mars-avril 1990).
27. KEPEL G., *Les Banlieues de l'islam, op. cit.*, p. 313.
28. ABDELLATIF S., « Les FM ou le poids de l'histoire à travers la communauté picarde », *art. cit.*, p. 1833.

la région Provence-Côte d'Azur : « En mars 1976, l'"Association des Français rapatriés d'origine kabyle, arabe, et leurs amis, du canton de Cannes" devient l'"Association des rapatriés français-musulmans des Alpes-Maritimes" ; en juin 1981, dans le même département, l'"Association des fils de harkis et leurs amis" devient l'"Association des Français de confession islamique des Alpes-Maritimes". En janvier 1982, est déclarée à la préfecture du Gard l'"Union des Français-Musulmans" (UFM) dont l'objet est "l'affirmation de la spécificité islamique qui caractérise une catégorie de citoyens français, ses droits, ses devoirs, dans le cadre des institutions républicaines de la France". En février 1983, elle change son nom, qui devient "Union musulmane du Gard" (UMG), et modifie son objet pour l'étendre à "(...) une catégorie de citoyens français et immigrés (...)"[29]. »

Si Hamza était en bonne position pour profiter d'une telle évolution ; ses « imams délégués » dans les départements étaient souvent d'anciens harkis. Son successeur, contrairement à toute attente, sut faire fructifier ces relations. Les premiers contacts officieux sont pris dès le départ de Si Hamza. Dès lors, cheikh Abbas mène une politique active et discrète de relations avec les associations et de visites dans les régions. « Son élocution un peu fruste », dit Kepel dans le portrait qu'il trace de cheikh Abbas, « loin de constituer un désavantage est au contraire un gage de convivialité, surtout pour les vieux qui n'ont pas fréquenté l'école — notamment pour la population cible dont Alger va reconquérir le cœur grâce à cheikh Abbas : les anciens harkis[30]. »

En juillet 1983, il se rend à Alger à la tête d'une délégation de présidents d'associations (dont la CONAFRAM) désireux de tourner la page. Parallèlement, à partir de 1981, Louisa Mameri, proche de Jean Lecanuet et responsable de l'ADIFA à Rouen, organise une série de voyages en Algérie. « J'ai voulu, dit-elle, comme d'autres, que mon propre père aille sur la tombe de sa mère ; j'ai voulu que ma mère puisse retrouver ses amies d'enfance[31]. »

Ces initiatives sont loin, on s'en doute, de faire l'unanimité au sein du mouvement associatif qui revendique pourtant depuis des années la libre circulation entre la France et l'Algérie. C'était même un des mots d'ordre de la révolte de 1975.

---

29. Kepel G., *Les Banlieues de l'islam, op. cit.*, p. 326.
30. *Ibid.*, p. 317.
31. *Libération*, 30 novembre 1985.

Trois manifestations décisives scandèrent en 1985-1986 l'élaboration de la politique de la mosquée de Paris en direction des anciens supplétifs. Elles sont, dit Kepel, le « prélude à la constitution d'une "communauté musulmane française" placée sous le "haut patronage" de cheikh Abbas[32] ».

Le 27 avril 1985 se tint à Lille un premier rassemblement intitulé « Congrès islamique ». Sous l'influence de Louisa Mameri, l'ADIFA participa activement à sa préparation. Des cars amenèrent d'anciens supplétifs de Dreux, de Rouen et de Paris.

Le 14 décembre 1985 un second, « rassemblement islamique » se tient à Lyon. Dès la fin du mois d'octobre, divers journaux — dont *Le Monde* — avaient publié un texte appelant à ce rassemblement. Il était signé par un comité regroupant huit associations de « Français-Musulmans », désignées par leur seul sigle, et appuyé par une centaine d'« associations, personnalités et imams de mosquée ».

« Des moyens considérables ont assuré le succès de foule du rassemblement. Imams algériens et associations d'anciens harkis ont été mobilisés et fortement incités à participer avec le plus grand nombre de leurs ouailles ou de leurs adhérents gracieusement transportés de toute la France par cars spéciaux jusqu'au lieu du meeting, la grande halle du parc d'expositions lyonnais, Eurexpo-Chassieu. » Canalisée par un service d'ordre important et parfaitement organisé, la foule atteindra, dit Kepel, « environ 5 000 personnes à son apogée[33] ». Le cheikh Abbas était parvenu à ratisser très large. Ainsi, selon Mohand Hamoumou, le FNRFCI, d'habitude très virulent contre les Algériens et qui avaient souvent réclamé la dissolution de l'Amicale des Algériens en Europe, fut « la cheville ouvrière » du rassemblement : « De nombreux Français-Musulmans rapatriés sont venus à Lyon, à l'invitation du FNRFCI qui offrait transport en autobus et déjeuner, en pensant assister à une réunion de Français-Musulmans rapatriés[34] ».

Le 28 décembre 1986, enfin, eut lieu à Roubaix une « Conférence de la communauté islamique » qui regroupa un millier de participants sur le thème « Éducation et foi dans la pensée islamique ». On mesure, dit Kepel, le succès de la politique de réconciliation quand on sait que le premier orateur, Benziani, dirigeant de l'association cultuelle locale (il fut aussi l'initiateur du PFM), avait occupé une maison pour en faire une mosquée en mai 1980.

---

32. KEPEL G., *Les Banlieues de l'islam, op. cit.*, p. 327.
33. *Ibid.*, p. 331.
34. HAMOUMOU M., *Les Français-Musulmans rapatriés..., op. cit.*, p 448.

La municipalité socialiste de l'époque, qui tenait en suspicion l'association de Benziani « conseillée » par un militant d'extrême droite, avait exercé son droit de préemption tandis qu'à Lille le consul d'Algérie inaugurait une mosquée tenue par un imam dépêché d'Alger : un lieu, dit Kepel, « où les ex-harkis assemblés autour de M. Benziani ne souhaitaient point faire leurs dévotions[35] ».

El Hadj Mohamed Laradji, notable toulousain

El Hadj Mohamed Laradji met quelque coquetterie — mais le mot sied bien peu à un homme qui affecte plutôt la prestance patriarcale d'un grand seigneur — à ce que son nom soit énoncé dans son intégralité. Qui n'est pas un familier n'aura pas le privilège d'être reçu sur son domaine de Saint-Lys. C'est donc, selon les circonstances, au marché du village, là où ses électeurs peuvent le croiser et lui présenter leurs requêtes, ou bien au « Café de France » — établissement dont il est propriétaire — ou encore, plus solennellement, à son bureau du conseil régional Midi-Pyrénées, qu'on a quelques chances de lier connaissance.

A soixante-six ans, Hadj Mohamed Laradji s'est retiré bien loin de Mered (près de Cherchell), berceau d'une famille de caïds dont il est fier d'être le descendant. Ses deux frères étaient officiers. L'un est aujourd'hui ingénieur en Arabie Saoudite, l'autre termina sa carrière comme colonel commandant l'école militaire de Cherchell, elle-même rapatriée à Montpellier. Un de ses cousins, inspecteur des contributions directes, en est à son deuxième mandat de conseiller municipal élu à Villeneuve-Tolosane... sur une liste socialiste. Du trajet accompli par les Laradji, El Hadj Mohamed a tiré une philosophie de l'histoire d'une simplicité lumineuse : les envahisseurs succèdent aux envahisseurs et les assimilent. Les Arabes ont envahi un territoire peuplé de Berbères et les ont digérés, suivis des Ottomans dont descendrait la famille Laradji, et enfin par les Français dont le peuplement assimila les envahisseurs précédents... et digéra en tout cas la famille Laradji faite française par Mac-Mahon après 1870. En tout état de cause, cet ancien député de la circonscription de Blida semble avoir préparé sa

35. KEPEL G., *Les Banlieues de l'islam, op. cit.*, p. 351. Ajoutons que les 2 et 3 mai 1988, un an avant sa mort, cheikh Abbas, accompagné de Mohamed Gueraoui, ancien sénateur de la zone Sétif-Batna de 1959 à 1962, présidait un nouveau rassemblement à Marseille — salle « Vallier » — réunissant 5 000 personnes.

retraite sur le territoire métropolitain bien avant que son mandat ne prenne fin le 3 juillet 1962.

La vieille amitié qui le liait à Pierre Baudis a sans doute grandement facilité l'acquisition des quelque 200 hectares de maïs irrigué du domaine de Saint-Lys sur lequel il est installé aujourd'hui. « L'arrivée des pieds-noirs a été une chance pour l'agriculture du Sud français. Ils ont modernisé le travail aux champs. L'irrigation n'existait pas. Nous avons construit des lacs collinaires, comme dans la Mitidja, pour arroser les orangers. Nous avons augmenté le rendement[36]. » S'il trouve motif à se plaindre en 1989, c'est d'une sécheresse qui lui fit perdre quelques dizaines de millions de centimes.

Retiré sur ses terres, El Hadj Mohamed Laradji est également en retrait sur le plan politique. La philosophie de l'islam est centriste, affirme-t-il, prenons tout ce qui est bon à droite comme à gauche. Il tient ainsi à marquer tout ce qui le distingue d'un Mourad Kaouah qui, selon lui, serait devenu député européen du Front national si les comparses de Le Pen ne lui avaient pas mis des bâtons dans les roues. Quant à lui, il n'est l'homme de personne, on ne le manipule pas, on le sollicite... Nuance.

Sollicité, il le fut au milieu des années soixante-dix par Baudis père sur le plan local comme il le fut en 1975 par Giscard d'Estaing, qui lui demanda de calmer son turbulent neveu d'Évreux, M'Hamed Laradji, président de la CFMRAA. Sollicité, il le fut sans doute aussi sur le plan professionnel, et devint vice-président de la Caisse de crédit agricole de Saint-Lys, vice-président départemental du Front national des rapatriés et président du Comité de défense des rapatriés de la Haute-Garonne. Sollicité, il le fut enfin par Baudis fils, qu'il se souvient avoir côtoyé lorsque, enfant et en culotte courte, ce dernier accompagnait son père à l'Assemblée nationale. Élu régional en 1986, El Hadj ne cache pas sa fierté d'avoir mission de représenter le président Baudis à toutes les manifestations officielles de caractère agricole. Et s'il s'est refusé à briguer un mandat électoral pour lui-même à Saint-Lys lors des municipales de 1989, cet actif retraité semble avoir gardé une secrète amertume de n'avoir pu caser un de ses neveux sur la liste Baudis à Toulouse. Pour donner plus de poids à l'opération, il l'avait fait cautionner par France-Plus, dont il partage le projet : s'engager dans la bataille municipale pour être élu, quel que soit le parti. Areski Dahmani avait même fait le pèlerinage à

---

36. « Vingt-cinq ans après. La réussite des pieds-noirs », *Le Point*, n° 756, 16-22 mars 1987.

Saint-Lys pour en peaufiner les détails. Malheureusement, dans une ville où l'électorat « français-musulman » est relativement réduit, on préféra un Franco-Maghrébin portant un prénom français — Jean-Louis — à un Laradji prénommé Saïd.

C'est avec un plaisir certain qu'il raconte l'anecdote suivante : lorsque au volant de sa Mercedes il longe un chantier où travaillent des ouvriers maghrébins, il lui arrive de s'arrêter pour leur demander : « Comment allez-vous ? » « Pourquoi nous demandez-vous ça ? », lui répondent-ils alors. « Parce que je suis un élu du peuple français et que vous êtes mes compatriotes. Alors je m'inquiète. » « Ils ont du mal à comprendre », conclut-il avec un sourire de satisfaction, « que je m'appelle El Hadj Mohamed Laradji et que je suis un élu du peuple français. »

On l'aura compris, il est l'homme des milliers d'agriculteurs pieds-noirs installés dans la région plutôt que le porte-parole des groupes d'anciens supplétifs (disséminés au Muret, à Carbonne, Montréjeau, Saint-Gaudens et Toulouse), dont socialement tout le sépare. « C'est les pieds-noirs qui sont venus me chercher, les Français-Musulmans sont venus après seulement. »

C'est pourtant un terrain dont il n'est pas totalement absent, même si ses interventions sont très discrètes. Il se souvient d'avoir participé, sous le règne de Baudis père, à une commission préfectorale, en compagnie du commandant Attard et de deux conseillers municipaux de Toulouse. Elle était notamment chargée de suivre le reclassement des anciens supplétifs dans l'agriculture. Aujourd'hui, le contrôle quotidien des harkis est assuré par un presque homonyme : Saïd Aradj. De ce dernier, on murmure à Toulouse qu'il connaît une par une toutes les familles. Il préside plusieurs associations, est de toutes les manifestations, de tous les meetings, bref, « on le croise à tous les coins de rue », comme le dit le jeune animateur marocain d'une association de quartier. Cela dit, dès que les enjeux deviennent trop importants, El Hadj Mohamed Laradji monte lui-même au créneau.

Il en fut ainsi de l'affaire dite du Château Tabar.

A l'époque où Pierre Baudis tenait la mairie de Toulouse, il avait concédé, d'abord aux anciens harkis, puis à tous les Maghrébins, quelques salles de prière dans les sous-sols de trois cités : Empalot, Faouette, le Mirail. Mais il n'y avait aucune salle dans le quartier de Bagatelle, où une association cultuelle, l'AMT, fut bientôt fondée par des travailleurs immigrés marocains âgés. Le curé du quartier leur prêta une chapelle. Elle se révéla vite trop exiguë, et ils se mirent en quête d'un local plus grand. Alors ce fut une levée de boucliers : à l'apogée de la révolution iranienne, quelques étudiants islamistes avaient laissé traîner tracts et brochures khomeynistes dans le local de l'AMT ; cette association était désormais soupçonnée des pires menées subversives.

Usant de son droit de préemption, la mairie mit en échec les deux premières tentatives d'achat de locaux. Elle ne parvint pas à rééditer une troisième fois l'opération et, en septembre 1987, l'AMT fit l'acquisition du Château Tabar pour 1,2 million de francs. Saïd Aradj prit alors la tête de la contre-offensive. Fort de ses fonctions de délégué régional de la mosquée de Paris et de président de l'Association franco-musulmane de Toulouse, il accusa l'AMT d'être liée « à des groupuscules d'intégristes agressifs et révolutionnaires[37] ». Hadj Mohamed Laradji prit le relais. En tant que président de deux associations cultuelles (l'Association culturelle et cultuelle de Toulouse-Midi-Pyrénées, l'Association culturelle et cultuelle de Muret), il fut chargé par Dominique Baudis d'une mission de conciliation. Les quelques réunions qui se déroulèrent dans son bureau faillirent se conclure en batailles rangées. Si bien que la mairie fut obligée de reprendre l'affaire en main. Ayant laissé passer son droit de préemption, le conseil municipal vota le 23 octobre 1987 une demande d'enquête d'utilité publique avec pour objectif avoué d'exproprier les nouveaux propriétaires du Château Tabar.

Parmi les responsables associatifs maghrébins de Toulouse, cette affaire fait sourire. On évoque Clochemerle en soulignant que le très musulman Hadj Mohamed Laradji est aussi propriétaire d'un débit de boisson et que le jour de l'inauguration de la « mosquée islamiste », un dépliant publicitaire fut distribué par le traiteur marocain qui s'était occupé du buffet : il y promettait une bouteille de vin gratuite à tout futur client de son établissement...

Montpellier, Lodève : l'enjeu harki

Le 8 avril 1987, à Longjumeau, commune de l'Essonne, André Santini et Georges Fontès (le secrétaire d'État aux Anciens Combattants) inauguraient la voie du bachaga Boualam. Le 2 juin 1988, la municipalité de Longjumeau, désormais dirigée par le socialiste Philippe Schmidt, décidait de la débaptiser. Cette mesure suscita un tel tollé que Maurice Benassayag dut prendre position publiquement contre « cette regrettable décision », qui constituait selon lui « un reproche implicite aux 400 000 harkis et fils de

37. *Sud-Ouest*, 24 octobre 1987 et 6 novembre 1987.

harkis qui appartiennent à notre communauté nationale ». A Jean Augeai, président de l'ANFANOMA, qui l'avait interpellé, il expliqua que « la position du maire de Longjumeau ne participe pas d'une position du gouvernement ou du parti socialiste », et en donna pour preuve le fait que « dans le même temps, le maire de Montpellier décidait de baptiser du nom du bachaga Boualam une rue de la ville[38] ».

Le cas de Montpellier n'était pourtant pas aussi probant que Maurice Benassayag voulait bien le laisser croire. Et s'il était exemplaire, c'était plutôt de l'indifférence quasi générale des pouvoirs publics et des élus municipaux quant au sort des anciens supplétifs. « Frêche n'est pas un idiot », confiait en 1985 un de ses adversaires politiques, « jouer clairement la carte des Maghrébins n'est pas actuellement un bon thème : il ne l'a pas fait[39]... » La seule carte jouée par Georges Frêche était celle des pieds-noirs. En baptisant du nom de bachaga Boualam une des rues de sa ville, c'était vers le Recours et l'ANFANOMA qu'il lorgnait.

Arrivés par grandes vagues, il y a près de trente ans, les pieds-noirs furent hébergés au début dans les appartements vides des vacanciers de Carnon et de Palavas ou dans les grands dortoirs aménagés de l'ancien lycée. Ils s'installèrent ensuite dans les cubes en béton des cités du Mas Drevon et du Petit Bard. Ils sont aujourd'hui plus de 25 000, soit un habitant de Montpellier sur huit[40]. Ils ont contribué à conférer un dynamisme démographique exceptionnel à cette ville dont la population stagna durant toute la première moitié du siècle : Montpellier comptait déjà plus de 75 000 habitants en 1901 et moins de 100 000 en 1954.

Ces pieds-noirs ont pesé très lourd dans la victoire aux municipales de 1977 de celui qui n'était alors qu'un jeune député socialiste de l'Hérault, depuis 1973. Et depuis lors, grâce à Frêche, le PS tient Montpellier. « A partir de là, bien obligé de passer l'éponge sur ses frasques : le concours d'anciens de l'OAS pour faire main basse sur l'électorat pied-noir, ou la mise en berne des drapeaux de l'Hôtel de ville pour protester contre la participation du ministre socialiste Claude Cheysson aux fêtes de l'indépendance algérienne[41] ! »

---

38. Benassayag M., Lettre à Jean Augeai, 17 août 1989.

39. Beau N., « Français-Musulmans rapatriés, une communauté sous influence », *Libération*, 30 novembre-1er décembre 1985.

40. Michel Narejos (conseiller municipal, délégué à la Maison des rapatriés d'outre-mer), Gilbert Roseau (maire adjoint, délégué aux rapatriés) et Georges Frêche évaluent le nombre des pieds-noirs à 40 000 (sur 210 000 habitants).

41. *Méridien*, n° 9, mai 1989.

On comprend pourquoi Frêche offrit dès 1978 une Maison des rapatriés à ces électeurs zélés. On comprend aussi pourquoi aucune liste électorale ne peut se passer des pieds-noirs, aussi indispensables aujourd'hui que l'étaient autrefois les anciens combattants.

Quant aux anciens supplétifs, ils sont à la fois sous-organisés et sous-représentés. D'abord installés dans les baraquements des collines d'Estanove avant que celles-ci ne soient transformées en zone résidentielle, ils furent ensuite transférés dans la cité Fontcouverte, à Figuerolles, à la Paillade, à la Grappe ou à Larause.

Trois hommes prétendent au leadership de cette population. Le premier est Cheriff Hocine, « l'homme du maire ». Le second, Abel Medani, est « l'homme de la préfecture ». Son parcours socioprofessionnel suit de près son engagement associatif et politique. En 1982, subventionné par le secrétariat d'État et la ville de Montpellier, il fonda une entreprise de bâtiment, la Coopérative de Roussillon, qui employait une quinzaine de personnes dont un tiers de « Français-Musulmans ». Il préside l'Association des Français-Musulmans rapatriés et leurs amis et est localement le porte-parole de la CONAFRAM. « Abel Medani admet que ne militent avec lui que "trois ou quatre personnes" ; les coupures de la presse locale sont ses véritables titres de noblesse, et sa rivalité avec Hocine le plus clair de ses positionnements politiques : "Hocine ? Il ne se réveille qu'au moment des élections !" Un compliment que lui retourne aimablement le rival, et cette guerre des prétendants à un poste de conseiller municipal, que personne ne songe à leur proposer, est pathétique[42]. »

Kader Kettou est le troisième homme. Autrefois lié à Cheriff Hocine avec qui il avait monté un institut de formation qui fit faillite, il devint le délégué de l'ONASEC pour l'Hérault. Il représentait en même temps France-Plus dans ce département. Aujourd'hui il a intégré le cabinet de Gérard Saumade, président socialiste du conseil général, qu'une sourde rivalité oppose à Frêche. Parallèlement il s'est réorienté vers une carrière au sein de l'appareil du PS, où il occupe les fonctions de délégué national aux Français d'origine étrangère.

Si, à Montpellier, les anciens supplétifs ne constituent qu'un enjeu secondaire, 60 km plus au nord, à Lodève, ils constituent en revanche le seul enjeu. « La communauté, forte d'un millier de personnes, est le premier groupe de pression de cette jolie petite ville de huit mille cinq cents habitants[43]. »

---

42. Beau N., « Français-Musulmans rapatriés, une communauté sous influence », *Libération*, 30 novembre-1er décembre 1985.
43. *Le Monde*, 7 mars 1989.

Paradoxalement, les membres de cette communauté ne passèrent pas par le camp du Larzac pourtant proche. Ils arrivèrent par le sud : Port-Vendres, Rivesaltes ou Saint-Maurice-l'Ardoise. Et avant, ils venaient d'Aflou, ville austère de tisserands, accrochée à 1 426 m d'altitude sur les flancs du djebel Amour. Leur installation dans cette petite ville de l'Hérault coincée entre Larzac et Languedoc est le fruit de la rencontre d'un des officiers qui les encadraient avec un pied-noir, fabricant de « carpettes d'Afrique du Nord ». Deux cent cinquante d'entre eux, soit soixante familles, débarquèrent ainsi à Lodève, qui cherchait un débouché économique « pour y créer avec les femmes un atelier de tapis, qui allait devenir par la suite l'Atelier national de tissage, annexe de la Savonnerie (manufacture des Gobelins)[44] ». Quant aux hommes, ils furent affectés à l'ONF. Aux portes de la ville, un lotissement fut édifié pour les loger.

Dans un département qui compte déjà un taux de chômage record (plus de 20 % de la population active), Lodève, qui sommeille à l'écart de ses puissantes voisines, Montpellier ou Béziers, bat les records départementaux.

En 1983, Daniel Mallet (divers droites), maire sortant briguant un troisième mandat, l'avait emporté de justesse sur son rival socialiste : 78 voix d'écart. Six ans plus tard, il sortit battu, par 80 voix d'écart, des municipales du 19 mars 1989. Son adversaire socialiste, Geneviève Siebenaler, avait choisi de mettre deux atouts dans son jeu : en premier lieu, le soutien massif de Georges Frêche qui promit de faire venir des entreprises à Lodève... si Siebenaler battait Mallet. En second lieu, la présence sur la liste socialiste de deux candidats « français-musulmans », M. Ben Amar et Randja Benferhat.

Eût-elle perdu, commente Philippe Boggio, qu'il se serait à coup sûr trouvé quelques bonnes âmes pour reprocher aux socialistes d'avoir heurté par cette provocation les commerçants et les « Lodévois de souche », comme dit la mercière[45]. Hadj Madani, qui possède le café le plus fréquenté de Lodève, en sait lui aussi quelque chose. Nombre de Lodévois manifestèrent des réticences lorsqu'il prit la présidence de la respectable Société des commerçants.

On lui proposa évidemment de rejoindre la liste du PS. Il refusa. Hadj se méfie des politiques : « Tous les Français-Musulmans de Lodève en âge de voter connaissent ces tournées discrètes "dans les arrière-salles, pour que cela ne se voit pas trop", au cours des-

44. *Le Monde*, 7 mars 1989.
45. *Ibid.*

quelles on vient séduire des voix en faisant semblant d'aimer le thé à la menthe. "Après les élections, tout est oublié, explique Hadj. La ville se replie sur elle-même, jusqu'au tour suivant, et nous, nous reprenons notre vieux dialogue usé avec le gouvernement"[46]. »

L'association « apolitique » des « Français-Musulmans » de Toulon

« N'ayant comme référence que d'être fils de prolo mais traînant les tares d'ex-adjudant-chef, ex-para de surcroît et de patriote... », Robert-Jean Mouton s'enorgueillit d'assumer ses responsabilités « contre les utopies socialistes et, ne vous étonne sans vous déplaire, devant les omissions et injustices commises par la droite ». Il l'avait d'ailleurs déjà fait « devant les nazis, les Viets, les fellouzes et les cocos[47] ».

C'est depuis 1983 qu'il est le « président démocratiquement élu de l'Association des Français-Musulmans et leurs amis (sans être ni musulman, ni arabe) » et qu'il « lutte pour que cette communauté trouve dans le Var la place qui doit être la sienne, partie intégrante et intégrée de la population française du plus beau département[48] ».

Fondée en 1978 et comptant alors dix-sept adhérents, cette association en revendique huit cents dix ans plus tard. Elle est essentiellement implantée à Toulon, mais compte aussi des adhérents à Fréjus et à La Seyne-sur Mer, banlieue ouvrière de Toulon[49].

L'AFMA est une association « pour la défense des intérêts de la communauté des Français de religion musulmane, anciens harkis et familles ». « Nous préparons et transmettons les dossiers administratifs. Nous intervenons auprès des administrations. (...) Nous distribuons hebdomadairement, dans l'anonymat et la dignité, des vivres aux plus démunis et aux familles nombreuses. Nous intervenons auprès des offices HLM pour l'obtention de logements et malheureusement trop souvent pour des suspensions de poursuites ou d'expulsions. Nous intervenons financièrement

---

46. *Le Monde*, 7 mars 1989.
47. MOUTON R.-J., Lettre au directeur de l'agence *Var-Matin* de Toulon, 16 janvier 1989.
48. *Notre voix*, n° 3, novembre 1987.
49. Draguignan est le fief de l'Union nationale des travailleurs français-musulmans et Hyère celui du Mouvement des jeunes harkis.

pour les cas dramatiques prouvés. Nous offrons repas, déplacements, jouets pour les enfants à Noël, colis pour le troisième âge, journées de vacances gratuites l'été. Nous participons à toutes les manifestations patriotiques. Nous sommes reconnus, respectés tant par les autorités civiles que les politiques[50]. »

Selon son président, l'AFMA est en outre « libre et indépendante », « de par son statut apolitique ». « Elle n'est à la botte ou à la remorque de personne[51]. » Cela dit, « dans l'intérêt de sa progression, de son devenir et de son identité, l'AFMA aide et remercie ceux qui l'ont aidée, quelle que soit l'origine de la famille politique[52] ».

Or, il se trouve que « la gauche, malgré ses flonflons humanitaires, préfère offrir concerts et sérénades à SOS Racisme » et que « malgré les appels lancés tous azimuts (...), seuls ceux qui ont répondu sont des hommes de droite[53]... » Ce qui tombe, il faut le reconnaître, on ne peut mieux, puisque Robert-Jean Mouton est non seulement « président apolitique d'une association régie sous la loi de 1901 », mais aussi « homme de droite[54] ». Il est donc d'une imparable logique que *Notre voix* (« Bulletin de liaison de la communauté des Français de religion musulmane »), dont Mouton est le rédacteur en chef et que dirige Zoubida Boudina-Mouton, son épouse, déborde littéralement de gratitude envers le conseil général du Var présidé par Maurice Arreckx (UDF) et envers le maire de Toulon : « Sans le sénateur Maurice Arreckx, notre association n'aurait pas vu le jour. Sans le président du conseil général du Var, nous n'aurions rien pu faire[55]. » De même est-ce probablement en signe de reconnaissance que le président de l'AFMA accepta fin 1986 de devenir « conseiller technique — à titre bénévole, précise-t-il — pour les problèmes concernant la communauté des Français-Musulmans, harkis et familles » auprès

50. MOUTON R.-J., « Éditorial », *Notre voix*, n° 4, mars 1989.
51. *Ibid.*
52. « Texte préparatoire à l'assemblée générale du 20 mai 1989 », *Notre voix*, n° 4, mars 1989.
53. MOUTON R.-J., « Éditorial », *Notre voix*, n° 4, mars 1989.
54. MOUTON R.-J., « Lettre à Michel Rocard », 7 juillet 1988.
55. *Notre voix*, n° 3, novembre 1987. On ne se souvient sans doute plus, tant s'est aujourd'hui banalisé le phénomène, que Maurice Arreckx fut l'un des premiers à faire écho aux discours xénophobes du Front national qui amorçait alors sa montée en puissance (voir *Les Nouvelles littéraires*, 24 février 1983). C'est le 3 octobre 1985 que l'indéracinable maire Maurice Arreckx — après vingt-sept ans de règne sur Toulon — céda la place à François Trucy, son premier adjoint, pour prendre la présidence du conseil général. Il était temps... Selon Jacques Derogy et Jean-Marie Pontaut, le quart du conseil municipal était mêlé, il y a quelques années, à des affaires de droit commun (*cf.* DEROGY J., PONTAUT J.-M., *Enquête sur les ripoux de la Côte*, Fayard, 1991, p. 217).

du conseil général et « chargé de mission par le président du conseil général du Var ».

Les municipales de 1989 sont prétexte à de nouvelles effusions. Dans un « Spécial élections municipales, prises de position apolitiques et réalistes », Robert-Jean Mouton déclare : « Si nous avons ne serait-ce qu'un brin de reconnaissance, aucune hésitation, il faut aider le Dr François Trucy. Point n'est besoin d'énumérer ce qu'il a fait pour la communauté en général et notre association en particulier. De plus, rare à notre époque, c'est un homme honnête et compréhensif. Il ne fait pas de démagogie, il agit. Si nous n'avons pas demandé à ce que l'un des nôtres figure sur sa liste, c'est pour l'unique raison que le meilleur défenseur que nous pouvons envisager c'est lui-même. » A Hyères, où la liste UDF-RPR a placé le fils du bachaga Boualam en position d'éligibilité, « nous nous devons de faire le maximum pour la réussite. Un des nôtres prendra la défense de nos intérêts[56] ».

Il y a cependant un épisode politique que le rédacteur en chef de *Notre voix* se garde de rappeler. C'est la participation de son association apolitique à la constitution de la Fédération pour l'unité des réfugiés, des rapatriés et de leurs amis. Créé au début des années quatre-vingt, ce mouvement avait pour ambition de « ravir au mouvement du Recours (...), qu'il juge trop neutre, la prééminence que cette fédération occupe dans la représentation de la communauté pied-noire[57] ».

La FURR, qui fédérait en 1984 quatorze associations départementales ou nationales, a pour président Joseph Ortiz, l'ancien propriétaire du Bar du Forum, meneur des barricades d'Alger. Après une réapparition fugitive dans l'arène politique en 1979, sous la bannière du Parti des forces nouvelles, cet activiste de l'OAS faisait ainsi, à l'âge de soixante-sept ans, un retour en force. Si dans la région Provence-Côte d'Azur, beaucoup de groupes locaux d'ex-OAS agissent à côté du Front national, Jo Ortiz en revanche est resté fidèle au PFN. Du reste, la FURR a son siège au-dessus du local de l'union départementale du PFN, au Palais de l'Étoile, rond-point Bir-Hakeim à Toulon.

Lors des municipales de mars 1983, ce mouvement a réussi à placer une vingtaine de ses porte-drapeaux. Pour la plupart, ces derniers appartiennent par ailleurs aux partis de l'opposition. Ainsi à Toulon, « le vice-président de la FURR, M. André Criado, appartient aussi au bureau du PR. Sa femme préside une Associa-

56. *Notre voix*, n° 4, mars 1989.
57. ROLLAT A., *Le Monde*, 20-21 mai 1984.

tion des amis de monsieur François Léotard, député UDF. L'homme qui, au sein de la fédération, a en charge les missions politiques, M. Georges Condet, ancien membre de l'OAS, n'est autre que le secrétaire départemental du CNIP et un transfuge du PFN[58] ». Il s'agissait très clairement de préparer à la fois le retour de la droite au pouvoir et de favoriser la progression des revendications des rapatriés dans les milieux politiques locaux. Le 15 décembre 1984, lors du premier congrès national de la FURR, Jo Ortiz annonçait la couleur : « Nous devons nous opposer à ce processus (le fléau de l'immigration), jugé irréversible par la gauche, de bâtardisation de la race européenne. Nous devons aujourd'hui refuser une France multiraciale avec des peuples dont tout nous sépare. » A cette occasion, Pierre Sergent, l'ancien chef de l'OAS-métropole, promu en juin 1983 délégué général à l'animation (propagande) du CNIP, est nommé président d'honneur de la FURR.

Dans l'imbroglio politico-idéologique marquant la première moitié des années quatre-vingt, le Var se caractérise à la fois par le nombre élevé des anciens supplétifs qui résident dans le département et par le rôle de laboratoire de l'extrême droite qu'il fut amené à jouer. Toulon, où la marine fait vivre 60 % des 200 000 habitants, où un Toulonnais sur trois est un salarié ou un retraité de la commune ou de l'État, bat le record du nombre des associations pieds-noires et autres amicales (bônoises, constantinoises, philippevilloises[59]). Ironie de l'histoire, comme à Dreux, autre ville exemplaire, ces supplétifs qui donnèrent quelques voix à l'extrême droite, sous la pression d'ex-OAS infiltrés dans leurs associations, furent souvent les premiers à faire les frais des campagnes anti-immigrés.

L'influence de l'extrême droite

Mourad Kaouah, ancien député d'Alger-ville, retiré à Perpignan, faillit bien devenir le premier parlementaire arabe de la Ve République depuis l'indépendance de l'Algérie. Au quatorzième rang de la liste du Front national pour les élections européennes de juin 1984, il pouvait être amené à « représenter à lui seul, au niveau politique national, la communauté musulmane en France[60] ». Ce

58. Rollat A., *Le Monde*, 20-21 mai 1984.
59. *Le Point*, n° 758, 6 mars 1987.
60. Beau N., « Français-Musulmans rapatriés, une communauté sous influence », *Libération*, 30 novembre-1er décembre 1985. Avec 10,95 % des suffrages, le FN obtint dix députés au Parlement européen.

qui ne resta qu'une éventualité (Mourad Kaouah est décédé en 1989) ne doit pas conduire à surestimer la puissance de l'extrême droite et du vote frontiste au sein du mouvement associatif « français-musulman ». Le vote harki, on l'a dit, est une arlésienne. A côté d'incontestables manifestations d'allégeance aux réseaux d'extrême droite, FN et autres, se développent également de nombreux signes de résistance, surtout chez les fils et filles de harkis.

L'influence du Front national s'autorise, bien entendu, du passé Algérie française de son leader. « Comment oublier, peut-on lire dans *Le Clin d'œil*, que Jean-Marie Le Pen a, c'est vrai, perdu un œil pour défendre un des nôtres, que son colistier Roger Holeindre a fait de son mieux pour nous et s'est à une certaine époque dépensé sans compter pour défendre notre cause. En 1962, alors que nous étions dans le dénuement le plus total, un "pétainiste", Gérard Deuil, a bien voulu construire pratiquement un village pour les harkis... Les exemples abondent. Comment oublier que seule, à un moment donné (...), la presse dite d'extrême droite a élevé la voix pour dénoncer le massacre ignominieux des nôtres[61] !... »

Cette influence peut se manifester directement, par la présence de candidats sur les listes électorales du FN. Outre Mourad Kaouah, on se souvient de Sorayah Djebbour, élue en Ile-de-France aux régionales de 1986. La place avait tout d'abord été proposée à une infirmière d'une trentaine d'années, Zorah Krouk, qui avait déjà réuni sur son nom plus de 8 % des suffrages aux cantonales à Graulhet (15 000 habitants). Mais elle n'avait pas voulu quitter le Tarn.

Elle peut aussi se manifester indirectement à travers les associations satellites du FN. Ainsi le Centre national des combattants (CNC), créé en 1985 et présidé par Roger Holeindre, a pour vice-président un autre membre de la famille Krouk, Abdallah. Ce mouvement milite pour un « engagement politique des "combattants", qui ont le droit et le devoir d'influer politiquement sur [le] destin [de la patrie] et aujourd'hui même... sur sa survie[62] ! ». En Gironde, c'est un militant du FN, Robert Sonnati, qui, jusqu'en 1987, occupe le poste de « secrétaire général permanent » de l'Association des Français-Musulmans rapatriés d'Algérie et leurs amis de la Gironde. Fondée en 1977, l'AFMRAAG a son siège à Castres (Gironde). Exclu du FN en janvier 1987, Sonnati l'est aussi de cette association. Accusant Sonnati, Mohamed Cherif Trissa, le président de l'AFMRAAG, déclare à cette occasion : « Nous,

61. *Le Clin d'œil*, n° 28, juin 1984.
62. « Cercles et associations du FN », *Article 31*, n° 16, février 1986.

on ne fait pas de politique, on n'est ni pour ni contre le Front national ; il s'est servi de l'association pour attaquer ce parti sans mandat pour le faire[63]. » L'ex-« secrétaire général permanent » prend alors la direction d'un groupuscule d'extrême droite (France Europe, Action nationaliste) et fonde parallèlement une nouvelle Association des Français harkis et de leurs enfants en compagnie de Taïeb Labidi.

Plus étonnante, mais aussi plus anecdotique, est la présence — déjà évoquée précédemment — de notables algériens ou d'anciens supplétifs sur les listes que présenta le Parti ouvrier européen - Nouvelle génération française lors des législatives du 16 mars 1986[64]. Dans les Bouches-du-Rhône, « les tracts distribués par le POE appelaient au vote les "Français-Musulmans, avec tous les Français de métropole et d'outre-mer, qui veulent une France forte, créative, généreuse[65]..." ». Beaucoup de ces candidats ne connaissaient pas réellement les activités et les origines de ce groupuscule dirigé en France par Jacques Cheminade, énarque et ancien haut fonctionnaire, né en 1941. Le POE est un frère jumeau du Labor Party américain (USLP) de Lyndon Larouche. Cet ancien militant trotskiste (de 1949 à 1972) affichait depuis 1974 de très nettes sympathies pour le Ku Klux Klan et pour le parti nazi américain. Interrogé, un des candidats « français-musulman » du POE se justifia ainsi : « C'était ou le POE ou ne pas se présenter. Nous étions dans un trou noir et nous nous sommes accrochés à la main qu'on nous a tendue[66]. » Une main qui, selon *Libération*, semble avoir été généreuse.

L'irrésistible ascension du FN devait toutefois inévitablement susciter des inquiétudes chez ces Algériens qui, bien qu'anciens supplétifs, n'en étaient pas moins des Arabes. Ne parvinrent à les rassurer ni les incantations d'un Le Pen (« Harkis, mes frères... »), ni celles d'un Alain Jamet, frère de l'éditorialiste du *Quotidien de Paris* et leader du FN dans le Languedoc-Rousillon (« Nous, nous faisons la différence... »), ni même les litanies ressassées par tous les dirigeants du FN (c'est le trop grand nombre des immigrés qui rend impossible l'insertion des 400 000 Français-Musulmans).

La nationalité n'est pas inscrite sur le front et si certains harkis, leurs fils ou leurs filles, sont tentés de se laisser séduire par

63. *Sud-Ouest*, 29 octobre 1987.
64. Rezgui dans le Doubs, Kermouche dans le Rhône, Boussouf dans le Gard, Ouchène en Moselle, Bentounes dans le Nord.
65. Leloup J., « Le POE, un groupuscule de prophètes », *Article 31*, n° 24, novembre 1986.
66. *Libération*, 22-23 février 1986.

les sirènes frontistes, il se trouvera facilement quelqu'un pour leur rappeler qu'ils sont arabes. Comme dit Laurent Boukari, fils d'un harki de Villeneuve-sur-Lot : « Citoyen à part entière pour l'état civil, bougnoules au bistrot, au boulot et dans la rue. » Un constat que même des représentants du FN sont parfois obligés de reprendre à leur compte ; tel ce responsable local de Lunel, près de Montpellier, cité par Nicolas Beau. Conseiller municipal et chômeur de son état, après quelques pastis il témoigna vite des limites de la solidarité de son mouvement : « C'est vrai, dans la rue, on ne voit guère la différence entre un immigré et un Français-Musulman : difficile de faire le tri[67]. »

La multiplication des agressions et crimes racistes ou sécuritaires dont furent victimes des Maghrébins — et parmi eux des supplétifs et des enfants de supplétifs — prouvèrent rapidement que ces inquiétudes ne relevaient pas du fantasme. En voici quelques exemples :

— *Mai 1987*. Un bâton de dynamite jeté d'une voiture explose à l'entrée de la cité du Collet blanc à Cucuron, dans le Vaucluse, ancien hameau de forestage où résident une vingtaine de familles. Coincés dans un cul-de-sac par les jeunes de la cité, les agresseurs sont identifiés : il s'agit de quatre jeunes du village voisin de Meyrargues et du couple qui tient le bar PMU de Cucuron.

— *Août 1988*. A Saint-Ambroix, petite ville de 4 000 habitants dans le Gard, Olivier Messaoudi, vingt et un ans, est abattu le 17 août par Guy Portal, patron d'un café du village. Le lendemain, on peut lire une pétition affichée dans les commerces. Elle tient en une phrase : « Les soussignés s'élèvent contre l'insécurité qui règne actuellement dans nos villes et nos villages, et demandent la libération de Guy Portal qui n'est que la victime de cet état de fait[68]. » Les jeunes des anciens hameaux forestiers du secteur d'Alès-La Grande Combe se rendront aux obsèques d'Olivier : « On nous reproche d'aller en bande, disent-ils, mais avec nos têtes d'Arabes, quand on va dans une fête à trois ou quatre, on se fait virer ou menacer. Alors on vient à vingt ou trente[69]. »

Le rythme des fêtes votives dans les villages gardois est immuable. Seule évolution : durant les étés 1988 et 1989, les incidents

---

67. *Libération*, 30 novembre-1er décembre 1985. Les déclarations de Le Pen sur l'incompatibilité entre islam et citoyenneté française (« L'heure de vérité », 22 mai 1989) finiront même par créer le trouble dans le petit monde des notables français-musulmans. On verra Soraya Djebbour démissionner du FN et certains de ces notables protester par pétition (*cf. Le Rappel*, n° 37, août 1989).

68. *Libération*, 25 août 1988.

69. *Ibid.*

raciaux s'y multiplient. A Vauvert, dans le sud du département, Le Pen a obtenu 27 % aux présidentielles, à Saint-Gilles, Bellegarde et Beaucaire, plus de 40 %.

— *Février 1989.* A Reims aussi le Front a dépassé la moyenne nationale lors des présidentielles. Il n'y fait pas bon vivre du « mauvais côté » de la voie de chemin de fer qui sépare les quartiers aisés des quartiers populaires. Cité des Épinettes, dans le quartier du pont de Witry, vivent encore quelques dizaines des familles de harkis qui s'y installèrent au début des années soixante : « Mon père, dit Fatia, il a toujours rien fichu, il fait qu'attendre sa pension de l'armée. Mes frères, ils ont fait de l'intérim et on les a jetés parce qu'ils sont arabes même avec les papiers français. Parce que nous, ici, partout, en boîte, au bistrot, dans les magasins, pour les flics, on a beau être français, on est rien que des sales Arabes[70]. »

Le 12 février, Marie-Joëlle Garnier, la boulangère de la rue Lesage, abattit Ali Rafa, qui, avec des copains, opérait une razzia sur ses croissants. Soutenue par le Front national, qui réclamait à cor et à cri sa libération en dénonçant « la pègre importée », et défendue par Me Henri Garaud, elle fut remise en liberté le 28 février.

— *Été 1989, 14 juillet :* les festivités du bicentenaire succèdent à celles de l'Aïd el-Kebir. Elles feront trois morts : deux coups de couteau (Thiez en Haute-Savoie, et Dijon) et un coup de fusil (Saint-Laurent-des-Arbres). « La Bastille de la xénophobie est toujours debout », titre *L'Humanité*[71].

A Saint-Laurent-des-Arbres, un habitant sur quatre est harki ou fils de harki. « Il y a 90 % de chômeurs chez nous, et tout le monde l'admet », dit Rachid, « toutes les portes nous sont fermées. » Pas un seul ne travaille à Marcoule, à 10 km de Saint-Laurent, « on nous appelle par l'intermédiaire d'agences d'intérim, quand il faut des décontaminateurs », ajoute Ahmed[72].

Tard dans la nuit du 14 au 15 juillet, une 505 sillonne le village. Un groupe de jeunes discute place du Boulodrome. Les occupants du véhicule font feu. Aïssa Badaïne, vingt-deux ans, chef d'équipe dans une entreprise de poudre de béton sur la route d'Avignon, est atteint d'une balle de 22 long-rifle dans la région du cœur. Nordine Mereches, patron du bar des Platanes, raconte : « La 505 tournait dans le village depuis près d'une heure. Cette voiture, immatriculée dans le Gard, nous a d'abord cherchés près du café,

70. *Le Quotidien de Paris*, 17 juillet 1989.
71. *L'Humanité*, 17 juillet 1989.
72. *Libération*, 22-23 juillet 1989.

où elle a percuté par deux fois une Fiat. Il y avait à bord trois personnes dont deux hommes au crâne rasé. Un peu plus tard, ils nous ont tiré trois fois dessus. Nous avons alors prévenu la gendarmerie et sommes partis nous réfugier vers le jeu de boules. C'est là qu'ils sont revenus et ont tiré une nouvelle fois, depuis la vitre de la voiture, à une quarantaine de mètres[73]. »

« Nous ne sommes pas des lapins qu'on tue ou tire », dit Jean-Paul Badaïne, le frère d'Aïssa. « En quarante-huit heures, on n'a retrouvé aucune trace des agresseurs. Ça n'est pas normal. Quand il s'agit d'un fils de harki, on appelle ça un "Maghrébin" et on étouffe l'affaire[74]. »

Dans la matinée du 15 juillet, une centaine de jeunes dressent des barrages sur la Nationale 580 qui relie Avignon à Nîmes, et sur la Départementale 101. Vers 15 h, six jeunes de Saint-Laurent, armés de deux fusils et d'un pistolet, séquestrent dans son bureau Michel Anastasy (maire du village, divers droites) et un conseiller municipal. Ils entendaient ainsi faire venir le préfet du Gard jusqu'à la mairie du village pour obtenir une « enquête plus rapide ». Fin juillet, deux des meurtriers seront finalement arrêtés. Ce sont deux apprentis de Villeneuve-lès-Avignon, âgés respectivement de dix-sept et vingt-deux ans.

— *Novembre 1990.* A Carcassonne, les 1 450 paras du 3e RPIMA, l'ancien régiment de Bigeard, installés depuis 1962 dans la caserne du quartier Laperrière, pèsent lourd dans une cité de 45 000 habitants. « Ils ont vingt ans, observe un habitant, peu de responsabilités et ils viennent souvent de milieux défavorisés, dans les banlieues du Nord ou de l'Est. A l'armée, c'est comme s'ils avaient gagné au loto. Il faut les voir, quand ils rentrent du Tchad ou du Liban, après trois mois sans toucher à leur solde. Et en plus, il y a les primes[75]. » Leur rôle économique se double en outre, du point de vue de Raymond Chesa, le maire RPR de la ville, du poids politique que représentent 1 450 électeurs militaires potentiels.

D'où une tendance assez générale à minimiser les ratonnades auxquelles se livrent régulièrement ces parachutistes. Comme celle que quinze d'entre eux effectuèrent à La Conté, un quartier de la ville, en janvier 1987. C'est également le cas de l'expédition punitive qui conduisit en novembre 1990 trente parachutistes dans la cité HLM du Viguier, bâtie dans les années cinquante, où résident

73. *Libération*, 17 juillet 1989.
74. *Ibid.*
75. *Libération*, 19-20 novembre 1990.

un certain nombre de familles de harkis. Cette ratonnade faisait suite à une bagarre qui, une semaine auparavant, avait opposé le soldat Rodolphe Ouvrard à Ahmed Chachoua, un jeune Algérien du quartier de La Conté. Dans la nuit du 17, une douzaine de voitures emmènent les paras à la cité du Viguier. Ils encerclent l'immeuble « Le Provence », avec comme seule consigne : « Cogner sur tous les Arabes. » « Ils sont arrivés des deux côtés de la rue avec des chaînes et des bâtons », raconte Ali Kedaimia, ancien harki et président de l'Association islamique de l'Aude. « Ils étaient masqués ou grimés en noir, comme pour le combat[76]. » Aïssa Amrani, soixante-quatre ans, ancien supplétif, sera hospitalisé avec une fracture ouverte du bassin.

A terme, la multiplication des agressions tend à affecter en profondeur la manière dont les anciens supplétifs, et surtout leurs enfants, perçoivent leurs relations avec les partisans de la « préférence nationale » d'une part et avec les communautés issues de l'immigration d'autre part.

« Quant à nous, moutons on était, moutons on est resté », avait conclu un des protagonistes du mouvement de l'été 1975. De fait, ces dernières années, il ne s'est guère passé de semestre sans qu'ait été déclenchée une marche ou une grève de la faim dont la démarche et les mots d'ordre témoignaient de ce que la révolte ambiguë de 1975 fonctionnait encore comme mythe d'origine et comme référence. Il serait pourtant erroné de ne voir dans les mouvements sociaux qui agitent cette population depuis quinze ans qu'une simple réédition de cette révolte. Insensiblement, aux formes d'action marquées par l'héritage colonial, s'en sont juxtaposées d'autres manifestant une solidarité de fait entre enfants des anciens supplétifs et jeunes issus de l'immigration maghrébine. De telles solidarité se concrétisèrent notamment à l'occasion de la Marche pour l'égalité de 1983. Deux des principaux animateurs de cette marche, Toumi Djaïdja et Bouzid Kara, étaient fils de harkis. Et, parmi les fils et filles de harkis qui ont vingt ans au début des années quatre-vingt-dix, nombreux sont ceux pour qui la distinction harkis/immigrés est devenue secondaire.

On peut citer, pour terminer, quelques exemples anecdotiques et locaux, mais significatifs d'une évolution qui n'est ni inévitable, ni achevée.

Le 24 mai 1990, l'équipe du Logis-d'Anne participe à un tournoi régional de football des « fils de Français-Musulmans » à Nice. Victorieuse, elle refuse la coupe parce que « ce qui devait être une

76. *Libération*, 19-20 novembre 1990.

rencontre sportive conviviale a été détourné en meeting politique en faveur de Jacques Médecin (...) et de ses amis du FN[77] ».

Le 28 mai 1990, l'Association des Grands-Prés et ses amis, fondée par des habitants de la cité des Grands-Prés à Manosque (ville dont l'adjoint à la sécurité est, comme il se doit, militant du FN), manifestent contre la venue de Bruno Mégret, dirigeant du Front national, prévue pour le 1er juin.

En février 1991, à Castres, le colonel Jean-Claude Thomann, commandant du 8e RPIMA, « confronté depuis deux mois à une recrudescence des agressions contre les paras isolés », a décidé de saisir la justice « afin d'éviter une généralisation des bagarres et de débordements à connotation raciste[78] ». En un mois, huit affrontements entre jeunes Maghrébins et parachutistes ont fait l'objet d'un rapport auprès de l'autorité militaire, qui a déposé six plaintes devant le procureur de la République. Ce qu'oublie d'évoquer Jean-Claude Thomann, c'est qu'à l'origine de ces affrontements il y a l'affaire Bouchiba : quelques mois plus tôt, dans les rues de Castres, ce fils de harki avait été poursuivi, rattrapé et battu à mort par trois parachutistes.

77. Il était une fois dans l'Oued, n° 3, juin-juillet-août 1990.
78. *Sud-Ouest*, 14 février 1991.

Conclusion

> Mon père est un crétin, dit Moktar. Un pauvre type. Il a choisi le camp des vaincus et il nous a fait mener ici une vie de chiens, j'ai honte de lui. Voyez ce que nous rapporte le titre de Français ! On est plus méprisés, traités plus mal que les Algériens authentiques. Nous sommes, en quelque sorte, victimes de notre privilège ! Moi, si j'avais été adulte avant 1962, j'aurais combattu pour mon pays, l'Algérie, non pour les colonialistes. J'aurais été membre du FLN et aujourd'hui, tout le monde me respecterait. Ici, nous ne sommes pas des gens responsables. Voilà pourquoi nous vivons dans cette pouillerie. Et nous n'avons pas tellement envie d'en sortir, tant que les vieux sont là. Après, on verra.
>
> Jean ANGLADE*.

« Mon père était un traître. » Apparemment sans appel, un tel jugement, relativement fréquent de la part des enfants de supplétifs, essentiellement les garçons, au tournant de l'adolescence, ne semble pourtant pas devoir s'entendre comme le résultat d'un bilan circonstancié des « années de poudre » 1954-1962. Au bout du compte, le reproche adressé par ces fils à leurs pères tient moins à l'engagement de ces derniers dans des unités de supplétifs aux côtés de l'armée française que dans ce qui parut aux enfants comme la conséquence inévitable d'un tel engagement : avoir dû, par la suite, traîner la famille sur les chemins de l'exil, et plus précisément — pour reprendre leurs propres termes — « de nous avoir fait naître en France ». Une réaction proche de ce qu'expriment

* *La Vie quotidienne des immigrés de 1919 à nos jours, op. cit.*, p. 114.

parfois certains jeunes issus de l'immigration, reprochant à la génération précédente de s'être résignée à une position sociale disqualifiée, d'avoir pactisé avec la médiocrité. A cela près que dans la bouche des fils de harkis, la condamnation se voit historiquement surdéterminée et se cristallise sur le rôle joué par le père durant la guerre d'Algérie en un raisonnement en miroir : parce que je ressens comme une trahison de m'avoir fait naître ici, c'est donc que mon père avait trahi là-bas, d'une trahison qu'il poussa et paya jusqu'à m'engendrer dans un pays où je me sens déplacé.

Que le jugement tienne à une appréciation négative du moment présent doublée d'une angoisse quant à l'avenir plutôt qu'au poids de l'histoire, c'est ce dont semble bien témoigner le fait qu'il tend à s'atténuer nettement, voire à disparaître, avec l'âge. Soit du fait de l'ouverture de quelques perspectives d'intégration ou de promotion sur le plan économique et social, soit que la volonté de s'affronter aux obstacles à l'intégration conduise à une appréciation plus positive, toute tentative d'engager une action collective s'appuyant difficilement sur une identité communautaire vécue comme disqualifiée. Dans un cas comme dans l'autre, l'abandon de l'accusation résulte de la constitution d'un projet et non d'une relecture, ou d'une connaissance plus approfondie du passé : « J'ai grandi avec cette idée, l'idée que je n'étais pas comme les autres. J'étais conscient de vivre dans une contradiction, mais quand tu vis là-dedans et que tu es gosse, tu envoies tout balader en bloc, c'est la seule façon de l'exprimer. Par exemple, c'est à cause de ça que j'en voulais à mes parents, ou que j'ai fait de la lutte et de la boxe (...). Mon père n'était pas fier d'avoir fait la guerre d'Algérie. Moi, pourtant, je lui en ai voulu assez longtemps. Maintenant, j'arrive à me l'expliquer. Et puis c'est fini, c'est du passé. Enfin, pour moi c'est du passé, parce que tout de même, le passé, tu sais, ça pèse. Tu as certains gosses qui définissent leurs parents comme traîtres, et qui leur en veulent toujours d'avoir combattu leur peuple. Il y en a ... » (S., 26 ans).

Ajoutons que le moment où pointe l'accusation de « trahison » est souvent associé au questionnement portant sur l'attribution du prénom. C'est notamment le cas lorsque fut attribué un prénom français, mais le fait de porter un prénom arabe peut susciter une interrogation identique. Il en est ainsi de ces deux frères dont l'un se prénomme Édouard et l'autre Saïd, et qui furent amenés à se révolter symétriquement contre leurs prénoms : « Quand j'étais petit, je reprochais à mes parents de m'avoir appelé Saïd. On n'était que trois à avoir des prénoms arabes, mes deux grandes sœurs et moi, le cadet. J'en avais honte à l'école. Quand je le disais à mes parents, ils me répondaient que j'avais de la chance, que c'était un beau prénom et que plus tard, j'en serais fier. Moi je leur annonçais que quand je serais grand, je changerais de prénom. Aujourd'hui ça m'est égal, et si j'avais un prénom français comme mes frères, ça m'embêterait plutôt. Les prénoms maintenant, ça n'a plus d'importance » (S., 19 ans).

Parfois enfin, le moment de l'accusation présente une référence identitaire à caractère ethnique ou religieux : « J'en voulais à mes parents de m'avoir fait naître en France. Je leur en ai voulu très tard ; je ne savais pas sur qui mettre la responsabilité de tout cela, alors je l'ai mise sur eux. Je me suis vite aperçu que c'était ridicule. (...) J'en voulais aussi aux Juifs. Tu sais que chez les Arabes on n'aimait pas les Juifs, soi-disant ; et je ne sais plus quel con m'avait dit que Sabra et Chatila, c'était les Juifs. Je me suis mis à avoir une fausse rage contre les Juifs. Je n'argumentais pas. Toutes les glandes que j'avais, je les foutais sur les Juifs. Dès que je me prenais la tronche et que je me disais : "Que t'es con", je me disais aussitôt : "Arrête, tu ne les aimes pas." Ça m'a fait une expérience pour comprendre pourquoi les Blancs aiment pas les Arabes, c'est con tu vois. Petit à petit, c'est devenu un jeu de ne pas aimer les Juifs et puis je me suis dit : "Tu n'as aucune raison, c'est inexplicable, alors tu arrêtes." Tout ça c'est parce que j'avais la haine, j'étais sur mon nuage et il fallait que je me raccroche à quelqu'un, à quelque chose. Je me suis même mis à prier ! De l'alcool j'en buvais déjà pas, mais j'ai arrêté de manger du porc et je me suis mis croire en Dieu. Maintenant, j'ai arrêté de prier, je ne veux pas être hypocrite. Dieu, j'y crois, j'y crois pas, je veux pas éclaircir. En fait, c'est sans doute parce que je pense que je me dirais que je n'y crois pas, que je me sens mieux et que je n'ai plus à me donner de raisons d'y croire » (L., 23 ans).

Avancer que l'histoire de la guerre d'Algérie, en ces moments de crise, pèse moins que les effets de la transplantation ne signifie pas que l'histoire ne pèse pas. Simplement, elle ne s'exprime que de façon immédiate. Et comment pourrait-il en être autrement en l'absence tant d'une mémoire « officielle », ou tout au moins écrite, de la participation des supplétifs à la guerre d'Algérie, que d'une mémoire collective au sein de cette population assurant une transmission entre générations de tout ou partie de ce passé ? En vérité, elle pèse, pourrait-on dire, indirectement, par occultation, par défaut. Elle pèse dès lors que se pose la question de l'identité, ou plutôt la question du rapport que l'on entretient, individuellement ou collectivement, avec l'identité dite « française-musulmane ». La seule alternative qu'ouvre alors cette histoire par défaut semble très difficilement gérable pour les jeunes :

— ou bien, ils poussent à son terme la dénégation en une démarche individuelle (elle ne peut être qu'individuelle) d'intégration/absorption/disparition au sein de l'ainsi nommée « identité française », en évacuant toute référence à l'identité « française-musulmane » dans l'espace public, quitte à continuer parfois à en assumer une part dans l'espace familial privé ;

— ou bien, plus souvent, la marginalisation sociale rendant largement hypothétiques les perspectives d'assimilation individuelle, ils sont tentés d'engager une démarche collective d'« intégration conflictuelle[1] ». Or, une démarche de ce type est pour eux extrêmement difficile (plus difficile en tout cas que pour les jeunes dits de la « seconde génération » issue de l'immigration maghrébine). La quête identitaire qu'elle suppose est en effet entravée par la disqualification relative qui pèse sur « l'identité française-musulmane », ou plutôt par le « silence coupable » dont elle est entourée. Ainsi est-elle difficilement pensable en termes d'autonomisation, autrement que sur le mode de la « dette » qu'une « France ingrate » aurait souscrit à l'égard d'une « communauté » et qu'elle tarderait à honorer. Toutes conditions qui, si elles peuvent provoquer — les exemples ne manquent pas — de brusques flambées de violence, sont également génératrices d'anomie, comme disent les sociologues, et peu susceptibles de promouvoir les composantes d'un mouvement social sur le court ou le moyen terme.

Reprenons maintenant plus en détails les deux termes de cette « impossible » alternative.

La logique assimilatrice

En France, la question de la double appartenance a toujours été considérée comme infamante, notèrent à juste titre les initiateurs du colloque sur « l'identité française » tenu à Paris en 1985[2]. Elle a été dénonciatrice de ceux qui n'étaient pas de « vrais Français » (« Juifs ou Français ? ») ; elle l'est encore. A la différence d'États migrants comme les États-Unis, où la migration fait partie de la mythologie de l'État-nation et où tout le monde est américain et

1. Sur le concept d'intégration conflictuelle, voir Adil JAZOULI, *L'Intégration collective des jeunes Maghrébins de France*, CIEMI/L'Harmattan, 1986.
2. *L'Identité française*, Éd. Tierce, 1985, p. 72.

quelque chose, l'idéal national consiste en France à se déclarer français, républicain et patriote. Face à cette volonté de citoyenneté univoque, tout particularisme — en l'occurrence celui d'être français et arabe, français-musulman ou franco-maghrébin — est suspect, considéré comme illégitime, comme une menace. L'histoire nationale a consolidé jusqu'à l'absurde un système de pensée et de droit qui ne tolère pas la diversité, perçue comme une agression ou une trahison. Ce fut l'œuvre du centralisme monarchique, puis de l'esprit jacobin, de l'autoritarisme napoléonien et enfin de la IIIe République qui constitua l'école et le service militaire obligatoire en piliers d'une identité nationale solidement posée sur les ruines des différences internes et externes : des langues, des savoirs, des origines, des cultures. Le rituel « Nos ancêtres les Gaulois » présentait cet héritage mythique, récit d'une origine imaginaire fondant l'égalité[3].

« A l'exception du dualisme des sexes qui a longtemps partagé la société civile en deux catégories de citoyens bien distincts, les uns votant et les autres non, explique Élisabeth Badinter, l'idéal national admet très difficilement l'émergence de sous-groupes vivant entre eux avec d'autres valeurs que les siennes.

« Toute solidarité autre que nationale ne peut être admise qu'à titre de seconde. Mieux vaut même qu'elle reste implicite : à la rigueur qu'elle se chuchote, mais non qu'elle se proclame. On peut supporter les amicales bretonnes ou corses, les associations juives ou musulmanes, mais à condition qu'elles ne s'érigent pas en groupes distincts de la communauté nationale, et ne lui réclament rien qui puisse les distinguer d'elle. D'accord pour le folklore tant qu'il se pose en accessoire de la solidarité nationale. La collectivité manifeste son inquiétude, voire son agressivité, dès lors qu'elle perçoit une partie des siens plus soudés entre eux qu'avec les autres. En conséquence, ressentir une solidarité première avec une collectivité qui n'est pas la communauté nationale est considéré comme un manquement au contrat social, une menace pour l'unité nationale.

« D'ailleurs les couches successives d'immigrés qui se sont installées en France depuis le début du siècle avaient bien compris l'importance de cette exigence unitaire. Ils n'avaient de cesse de s'assimiler le plus rapidement possible à la communauté nationale, de perdre leurs particularismes et coutumes — voire de franciser leur nom pour n'être plus enfin que des "Français comme les autres". Tout au plus, certains d'entre eux avaient ajouté "d'ori-

---

3. CITRON S., *Enseigner l'histoire aujourd'hui. La mémoire perdue et retrouvée*, Éditions Ouvrières, 1984.

gine arménienne" ou de "confession israélite", comme s'il s'agissait d'une incidente[4]. »

Être aujourd'hui français-musulman, ce n'est donc pas être français avec un plus, mais au contraire n'être pas tout à fait légitimement français. A plus forte raison quand l'attribut qui éveille la suspicion est d'être « musulman ».

De ce fait, il est tentant de pousser individuellement jusqu'à son ultime conséquence la logique assimilatrice en disparaissant en tant que tel, en rompant, en brisant cette dimension de la continuité pourtant indispensable à toute identitée assumée, ouvrant au statut de sujet. C'est la voie qu'ont suivie un certain nombre de jeunes fils et filles de harkis ; pour autant, toutefois, que leurs perspectives d'accès à l'emploi ou de promotion sociale n'aient pas été trop entravées par les tendances à la marginalisation qui continuent à marquer cette population.

A l'inverse, la tendance au repli sur soi et sur la « communauté » doit beaucoup à l'exclusion réelle, à l'écart qui sépare économiquement et socialement des modèles que l'on propose par ailleurs à cette population d'adopter.

L'identité introuvable ?

A l'opposé de cette logique dominante, valorisée comme le modèle souhaitable, le plus propice à l'intégration, la tendance à engager une démarche collective d'intégration conflictuelle exprime le fait que tous les enfants des anciens supplétifs ne sont pas prêts, en échange d'une perspective, très hypothétique, de promotion économique ou sociale, à se laisser « laminer » culturellement ou socialement. Mais cette démarche se heurte elle-même à deux obstacles d'importance, qui en rendent l'aboutissement malaisé.

Le premier obstacle n'est pas spécifique à ces jeunes. Il est lié aux effets induits par la mise en œuvre du dispositif de « normalisation » de toute population d'origine étrangère. Un dispositif qui tend inévitablement à présenter ces derniers comme composés de marginaux à assimiler, à réadapter ou à adapter : pression permanente à la déculturation et à la dépersonnalisation, provoquant en retour des phénomènes de contre-acculturation, des tentatives de restauration de valeurs, d'attitudes, de comportements spécifiques de la part des cultures dominées. Face à une pression à l'assimilation/intégration, la volonté d'affirmation identitaire peut outre-

4. Badinter É., *L'Identité française, op. cit.*, p. 24-25.

passer la simple tentative de faire monter les enchères, inversant ainsi toute la logique interne de l'action collective pour chercher refuge dans la recherche de points d'appui archaïques, d'un univers fantasmé mais vécu comme le support d'une nouvelle identité. A une demande permanente d'autonégation peuvent répondre des conduites de survalorisation de l'origine, le besoin de s'opposer pour se poser, de repousser pour pouvoir exister. Suspectée et considérée comme illégitime, l'aspiration à une reconnaissance collective conduit au repli sur la tradition et sur les formes les plus identifiables de la différence.

Refus de toute reconnaissance des identités collectives nouvelles du fait d'une conception totalitaire de « l'identité nationale » et possibilités d'intégration limitées de par l'exclusion économique et sociale sont donc les « deux mamelles » auxquelles peut se nourrir le repli communautaire. L'écueil qui guette la démarche d'action collective, dans la mesure où elle doit se soutenir d'un moment d'appel à l'identité, réside ainsi dans le danger de cristallisation d'une « culture de pauvre », dont Richard Hoggart[5] a souligné à quel point elle se nourrit du sentiment d'appartenance irrévocable à un groupe immuable. Une culture rigide et conforme constituant davantage le code élémentaire des règles à suivre pour ceux qui savent n'avoir aucune perspective de mobilité, plutôt qu'un instrument de leur émancipation.

Second obstacle : le nécessaire appel à l'identité, soutien indispensable au moment initial de l'action sociale au cours de laquelle, refusant l'identité subalterne prescrite, on en affirme une autre. Cette démarche peut être lue, comme le fait Alain Touraine, « comme un travail de la démocratie, comme la conscience de l'effort par lequel les acteurs d'un système social, qui exerce un grand pouvoir sur lui-même et qui est engagé dans des changements incessants, s'efforcent de déterminer eux-mêmes les conditions dans lesquelles est produite leur vie collective et personnelle[6] ». Mais chez les enfants des anciens supplétifs, elle est bridée par les éléments mentionnés précédemment. Et surtout, à la différence, cette fois, des jeunes issus de l'immigration, elle est conditionnée par trois éléments qui témoignent du poids de l'histoire : la grande difficulté à constituer un référentiel d'identité « française-musulmane », les ambiguïtés qui pèsent sur la

5. HOGGART R., *La Culture du pauvre*, Minuit, 1981.

6. TOURAINE A., « Les deux faces de l'identité », *in Le Retour de l'acteur*, Fayard, 1984.

définition d'un système d'opposition (la capacité à désigner les obstacles à l'intégration), et enfin la difficulté à élaborer un projet.

Identité : lorsque se fait jour, sur la base d'un constat de marginalisation, de « non-assimilation », la conscience angoissante qu'on est tout sauf un « Français à part entière », on bute sur la difficulté à mener à bien la recherche d'une identité à la fois personnelle et communautaire, capable de résister aux déchirements de l'histoire. D'abord, on l'a vu, parce que cette histoire est occultée. Ensuite parce que, de toute façon, les bribes qui émergent se révèlent peu aptes à soutenir une démarche autonome et une identité offensive : ces fragments sont souvent lus comme l'histoire d'un service rendu et d'une dette non honorée, l'histoire d'une dépendance, suscitant une attente passive ponctuée de brusques et brefs mouvements de révolte. La quête d'une identité aussi contradictoire amène à dépenser une bonne partie de son énergie à s'épuiser en tentatives de réduction des tensions internes.

Opposition : pour qu'il y ait action collective, encore faut-il que la catégorie sociale en question définisse l'adversaire qu'elle combat. Or, en appeler à l'identité « française-musulmane » c'est bien souvent en appeler à la rancœur vis-à-vis d'un État français considéré comme débiteur, et à l'opposition avec les communautés issues de l'immigration maghrébine, face auxquelles on tentera de restaurer une différence positive — « On n'est pas des immigrés. » Or une telle bipolarisation de l'adversaire (caractéristique des mouvement de 1975 : on s'adressait au gouvernement français, mais c'étaient des Algériens qu'on séquestrait) ne met en question aucun rapport social réel. Du reste, des mouvements qui ne font appel qu'à la différence, à la spécificité et à l'identité se passent aisément de toute analyse des rapports sociaux.

Totalité : le sens d'une histoire, lorsqu'il est lu selon la thématique d'une dette non payée, ne peut engendrer qu'une attente, en général passive et sans cesse frustrée. Le ressassement de la dette, diraient les psychanalystes, ne saurait engendrer ni action, ni création, ni construction d'un projet, mais la seule impuissance dans l'attente de son paiement.

En règle générale, l'appel à l'identité risque déjà de s'épuiser rapidement dans la clôture communautaire, et donc dans une nouvelle exclusion. Dans le cas des fils de harkis, cet appel est largement inhibant. Et si l'histoire des harkis est à raconter et à transmettre, c'est sans nul doute pour rendre le choix à nouveau possible : ou bien l'assumer, ou alors choisir en toute connaissance de cause de s'en déprendre. Un choix qui, en tout cas, ne saurait s'opérer dans le cadre strict d'un appel à l'identité d'origine : « Car un groupe pour lequel l'enjeu est de parvenir à une participation active au processus général des rapports sociaux présents ne saurait affirmer son identité seulement comme la survivance du passé. La seule possibilité qui lui est offerte de poursuivre sa trajectoire sociale selon des modalités culturelles qui tiennent compte de son itinéraire propre, c'est de rester le même mais en devenant autre[7]. »

En 1844, Bugeaud écrivait : « Nous avons promis aux Arabes de les traiter comme s'ils étaient les enfants de la France. Nous leur avons donné l'assurance formelle que nous leur conserverions leurs propriétés, leur religion, leurs coutumes. (...) Nous leur devons et nous nous devons à nous-mêmes de tenir notre parole. Nous avons fait sentir notre force et notre puissance aux tribus de l'Algérie, il faut leur faire connaître notre bonté et notre justice. (...) Ainsi, nous pourrons espérer de leur faire supporter tout d'abord notre domination, de les y accoutumer plus tard, et à la longue de les identifier avec nous, de manière à ne former qu'un seul et même peuple. (...) Il faut partout la même police, la même pénalité, les mêmes impôts, en un mot, le même régime en toutes choses... »

Quatre ans plus tard, sous prétexte d'assimiler administration, police et justice, le révolution de 1848 créait en Algérie une situation de transition dont elle ne sortirait plus jusqu'à l'indépendance. « Par la suite, chaque pas nouveau vers l'intégration totale n'aboutira qu'à renforcer sa position particulière, donc à mettre involontairement en relief le caractère de non-assimilabilité[8]. » Du hiatus ainsi créé « entre une volonté affirmée d'intégration au système politique français d'une part et les moyens choisis pour y parvenir d'autre part », Jean-Claude Vatin dit qu'il « se perpétuera plus d'un siècle[9] ». Ce livre a voulu témoigner de ce qu'il se perpétue toujours, transposé sur le sol français ; non plus à l'encontre, aujourd'hui, d'un territoire, mais à l'encontre d'une population.

A un moment où l'actualité politique repose la vieille question de l'assimilation des étrangers (souvent rebaptisée pour l'occasion « intégration », mais pour l'essentiel la problématique reste la même), l'histoire de la constitution des formations supplétives, l'histoire de l'exil et de l'installation de harkis sur le territoire métropolitain illustrent à merveille la continuité, sous un vocabu-

---

7. Bastenier A., « La question de l'identité : genèse des représentations et révision des paradigmes », *Générations issues de l'immigration*, Gréco 13, Arcantère, 1986.
8. Vatin J.-C., *L'Algérie politique : histoire et société*, *op. cit.*, p. 116.
9. *Ibid.*, p. 115.

laire rénové, du point de vue assimilationniste. Elles illustrent l'impasse dans laquelle s'engouffre inévitablement une telle politique.

Que sont-ils en effet, ces anciens supplétifs, sinon cette fraction des sujets coloniaux que les ruses et les détours de l'histoire ont conduits, parfois contre leur volonté, à jouer juqu'au bout le jeu de l'assimilation, de l'intégration corps et âme à la mère patrie ?

Et que révèlent-ils à travers leur marginalisation, si ce n'est la faillite de la machine assimilatrice qui ne consent à accorder à des sujets coloniaux la plénitude des droits que sous la condition qu'ils cessent d'être ce qu'ils sont ?

Si le Front national, si les nostalgiques de l'Algérie française manifestent un intérêt certain pour les harkis, ce n'est pas seulement par attachement à un passé révolu, ni même par souci électoral. C'est aussi, et peut-être surtout, parce que cette population représente à la fois le type idéal du « bon Arabe », parfaitement assimilé, et l'impossible réalisation de ce type idéal puisque l'histoire de l'assimilation des anciens supplétifs est celle d'un échec.

Quant à la gauche et à cette partie de la droite qui se prononce en faveur de l'intégration, elles observent le plus souvent un silence pudique sur une population qui illustre si bien les limites de l'assimilationnisme, la seule idéologie qu'elles aient bien pu produire face au conservatisme ségrégationniste de la droite française. Est-il nécessaire de souligner ici que cette opposition n'est en fin de compte qu'une version, à peine transposée, des contradictions qui traversaient l'idéologie coloniale française ?

Le stéréotype du harki, figure vivante du « bon Arabe », de celui qui cesse d'être ce qu'il est pour devenir pleinement français, témoigne de ce que la France actuelle s'est formée dans et par la colonisation. Il contribue à infirmer l'idée, très courante ici, selon laquelle, si les anciennes colonies ont hérité quelque chose de la colonisation, si elles souffrent encore de ses séquelles, la France pour sa part aurait refermé ce chapitre.

C'est l'inverse qui est vrai. « Les colonies sont maintenant chez nous », comme le dit le philosophe Étienne Balibar : entre la période coloniale et la période post-coloniale que nous vivons, il y a continuité du rapport de population, celui de la coexistence de deux populations, l'une dominante et l'autre dominée, sur un même territoire. Le débat qui se mène sur « l'immigration », pour autant qu'il reste enfermé dans le couple assimilation/ségrégation, par les brouillages qu'il introduit dans les rapports entre citoyenneté et nationalité, par la conception des droits civiques et la mystique de la nationalité qui le sous-tendent, reste entièrement déterminé par la problématique définie durant la période coloniale. Ce n'est pas seulement le clivage d'une population donnée en « nationale » et étrangère, ni même l'impossibilité de droit de transformer tous les sujets en citoyens jouissant des mêmes droits politiques, qui sont au cœur de la construction nationale française ; ce sont aussi les modes de passage et de transformation partielle d'une fraction de cette population « étrangère » en population « nationale ». La cohérence de l'idéologie nationale, l'universalisme dont elle se réclame pour se légitimer exigent que les mêmes mécanismes qui répartissent la population d'un territoire donné en deux groupes permettent à une partie du groupe dominé d'entretenir la fiction d'une possible fusion avec le groupe dominant. Les anciens supplétifs, juridiquement assimilés, font voler cette fiction en éclats. Le dispositif qui devait en faire des Français à part entière en fit inévitablement des Français « entièrement à part », comme ils se définissent eux-mêmes.

Rompre un tant soit peu le silence qui entoure les circonstances de l'apparition des harkas, makhzens, GMS, etc., et les conditions de l'installation d'anciens supplétifs en France est donc un enjeu pour ceux qui, au-delà de l'effacement de « séquelles », sont attachés à ce que s'effectue une véritable décolonisation de la France, une décolonisation intérieure.

Plus généralement, l'exemple des harkis, ces Français exclus de la citoyenneté, révèle qu'au-delà du contentieux colonial, au-delà même du critère de la nationalité, il existe une forme nationale française du déni de citoyenneté. Dans ce pays, l'exclusion ne se légitime pas — en droit — d'une différence irréductible, mais d'une mise à l'écart momentanée de ceux à qui par histoire, par nature ou par accident, il manque la capacité d'être citoyen. Avant de devenir massivement nationalitaire, la citoyenneté française était et reste encore aujourd'hui capacitaire. Il y a en permanence des sujets supposés juridiquement incapables parce que leur distance naturelle, matérielle, ou culturelle au foyer de toute sagesse ne leur a permis de bénéficier que d'une faible part dans la distribution de l'universelle raison. Raison victorieuse affirmant sa volonté d'inclure ceux qui sont encore imparfaits. Raison triomphante qui s'épure en projetant dans un espace de l'exclusion ceux qui en sont insuffisamment pourvus.

Table

Composition Facompo, Lisieux (Calvados)
Achevé d'imprimer en septembre 1991
sur les presses de la SEPC, Saint-Amand (Cher)
Dépôt légal : septembre 1991
Numéro d'imprimeur : 2091
Premier tirage : 6 000 exemplaires
ISBN 2-7071-2063-4